地方政府债务管理：国际比较与借鉴

主　编　李　萍
副主编　许宏才　李　承

中国财政经济出版社

图书在版编目（CIP）数据

地方政府债务管理：国际比较与借鉴/李萍主编．—北京：中国财政经济出版社，2009.3

ISBN 978-7-5095-1255-5

Ⅰ．地…　Ⅱ．李…　Ⅲ．地方财政-债务-财政管理-对比研究-中国、世界　Ⅳ．F832.7

中国版本图书馆 CIP 数据核字（2009）第 020892 号

中国财政经济出版社出版

URL：http：//www.cfeph.cn

E-mail：cfeph @ cfeph.cn

社址：北京市海淀区阜成路甲 28 号　邮政编码：100142

发行处电话：88190406　财经书店电话：64033436

北京财经印刷厂印刷　各地新华书店经销

787×1092 毫米　16 开　24.75 印张　382 000 字

2009 年 3 月第 1 版　2009 年 3 月北京第 1 次印刷

印数：1—5 060　定价：60.00 元

ISBN 978-7-5095-1255-5/F·1063

（图书出现印装问题，本社负责调换）

本社质量投诉电话：010-88190744

序

廖晓军

改革开放30年来，随着工业化、城镇化进程的加快，地方建设性融资需求快速增长，客观上形成了地方政府性债务。如何既充分发挥地方政府性债务资金对促进经济发展、熨平经济周期波动的积极作用，又能合理控制债务规模，防范财政风险，成为摆在我们面前亟待破解的难题，引起了社会各界普遍关注。

目前，许多国家都建立了较为完善的地方政府债务管理体制和风险控制机制。他山之石，可以攻玉，在研究构建我国地方政府性债务管理制度过程中，借鉴他国的成功经验，可以少走弯路。为此，财政部预算司积极开展前瞻性研究，经过3年努力，对世界上不同类型国家的地方政府债务管理情况进行了较为全面的比较分析，并将研究成果编辑成《地方政府债务管理：国际比较与借鉴》一书。本书较为系统地总结了当前较为主流的地方政府债务管理基本理论，归纳比较了不同体制国家在地方政府债务管理模式、资金使用、风险控制与化解、纠错与问责机制等方面的做法和经验，并对代表性较强的12个工业化国家、7个发展中国家和4个经济转型期国家进行了分国别研究。成书素材大多取自最新原文资料和权威官方数据，内容经过编者认真提炼梳理，语言力求通俗易懂，可以作为深化我国地方政府性债务管理的一本参考读物。当然，受条件限制，书中难免还存在一些不当和疏漏之处，有待读者批评指正。

加强地方政府性债务管理，是有效防范和化解债务风险的重要途径，是促进地方政府落实科学发展观、深化财政和投融资体制改革、完善宏观调控体系的必要举措。近年来，一些地方进行了加强地方政府性债务管理的有益探索。如浙江省人民政府发布了《浙江省地方政府性债务管理实施暂行办法》，建立了包括债务规模控制、政绩考核、债务收支计划、偿债准备金等在内的债务管理体系，辽宁、广东和吉林也采取了类似措施；北京等省市建立了地方政府性债务信息系统并部分实施了风险预警；河南2008年起在全省范围内全面编制政府性债务预算。为实施好积极的财政政策，保持经济平稳较快发展，2009年国务院决定由财政部代理发行一定规模的地方政府债券。随着实践的推进，地方政府性债务管理需要研究的问题越来越多。希望本书的出版，对构建我国地方政府性债务管理制度，加强地方政府性债务管理工作起到积极的推动作用。

目　录

第一部分　综述：地方政府债务管理

第二部分　实践：工业化国家

第一部分

综述：地方政府债务管理

第一篇

地方政府债务管理基本理论

一、地方政府债务概念

（一）债务

根据债的法律定义，债是指按照约定的条件，在当事人之间产生的特定的权利和义务关系，享有权利的人是债权人，负有义务的人是债务人。所以，债务是指在债的关系中，一方（债务人）按约定的条件向另一方（债权人）承担为或不为一定行为的义务。目前，法律上确认的债的关系，内容非常广泛，债的发生最主要或较为普遍的根据如图 1－1－1 所示：

- 债的发生根据
  - 行为
    - 合法行为
      - 合同
      - 其他合法行为
        - 行政命令
          - 仲裁
          - 命令
          - 计划
          - 征用
        - 无因管理
        - 司法行为
          - 判决
          - 裁决
          - 法院调解
        - 拾遗
    - 非法行为——侵权行为
  - 事实——不当得利

图 1－1－1　债的发生根据

资料来源：《中国金融百科全书》（上），经济管理出版社 1990 年版。

（二）政府债务

政府债务是指政府作为债务人，与债权人发生的权利义务关系。由于政府作为公共主体，不同于其他债务主体，因此，其债务需要从会计学和经济社会这两个角度分别予以考察。

1. 会计学意义上的政府债务。国际会计师联合会公共部门委员会在其发布的《2006 公共部门会计准则第 1 号——财务报告的表述》中，对政府债务作了如下定义：政府债务是指政府由于过去事项引起的现时义务，该义务的履行预期会导致政府资源的流出，这种流出既可以体现为经济利益，也可以体现为服务的形式。国际货币基金组织（以下简称 IMF）在其编写的《2001 年政府财政统计手册》中认为，当创生一项财务要求权的时候，一项等值的债务也作为其对应方同时产生。即是说，债权人根据合同要求得到的金额，恰恰是债务人根据合同有义务支付的金额。因此，债务是向财务要求权持有人提供经济利益的某种义务。显然，IMF 是从政府债务与政府资产互相对应的角度来定义政府债务的。

我国目前还没有从会计学的角度对政府债务明确定义，但是我们可以通过考察《企业会计准则》的相关规定来获得一些启示。2007 年 1 月 1 日起施行的《企业会计准则——基本准则》① 第二十三条规定：“负债是

① 中华人民共和国财政部令第 33 号发布。

指企业过去的交易或者事项形成的、预期会导致经济利益流出企业的现时义务。现时义务是指企业在现行条件下已承担的义务。未来发生的交易或者事项形成的义务，不属于现实义务，不应当确认为债务。”第二十四条规定：“符合第二十三条规定的负债定义的义务同时满足以下条件时，确认为负债：（1）与该义务有关的经济利益很可能流出企业；（2）未来流出的经济利益的金额能够可靠地计量。”

综上所述：第一，政府债务是由过去的交易或者事项（以下简称事项）形成的，与过去事项无关的，不属于政府债务。换言之，如果某项义务需要由未来发生的事项引起，则不属于政府债务的范畴。第二，政府债务是现时义务，即现行条件下政府已经承担的义务。这一特征实际上是和第一个特征一脉相承的，止因为政府债务是由过去事项引起的，所以它必须是现时确定的义务，而不是未来义务或者不确定的义务。第三，政府债务的履行，预期会导致政府资源的流出，并且流出的金额能够比较可靠地计量。这里的“预期”，其含义可以从概率意义上理解为“发生的可能性比较大”。第四，政府资源既可以表现为经济利益，也可以表现为服务。如果再进一步加以提炼，那么会计学意义上的政府债务本质上具有两个特点：第一，过去事项引起的现时义务；第二，义务的履行很可能导致政府经济资源的流出。

2. 经济社会视角下的政府债务。如果从更为广阔的经济社会视角考察政府债务，把政府作为公共风险的承担者来看待，那么就会大大突破会计学意义上的政府债务概念，进而大大丰富政府债务的内涵和外延。

一般来说，一个社会所面临的风险，可划分为私人风险和公共风险两个基本类别。私人风险是由单个主体（包括个人、家庭和企业）所承担的风险。公共风险是由社会公众共同承担的风险。从经济学的角度解释，也可把私人风险理解为基本没有外部性的风险，而公共风险则是外部性较强的风险。

这两种风险的性质不同，决定了它们的化解方式也迥然不同。私人风险可以通过市场机制加以化解，如保险公司提供的各种商业保险、企业的风险管理、个人的风险投资组合，等等。其原因在于，由于私人风险基本不具有外部性，其风险收益和风险成本基本由私人承担，因此单个主体会诚实表达自己的风险偏好，进而选择合适的市场价格去化解风险。私人风险的固有特性，决定了其主要通过市场机制加以化解，或者可以认为，私人风险的化解属于私人产品的范畴。

公共风险的情况则完全不同，化解公共风险无异于提供公共产品。原因在于：第一，化解公共风险具有受益上的非排他性，如向问题银行注资增强银行体系的稳定性，所有的企业和居民都可以从稳定的金融环境中获益，没有办法将谁排除在外。第二，化解公共风险具有消费上的非竞争性，即增加一个消费者不会影响既有消费者的效用，其所带来的边际成本为零。仍以前面向问题银行的注资为例，不仅国内的企业和居民可以享受到稳定的金融环境所带来的好处，进入本国市场的外国企业和居民也可以享受到这一好处，并且后来者的享用不会影响到既有者的效用水平。

既然化解公共风险属于公共产品范畴，一般不能通过市场机制来实现，而应当由政府这只看得见的手来承担。政府承担和化解公共风险，就必然导致财政资源的流出，不管这种流出是现时还是将来可能产生的义务，作为承担和化解公共风险的必然结果，政府债务得以产生。

政府承担的现时义务体现为政府的直接债务，这种债务在其得到履行之前，在任何情况下都存在，不会因为将来某个事项发生与否而改变。根据政府的现时义务是否得到法律或者合同的确认，又可将其区分为显性直接债务和隐性直接债务。

政府承担的未来义务体现为政府的间接债务，或者称为或有债务，这种债务是否会转化为现实，取决于将来某个事项发生与否。同样地，根据政府的未来义务是否得到法律或者合同的确认，又将其区分为显性或有债务和隐性或有债务。

基于上述分析，政府作为公共风险承担者和化解者的角度出发，政府债务可以区分为显性直接债务、隐性直接债务、显性或有债务和隐性或有债务等四类。

概括而言，会计学意义上的政府债务概念，基本上等同于经济社会视角下的政府显性直接债务。因此也可以认为，经济社会视角下的政府债务不仅包括了会计学意义上的政府债务，还包含着更为丰富的内容。

（三）地方政府债务

对于一个拥有多级政府体系的国家而言，地方政府是指中央或联邦政府以下的各级政府，有时也特指省或州政府以下的各级政府。地方政府债务是指地方政府作为债务人承担的债务，同样包括显性直接债务、隐性直接债务、显性或有债务和隐性或有债务四类。

二、地方政府债务分类

（一）会计学意义上的债务分类

会计学意义上的地方政府债务，实际上对应着地方政府的显性直接债务。

1. 内债与外债。按照债务资金来源的不同，可将地方政府债务划分为内债和外债。内债是指地方政府向所在国的自然人和法人举借的债务。外债指地方政府向外国政府、外国金融机构、国际金融机构以及其他非所在国的自然人或法人举借的债务。需要指出的是，从发行地域区分内债和外债固然有一定道理，而且也被广泛接受，但从本质上讲，内债和外债的区别还应当从是否增加一国可支配的资金总量角度予以界定：形成内债收入的资金实际上是在一国政府部门与私人部门之间进行再分配，地方政府借债一般不会增加国内的资金总量；而外债的资金来源于国外，因此一般会增加本国可支配的资金总量。

2. 经常性债务与资本性债务。按用途划分，地方政府债务可分为经常性赤字债务与资本性债务。前者主要用于弥补地方政府经常性赤字，这种情况比较少见，并且各国政府对此有比较严格的约束；后者用于地方资本性项目融资，它是地方政府债务的主要形式。资本性债务还可以具体分为特种债务与一般债务。特种债务主要指地方政府为特殊支出项目而专门举借的债务（一般都附带一个特定的名称以标明其用途），或者指那些对认购对象和发行方式等有特殊规定的债务；一般债务则不对支出目的进行特殊限制，对认购对象和发行方式等也没有特别规定。

3. 直接借款与地方债券。按照地方政府债务的依托形式，可将其划分为直接借款和地方债券。直接借款是地方政府向上级政府、中央银行、商业银行等协议借款；地方债券也称为地方公债，是指地方政府以发行公债的形式举借债务。地方债券按流通性划分，还可分为上市（可流通）公债与非上市（不可流通）公债。上市公债是指可以在证券市场上自由买卖和转让的公债；不可上市公债则不能在证券市场上流通转让。

4. 短期、中期与长期债务。按照从发行到偿还的期限不同，地方政府债务可分为短期债务、中期债务和长期债务。短期债务通常指 1 年期以内的政府债务，其存续时间一般以周为单位，主要包括地方政府向上级政府、金融机构的借款，以及发放短期债券等。中期债务一般指 1 年以上 10 年以内的地方政府借款。长期债务的期限通常在 10 年以上，有的可长达二三十年。中长期债务一般多用于地方政府资本性支出的需要。需要指出的是，虽然理论上地方政府债务可以包括短期、中期与长期三个系列，但出于风险控制等方面的需要，地方政府债务通常还是采取中长期债务的形式，用于满足地方资本性支出的需要。这一点与中央政府债务是有很大区别的。

5. 固定利率债务与浮动利率债务。按债务利率的特点，可分为固定利率债务与浮动利率债务。固定利率债务的利息率在发行时就确定下来，无论以后物价水平怎样变化也不做调整。浮动利率债务的利息率则可以根据物价指数或参考利率的变动适时调整。一般来说，短期债务采用固定利率，中长期债务可以考虑浮动利率，在通货膨胀比较严重或公众的通胀预期较高时，更应如此。

6. 省（州）、市、县级债务。按债务发生的政府级次划分，可分为省（州）、市、县级债务。省（州）、市、县级债务是由省（州）、市、县级政府作为债务人借入或发行债券并承担偿还责任的债务。值得注意的是，除中国以外，世界各国乡镇级政府几乎没有举借债务的先例。

（二）经济社会意义上的债务分类

从经济社会视角来看，政府作为公共风险的主要承担者和管理者，其承担的现时义务体现为一种直接债务，其承担的未来义务体现为一种间接债务（或者称为或有债务）。而且，根据政府的义务是否得到法律或者合同的确认，又将其区分为显性债务和隐性债务。

财政风险矩阵。世界银行专家白海娜（Hana Polackova Brixi，1998）创建的政府财政风险矩阵，较早地对政府债务的经济社会分类进行了探索，如表1－1－1所示。

表1－1－1　　　　　　　　政府财政风险矩阵

债务来源	直接 （在任何情况下都存在的债务）	或有 （在特定事件发生时才存在的债务）
显性 （为一项法律或合同所确认的债务）	• 主权债务（中央政府签署合同的借款和发行的证券） • 法定支出 • 法定公务员养老金	• 中央政府对非主权债务及由次国家级政府、公共和私营部门实体（如开发银行）所发行债务的担保 • 对不同类型（抵押、学生、农业以及小型商业等）贷款的保护性中央担保 • 中央政府提供的贸易和汇率担保 • 中央政府对私人投资的担保 • 中央保险体系（存款保险、来自私人养老基金的收入、作物收成保险、洪灾保险、战争风险保险等）
隐性 （政府出于公共或利益集团压力而承担的道义债务）	• 公共投资项目未来的维护成本 • 非法定的未来公共养老金（与公务员养老金相对） • 非法定的其他社会保障计划 • 非法定的未来医疗保健融资	• 次国家级政府以及公共或私人实体对非担保债务的违约 • 实行私有化企事业的债务清理 • 非中央保险体系的银行破产的成本 • 非担保的养老基金、失业基金、社会保险基金的投资失误 • 中央银行不能履行其职责（外汇合约、保卫货币、国际收支平衡） • 私人资本外逃带来的救助要求 • 突发性环境破坏、灾害救济和军事支出等

资料来源：白海娜（Hana Polackova Brixi，1998）。

在表1－1－1所示的政府财政风险矩阵中，政府债务按照两个标准区分为四种类型：显性直接债务、隐性直接债务、显性或有债务和隐性或有债务。

根据发生的原因是否确定，政府债务划分为直接债务和或有债务。直接债务是在任何情况下都存在的可预测的债务；而或有债务则是由一项个别的但不确定的事件（或有事件）所引致的债务。或有事件发生的概率和相应的公共支出规模既可能是外生的（如自然灾害的发生），也可能是内生的（如政府提供的保险计划）。按照发生的根据是否得到法律或合同的明确规定，政府债务区分为显性债务和隐性债务。显性债务是为法律或合同所确认的特定的政府债务，政府负有法律义务在到期时予以偿还。隐性债务不是从法律意义上，而是建立在公众利益或者政治压力等基础上的政府道义负担。因此，也可以把政府的显性债务理解为法定债务，而把隐性债务理解为推定债务。

显性直接债务即会计学意义上的政府债务，它构成了传统财政分析的主体，其主要内容包括：主权债务、法定支出、法定的公务员养老金支出等。

隐性直接债务主要涉及法律没有规定的社会保障计划和未来公共项目再融资，它常常作为对政府支出政策的推定结果而长期发生。

显性或有债务主要产生于政府提供的显性担保或者政府保险项目①。如果把政府保险也视为一种担保的话，那么就可以认为政府的显性担保构成了其显性或有债务的基本载体。除非要求兑付，显性或有债务的财政成本都不会在传统现金流量预算中得到反映，所以它们代表了一种隐蔽的财政补贴。

作为社会管理者，政府不得不对各种公共风险承担最后兜底的责任，这种隐性担保机制成为政府隐性或有债务的主要来源。实践证明，在大多数国家，金融体系隐藏了最为严重的隐性或有债务。银行危机导致的财政成本通常十分巨大，而且，历史经验表明，如果金融系统的稳定性受到威胁，市场对政府援助的期望通常会远远超过法律认可的范围。此外，上级政府对下级政府的隐性担保、政府对中央银行的隐性担保、政府对突发公共事件承担的最后支付人角色，等等，也成为隐性或有债务的重要来源。

应当说，白海娜按照直接与或有、显性与隐性两个标准来划分政府债务，首次从经济社会的角度对政府债务进行了较为完整的分类和概括，对

---

① 担保是指担保人在受益人的信用状况严重恶化或者发生债务拖欠时，向受益人或者债权人进行支付的契约关系。从功能上看，担保合约类似于一张保险单，它要求在一个金融契约的发行者无法偿付债务时，由担保者履行事前的偿付承诺。按照是否具备明确的合同或者法律规定，担保关系区分为显性担保和隐性担保，前者指具有明确完整的合同规定和法律竞争力的担保关系，后者则指没有明确完整的担保合同作为依托从而没有严格法律约束力的担保关系。

于分析研究政府债务风险、加强政府债务管理具有一定的借鉴意义。然而，该矩阵也存在一些明显的不足：（1）单纯将政府债务定义为财政风险是值得商榷的。风险来自于资产负债财务属性的不匹配，它只有在资产负债双方的动态博弈中才能产生并得以运动，仅仅从债务方或者资产方来认识财政风险都是片面的。（2）白海娜实际上分析的是中央政府债务，对于地方政府债务的特点则没有述及。（3）某些债务项目的分类不够清晰，容易产生歧义。

因此，需要对白海娜的财政风险矩阵进行修正和发展，以构建出同时适用于中央和地方政府债务的分类体系。

（三）对财政风险矩阵的发展：政府债务矩阵

结合我国的实际情况，本书提出政府债务矩阵，如表 1－1－2 所示。该债务矩阵既适合中央政府，也适合地方政府。

表 1－1－2　　政府债务矩阵

债务来源	直接债务 （源于政府承担的现时义务，在任何情况下都存在）	或有债务 （源于政府承担的未来义务，只有当特定事件发生时才存在）
显性/法定债务 （为法律或合同所确认的债务）	• 各级政府的协议借款和发行的债券 • 应支未支的法定支出 • 法定公务员养老金	• 对下级政府债务的担保 • 对公共或私人部门实体所发行债务的担保 • 对政策性贷款（住房抵押贷款、学生贷款、农业贷款以及中小企业贷款等）的担保 • 政府提供的贸易和汇率担保 • 对私人部门投资的政府担保 • 政府保险体系（存款保险、证券投资基金保险、私人养老基金收益保险、农作物收成保险、洪灾保险等）
隐性/推定债务 （政府出于公共或利益集团压力而承担的债务）	• 公共投资项目未来的资本性和经常性支出 • 非法定的未来公共养老金（与公务员养老金相对） • 非法定的其他社会保障计划 • 非法定的未来医疗保健融资	• 下级政府对于非担保债务的违约 • 公共或私人部门对非担保债务的违约 • 政府保险体系以外的金融危机成本 • 国有部门在私有化过程中的债务清理 • 非担保社会保障基金的破产 • 中央银行可能出现的负的净值或者不能履行其职责 • 自然灾害等突发公共事件

就显性直接债务和隐性直接债务而言，政府债务矩阵的内容与财政风险矩阵基本相同。

显性或有债务主要包括以下几个方面：（1）上级政府针对下级政府债务所提供的担保。（2）政府对公共或私人部门债务所提供的担保，如政府对开发银行、国际金融组织贷款提供担保等。（3）政府对某些特定种类贷款提供的担保，这些贷款一般都体现了明确的政策目标，如住房抵押贷款有助于政府实现住房政策的公平目标，学生贷款反映了政府对教育公平性的干预，农业贷款体现了政府的产业导向，中小企业贷款反映了政府扶持中小企业发展的目标。（4）政府对贸易和汇率的担保，以及对私人投资的担保，主要目的是为了吸引私人资本尤其是外国资本的进入。（5）政府保险体系。主要反映保护公众利益和应对突发公共事件的需要。

政府隐性担保与显性担保在对象方面有很大的重叠，不同之处在于，针对相同的对象，如金融部门，如果担保有法律规定，则构成显性债务，而超过法律规定的担保要求，则构成政府的隐性负担。此外，还有两项隐性或有债务需要提及。一是针对国有部门私有化过程中的债务清理。在政府推动对有偿付能力的国有部门的私有化或资不抵债的国有部门进行破产清算的过程中，国有部门债务有可能转化为财政部门的或有债务。二是中央财政对中央银行的隐性担保。理论上，中央银行不存在破产的可能性，但是，如果中央银行不能履行其基本职责，或者其净值变为负数，此时就很可能产生动用公共资源的要求。

三、地方政府债务存在的依据

地方政府债务存在的依据，需要具体问题具体分析。不同债务项目有不同的存在依据。

（一）地方政府显性直接债务存在的依据

地方政府显性直接债务之所以存在，是为了满足地方资本性公共产品的融资需要。地方政府显性直接债务主要包括其协议借款和发行的债券、法定支出等。这里主要讨论地方政府协议借款和债券的存在依据。

在分级财政体制框架下，地方政府担负有提供地方资本性公共产品的重要职责，这在客观上决定了其显性直接债务的存在。如图 1－1－2 所示。

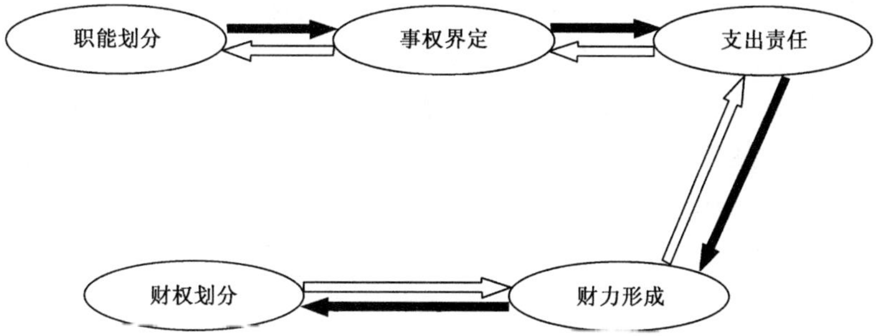

图 1－1－2　地方政府显性直接债务的存在依据
——为地方资本性公共产品融资

从图 1－1－2 可见，在政府间财政关系的逻辑架构中，基本的制度安排顺序是：一级政府，一级职能，一级事权，一级支出责任，一级财力，一级财权。根据经典的经济和财政理论，地方政府的主要职能是资源配置，同时兼有一定的收入分配和经济稳定职能（越是较高层级的地方政府其承担的收入分配和经济稳定职能就越强）。事权是政府职能的具体化，即指各级政府承担的管理社会经济事务的权利和责任，地方政府的事权可以集中概括为提供地方性公共产品。事权决定了相应的支出责任和财政需求，这必然要求有相应的财力进行保障。而财力形成的前提是政府拥有对应的财权（包括征税权、举债权等）。反过来，各级政府利用自己掌握的财权，筹集一定数量的财力，以满足自己的支出需要，进而履行了自身承担的事权和职能。这两个顺序相反的过程，包含了不同级次政府间财政关系的全部主要矛盾[①]。

前面的分析已经指出，地方政府的事权，主要反映为提供地方性公共产品。按照其经济性质，地方性公共产品又包括消费品和资本品，这进而

① 在政府间财政关系（或者说在其表现形式——财政体制）框架的 5 个关键节点中，最核心的是事权与财权。事权上接职能，下连支出责任，可用事权来概括职能与支出责任。财权决定财力，可用财权来概括财力。因此，政府间财政关系框架的关键节点最终可以归纳为两个：事权和财权。

决定了地方政府支出包括消费性支出和资本性支出两大部分。根据政府收入和支出互相匹配的内在要求，消费性支出一般由税收等经常性收入来满足，而资本性支出则通常由债务收入等长期性收入来支持①。因此，为了满足提供地方资本性公共产品的需要，地方政府必须具有适当的债务融资权，进而地方政府债务的存在也就成为必然。

特别地，中国地方政府当前面临着推进城镇化、工业化等现实压力，其在基础设施建设等方面的支出相应也比较大，这在一定程度上要求地方政府拥有举借中长期债务以筹集基础设施建设资金的权利。

此外，除了资源配置，地方政府还承担着一定程度的收入分配和经济稳定职能，这也要求其拥有适度的举债权，以满足其根据经济社会发展形势进行相机调控的需要。

（二）地方政府隐性直接债务存在的依据

地方政府的隐性直接债务主要包括公共投资项目未来的经常性支出、非法定的未来社会保障支出等。通常情况下，这类支出的发生比较确定，应该属于直接债务，地方政府往往出于社会公平、社会稳定、公众期望等因素的考虑，承担这类债务。

公共投资项目建成后，为维持正常运营，还需要进行必要的维护和修理等，相应会导致工资、维修、材料等方面的开支。如果未来公共基础设施运营费用出现不足，势必会影响当地民众的基本生产和生活需要。地方政府出于公众期望等因素的考虑，极可能会承担其中的部分甚至全部开支，从而承担隐性直接债务。

对于非法定的社会保障项目，如企业主办的养老保险和医疗保险，如果未来出现收支缺口，地方政府出于社会稳定和社会公平等方面的考虑，往往也会承担其中的部分甚至全部开支。

（三）地方政府显性或有债务存在的依据

地方政府显性或有债务主要由地方政府提供担保所引起，地方政府提

① 消费性支出主要用于提供当期受益的公共产品，资本性支出主要用于提供长期受益的公共产品。出于代际公平等因素的考虑，当期受益的成本由当期税收承担，长期受益的成本则分摊在多个时期。

供担保的原因，一方面是出于经济社会方面的客观需要，另一方面由担保方式自身的特点所决定。具体而言，地方政府显性或有债务的存在基于以下考虑：

1. 弥补资本市场存在的信息不对称缺陷。由于信息不对称的存在，某些存在良好成长潜力的中小企业难以获得必要的融资，地方政府提供中小企业贷款担保则可以弥补这一缺陷，促进中小企业发展。

2. 吸引私人资本进入具有较大正外部性的领域。某些项目特别是基础设施项目，具有较大的正外部性，但由于其建设周期长，自身面临的风险较大，私人资本进入的数量往往不足。此时，地方政府可以通过提供担保，分担项目风险，达到吸引更多私人资本的目的。

3. 对于社会公平的考虑。一些旨在改善社会公平状况的措施，如学生助学借款、养老金收益担保等，由于自身的收益率较低或者风险较高，私人部门不愿意提供或者提供的数量不足。这种情况下，地方政府有必要以担保的形式维持社会公平政策的实施。

4. 采用担保方式的灵活性。为达到一定的政策目标，地方政府通过担保方式来承担显性或有债务，相对于直接的财政支出而言，在实施上具有更大的灵活性①。例如，同样是为了支持中小企业的发展，政府直接贷款受到政府可支配财力等多种因素的制约，提供担保则可以使中小企业直接进入金融市场融资，从而在借款数额、期限、利率水平等方面有更多的选择机会。

（四）地方政府隐性或有债务存在的依据

地方政府隐性或有债务存在的依据是由地方政府充当最后支付人角色，化解系统性公共风险。系统性公共风险如金融危机、自然灾害、突发公共卫生事件等，通常会对整个经济社会运行造成严重损害。对此，地方政府必须承担最后“兜底”的职责，运用公共资源来应对系统性公共风险的爆发，从而形成隐性或有债务。

① 而且这样做常常可以达到摆脱预算约束的效果，因而导致地方政府时常具有通过承担显性或有债务来替代直接支出的内在动机。这种现象，也被称为财政机会主义（fiscal opportunism）。

四、地方政府债务风险分析

（一）地方政府债务风险含义

地方政府债务风险是地方政府财政风险的集中反映。因此分析的首要前提，是要弄清风险和财政风险的确切含义。

1. 风险的一般含义。总的看来，虽然国内外学者对风险定义的认识不尽一致，但其共同之处可概括为：风险就是指未来的不确定性。广义的风险强调未来事件的不确定性特征，而没有对不确定性导致的福利后果加以区分；狭义的风险则强调不确定性可能会给经济主体造成损失。

2. 财政风险的本质。从本质上看，财政风险的核心，在于政府收入与支出之间、资产与负债之间的不匹配。如果把政府收入视为广义的资产（收入流量的折现值）、把政府支出视为广义的负债（支出流量的折现值），则财政风险可以集中归纳为政府资产负债结构的不匹配。

3. 地方政府债务风险的内涵。地方政府债务风险可表述为，地方政府债务与其资产在规模和结构上不匹配，以至于地方政府的债务可持续性和经济社会发展受到损害的一种可能性。具体来说，是指各级地方政府在组织债务借贷和偿还过程中，由于财政制度和财政手段本身的缺陷以及各种经济因素的不确定性，造成地方财政收支矛盾激化，破坏地方政府财政稳定与平衡的可能性。

（二）地方政府债务风险分析框架

1. 公共债务管理的发展。当政府债务出现以后，便产生了公共债务管理的需要。随着政府债务规模日益扩大，结构日益复杂，公共债务管理在理念和方法上也随之不断演进，并日益获得相对独立的运动形式。

以 OECD 国家公共债务管理情况为例，在 20 世纪 80 年代末以前，公共债务管理只是被视为货币政策的延伸，并且其职责分散于各个公共部门。当时，出于弥补政府赤字的需要，债务管理仅仅被作为与通胀融资并列的一项选择。这种状况在 90 年代得以改变，越来越多的国家开始把债务管理作为一项独立的公共政策，并在成本—风险权衡的基础上赋予其独立的政策目标。出现这一变化的根本原因，在于债务管理目标与货币政策目标之间在某些情况下不相容。2000 年以来，公共债务管理领域又出现了一个重大的变革，即系统引入了资产负债管理方法。这一变革具有以下几方面的重要意义：第一，随着资产负债管理框架的引入，公共债务管理超越了对纯粹债务组合的孤立的成本—风险分析，而转入对政府资产和负债的财务属性的匹配分析，从而更加贴近财政风险管理的实质与核心；第二，在资产负债管理框架之下，政府资产与负债的内涵都得到极大扩展，进而极大地开拓了政府债务管理的手段和领域。

2. 地方政府债务风险的分析框架。资产负债管理方法的引入，对于政府债务风险管理的影响是积极而深远的。但是，作为公共风险的主要承担者，政府部门毕竟与私人部门有着很大的区别，完全把成长于私人部门的资产负债管理方法移植到政府债务风险分析之中，显然会带来相当的局限性。因此，有必要在私人部门资产负债管理思想的基础上加以发展，从而构建出政府债务风险管理的基本分析框架。

根据刘尚希等（2004）的研究，财政风险（包括债务风险）的评估，应当建立在政府资产与政府负债两个基本面之上。政府资产指政府所拥有的公共资源，既包括有形的经济资源，又包括无形的政治资源和社会资源。政府债务是政府承担的公共支出责任和义务，具体包括政府的直接债务和或有债务。对于地方政府债务风险的分析，可以通过以下四个层次来展开。

第一个层次，政府负债与资产存量的对比。通过这一层次的分析，可以判断政府债务风险是扩散还是收敛。如果具有扩散的特征，则进入第二层次的分析。

第二个层次，政府负债增量与资产增量的对比。通过这一层次的分析，可以发现债务风险扩散的程度。如果扩散的程度很大，即超出了现有的财政能力，则进入第三层次的分析。

第三个层次，政府负债与经济总规模的对比。通过这一层次的分析，可以判断债务风险是否处于可控的范围之内。如果发现债务风险处于失控的境地，则进入第四层次的分析。

第四个层次，政府负债与无形资源的对比。通过这一层次的分析，可以判断财政风险是否会演变为政治危机和社会危机。

3. 地方政府的资产矩阵。前文已指出，对于地方政府债务风险的分析，不能简单停留在就债务论债务的狭窄层面，必须结合地方政府所拥有的资产进行全面分析。因此有必要对地方政府的资产矩阵加以讨论。

（1）财政对冲矩阵：介绍与评价。与财政风险矩阵相对应，白海娜和施克（Polackova，Schick，2002）提出了财政对冲矩阵（fiscal hedge matrix），该矩阵按照直接与或有、显性与隐性的分类标准列举了政府财政安全性的各项来源，如表 1－1－3 所示。

表 1－1－3　　政府财政对冲矩阵

财政安全性来源	直接来源 （建立在现有资产存量的基础上）	或有来源 （依赖于未来事件，如未来价值的创造）
显性（建立在政府的法定权力之上，即财产所有权和筹集收入权）	资产恢复（不良资产的处置和出售，国有股份出售）国有企业和其他公共资源的私有化 政府贷款资产的恢复（产生于较早的政府直接贷款）	• 来源于资源开发和出售的政府收入 • 税收收入 • 减去税式支出 • 减去对地方政府的收入承诺 • 减去未来才实现销售的收入和用作抵押的收入 • 政府从金融机构购买的对冲工具和（再）保险
隐性（建立在政府间接控制基础之上）	稳定和或有事件基金* 中央银行正的净值	• 国有企业利润 • 从官方债权人获得的或有信贷额度和融资承诺 • 以各种货币计价的经常账户盈余

*对于稳定和或有事件基金，政府的不同控制方式影响其分类归属。

资料来源：白海娜和施克（2002）。

根据白海娜和施克（Polackova，Schick，2002）的解释，显性直接来源反映了政府通过现存的有形资产筹集收入的法定权力。隐性直接来源也建立在现存资产的基础之上，但这些资产不在政府的直接控制之下，因而只能在有限的程度上抵消财政风险。显性或有来源与政府拥有的在未来筹集收入的法定权力相联系（这种收入来自于资源而不是自有资产），其中最重要的是政府的征税权。隐性或有来源主要包括国有企业利润、官方债权人融资承诺和外汇储备。

然而，尽管首次提出了财政对冲矩阵，白海娜和施克关于政府资产来源的划分还不够成熟，而且内在逻辑也与白海娜所提出的财政风险矩阵不够一致。

首先，税收收入属于政府在一定期间内能够直接控制的财务来源，它在本质上更接近于政府拥有的直接资产而不是或有资产。这种情况同样适用于政府资源开采和出售收入。由此可以推论，政府直接资产建立在当期资产存量和收入流量的基础之上，而或有资产则依赖于未来事件的发生与否。其次，表1－1－3中的财政对冲矩阵忽略了政府间转移支付的存在。事实上，下级政府从上级政府获得的转移支付也构成了其显性直接资产的一部分。

（2）对财政对冲矩阵的发展：政府资产矩阵。针对上述财政对冲矩阵的问题，结合中国的实际情况，提出政府资产矩阵①，如表1－1－4所示。

表1－1－4　　政府资产矩阵

资产来源	直接资产 （建立在现期资产存量和收入流量的基础上）	或有资产 （依赖于未来事件的发生与否）
显性（建立在政府的法定权力之上，即财产所有权、征税权和举债权等）	• 国有资产（包括经营性与非经营性）出售收入 • 政府拥有的自然资源 • 税收收入 • 来自于上级政府的转移支付 • 政府收费	• 政府从金融机构购买的避险工具
隐性（建立在政府间接控制基础之上）	• 国有企业利润 • 中央银行正的净值 • 官方外汇储备	• 从上级政府或其他部门获得的融资承诺

在政府资产矩阵中，根据前述对政府直接资产与或有资产的认识，将“税收收入”、“政府资源开采和出售收入”从“显性或有资产”一栏调整到“显性直接资产”栏；将“国有企业利润”、“官方外汇储备”从“隐性或有资产”一栏调整到“隐性直接资产”栏。同时，根据实际情况，在显性直接资产中增加了“政府间转移支付”与“政府收费”的内容②。

① 前已指出，政府资产包括其拥有的经济资源、政治资源和社会资源等，由于政治资源和社会资源属于无形资源，其分析过于宽泛，因此这里集中于分析政府的有形资源——经济资源。

② 根据表述习惯，对资产项目名称进行了修改。

第二篇

国外地方政府债务管理概况

地方政府债务管理体系是以地方政府债务管理体制为核心，以地方政府债务管理目标为指针，以地方政府债务管理机构为组织保证，以地方政府债务资金运行管理、地方政府债务风险控制、地方政府债务危机化解以及地方政府债务管理纠错与问责等为主要内容的体系结构。如图 1－2－1 所示，本章将总结世界各国在上述方面的经验和教训，以期对我国地方政府债务管理有所借鉴。

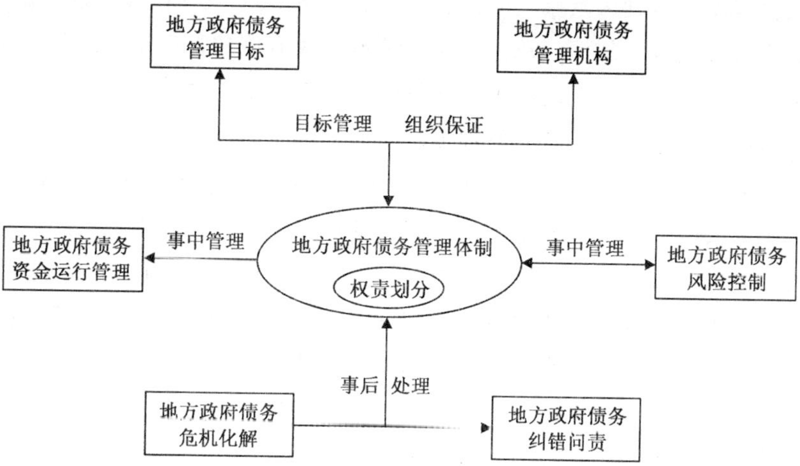

图1－2－1　地方政府债务管理体系构成

一、地方政府债务管理体制

（一）概述

地方政府债务管理体制①是指在中央与地方各级政府之间划分地方政府债务管理职责与权限的规定，并构成中央与地方之间财政管理体制的有机组成部分。从法律角度看，地方政府债务管理权限主要包括：地方政府债务立法权、地方政府债务法律执行权、地方政府债务法律监督权等。从债务资金运行角度，地方政府债务管理权限主要包括：举债权、用债权和偿债权等。

地方政府债务管理体制的核心矛盾，表现为债务管理中集权与分权的关系。一国究竟采用倾向于集权还是倾向于分权的地方政府债务管理体制，受到其历史文化传统、中央与地方关系、地方政府治理水平、金融市

① 单一制国家的最高级政府一般称为中央政府，联邦制国家的最高级政府则一般称为联邦政府。本书中，为简便起见，如不特别指明，一般用中央政府指代单一制和联邦制国家的最高级政府。

场发育程度等多种因素影响。从世界范围考察，按照分权程度逐渐减弱，或者集权程度逐步加深，总体存在四种地方政府债务管理体制，即市场约束型、共同协商型、制度约束型和行政控制型。市场约束型是建立在完全分权基础上的地方政府债务管理体制，这种体制下，地方政府有权根据自身资金需求和金融市场资金供给状况来对是否举债、举债额度等作出决定，不需要得到中央政府批准。共同协商型则是建立在较大程度分权基础上的地方政府债务管理体制，这种体制下，地方政府需要首先与中央政府就关键性的宏观经济与财政指标达成一致，然后可以自主决定其举债行为。制度约束型是建立在部分分权基础上的地方政府债务管理体制。在这种体制下，中央政府通过建立一系列制度，对地方政府举债行为进行约束，但原则上不对地方政府债务管理活动进行行政干预。行政控制型则是建立在集权基础上的地方政府债务管理体制，这种体制下，中央政府全面采用行政手段管理地方政府债务，包括事前审批、事中监管和事后检查，地方政府的债务管理自主权很小。

通过考察各国实践，可以发现国家政体和金融市场发展程度往往对地方政府债务管理体制产生较大影响。在联邦制国家，州政府及其权力机关拥有较大的债务管理自主权，可以自行决定本州范围内政府债务的具体管理办法；在单一制国家，中央政府往往集中了对各级地方政府债务的主要管理权限。在资本市场比较发达的国家，市场经济制度比较健全，往往倾向于采用制度约束型或市场约束型体制；而在金融体系薄弱的国家，地方政府往往不能直接进入信贷市场，不得不依靠中央政府直接或通过金融中介向其提供融资，因此，其债务管理体制大多为行政控制型。此外，少数国家受历史文化传统影响，采取中央与地方共同协商体制管理地方政府债务。若干国家地方政府债务管理体制类型及其特点如表 1－2－1 所示。

表 1－2－1　　若干国家地方政府债务管理体制类型

地方政府债务管理体制类型	国　家	特　　点
市场约束	加拿大	省级政府的借款额度直接受制于金融市场
	新西兰	地方政府是否举债、举债额度完全受制于自身资金需求状况和金融市场运作规律

续表

地方政府债务管理体制类型	国　家	特　　点
共同协商	澳大利亚	设立澳大利亚借款委员会，控制和监督州政府及其下级地方政府的借款规模
制度约束	巴西	《财政责任法》及其配套法案以量化指标约束地方政府举债，建立了三级政府在债务的预算、执行和报告制度上的一般框架
	波兰	《公共财政法》授权财政部发布五项关于债券发行管理的规定。《债券法》对市政债券发行做了具体规定。《银行法》第128款与《银行监管条例》对银行贷款进行规范管理
	美国	《证券交易法》、《税收改革法案》、《破产法》以及各州法律等均对地方政府债务管理作出了相应规定，构建了州与地方政府债务管理的法律框架。此外，成熟的银行体系、有效的资本市场在控制地方举债方面也发挥了相当重要的作用
	英国	2004年实施谨慎性制度以后，英国对地方政府举债的约束从以前的法定管理转向谨慎性制度下的专业管理和自我管理，这为地方政府举债提供了自由裁量的空间。地方政府举债时不再需要中央政府批准，只要没有超出本地方政府的承债能力，就可以自行举借债务
	南非	《市政财政管理法案》对市级政府举债的条件、内容、程序、信息报露、风险防范、纠错和惩罚机制等做了详细规定
行政控制	法国	主要通过审计法院、财政部及其派驻各省、市（镇）的财政监督机构对各级地方政府负债和财政运行情况进行监控
	韩国	每年中央政府确定和发布地方举债的基本指导方针，并制定“地方筹资中期计划”，地方政府提交关于举债筹资的方案报告，待中央政府审批通过以后，地方市政当局才能确定具体举债额（不能超过中央审批数）
	日本	对地方政府债务的控制正逐步从“审批制”转变为“协商制”。地方政府举债首先须经地方议会批准，然后与中央政府就有关问题进行磋商，总务大臣审核地方政府的财政状况及债务的安全程度以确保地方政府债务的安全性。地方政府的财政状况满足一定条件下可直接举债，无需总务省批准，但如果相关指标超过一定限额，则需经总务省批准后才可举债

（二）市场约束型

这类国家的主要做法是，中央对地方政府债务管理不做具体规定，由地方政府基于市场秩序进行自我约束，代表国家有加拿大和新西兰。这两个国家虽然主要都是依靠市场来约束政府举债行为，但被约束政府的层级有所不同。

加拿大由于财政分权程度较高，因此中央对地方政府举债主要采取了市场约束型。省政府举债不受宪法或联邦政府的限制，只需要在举债前由一个或多个国际投资机构评定其可授信债务额度，因此其是否能够借款和借款额度直接受制于金融市场，服从于市场秩序。相比之下，地方政府举债则受到省政府的行政控制，需要按照省政府要求进行经常性预算平衡，涉及长期借款的市政府资本性支出也必须获得省政府批准。相比之下，新西兰中央政府对地方政府的举债行为则不做具体规定，基本没有什么限制，其市场化约束程度比较彻底。地方政府主要基于市场秩序进行自我约束，是否举债、举债额度为多少完全受制于自身资金需求状况和金融市场运作规律。所以，尽管这两个国家都采取了市场约束型，但新西兰对地方政府举债行为的市场约束较为彻底，基本没有行政控制的痕迹，而加拿大虽然对省级政府举债市场化约束较为彻底，但对于省以下地方政府的举债行为，仍然进行了较为严格的行政控制。

（三）共同协商型

共同协商型是与市场约束型最为接近的类型。在这种类型下，地方政府积极参与到宏观经济目标及其关键性财政支撑参数的制定之中，与中央政府就收入、支出的增减变动达成协议，并协商确定对地方政府融资的限制。共同协商型有利于加强不同级次政府之间的对话与交流，然而这种类型在财政约束和节俭意识较好的国家比较有效，而在那些市场约束弱或者中央政府经济财政管理能力差的国家，这种类型对防止债务累积没有什么效果。

近年来，除了一些北欧国家（如丹麦）实行共同协商型以外，澳大利亚也采用了这一类型。为了正确处理政府间关系，澳大利亚联邦与地方政府建立了一系列制度，形成了有效的联邦与地方关系协商机制。如设立澳大利亚政府委员会，协商处理各级政府之间的职责划分和财政关系；通过建立联邦拨款委员会，负责一般性转移支付分配，同时各州也成立州拨款委员会，负责分配对地方政府的拨款；设立澳大利亚借款委员会，控制监督州政府和地方政府的借款规模；另外，各州还设立了州政府部和社区部，负责处理和协商各地方政府间的相关事务。

（四）制度约束型

这种类型主要通过明确的法律条款管理地方政府债务。具体方法包括：规定地方政府债务总额；限制地方政府债务用途（一般规定用于资本项目）；规定最大偿付比率要求；禁止从某些渠道借债（如中央银行）以避免引起更大的宏观经济风险等等。实践中，许多实行制度约束的国家综合应用了上述规则。采用制度约束的国家包括巴西、波兰、美国、南非、德国、英国等，其中，巴西政府在法律中制定了量化指标对债务进行约束，波兰政府针对地方政府债务管理颁布了一系列法规，美国构建了州与地方政府债务管理的法律框架，南非对市级政府举债做了详细规定。

巴西政府在2000年5月颁布的《财政责任法》及其配套法案中对地方政府举债进行了法律约束。这一法规建立了三级政府在财政及债务预算、执行和报告制度上的一般框架，特别是制定了一套操作性极强的量化指标对地方政府债务进行约束。波兰政府在《公共财政法》中对债务管理权限、债务管理战略、债券发行管理、公共债务限额进行了详细规定，宪法对公共债务限额也有明确规定，《债券法》与《银行法》还分别对市政债券发行与银行贷款风险做了明确规定。美国联邦《证券交易法》、《税收改革法案》、《破产法》以及各州法律对地方政府债务管理有详细规定，并依靠成熟的银行体系与有效的资本市场使得市场调控在控制举债方面发挥了相当重要的作用。南非地方政府在《市政财政管理法案》中对市级政府举债条件、内容、程序、信息披露、风险防范、纠错和惩罚机制等进行了详细规定。德国《预算法》规定各州借款应用于投资预算并满足资金流动需要，州以下地方政府借款还需得到州政府批准，这使其债务管理体制带有行政控制的特征。英国地方政府债务管理体制已从行政控制型逐渐转变为制度约束型，这一转变的标志是2004年开始实施的谨慎性制度。在谨慎性制度实施以前，地方政府举债一般需要经中央政府许可，而谨慎性制度实施以后，英国对地方政府举债的约束从以前的法定管理转向谨慎性制度下的专业管理和自我管理，这为地方政府举债提供了自由裁量的空间。地方政府举债时不再需要中央政府批准，只要没有超出本地方政府的承债能力，就可以自行举借债务。各个地方政府的首席财政官负责提供基于谨慎性指标的财政稳健性报告，监控政府绩效，制定符合当地政府承债能力的审慎借款计划，并设法使民选议员同意这一计划。地方政府用于评估其承债能力的谨慎性指标包括：（1）资本融资计划；（2）资本融资计划的债务规模和债务到期情况；（3）对现有债务的还本付息承诺；（4）可得到的收入来源；（5）其他长期负债与投资。

从上述几个国家的情况来看，波兰对债务管理的法律法规较为全面，财政法、宪法、银行法、债券法等多部法律都对地方政府债务管理进行了相关规定；美国对政府债务管理的制度约束较为成熟与完善，从中央到地方都有严格的法律约束机制，并借助市场力量发挥作用；巴西政府债务管理在指标量化方面颇有特色；南非对市级政府债务管理的制度化管理流程较为完善；德国虽然主要采用了以预算法为主的制度约束型，但对于市政府的债务管理具有行政控制特征；英国采用谨慎性制度，使得地方政府在拥有了更多举债自主权的同时，也须对债务风险进行严格控制。

（五）行政控制型

行政控制型管理体制下，中央政府直接运用行政手段管理地方政府债务。具体形式包括：（1）对各笔地方政府债务（或其组成部分）设置年度（或者更短时期）限额；（2）对单笔借款进行审查和授权；（3）集中管理全部政府借款，包括批准用于资本项目对地方的转贷。中央政府的管理权力不仅包括事前批准和授权，也涵盖事后检查。采用行政控制的国家主要包括法国、韩国、日本等。

法国各级地方政府对外举债，一般由地方议会和政府自主决策，严格按相应的法律法规运作，中央政府原则上不采取审批等直接管理方式进行干预。但是，中央政府仍然依靠三个机构——审计法院、财政部、财政部派驻各省和市镇的财政监督机构来对地方政府负债和财政运行状况进行严密监控。正是由于这种来自中央政府的严密监控和管理，使法国地方政府债务风险得到了有效控制。

韩国中央政府对地方政府债务管理主要采用行政控制型管理体制，同时借助制度约束型。韩国政府债务管理目标是对地方借款进行总量限制，通过加强地方自治机构的责任感，最大程度地减少其在借款决策时的短期倾向。由于韩国地方政府债务大部分是向中央举借，因此必须将举债方案提交中央政府审批，并满足中央政府事先确立的指标控制范围，待中央政府批准后，该方案还要由地方市政当局审批，以确定具体举借数额（不能超过中央批准额）。

日本地方政府债务管理体制尽管仍然以行政控制为主，但正经历着向制度约束型的变革。在这场变革的2006财年以前，日本对各地方政府发行债券实行严格的“审批制”。在这种制度下，地方政府原则上不允许举债，只有中央政府批准同意后才可举债。但是，从2006财年以后，严格的审批制转变为协商制，地方政府举债首先须经地方议会批准，然后与中央政府就有关问题进行磋商，总务大臣审核地方政府的财政状况及债务的安全程度以确保地方政府债务的安全性。地方政府的财政状况满足一定条件下可直接举债，无需总务省批准，但如果相关指标超过一定限额，则需经总务省批准后才可举债。除了与上级政府磋商以外，地方政府举债还需要与债权人协商。向中央政府借款，地方政府首先要向财务省提出借款申请，其向中央政府资金借款总规模受到总务省严格限制；向银行借款，地方政府需要与指定的银行债权人协商借款金额、期限、方式和利率等相关事项；发行公募债券，与金融机构协商债券利率等相关问题。

从上述三个国家的情况来看，法国中央政府对地方政府的行政干预借助地方政府以外的监督机构，实现对其举债的监督与控制；韩国政府则采取了行政控制与制度约束并举的方法，通过行政审批流程与指标约束相结合的类型，对地方政府债务进行监督管理；随着分权化进程的加重，日本地方政府债务管理体制正在从行政控制型向制度约束型转变。

（六）四种类型的比较

从四种类型的选择来看，各有其自身特点，但不管采取什么样的管理体制，其核心都是债务管理权责在中央与地方以及政府与市场之间的分权程度，它取决于一国资本市场与金融机构的完善程度、地方政府的财政管理能力、各国的政治、财政、历史甚至文化传统等多种因素影响。图1－2－2显示了世界各国地方政府债务管理体制。

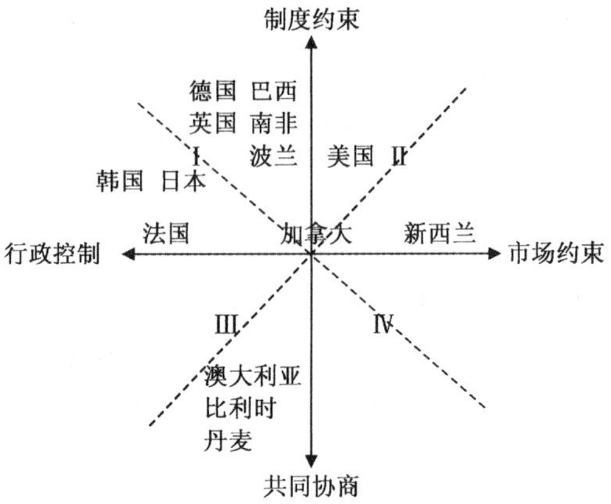

图 1－2－2　各国地方政府债务管理体制比较

图 1－2－2 中箭头所示的四个方向分别代表了市场约束、制度约束、行政控制、共同协商四种类型，某国在图上所处位置距哪个方向更近，表明该国地方政府债务管理体制越倾向于哪种类型，如美国在图上所处位置距制度约束方向箭头最近，表明制度约束型是美国采取的主要类型；另外，各国对地方政府债务的控制一般采取以某种类型为主，其他类型作为补充，所以某国在图上所处区域表达了至少两种类型的结合，如美国处于第Ⅱ区域且靠近制度约束箭头，表示其债务管理以制度约束为主，以市场约束为补充。如图所示，第Ⅰ区域表示采取制度约束与行政控制相结合类型的国家，其中，巴西、南非、波兰主要采取制度约束型，但其具体执行仍然有行政控制的痕迹，而德国虽然主要依靠法律规定，但对于地方政府借款仍然没有脱离州政府的行政控制。法国地方政府债务管理体制主要采取行政控制型，而日本虽仍然以行政控制为主，但随着从“审批制”向“协商制”的变革，其债务管理体制正朝着制度约束型转变。韩国虽也采取了严格的行政审批流程，但也借鉴了制度约束中指标控制的方法。随着谨慎性制度的实施，英国地方政府债务管理体制已转变为制度约束型，但仍然保留了行政控制的一些特征。德国对地方政府债务管理以制度约束为主，但仍带有一定的行政控制特点。第Ⅱ区域是市场约束和制度约束结合类型的国家，其中，新西兰采取市场约束较彻底，而美国则是在严格的制度约束下，配合健全的市场约束机制，加拿大中央政府对省级政府债务的控制基本是市场手段，但省对下属地方政府的控制则主要是行政手段；第

Ⅲ区域为共同协商与行政控制相结合。这类国家主要有澳大利亚和丹麦。几乎没有一个国家采用共同协商和市场约束相结合的类型。

由图1－2－2大致可看出第Ⅰ、Ⅱ区域集中的国家最多，这表明许多国家至少选取了制度约束、行政控制和市场约束中两种类型的结合，很少有国家像新西兰那样采取了彻底的市场约束型。这是因为市场约束要取得良好的效果，其前提条件较为严格。这些条件包括：(1) 金融市场必须是自由和开放的，特别是不能存在给予政府优先借款地位的规定；(2) 潜在贷方能充分掌握借方未偿债务和偿债能力等信息；(3) 债务人没有在面临违约时获得救助的预期；(4) 地方政府能够确保其对市场信号作出充分的政策响应以避免借款项目的失败，这需要有效的财务责任制以及较高的地方财政自给能力做保障。由于大多数国家都很难满足上述条件，因此市场约束型难以普遍采用，只可作为其他类型的重要补充。

究竟选择倾向于分权的市场约束型债务管理体制，还是集权的行政控制型债务管理体制，取决于各国采取怎样的债务管理分权类型，而债务分权关系客观上又受到各国政府间经济性分权和行政性分权制约。所谓政府间行政性分权，实质上受政治体制影响；而经济性分权，则主要受财政体制的影响。政治体制涵盖国家政权的组织结构和管理体制，不同政体的国家具有不同的政权结构、政府机构设置与分工。一方面，中央与地方立法、行政和司法以及政府部门内部的权责划分制约着地方政府的举债权限，同时债务管理体制作为财政体制的一部分，还必须和其他方面相协调，那种过早、过度地将地方政府债务管理权限完全下放给地方的做法，将可能导致不良后果。巴西、阿根廷等国的惨痛教训，提醒我们对地方政府债务管理权限只能适度放权，尤其是对于外债管理，更需严格限制，以防主权外债风险。另一方面，越来越多的国家意识到，过度的行政控制也很难真正实现对地方政府债务的有效管理，一些长期坚持以行政控制为主的国家如韩国、日本，正积极进行制度约束和市场约束等类型的改革以提高地方政府债务的管理水平。这是因为行政约束型凭借上级政府权威控制地方政府债务风险，效果虽然直接，但可能会使中央政府过多陷入微观决策而减少对宏观经济的关注，同时中央政府对地方政府借款业务的审批与担保，还可能使中央政府承担道德风险和隐性担保责任，因此过度的行政控制型也不足取。

此外，地方政府债务管理体制的选择，还受到经济管理、文化等因素的影响和制约。如像美国等市场经济制度比较完善的国家，其政府宏观管理制度比较健全，对地方政府监管能力较强，对地方政府官员的问责机制较为健全，故采取制度约束型较为合适。再如，采取共同协商的地方政府债务管理体制，实际上是中央与地方之间根据各自利益讨价还价的结果，是利益的折中选择，并不一定与宏观经济目标高度一致，由于共同协商约束并非强制，依赖于双方诚信，所以，共同协商型只能在拥有良好自治传统、市场化程度较高的国家才能实现。

二、地方政府债务管理目标

从历史上看，地方政府举债的最初动机，多为弥补政府支出尤其是资本性支出的缺口，因此地方政府债务管理目标可以概括为满足地方政府可持续的融资需要。该目标包含两层含义：一是有效满足地方政府的举债需要，二是确保地方政府有足够的偿债能力。

随着经济和社会的不断发展，尤其是市场化和国际化的逐渐加深，成本与风险控制问题也逐渐进入了地方政府债务管理的视野。地方政府债务管理的目标可概括为：通过对债务组合的管理，使其符合地方政府对成本与风险的偏好。例如，一些 OECD 国家——如澳大利亚、比利时、丹麦、芬兰、爱尔兰、意大利、墨西哥、荷兰、葡萄牙、瑞典等——的地方政府将债务管理目标设置为：在审慎债务组合风险水平的制约下，达到政府中长期预期偿债成本的最小化。该目标是地方政府对债务成本与风险权衡的结果。因为如果不考虑风险，片面追求偿债成本最小化，可能会导致高风险的债务结构，最终可能会大大增加偿债成本；而如果过分考虑风险控制，不注重融资成本，则可能加重地方政府举债成本。

进一步考察，可持续融资与成本风险目标，实质上是同一问题的两个方面。融资肯定有成本，融资可持续必然要求风险水平适当。因此，无论是以可持续融资目标还是风险成本目标对地方政府债务进行管理，都有其合理性。但是，为了更符合现代市场经济条件下地方政府进行资产负债管理的需要，各国普遍采取债务组合成本与风险匹配的方法来设置地方政府债务管理目标。

在上述基础目标之上，地方政府债务管理还可以拥有不同的二级目标或者附属目标。如一些新兴市场国家——像巴西、哥伦比亚、韩国、泰国等——希望通过地方政府债券市场的扩大，促进国内债券市场的发展，并为私人债券提供参照标准。又如，新西兰将其（地方）政府债务管理目标放置于政府资产负债管理的大背景之下。再如，美国和英国等将其债务管理目标与国库现金管理相结合。

表1－2－2列举了一些政府（包括地方政府）的债务管理目标设置。

表1－2－2　　　　若干政府的债务管理目标设置

国　家	目标设置
爱尔兰	对现有债务进行管理，并为偿债筹集资金以保持短期和长期流动性，控制年度偿债成本及其波动性，使债务管理质量超过标准组合或影子组合①的要求
澳大利亚	以尽可能低的长期成本发行、管理和偿还英联邦债券，并把风险控制在可接受的范围之内
巴西	降低到期债务的集中度；优化外债的平均期限；降低借款成本；逐步重组外债；扩大投资者范围，向其他私人和公共借款人开放市场
比利时	在事先确定的风险水平下，实现债务成本的最小化
波兰	偿债成本最小化；化解汇率风险和外汇融资风险；加强中央预算资金管理
丹麦	在考虑政府债务风险的条件下保证低融资成本
芬兰	在不超过一定风险水平下使债务成本最小化
哥伦比亚	在一定的风险范围内实现长期融资成本最小化，改进风险与收益的配比关系；促进国内债券市场的发展
韩国	满足政府的资金需求，使中期和长期的债务成本最小，并培育国内债券市场
荷兰	以最有效率的方式进行政府债务融资，使债务成本在可接受的风险水平下降到最低
加拿大	为政府提供稳定的低成本资金，维持并强化运行良好的政府债券市场
美国	通过必要的借款满足政府的资金需求，并使联邦政府的借款成本最小化
墨西哥	维持较轻的外债摊销负担，并在控制再融资风险的同时降低成本
葡萄牙	在既定的风险策略下满足国家的借款要求，并使长期成本最小化
瑞典	在现存的政策框架和风险限制下，实现长期和短期借款成本最小化
泰国	降低借款成本，管理再融资风险，满足政府融资需求，完善国内融资市场

① 所谓标准组合指市场上处于平均收益水平的投资组合，影子组合指在市场化完全、价格未被扭曲情况下的投资组合。一般而言，在市场化程度高的市场上，标准组合与影子组合非常接近。

续表

国　家	目标设置
新西兰	在财政战略及风险控制的约束下，实现政府债务融资的长期收益最大化
意大利	使政府债务的预期成本最小化，降低债务的结构性风险
英国	在考虑风险情况下实现政府长期融资成本最小化，并以最有效的方式满足国库总体现金需求

资料来源：各国债务部门网站和世界银行。

三、中央层次的地方政府债务管理机构

世界上绝大部分国家在中央层次都建立有地方政府债务管理机构。根据与财政部之间的关系，地方政府债务管理机构一般有两种模式。第一种模式是将地方政府债务管理机构内设于财政部，地方政府债务全部由财政部统一管理，这是目前多数国家的做法。第二种模式是地方政府债务管理机构独立于财政部，但仍需向财政部汇报相关情况。

（一）通行做法：债务管理机构内设于财政部

具体设置上又包括两种类型：一是由财政部相关业务部门负责管理，二是在财政部内专设地方政府债务管理机构。

1. 由财政部相关业务部门负责。在大多数国家，财政部门是地方政府债务管理的主要职能部门。这些业务部门包括金融监管部门、国库管理局以及政府间财政关系司等。加拿大、菲律宾、荷兰、南非等国家就是由财政部相关业务部门负责对政府债务进行管理。

作为证券市场化程度较高的国家，加拿大对地方政府债务的监管主要依靠财政部下属的金融市场处完成。该机构由政府融资和资本市场政策部门（Government Financing and Capital Markets Policy）、债务管理政策部门（Debt Management Policy）和储备和风险管理部门（Reserves and Risk Management）三个部门组成。其中，政府融资和资本市场政策部门负责在政府贷款、贷款担保、特殊目的借款等方面提供政策分析建议；债务管理政策部门负责在政府公债管理、借款计划实施等方面提供政策分析建议；储备和风险管理部门负责在国际储备、与政府金融资产和债务相关的风险管理方面提供政策分析

建议。菲律宾财政部下设国库管理局（Bureau of Treasury，BOT），其职责包括：协助进行与借款、投资和资本市场发展有关政策的制定；控制和偿还中央政府的国内外公债；依法在总统授权后代中央政府负责发行、偿还和赎回政府证券。荷兰财政部下属的荷兰国库署（The Dutch State Treasury Agency，DSTA）专门管理荷兰国家债务。南非财政部政府间财政关系司省级财政处和城市财政处分别承担省级和市级债务管理职能。

2. 在财政部内专设地方政府债务管理机构。澳大利亚、法国、保加利亚、波兰、德国、新西兰等国家在财政部内专设地方政府债务管理机构，负责对地方政府债务的监督、管理和内部协调，并作为地方政府债务管理的职能部门。

澳大利亚设有协调、监督和控制公共部门（包括地方政府）债务的专门机构——借款委员会，负责对中央政府借款和各级地方政府借款进行协调管理。该委员会隶属于财政部，以利于充分发挥财政部进行监督、预测以及代表国家借款的功能。该委员会的主要目标是：推动国内外市场更易于监督和审查公共部门借款融资及其使用情况；根据国家财政政策目标进行有效的调控和协调；在国家大政方针下，确保地方各级政府在财政政策的决策方面拥有较大的自由度。

波兰政府的债务管理部门为公债管理部，隶属于财政部。该部内设四个部门，集中进行波兰政府的内、外债管理。作为财政部的一个部门，公债管理部负责制定债务管理战略，进行债务日常管理，并与国内外金融市场在政府借款和国库券等领域开展合作。此外，为在债务管理与财政货币政策之间进行协调，波兰公债管理委员会于1994年成立。该委员会每月召开一次会议，并提供相关咨询服务，讨论范围涵盖省政府借款融资需求计划、预算状况以及货币市场状况等。

法国经济、财政与工业部（Ministry of the Economy，Finance and Industry）内的国库司下设“债务管理中心”，负责对各级政府的资产和负债情况进行日常监督和管理，确保各级政府债务能够及时偿还并履行对欧盟承担的义务。该中心设立在执行监督公共收支和具有协商制定货币政策职能的国库司，也有利于国家制定综合的政府债务管理政策和财政风险防范措施，促进财政政策与货币政策的相互配合。此外，经济、财政与工业部还在各省、市镇派驻财政监督机构，负责对各级地方政府的财政运行状况和债务情况适时进行监督，一旦发现问题，及时向地方政府提出意见并向上级财政部门汇报。

新西兰债务管理办公室（The New Zealand Debt Management Office，NZDMO）成立于1988年，下设于财政部，并在财政部有关方针政策下进行独立运作。它的职责是在与财政货币政策保持相对独立的基础上管理公共债务，其工作目标是“建立一个低成本、低风险的债务组合，然后通过债务管理的各项措施来实现并保持这个组合”。债务管理办公室设有由政府官员和风险管理专家组成的咨询委员会，每年举行4次会议，以为国债管理提供政策咨询和监督。

德国联邦财政部下设10个理事会（Directorate－General），其中第七理事会（Directorate－General Ⅶ）负责国内和国际金融市场及货币政策，其下属的A理事会（Directorate Ⅶ A）具体负责债务管理及国际债务战略，并将其主要工作职责“债务管理和控制”与“国际债务战略、债务重构、金融贷款”分别交给两个分支机构Division Ⅶ A2和Division Ⅶ A4负责。

保加利亚财政部1998年统一了政府债务管理职能，并成立债务司专门履行该职能。一些国家中央层次的地方政府债务管理机构如表1－2－3所示。

表1－2－3　若干国家中央层次的地方政府债务管理机构设置

国家	债务管理机构	政策目标与职责	与财政部关系
爱尔兰	国库管理署	按比基准组合更低的成本满足政府融资需求，并尽可能降低债务风险	独立于财政部
韩国	内务部（内债）和财政经济部（外债）	限制地方借款总量；加强地方自治机构的责任感，最大限度减少其在借款决策时的短期倾向；防止国家经济能力集中于富裕地区	
美国	证券交易委员会下的市政债券办公室；市政债券规则委员会	市政债券办公室的主要职责：（1）根据反欺诈条款进行事后监管；（2）制定或者委托制定约束市政债券参与者行为的规则。市政债券规则委员会实际上承担了制定市政债券规则的主要责任，但其本身并不执行这些规则，而是交由全国证券交易商协会、联邦存款保险公司、联邦储备委员会和货币监理署等机构来执行	
日本	财务省、自治省	财务省参与中央政府对地方借款计划的制定，自治省负责制定地方政府债务计划，代表地方政府与财务省和内阁进行协商	
瑞典	国家债务办公室	以较低的长期成本满足政府融资需求；管理中央政府举债；以中央政府名义提供担保；担当政府执行机构的内部银行；监督国家现金管理	

续表

<table>
<tr><th>国家</th><th>债务管理机构</th><th>政策目标与职责</th><th>与财政部关系</th></tr>
<tr><td>英国</td><td>债务管理办公室</td><td>在满足政府融资需求的前提下实现债务成本和风险的最小化；最有效地管理国库的总体现金需求</td><td rowspan="2"></td></tr>
<tr><td>匈牙利</td><td>政府债务管理署</td><td>对国债运行过程进行管理；实现国债的经济政策目标和良好的经济效果；保持良好的国债信誉和国债市场价格稳定；尽可能减少国债的利息负担和筹资成本</td></tr>
<tr><td>菲律宾</td><td>国库管理局</td><td>协助进行与借款、投资和资本市场发展有关政策的制定；协助政府机构制定年度财政收支目标、借款水平以及中央政府现金余额；控制和偿还中央政府的国内、国外公债；依照法律，在总统授权后代中央政府负责发行、偿还和赎回政府证券</td><td rowspan="4">财政部内的相关业务部门</td></tr>
<tr><td>加拿大</td><td>财政部金融市场分部下设的金融市场处（包括三个部门）</td><td>在政府贷款、贷款担保、特殊目的借款等方面提供政策分析建议；在政府公债管理、借款计划实施等方面提供政策分析建议；在国际储备及与政府金融资产和债务相关的风险管理方面提供政策分析建议</td></tr>
<tr><td>荷兰</td><td>国库署</td><td>专门管理荷兰国家债务</td></tr>
<tr><td>南非</td><td>财政部政府间关系司省级财政处和城市财政处</td><td>承担省级和市级债务管理职能</td></tr>
<tr><td>澳大利亚</td><td>借款委员会</td><td>推动国内外市场更易于监督和审查公共部门借款融资及其使用情况；根据国家财政政策目标进行有效的调控和协调；在国家大政方针下，确保地方各级政府在财政政策的决策方面拥有较大的自由度</td><td rowspan="6">财政部内设专门机构</td></tr>
<tr><td>保加利亚</td><td>债务司</td><td>负责对地方政府债务进行管理</td></tr>
<tr><td>波兰*</td><td>公债管理部</td><td>负责制定债务管理战略，进行债务日常管理，并与国内外金融市场在政府借款和国库券等领域开展合作</td></tr>
<tr><td>德国</td><td>财政部第七理事会中的A理事会</td><td>债务管理和控制；国际债务战略、债务重构、金融贷款</td></tr>
<tr><td>法国</td><td>债务管理中心</td><td>监管各级政府的资产负债情况；提出和实施政府债券具体运作的政策措施等</td></tr>
<tr><td>新西兰</td><td>债务管理办公室</td><td>在与财政货币政策保持相对独立的基础上管理公共债务，其工作目标是“建立一个低成本、低风险的债务组合，然后通过债务管理的各项措施来实现并保持这个组合”</td></tr>
</table>

* 为在债务管理与财政货币政策之间进行协调，波兰还于1994年成立公债管理委员会。该委员会成员大都来自财政部、省财政厅和波兰国家银行。委员会每月召开一次会议，并提供相关咨询服务，讨论范围涵盖省政府借款融资需求计划、预算状况以及货币市场状况等。由于财政部和国家银行等重要部门负责人参与并负责相关政策的制定执行，委员会所作结论往往带有非正式的官方色彩。

关于地方政府债务管理机构与财政部关系的争论见专栏 1－2－1。

专栏 1－2－1　关于地方政府债务管理机构与财政部关系的争论

在财政部内设立债务管理机构可能具有如下优点：(1) 财政部是政府债务的最终承担者。(2) 财政部在宏观经济管理方面具有能力和信息上的优势。(3) 财政部掌握政府资产负债和收支状况的全面信息。

在财政部之外单独设立债务管理机构可能带来的好处如下：(1) 财政部的主要精力放在预算编制执行、经济预测等方面，债务管理工作容易被忽视。(2) 独立的债务管理机构更有利于接受监督，更有可能避免政府直接干预借贷政策。

（二）少数情况：债务管理机构独立于财政部

尽管大多数国家的财政和预算部门是最主要的地方政府债务管理职能部门。但仍有少数国家的财政部门需要与金融管理部门、国内事务综合管理部门以及计划管理部门相互协商，共同管理地方政府债务。这些国家拥有独立于财政部的债务管理机构，它们不隶属于财政部，但需向财政部门汇报有关情况，美国、日本、爱尔兰、瑞典、英国、匈牙利等国都属于这种情况。

在一些地方证券市场比较发达的国家，这些独立于财政部的政府债务管理机构往往由全国和地方的金融监管部门组成，它们被赋予监管地方政府证券市场、监督地方政府借款行为的重要职责。例如，在美国有两个机构负责对州及州以下市政债券进行监管，一个是美国证券交易委员会（SEC）市场监管部的市政债券办公室；另一个是美国市政债券规则委员会。市政债券办公室主要职责是根据反欺诈条款进行事后监管并制定或委托制定约束市政债券参与者的规则从而实现对市政债券的监管；市政债券规则委员会虽接受 SEC 的监督，但实际上承担了制定市政债券规则的主要责任，但其制定的规则必须经过 SEC 批准之后才具有约束力。

在地方证券市场不发达，地方政府以银行债务融资为主的国家，债务的管理也离不开金融监管部门。例如，日本的财务省（原大藏省）参与中央政府对地方借款计划的制定，自治省负责制定地方政府债务计划，代表地方政府与财务省和内阁进行协商。财务省内部设有理财局，负责对日本银行的国库资金账户进行监督，同时负责国债发行和还本付息等工作。韩国内务部负责颁布地方借款的详细规定和指导方针，在地方政府债务管理中发挥关键作用，但地方政府国外借款则主要由财政经济部负责管理。

还有一些国家，为了加强对债务的管理，将政府部门中与债务管理相关机构从各部门中脱离出来，组成单独的债务管理部门，以提高管理的独立性和可靠性。爱尔兰于1990年将财政部和中央银行所承担的债务管理职能分离出来，成立相对独立的债务管理机构——国库管理署（National Treasury Management Agency，NTMA）——来履行这一职能。瑞典1789年设立专门管理政府债务的独立机构——国家债务办公室（The Swedish National Debt Office，SNDO）。瑞典政府债务的决策、管埋和执行部门包括议会、财政部和国家债务办公室，上述各部门在政府债务管理中形成了协调统一的体系。匈牙利政府债务管理署（The Government Debt Management Agency）于1995年成立，负责制定并实施国内债务管理战略，1996年政府债务管理署成为国库署（The Hungarian State Treasury）下的一个半自治性质的组成部分，1997年开始承担政府直接外债管理职责，其发展趋势是成为一个独立的公债管理机构。

比较特殊的是，英国财政部（HM Treasury）1998年正式成立独立的债务管理办公室（The UK Debt Management Office，DMO），其主要职责是执行政府的债务管理政策，降低融资成本并控制风险。需要强调的是，英国债务管理办公室虽然是财政部的一个组成部分，但相对独立。财政大臣决定债务管理办公室运作所需遵守的政策和财政框架，但债务的具体决策和日常管理由办公室首席执行官自行决定。

四、地方政府债务资金运行管理

地方政府债务的资金运行管理过程包括对举债方式、债务收入用途、偿债等各个环节的管理。

（一）举债方式

各国地方政府举债方式主要有两种：一是发行地方政府债券；二是向金融机构借款，但一般都要求地方政府不得向其所属金融机构借款；三是向中央政府借款。实际上，大多数国家地方政府同时采用这两种或两种以上的举债方式。

美国地方政府债务，主要以发行州及州以下地方政府债券的方式举借。日本地方政府举债主要通过发行债券和借款两种形式。英国地方政府举债方式主要是向公共工程贷款委员会借款和商业银行借款，公共工程贷款委员会可以从英国国家贷款基金获得资金，因此向地方政府提供的贷款利率比商业银行优惠。德国州政府举债方式主要包括发行州债券和向银行借款，市政府举债方式则主要是向州立银行借款或市属储蓄银行借款。法国地方政府的负债几乎全部来源于银行，相应地很少发行债券。新西兰地方政府举债方式为债券或股票。加拿大省政府举债方式主要依靠传统债券市场和加拿大养老金计划（CPP）。CPP 利用其满足经常需求后的剩余资金从各省购买价格优惠的有价证券。澳大利亚规定：在财政部部长的批准下，地方政府可以通过透支、贷款或其他方式举借债务。印度邦政府举债方式包括邦政府公债、从印度储备银行等获得的再贷款或透支以及公共账户债务，邦以下地方政府举债方式则是发行市政债券。

（二）举债用途

多数国家要求地方政府在举债时遵守“黄金规则”，即除短期债务以外，地方政府举债只能用于基础性和公益性资本支出项目，不能用于弥补地方政府经常性预算缺口。只有少数国家，如加拿大、美国、德国和瑞士等国允许地方政府借债用于弥补财政收支季节性缺口。

新西兰《1956 年地方政府债务法案》规定，地方当局借款主要用于支付旧资产的升级换代以及新资产的建设和购买，严厉禁止地方当局出于收入目的，向银行或个人以透支方式举债，但允许在某些紧急状况下可有特例。美国州及州以下地方政府债务资金主要用于三个方面：（1）为公共资本项目提供资金，如学校、道路、供排水系统等；（2）支持并补贴私人活动，如私人住房抵押贷款、学生贷款和工业发展贷款等；（3）为短期周转性支出或特种计划提供现金。另外，如果利率下降，州及州以下地方政府可能借新债还旧债，从而以更低成本的借款来代替旧的债务。与联邦政府相反，美国州宪法或法律往往禁止州及州以下地方政府通过借款来弥补预算执行中的赤字。日本《地方公债法》在“地方政府财政支出必须以地方公债以外的收入作为财源”的平衡预算原则基础上，又规定“某些支出可以地方公债作为财源”。“某些支出”原则上是建设性支出，即只要该支出的效果涉及将来，居民在以后年度中能够受益，地方政府就可以通过借债筹资。近年来，日本地方借款更多地用于协助财政政策的实施。澳大利亚地方政府举债所筹资金一般用于基础设施等资本性项目。

表1－2－4对若干国家地方政府举债权限、方式与用途比较进行了比较。

表1－2－4　地方政府举债权限、方式与用途的国际比较

国家	举债权限	举债方式	举债用途
新西兰	（1）市和自治市议会、乡议会、镇议会（地区议会、区议会、联合议会）； （2）海港委员会、电力委员会、供水委员会、河流委员会、医院委员会、铁路委员会等； （3）符合《1956年地方政府债务法案》要求的地方机构	债券或股票	地方当局借款主要用于支付旧资产的升级换代以及新资产的建设和购买。严厉禁止地方当局出于收入目的，向银行或个人以透支方式举债，但允许在某些紧急状况下可有特例
加拿大	省级政府举债不受宪法或联邦政府限制，是否借款和借款额度直接受制于金融市场。地方政府必须按照省政府要求进行经常性预算平衡，涉及长期借款的市政府资本性支出必须获得省政府批准	向传统市场和加拿大养老金计划发行债券	省政府举债可用于经常性支出和资本性支出，市政府举债一般只能用于资本性支出
澳大利亚	州与地方政府均拥有举债权	经财政部部长批准，地方政府可以通过透支、贷款或其他方式举借债务	一般用于基础设施等资本性项目
美国	（1）政府、政府机构（包含代理或授权结构）； （2）债券使用机构	主要以州及州以下地方政府债券的方式发行	（1）为公共资本项目提供资金； （2）支持并补贴私人活动； （3）为短期周转性支出或特种计划提供现金； （4）如果利率下降，州及州以下地方政府可能借新债还旧债

续表

国家	举债权限	举债方式	举债用途
日本	(1) 都、道、府、县以及市、町、村等； (2) 特别地区、地方公共团体联合组织以及地方开发事业等特殊地方公共团体	发行债券和证书借款	(1) 交通事业、煤气事业、上下水道事业、其他地方公用团体经营的企业所需经费； (2) 对地方公营企业提供的资本金和贷款； (3) 地方债转期； (4) 抗灾应急事业费、灾后恢复事业费以及灾害赈济事业费； (5) 公共设施建设事业费或这些设施的用地费用

（三）应债资金

地方政府应债资金来源，就是债务资金的提供者。对于采取发行债券的举债方式，其应债资金主要来自资本市场，而对于借款等举债方式，其应债资金主要来自银行等金融机构。例如，美国地方政府举债主要依靠发行地方政府债券，其应债资金来自个人家庭、货币市场基金、共同基金、保险公司、商业银行、封闭式基金、工商企业、股票经销商以及其他投资者等；而日本地方政府应债资金则来自政府资金、公营企业金融公库资金、银行资金和其他资金。

（四）偿债资金

为减小地方政府债务风险，许多国家对偿债资金来源做了明确规定。在法国，地方政府债务只能由地方财政自行偿还，其偿债资金来源主要包括：地方税收、中央对地方政府的各类转移支付、发行新的地方政府债券（借新还旧）等。此外，各级地方政府均建立了偿债准备金制度，以减少债务风险对地方正常财政运行的冲击。在美国，对于地方政府的一般责任债券是以地方政府信用为担保，用政府的未来收入作为偿还债券本息的资金来源。如果州政府和地方政府不能或不愿筹集足够资金偿付债券本息，则表明该地方政府债务违约，处于破产境地，公债持有人可以上诉法庭以获得政府或其代理机构的资产；对于地方政府收益债券或非担保债券一般则是以债券融资项目未来的收费收入作为对投资者还本付息的资金来源。在新西兰，为保证地方政府债务的偿还，《1956 年地方政府债务法案》规定建立地方政府债务偿债基金制度。每笔债务都有对应的偿债基金用于债务的偿还，其资金主要来源于地方当局的拨款以及地方基金的抵押所得。一旦某笔地方政府债务对应的偿债基金及其利息累积到足够偿还到期债务和利息支出时，经审计办公室书面认可以后，地方当局可停止提取偿债基金。

五、地方政府债务风险控制

（一）政府间硬预算约束

一些国家的中央政府曾经对地方政府预算赤字进行补贴，对拖欠的借款实施紧急援助。这类财政支持容易形成软预算约束，影响地方政府加强税收征管的决心，地方政府债务违约现象也时有发生。为改变这种局面，越来越多国家的中央政府通过立法来完善政府间财政关系，硬化地方政府预算约束，以避免地方政府存在中央政府的救助预期引发道德风险，从而防止地方政府将其债务风险向上级部门转嫁。因此，为确保各级政府严格执行政府间财政关系的有关规定，世界各国特别是实行制度约束型债务管理的国家，对地方政府债务大多实行硬预算约束。20 世纪 90 年代初，加拿大、阿根廷、匈牙利等国地方政府赤字和债务增长迅速，主要原因是对地方政府预算约束软化引起的。因此，通过法律形式硬化政府间预算约束，明确各级政府财政债务及其偿债责任，对于防范地方政府债务风险很有必要。

（二）预算管理

各国普遍认为，政府债务是政府收入的重要来源之一，应当纳入预算或计划统一管理。地方政府债务预算管理的实质不是简单将债务信息载入预算，而是明确地方政府债务对其资产负债状况与风险大小的影响，并据此统筹考虑政府的公共资源配置。实行预算管理以后，政府公共预算应该是一般收支预算与债务预算的有机结合。澳大利亚、新西兰、日本、南非、匈牙利等国的经验表明，将地方政府债务纳入预算统一管理，对地方政府债务决策起到了很好的约束作用。

澳大利亚实行基于权责发生制的政府财务报告体系。在预算报告中，要求必须完整无误地反映出地方政府借款及其变动情况，州政府要求地方政府除报告直接债务外，还需披露或有负债情况。巴西所有政府收入和支出都必须通过年度预算法批准；公共债务再融资必须在预算法和附加信贷立法中分别列出；债券债务的再融资金额变动，不能超过预算指导原则或其他特别立法中规定的价格指数变动；预算法中禁止支出目标不明确或分配不受限制的信贷行为；如果没有跨期超过一个财政年度的投资，年度预算不能为其分配资金。

新西兰地方政府债务情况主要反映在政府预算平衡表、政府综合财务报表（包括资产债务表、利润表和现金流量表）、政府年度计划、政府年度报告、政府财政状况报告以及融资效果报告中，该国债务管理的重要特征是率先在政府会计和预算中实行了权责发生制。在 1989 年实施的《公共财政法案》中明确规定，所有政府单位采用企业会计原则，报告并量化或有负债，据此，在政府债务风险管理体系中建立了政府或有负债核算和报告体系。

日本中央政府对地方公债发行实行严格的管理：一是对地方公债发行实行计划管理，其主要内容包括地方公债发行总额、各种用途、各种发行方式的发债额；二是对地方政府发行地方公债实行协议审批制度。第二次世界大战以后，日本中央政府（主要指大藏省和自治省）每年都编制地方债计划。地方债计划不属于国会审议的对象，只作为参考资料提交国会，因而它没有法律依据，无强制执行的效力。但是，由于它是大藏大臣与自治大臣协商制定的，它规定了中央政府提供认购地方债资金的规模及地方债资金的具体用途，自治大臣在审批各地方政府的发债申请时，将以该计划为依据。

南非《市政财政管理法案》规定地方政府必须将债务收入作为预算收入的一部分，纳入市政府财政计划和预算，并将可能存在的风险项目进行清查分类，以加强对各类债务风险的监控。

匈牙利政府从 1996 年起建立了一个现代化的国库，负责各级政府预算执行，由单一政府账户付款，将它们记录在一个总的账户中。另外，中央政府扩大了其预算管理系统，国家预算计划为中央政府可能面临的财政压力提供了主要参考，官方的三年预测还包括对可能的政府负债的预期。

（三）规模控制

规模控制是地方政府债务风险管理的重要手段，根据其作用对象的不同，主要划分为两种基本模式。第一种是需求控制模式，约束作为借款方的地方政府，包括余额控制和增量控制两种方法。第二种是供给控制模式，主要作用于向地方政府提供贷款的银行及非银行金融机构。

1. 地方政府债务规模控制的主要指标及手段。

（1）需求控制的主要指标（如表1－2－5所示）。负债率主要反映地方经济总规模对政府债务的承载能力及地方政府的风险程度，或地方经济增长对政府举债的依赖程度。指标值越大，说明风险越高。对一国政府的外债，国际公认的负债率警戒线为20%，高于此值即被认为进入风险区。但对地方政府举借的内债，各国基于其特定的国情，指标口径不同，警戒线数值迥异。如美国规定负债率（州政府债务余额/州内生产总值）警戒线在13%～16%之间；加拿大限制负债率不得超过25%。

表1－2－5　需求控制的主要指标

指　标	公　式
负债率	年末政府债务余额/当年地方GDP
债务率	年末政府债务余额/当年财政收入
新增债务率	当年新增债务额/当年财政收入增量
偿债率	当年债务还本付息额/当年财政收入
担保债务比重	年末担保债务余额/当年财政收入
利息支出率	当年利息支出额/当年财政收入
债务依存度	当年举借债务数额/（当年财政支出＋当年债务还本付息额）
资产负债率	年末政府债务额/年末政府资产额

债务率反映地方政府通过动用当期财政收入来满足偿债需求的能力，该指标是对地方政府债务总余额的控制。目前，国际上对各国地方政府债务率没有统一标准，但从各国实践看，该指标大多在100%左右。如美国规定债务率（州及州以下地方政府债务余额/州及州以下地方政府年度总收入）为90%～120%；新西兰要求地方政府债务率小于150%；巴西规定借款额不得超过资本性预算的规模，州政府债务率（债务余额/州政府净收入）小于200%，市政府债务率（债务余额/市政府净收入）小于120%；

俄罗斯规定地方政府借款额不得超过“俄联邦体制下各自预算体系的收入总额”；哥伦比亚规定债务率（债务余额/经常性收入）不得超过80%。

新增债务率反映地方政府当期财政收入增量对新增债务的保障能力，这是对地方政府债务增量的控制指标。巴西规定新增债务率（新增债务额/政府净收入[①]）小于18%；日本规定新增债务率不得超过9%，同时，对当年地方税的征收比率不足90%或赛马收入较多的地方政府限制发债。

担保债务比重反映地方政府的担保风险。哥伦比亚规定地方政府用作借款担保的收入额占担保借款总额的比例为150%；巴西规定担保债务比重（政府担保余额/经常性净收入）必须低于22%。

偿债率反映地方政府当期财政收入中用于偿还债务本息的比重；利息支出率反映地方政府通过动用当期财政收入支付债务利息的能力。将地方政府的借款需求同偿债能力挂钩，可以有效遏制其扩大债务规模的冲动，同时能够在较大程度上避免地方政府出现债务危机时对中央政府的“倒逼”行为。如美国马塞诸塞州规定，州政府一般责任债券的还本付息支出不得超过财政支出的10%；新西兰规定，利息支出率Ⅰ（净利息支出/财政收入）要小于15%，利息支出率Ⅱ（净利息支出/地方税收收入）要小于20%；哥伦比亚规定，利息支出率（债务利息支出/经常性盈余）小于40%，同时债务率在80%以内，政府才可举债；韩国地方政府规定，偿债率（前4年平均还本付息额/前4年平均财政收入）必须低于20%；波兰规定，年度偿债额加担保债务额不得超过当年税收收入的15%。

债务依存度反映当年地方政府财政支出对借款的依赖程度。日本规定债务依存度（公债/一般财政支出）在20%～30%之间的地方政府不得发行基础设施建设债券，债务依存度在30%以上的地方政府不得发行一般事业债券；俄罗斯规定该项指标（年地方借款/预算支出）不得高于15%。

资产负债率反映地方政府的资产负债结构及其总体风险状况。该指标有两个影响因素：地方政府债务余额和地方政府的资产总额。但从目前各国的实际情况看，受政府会计核算体系制约，相当一部分国家真实、完整地核算地方政府资产额还有较大困难，只有实行了权责发生制的国家控制地方政府债务规模时选用这一指标。如美国北卡罗莱那州的法律规定，该

① 指扣除人员开支后的地方政府财政收入。

州及州以下地方政府的资产负债率要小于8%；新西兰规定资产负债率不得超过10%。

专栏1-2-2 《马约》中对赤字率3%和负债率60%上限的规定

一、背景

《马斯特里赫特条约》即《欧洲联盟条约》（简称《马约》），因欧共体国家首脑于1991年12月在荷兰小城马斯特里赫特就条约内容达成协议而得名。根据《马约》规定，欧洲联盟有三大支柱：经济货币联盟、共同外交和安全政策、司法和警务合作。关于赤字率和负债率的《马约》标准，是就建立经济货币联盟而言的。

在欧共体讨论建立经济货币联盟时，恰逢欧洲经历了20世纪七八十年代的高通胀时期，因此从抑制通胀的角度出发，要求成员国财政状况稳定被欧共体列为加入经济货币联盟的标准之一。

在这一标准的制定过程中，德国起到了关键的作用。由于历史上曾发生过恶性通货膨胀而导致金融体系被摧毁，二战后保持物价稳定成为德国货币政策的首要目标。

二、标准的制定过程

对《马约》有深入研究的意大利教授Luigi L. Pasinetti在1998年《剑桥经济》杂志发表题为"《马约》3%赤字率参数的神话与谬误"的文章。他认为，关于3%和60%这两个参数，没有人能够给出任何合理的解释。并推测，60%的负债率标准可能来自当时欧洲各国大致的平均值（其中法国和德国与之比较接近）。

根据其他欧洲学者的研究，在假定负债率上限为60%的情况下，当时估计欧共体的长期经济增长率大致为5%，这样就可以推导出赤字率的上限 =60% ×5% =3%

三、认识

《马约》标准是在特定条件下的产物，它甚至在较大程度上也是出于政治和利益集团方面的考虑。《马约》标准不能成为关于赤字、债务或者财政可持续性的一般标准。但是另一方面，由于《马约》标准的制定主要着眼于控制通胀和保持财政可持续性，因此作为上限参考值，对于各国防范财政风险也有一定的借鉴意义。

（2）供给控制的主要指标及手段（如表1－2－6所示）。从表1－2－6中可以发现，相对于需求控制而言，国际上对供给控制的指标设置还比较薄弱。从具体措施来看，也不够完善，主要依靠管理和监督商业银行的贷款行为。具体做法有：

表1－2－6　　供给控制的主要指标

指　　标	公　　式	含　　义
地方政府贷款/金融机构净资产比	对地方政府贷款余额/金融机构净资产值	反映金融机构因对地方政府贷款而承担的风险
地方政府贷款/地方政府净资产比	地方政府贷款余额/地方政府净资产值	反映地方政府自身的借债能力和风险状况
贷款损失分担率	金融机构承担的贷款损失/对地方政府贷款的全部损失	反映地方政府一旦出现违约，债权金融机构可能遭受的损失

①限制可提供政府贷款银行的范围。如巴西规定，国有与地方政府所属银行不能发放政府贷款；俄罗斯规定地方自有银行不得为地方政府提供借款。

②限制地方政府债务余额占银行净资产比重。巴西规定，地方政府债务余额不得高于银行净资产的45%；波兰规定，商业银行投资某一市政债券的数额应小于其资产的25%。

③金融机构配合政府实施需求控制。巴西规定，任何违规举债、突破赤字上限或者无法偿还联邦政府或任何其他银行借款的州，各银行禁止向其贷款。哥伦比亚规定，金融机构在发放贷款时必须充分考虑地方政府贷款额与其净资产之比。地方政府没有履行偿债义务时，即使有第三方担保，银行也有权不对其提供贷款。

2. 若干国家地方政府债务规模控制具体实践。

（1）主要采用需求控制的国家。主要采用需求控制的国家有澳大利亚、保加利亚、俄罗斯、韩国、美国、日本、新西兰、意大利、英国、印度等国。其控制指标如表1－2－7所示。

表1－2－7　　各国需求控制指标

国　家	增量控制指标	余额控制指标
澳大利亚	借款委员会分配的借款额度与预算报告中的借款额度之间的差额，以及本年度借款实际发生额与预算报告中的借款额之间的差额，均不得超过本级政府非金融公共部门收入的2%	

续表

国　家	增量控制指标	余额控制指标
保加利亚	年市政借款不高于财政收入的10%	
俄罗斯	年地方借款不高于预算支出的15% 地方借款不能超过地方预算收入总额 年度外债总额不能超过年度所还外债本金额	
韩国	前4年平均还本付息额/前4年平均政府收入低于20%，收支结余率不低于－10%	
美国		州政府债务余额占州内生产总值（GSDP）的比重在13%～16%之间，州或地方政府债务余额占州或地方政府年度总收入的比重为90%～120%
日本	地方借款额/地方政府总收入不超过9%，地方公债/一般财政支出在20%以上的地方政府不得发行地方福利设施建设事业债，30%以上的不得发行一般事业债	
意大利	年本息偿付额不得超过地区财政收入	
英国	地方信贷许可限额是地方资本收入扣除资产销售收入，地方政府债务边际增加额与年度信贷许可额和未偿还债务总额一致	
印度		债务余额/GSDP（州内生产总值），债务利息支出/财政收入
新西兰		债务余额/总资产，债务余额/年财政收入，当年利息费用支出/年财政收入，利息费用支出/税收收入等指标进行控制

澳大利亚设立规模控制线。由借款委员会分配的借款额度与预算报告中的借款额度之间的差额，以及本年度借款实际发生额与预算报告中的借款额之间的差额，均不得超过本级政府非金融公共部门收入的2%，若对此限制有所突破，地方政府需向借款委员会作出必要解释，并将其公开。

美国政府主要设立了两个指标对地方政府债务进行控制：一是州政府债务余额占GSDP（州内生产总值）的比重应该在13%～16%之间；二是州或地方政府债务余额占州或地方政府年度总收入的比重应在90%～120%之间。英国中央政府规定了每个地方政府的年度资本收入水平，其中一部分为地方政府可通过资产销售筹集到资金的估定值，其余部分则以信贷许可的形式（基本上都属于借款许可）发放给各地方政府。中央政府根据地方政府债务边际增加额对其总体净债务水平作出限制，该边际增加额与地方政府的年度信贷许可额和未偿还债务总额一致。意大利各地区只能为资本性项目面向地区企业进行举债，各地区的年本息偿付额不得超过地区财政收入。

俄罗斯1997年《俄罗斯联邦地方政府财政基础法》规定，地方政府借款上限为预算支出的15%，地方和地方组织不得借贷超过“俄联邦体制下各自预算体系的收入总额”，2000年出台的预算修正法规定联邦主体所借外债只能用于抵押再贷款，每个财政年度的外债总额不得超过年度所还外债本金。

保加利亚市政借款不得高于当年财政收入的10%，其中，上一个月财政收入的10%可以短期无息借款的形式从中央预算借入，其余部分可以向商业银行和其他市政府筹措。市政府也能发行公债，但现行法律没有明确这些公债是否受总债务规模约束。

日本债务依存度（公债/一般财政支出）在20%以上的地方政府不得发行福利设施建设事业地方债，30%以上的地方政府不得发行一般事业债，债务率（地方借款额/地方政府总收入）不得超过9%。韩国地方政府对一些债务指标进行了限制，如偿债率（前4年平均还本付息额/前4年平均财政收入）必须低于20%。对中央政府已经批准的地方举债方案，还要由地方市政当局确定具体数额（不能超过中央批准额）。

印度政府设定了三个指标来限制各级政府债务规模：一是债务余额/GDP（中央政府），二是债务余额/GSDP（州内生产总值），三是债务利息支出/财政收入（财政收入包括中央税收和拨款中各州的分享部分）。

新西兰对其地方政府债务的总量控制措施主要基于以下指标：①资产负债率，即债务余额/总资产的比率，该指标用于全面衡量地方政府的资产负债情况；②债务率，即债务余额/年财政收入的比率，用于衡量地方政府的偿债能力；③利息负担指标，包括当年利息费用支出/年财政收入以及利息费用支出/税收收入。地方政府通过估算与其总资产水平相对应的借款水平以及与年财政收入相对应的年利息费用支出水平，决定其借款规模。表1-2-8列举了新西兰惠灵顿市的债务规模控制指标。

表 1－2－8　　新西兰惠灵顿市政府债务规模控制指标限额

指　　标	限　　额
资产负债率＝债务余额/总资产	<10%
债务率＝债务余额/财政收入	<150%
利息负担1＝利息费用支出/财政收入	<15%
利息负担2＝利息费用支出/地方税收收入	<20%

此外，惠灵顿市还通过对不同期限借款的比例进行限制，以控制流动性风险，如表 1－2－9 所示。

表 1－2－9　新西兰惠灵顿市政府对不同期限借款的比例限制

借款期限	最小比例	最大比例
0～3 年	10%	50%
3～5 年	20%	60%
5 年以上	10%	60%

（2）需求控制与供给控制相结合的国家。需求控制与供给控制相结合的国家，主要有巴西、波兰、哥伦比亚。如表 1－2－10 所示。

表 1－2－10　　债务需求控制与供给控制结合国家

国　家	需求控制方法	供给控制方法
巴西	债务总额限制：州限额为净收入两倍，市政府限额为其净收入1.2倍；新增借款总额不得超过当年净收入的16%，债务还本付息额不得超过净收入的11.5%；政府担保余额必须低于经常性净收入的22%	地方政府供应商与合同承包方不得向地方政府或者其关联实体提供信贷；公共部门债务余额必须限制在任何银行净资产的45%以下
波兰	年度偿债额加财务担保额不得超过当年税收收入的15%，未偿债务累积额不得超过该地区税收收入的60%；公共举债超过GDP的50%（包括担保）则不许发新债	银行自有资金至少等于其风险加权化资产与表外负债之和的8%；根据信用等级的不同，相关法规将商业银行举债者划分为三个等级，其中，地方政府、欧盟国家地方政府和多边金融机构、欧洲发展银行等为二级举债者，其债务风险系数为20%；对某只市政债券，银行投资数量应小于其资产的25%；养老金和保险公司在某一私募市政债券的投资额不得超过其投资总额的5%，对公募市政债券的投资额不得超过其投资总额的15%

续表

国　家	需求控制方法	供给控制方法
哥伦比亚	地方政府用于借款担保的收入额占担保借款额的比重为 150%；债务规模红绿灯制度；经常性盈余大于不小于债务利息（暗示财政赤字为 0）；根据不同地区规定了经常性支出/非专项收入的上限	信贷机构在发放贷款时必须充分考虑地方政府的资产净值与贷款额之比；管理和监督商业银行贷款行为

巴西对地方政府债务实行总额限制，限额定义为每个政府净收入的一定比率，并经参议院通过。财政部每月据此公布超过限额的地方政府名单。州与市政府的限额分别设定为二者净收入的两倍和 1.2 倍。如果经济不稳定、货币或汇率政策发生显著变化，总统可以向参议院提交改变限额的建议。即使债务总规模已控制在上述限额内，地方政府还需满足下列条件才可举借债务：新增借款总额不得超过当年净收入的 16%，债务还本付息额不得超过净收入的 11.5%，政府签发的担保余额必须低于经常性净收入的 22%，短期借款总额不得超过当年净收入的 7%，新发债券在 2010 年以前仅限于资本性投资支出，州及市政府换届前的 8 个月内不允许任何借款。此外，宪法、财政责任法以及其他法律之间在对债务控制方向上也有所区别：有些法律设立了特定的财政目标，而其他法律则侧重于设定目标以及监控目标实现的程序；设立的特定目标可以是对财政最低要求的目标，比如累计债务量以及总体收支平衡，也可以是某些能使财政在应对外来冲击时有很大调整余地的目标，比如实施预算平衡，或者设定资本性支出的比例。在供给控制方面，巴西参议院第 43 号决议规定，供应商与合同承包方不得向地方政府或者其关联实体提供信贷。中央银行 2827 号决议规定，对公共部门的债务余额（包括国有企业的债务余额）必须限制在任何银行（包括私营和国有）净资产的 45% 以下。各级政府的公共金融机构不允许向其主要股东贷款。

波兰政府在地方政府债务需求控制方面做了以下工作：1998 年《公共财政法》对地方政府举债的类型进行了限制：（1）地方政府负债流量和存量限制。年度偿债额加财务担保额不得超过当年税收收入的 15%，未偿债务累积额不得超过该地区税收收入的 60%。（2）地方政府举借外币债务限制。法律明确规定：在债务发生时，必须以波兰货币表明负债总额的价值。关于举借外币债务，财政部发布了一条法规特别说明：只有由多边金融机构（如世界银行）提供的贷款或由国际信用评级机构提供的优惠利率投资，才被允许。(3)《公共财政法》将地方政府的举债权力与举债行为联系起来，规定一旦总的公共举债余额超过 GDP 的 50%（包括担保），则任何地方政府将不允许发生新的、超过相关指标限制的债务。(4)《债券法》对市政债券发行主体进行了具体规范。在供给控制方面，《银行法》第 128 款规定，银行自有资金至少等于其风险加权化资产与表外负债之和的 8%。根据信用等级的不同，相关法规将商业银行举债者划分为三个等级，并确定了相应的风险系数，以此作为商业银行控制贷款发放的依据。一级举债者包括财政部、中央银行、银行担保基金、出口信用公司、华沙证券交易所、欧盟中央银行和股票交易所，其债务风险系数为 0；二级举债者包括波兰地方政府、欧洲联盟国家的地方政府和多边金融机构（如世界银行、欧洲发展银行等），其债务风险系数为 20%，但如果其债务由一级机构担保，或用一级机构的证券作抵押，则风险系数也为 0；三级举债者包括其他所有的经济实体，其中，如果以不动产留置权作抵押，其债务风险系数为 50%，如果没有以留置权作抵押，则债务风险系数为 100%，如果由一级或二级机构担保，或用其证券作抵押，则债务风险系数为 0 或 20%。特别地，法律规定商业银行可以自由投资于市政债券，但对某一种市政债券，其投资数量应小于该银行资产的 25%。此外，相关法规并没有对投资基金投资于市政债券的数额设立明确限制，但规定养老金和保险公司在某一私募市政债券的投资额不得超过其投资总额的 5%，对公募市政债券的投资额则不得超过其投资总额的 15%。

哥伦比亚在地方政府债务需求控制方面做了以下工作。首先，哥伦比亚财政部 1995 年颁布了一项法令，将地方政府用作借款担保的收入额占担保借款额的比重从 130% 提高到 150%。信贷机构在发放贷款时必须充分考虑地方政府的资产净值与贷款额之比，并同时降低了地方政府借款的供给量和需求量。其次，1997 年的《358 号法律》规定了对地方政府债务进行限制的指标：一是地方政府的债务利息支出与经常性盈余之比，该指标代表地方政府的资金流动性；二是债务余额与经常性收入之比，该指标用来评估中长期债务的可持续性。针对每一个地方政府的贷款要求，上述指标的作用类似于交通信号灯。第三，2000 年的《617 号法律》将省分成5类，市分成6类，规定了各地区经常性支出/非专项收入的上限。第四，由于1997年的《358号法律》执行效果不佳，2003年的《795号法律》取消了红绿灯系统的黄灯分类（第120款），这一修改后的法律对地方政府的借款限制更为严格，实际操作中对两个限制指标只要有一个亮红灯，则最终结果为红灯，如表1－2－11所示。第五，2003年的《819号法律》添加了经常性盈余应大于或等于债务利息的限制，这意味着财政赤字必须是零，即借款只限于为现存债务提供资金。

表1－2－11　《795号法律》修改后的哥伦比亚地方政府债务预警区域

预警指标	绿灯区	红灯区
债务利息支出/经常性盈余（流动性指标）	小于40%	大于40%
债务余额/经常性收入（偿债能力指标）	小于80%	大于80%

注：经常性盈余＝经常性收入－经常性支出（不包括利息支出）＋对下级政府的转移支付。经常性收入主要包括税收、非税收入、收费、来自中央政府的转移支付、中央与地方政府之间的收入分成和利息收入等。经常性支出包括工资、社会福利和社会保障支出等。

资料来源：哥伦比亚第795号法案（2003）。

在供给控制方面，对商业银行的贷款行为进行管理和监督是限制地方借款的重要途径。在特定的情况下，需要获得银行和管理委员会的批准。另外，根据条款规定，银行有责任不提供没有履行偿债义务地方实体的贷款，即使他们有担保人的支持。另外，财政机构和区域发展机构对地方实体的贷款必须满足《358号法律》、《617号法律》和《第817号法律》等不同法律规范的条件和限制。否则的话，信用协议就是无效的，所借的资金也必须立即被偿还，而且没有利息、也没有任何其他费用。

（3）需求控制与供给控制的比较。从上述国家地方政府债务规模控制实践发现，多数国家采用了需求控制模式，部分国家采用了需求控制与供给控制相结合的模式，几乎没有一个国家仅仅采用供给控制模式，这与两种控制模式自身特点紧密相关。

需求控制模式有利于在源头上约束举债主体的借贷行为，其特点表现为计划政策的强制性本质，这在很大程度上约束了政府的借贷动机。而供给控制模式则主要通过限制债务资金来源约束政府举债行为，使政府债务成为"无源之水"，从而达到控制债务规模的目的。比较之下，需求控制对地方政府举债的约束更为直接。供需结合的债务规模控制模式则综合了上述二者的特点，在控制政府债务规模方面设立了双重限制，不仅抑制了债务人的融资需求，而且限制了债权人多余资金向债务资金的转化。这样一来，既有利于防范因政府作为债务人到期不能还本付息所引发的财政危机，也有利于规避由此带来的金融风险。

（四）风险预警

地方政府债务风险预警属于财政风险预警的一个子系统，它是指根据债务风险管理目标和风险控制标准，对现实存在的各种债务风险因素进行识别、分析、汇总和判断，寻找引起警情的原因，并在此基础上对出现问题的部门与机构发出警告，提出相应的纠正与化解措施。地方政府债务风险预警与规模控制之间联系紧密，两者在技术方法上也具有较多相似性。一定程度上，风险预警与规模控制构成同一过程的两个方面：一方面由于风险预警系统对地方政府债务状况进行连续监控，才使规模控制具有合理根据；另一方面由于规模控制机制的有效存在，风险预警才能真正发挥作用。地方政府风险预警的基本流程如图 1－2－3 所示。

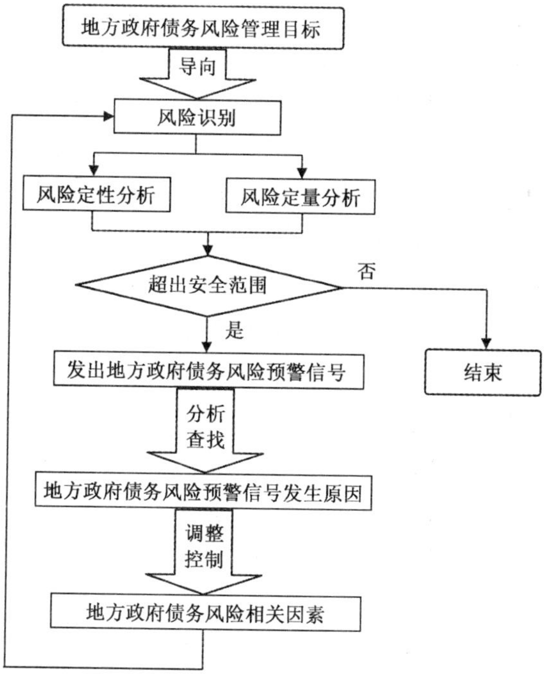

图 1－2－3　地方政府债务风险预警流程

从各国实践看，在风险预警方面，美国俄亥俄州模式和哥伦比亚的“红绿灯”预警系统比较典型。

（1）俄亥俄州模式。俄亥俄州模式是指通过地方财政监测系统改善对地方财政安全状况的监测，以防止债务危机的发生。州审计局负责实施财政监测计划，并对地方政府是否接近财政紧急状态作出判断，然后向地方政府提交关于财政监测状况的书面通报。如果进入财政监测计划后，地方政府的财政状况还在继续恶化，那就可能进入财政紧急状态。如果某个地方政府被宣布处于紧急状态，俄亥俄州将建立一个“财务筹划与监督委员会”来接管地方当局的财政管理权。在该委员会举行第 1 次会议后的 120 天内，地方当局首席执行官（同时也是该委员会的成员）将提交一份财务计划，及时化解危机。“财务筹划与监督委员会”要求政府举债行为与上述财务计划一致，并协助市政官员进行债务重组。

（2）哥伦比亚“红绿灯”预警系统。由于早期“红黄绿灯”预警系统执行效果不佳，2003 年哥伦比亚取消“红黄绿灯”系统的黄灯分类。修改后的预警系统对地方政府的借款限制更为严格，将每个地方政府的债务与其偿付能力挂钩，规定两个限制指标：一是地方政府利息支出率，该指标代表地方政府的资金流动性；二是债务率，该指标用来评估中长期债务的可持续性。如果债务利息支出率小于 40% 且债务率小于 80%，则意味着地方政府处于绿灯区，允许地方政府借款；否则，就意味着地方政府处于红灯区，此时禁止地方政府借债。

日本地方政府也引入了风险预警体系，旨在避免地方政府陷入债务危机从而导致破产。2007 年，日本颁布了改善地方政府财政状况，防范债务风险的法案。新的法案包括三项内容：（1）通过新的更为全面的指标监控地方政府的财政状况；（2）中央和县政府共同参与的财政重建计划；（3）短期财政赤字代替地方公债。风险预警体系的引入，对道德风险有一定的威慑作用，它不仅比市场规则的约束力更强，而且对减轻纳税人的负担也很有效。地方政府必须披露的 4 项财政指标包括实际赤字率（都、道、府、县小于 3.75%，市、町、村根据财政收入规模不同限制在 11.25% ~15% 之间）、综合实际赤字率（都、道、府、县级政府限制在 11.25% ~15%，市、町、村根据财政收入规模不同限制在 16.25% ~20% 之间）、实际偿债率（小于 25%）、未来债务负担率（都、道、府、县和政府指定城市小于400%，市、町、村小于350%）。这四项指标涵盖了包括预计负债在内的全面财政状况，增强了公众监督地方政府财政稳健程度的力度，如果其中一项突破限额，意味着地方政府面临财政困难，因此需要在中央政府的严格监管下制定财政重组计划，在未来若干年将指标降低到限额内。在财政重组的过程中，地方政府需要采取多方面的措施以降低公共支出，增加税收和其他财政收入，而这样做很可能会给那些财政困难地区的居民带来不便，迫使他们离开家园。

（五）政府担保管理

政府担保是形成其或有负债的主要来源，目前越来越多的国家已经意识到这一点，并且开始采取措施加强对政府担保的管理和控制。总体来看，各国政府债务担保大致可分为自身担保、政府间担保以及政府与其他非政府组织的债务担保。从政府自身担保而言，大部分国家的地方政府债务是以自身信用作担保的无限责任债务，但美国州与地方政府发行的收入债券是一种有限责任债务。对政府间担保而言，其主要形式为中央政府对地方政府的担保，它通过国家对地方政府曾经实施的无偿救助行为得到强化。这种担保所带来的道德风险成为巴西、墨西哥等国面临的主要债务问题。这些国家已经开始有意识地建立一种可信的承诺来消除这种担保的不良影响。至于地方政府对非政府组织的债务担保，大多数国家对此没有明确的限定，实践中往往对国有企业、中小企业、银行、公营事业等在市场活动中签订的债务合约提供担保。此外，除捷克共和国等极少数国家外，绝大多数国家缺乏对地方政府担保的成本测算制度，也未将其纳入预算管理，因此，在地方政府借债受到禁止或控制的国家，地方政府更愿意提供担保，这些担保已经成为政府或有负债的一个主要来源。

在所有的政府担保管理中，美国的经验值得介绍。美国许多州都制定了融资担保法规，对政府担保的使用进行了明确的规定。政府通常可以对废物处理设施、地下储备设施、地下石油开采等提供担保，但法规往往对作为担保方的政府设立了检测条件，只有每年都通过检测的地方政府才能实施担保行为。同时还建立了严格的担保资格和用于履行担保义务的政府基金的定期登记（通过制定担保证明书等形式，载明担保事项、担保金额、担保期限、担保责任范围等）和审查制度。

保加利亚政府集中了对新担保的审批权限，要求每笔担保都要由行政和司法部门、行业部门及财政部审阅并同意，最后还要经内阁通过和国会授权。不仅如此，保加利亚对担保总量也进行了限制。加拿大政府于20世纪80年代建立了一套管理其所承担的贷款和贷款担保风险的原则。南非地方政府《市政财政管理法案》规定，除特殊情况市政府不得为任何政府机构或自然人债务提供担保。

（六）偿债保证

要求地方政府提供偿债保证，可以有效控制其扩大债务规模的冲动，同时能够在较大程度上避免地方政府出现债务危机时对中央政府的“倒逼”行为，南非对此做了详细规定。在南非《市政财政管理法》中规定，通过市政委员会决议，市政府可以对自身及其单独控制下的市政机构的任何债务责任提供抵押。抵押的方式包括：（1）提供一项资产或权益的留置权，或抵押、出让该资产或权益，或提供任何其他形式的担保；（2）保证用可获取的资金或从可行的资金来源取得的资金来直接偿还，并授权贷款人或投资人直接使用该资金来源以保证被担保的债务得到偿还或履行保证的职责；（3）保证给贷款人、投资人或第三方提供押金作为担保；（4）同意使用特定的方式或程序来还款，以保证对贷款人或投资人的还款是特殊的和专用的，包括对收入的截留、还款进入特定的账户或其他还款方式或程序等；（5）将任何类型的收入或权益转到未来收益中作为抵押；（6）保证通过调解、仲裁或其他解决争议的途径来解决出现的任何争议；（7）使一般收入、特定收入及其他收费收入保持在一定数额之上，以保证履行其偿债责任；（8）保证在预算案中对履行其债务责任所需要的还款作出规定，包括资本和利息；（9）同意对市政府在担保债务或担保责任履行完成前所发生的债务作出限制规定；（10）市政府作出的其他安排。

上述抵押的资产或权益，无论是接受市政府抵押的一方，还是它的继任方或是受让方，在市政府违约时，在不影响继续提供最低限度的基本市政府服务的情况下，均有权处置抵押的资产或权益。但如果抵押资产或权益影响了基础城市服务的最低限度水平，则市政府需完全履行偿债义务。

（七）行政司法监控

各国政府除通过预算约束、规模控制、透明度要求、担保管理、偿债保证等途径控制地方政府债务风险之外，还依靠司法、审计等部门对地方政府举债进行严格监督与控制，从而形成全方位的立体监控体系。在这些国家当中，法国与日本对地方政府债务的行政司法监控体系可圈可点。

法国各级地方政府对外举债，由地方议会和政府自主决策，严格按相应的法律法规运作，中央政府原则上不采取审批等直接管理方式进行干预。此外，中央政府仍然依靠审计法院、财政部、财政部派驻各地的财政监督机构以及银行等金融机构对地方政府负债和财政运行状况进行严密监管。如图1－2－4所示，法国的审计法院与其他法院一样，是一个独立的国家机构，它既是检查政府资金使用情况的最高司法机关，又是对政府进行事后财政监督的机关。财政部国库司是财政部最重要的职能部门之一，它是国家财政监督的代理机构，它管理国内一切公共性收支、政府资产及公共资金运作，发行公债和投资使用的公共基金，与中央银行协商制定货币政策等。附属于国库司的“债务管理中心”成立于2001年8月，其主要职能是对各级政府的资产和负债情况进行日常监督和管理，提出和实施政府债券具体运作的政策和措施等，以确保各级政府债务能够及时偿还和履行对欧盟承担的义务等①。财政部派驻各地的财政监督机构具有对地方政府对外举债项目进行监管，一旦发现问题，会及时向地方政府提出意见并向上级财政部门汇报。

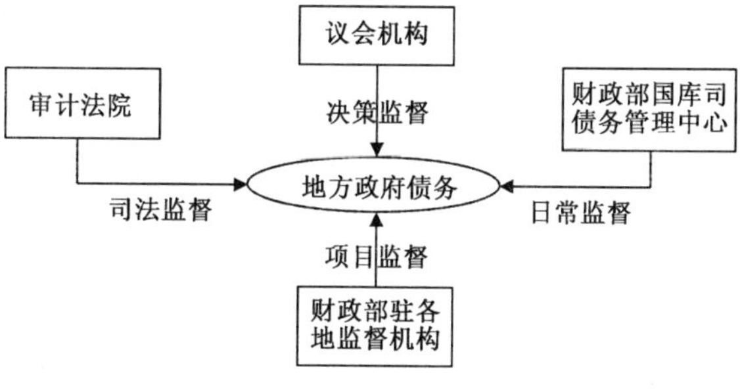

图1－2－4　法国对地方政府债务的监督机构

① 即财政赤字占GDP的比重不超过3%，政府债务总额占GDP的比重不超过60%。

日本地方监察委员会负责审计地方政府的债务运行情况。对每一审计对象，监察委员会分别出具一份审计报告，直接提交给国会或委托审计的政府部门。对于审计中发现的问题，监察委员会通常不会直接作出处理，而是提出改进措施或意见，建议其所在部门实施处罚，其建议一般很受重视。

（八）透明度要求

公开包括债务在内的政府财政状况，已成为世界范围内财政风险管理的一种趋势。为解决预算外的政府可信度和财政纪律问题，向公众披露信息，提高财政透明度，不仅能满足公民“知的权力”，更是加强对政府进行监督的基本要求。在强调授权的政府再造运动中，财政透明度正是一种监督考核机制。因此，地方政府债务管理的高度透明，有利于提高政府债务控制能力，防止地方政府债务恶性膨胀。

第一，提高透明度必须首先从会计制度上予以改革，使财政信息能更为真实有效地反映政府各项经济活动。例如，澳大利亚州政府要求地方政府运用权责发生制原则，除了报告直接债务外，还需要披露或有负债，这可以更好地披露政府承担的长期成本和收益，提高了公众对公共资金潜在使用的监督。各州政府还需定期向借款委员会提交筹资战略与平衡规划，并由借款委员会进行审查和综合平衡。此外，各州还要将借款融资及其使用情况，按照借款委员会确定的统一框架要求，严格进行季度报告和年度报告等。

第二，将预算和直接债务之外的财政信息公布于众，可以加强公众对政府的监督，从而起到间接地强化预算与财政纪律，起到约束政府行为的作用。比如，在瑞士，公民可以通过表决来决定以下事项：贷款或项目拨款、预算整体估算值、单笔支付信贷或年度拨款、贷款。巴西地方政府每年须向联邦政府汇报财政账户收支情况，每 4 个月须发布政府债务报告，这些报告由地方行政长官签署并公之于众。但由于存在时间差，地方政府的债务仍可能超出限额。如果在 8 个月的宽限期内地方政府仍未能将债务规模调整到法律规定的限额内，该地方政府将被列入财政部公布的黑名单，不能继续举债。巴西《财政责任法》第 48 条还规定，实现财政管理透明度的工具应广泛公布（包括在公共电子媒体上）。南非规定市政府在借款过程中必须披露对预期贷款人或投资人做决策有重大影响的所有信息，并保证信息的准确性。市政府的财会官员必须按照《市政系统法》的要求把该市政府的有关资料放置在网上，所涉及的资料必须在政务会议后5个工作日内，或者在必须向公众公开的日期时放置在网上。为强调财政风险透明化，南非政府开始使用 Polackova 提出的财政风险矩阵来鉴别它们承担的风险，以寻找可能采取的补救措施。上述信息的披露主要依靠与所有银行联网的国家信息系统完成，所有的借贷交易情况必须在信息系统中登记，否则将被视为非法交易。该信息系统是透明的，每个政府和银行都能查看相关信息，系统运行是自动的，不能人为控制，债务规模的限额和申请的先后顺序不能更改。

第二，要提高地方政府债务透明度，控制与防范地方政府债务风险，必须建立一套完善的与债务预算制度相适应的地方政府债务统计与报告制度，不少国家为此进行了积极探索。法国政府债务完全纳入了公共预算管理，地方政府负债的形成、偿还和变更等事项必须遵守预算编制程序与原则，予以反映和报告。在编制预算报告时必须遵循统筹原则，即预算必须全面反映收入和支出，任何一个部门都不能自行动用本部门的收益，必须列入国家预算后才能用于支出。公共预算草案一旦由议会通过，就形成了有法律效力的文件，预算执行部门必须按照自己的权限范围严格贯彻执行。财政部建立了公共会计网，专门反映公共预算收支的执行情况。法国宪法规定，公共预算在执行过程中，如果由于经济形势发生了变化，政府可能提出修改方案。修改方案的审批办法和预算草案的审批办法相同。公共预算执行的情况，由公共会计网按月逐级向市镇、省和中央报告，平时也可以通过计算机网络了解全国各地的预算资金的使用情况。完善的公共预算编制与报告体系为提高法国地方政府债务管理的透明度以及防范地方政府债务风险，打下了坚实的基础。

六、地方政府债务危机化解

通常情况下，地方政府应对自身债务负责，但当地方政府最终无法偿还债务，面临偿债危机时，各国采取的应对措施大体分为三种情况：

（一）中央政府行政接管

地方政府发生债务危机，濒临破产时，由上级政府直接派人接管相关政府机构的工作，并负责偿还其所欠债务。如法国中央政府规定，一旦地方政府债务到期不能偿还，导致政府运转不灵，则由法国总统的代表——各省省长——直接执政，原来的地方政府或地方议会宣告解散。其债务先由中央政府代为偿还，待新的地方议会和地方政府经选举产生后，再通过制定新的增税计划逐步偿还原有债务以及中央政府代为偿还的垫付资金。

（二）中央政府重组地方政府债务

面对地方政府出现的债务危机，上级政府承担救助的法律责任，但这些责任实施的条件和程序都通过法律得到明确界定。澳大利亚和南非政府对地方政府债务危机的处理采取了这种方式。

巴西近年来的三次地方政府债务危机都以中央政府重组地方政府债务而告终。不同之处在于，最近的一次州政府债券危机中，中央政府在接管地方政府债务的同时出台了《财政责任法》，重建了财经纪律。中央政府发行中央债券，重新确认地方政府债务，并成为州和市政府的债权人。中央政府接管了包括税收分享在内的地方政府自有收入作为担保，并要求州、市政府每月支付相当于其净经常性收入的13%。根据这些协定，州以固定实际利率6%按30年期限重组其债务。中央政府承担的成本体现为州政府支付给中央政府与中央政府支付给金融市场的利率之差。该利率差2001年7月估计大约为220亿美元。中央政府重组的总债务超过1 000亿美元；2004年12月，重组债务数额占GDP的17.5%。导致地方每年要向中央支付大约60亿美元的还本付息资金。

《澳大利亚联邦法案》第105条规定：议会承受各项州债务；或根据州人口占联邦人口的比例承受其部分州债务，并对该债务或其中部分债务予以调换、转期或合并。各州对联邦所承受的债务应予以偿还；债务的利息，应从联邦拨付各州的收入余款中扣除。如收入余款不足以抵付或无收入余款时，其差额或全部利息也应由各州偿还。20世纪30年代，新南威尔士州发生两次外债违约。联邦政府在两次为其垫付利息后，先后通过了《金融协议法案》（也称《联邦债务法案》）和《金融协定执行法案》。前者承认了州债务的债权人享有的权利；后者则规定一旦州政府违反金融协定后联邦政府将从高级法庭获准接管州政府收入的法律程序。

南非《市政财政管理法案》规定，如果市政府未能在债务到期日前还款，或者市政府未能履行其财务承诺并影响到其信用时，标志着市政府发生了财务危机，省政府必须强制介入市财政管理，要求市政府编制财务复苏计划。在编制计划时，市财务复苏署必须咨询相关市政府、市政府主要供应商和债权人、该省负责财务的常委会成员、该省负责地方政府的常委会成员以及工会组织等的意见。财务复苏计划必须设置开销限制、收入目标以及详细的特殊收入筹集措施等。如果市政府不能兑现其财务承诺，该市政府和在市政府完全控制下的市政实体可以向高级法院申请下令暂停所有法律程序，但时间最多不超过 90 天。市政府向高级法院提出的申请包括暂停偿还全部或部分债务直到市政府有能力履行这些义务为止，或者终止政府对债权人的债务，并按照分配方案进行调解。法院下达暂停市政府偿还债务的条件是：认定市政府现在无法向债权人偿还债务，且除维持有效行政管理或者提供最基本市政服务所必需的资产外，其余资产已经或者将要按照获批准的财务复苏计划被用于清偿债权人债务。法院下达终止市政府对债权人偿还债务的条件是：必须确定市政府现在以及在可预见的未来无法偿清债务，且除维持有效行政管理或者提供最基本市政服务所必需的资产外，其余资产已经按照获批准的财务复苏计划被用于清偿债权人的债务，同时，除了获批准的财务复苏计划中规定的合理预期收入能够支付的雇员外，其余雇员全部被解职。如果法院发布了市政府暂停或终止偿债的法令，该省负责财务的常委会必须任命一个受托人在法令规定日期前起草一份分配计划来妥善处理所有债权人的合法利益。分配计划必须确定可用于分配的金额、列出有资格参与分配计划的全部债权人名单以及根据优先顺序确定可用资金在债权人之间的分配建议，分配计划只有在获得法院批准后才能生效。

（三）地方政府自行处理

中央政府明确宣布放弃对地方政府的救助。在阿根廷，省政府出现债务危机时，中央政府拒绝援助省政府，同时，还要求省政府将共享收入作为还款担保，只有在清偿了债权人的债务之后才可重新获得。拉美其他一些国家规定，地方政府在债务违约时，中央政府不会对地方政府进行财政援助，如不按国家有关政策规定向没有担保的地方政府实体贷款，贷款方应该对其作出的决定负责。

七、地方政府债务管理纠错与问责机制

纠错与问责机制主要用于地方政府债务管理的事中和事后控制。事中控制可以及时纠正债务管理过程中的偏差，防止风险积聚和增大；事后控制能够确定风险责任，并尽量减少风险的再次发生和累积。根据地方政府债务管理中存在的不同问题，法律规定了不同的纠错与问责措施。这些惩罚主要包括取消举债权、收取债务违约赔偿金、追究责任人的经济、行政及法律责任以及削减预算和转移支付等。

巴西《财政责任法》规定，如果在 8 个月的宽限期内地方政府未能将债务规模调整到法律规定的限额内，该地方政府将列入财政部公布的黑名单，不能继续举债。新西兰《1956 年地方政府债务法案》第三部分第 92 ~ 103 条主要涉及对地方政府债务违约的限制和惩罚措施。一旦地方当局无法全额和持续支付特别债券的本金或利息，那么违约地方当局将向债券或股票持有人额外支付违约金额的 5% 作为赔偿金。一旦地方当局连续 28 日无法全额和持续支付偿债基金的分期偿债额，地方政府债务委员会将向地方当局追索债务或是提请高等法院指派一名财务委托管理人追索债务。

巴西《财政责任法》对不履行义务的责任人给予另法规定的人事处罚。对于更为严重的失职行为，将给予革职、禁止在公共部门工作、处以罚金、甚至进监狱等处罚。南非对不履行《市政财政管理法案》规定义务的，将给予行政或刑事处罚。市政府经过调查后，如果确定市政府的会计长、财务总监、负责财务管理的高级官员或者政府实体中的高级公职人员在财务上存在违反财政管理法案规定、未履行职责、决策失误造成支出浪费、提供错误或误导性信息等过失责任，将启动相应的惩戒性程序，给予行政处罚。根据有关规定，上述人员由于故意或者非常疏忽导致市政府财政资金严重损失、严重决策失误、腐败等行为发生被认定为犯罪的，将视情节轻重处以 5 年以下的有期徒刑或者按照有关法规处以一定金额的罚

款。对于其他官员、公务员和政府实体人员由于故意或者疏忽而作出的非法行为导致损失和浪费的，要承担相应的赔偿。

此外，一些国家通过削减预算或转移支付，对违反债务管理相关规定的地方政府给予惩罚。

八、几点启示

（一）赋予地方政府举债权

从国际经验看，各国政府间关系分权成了当今时代的主流。无论是集权制国家还是联邦制国家，发达国家还是发展中国家，纷纷开始了对地方政府的放权行为。这种放权行为并未减少中央对地方的监督控制，相反，中央的监督控制能力还有所加强。在社会经济政治事务极为纷繁的条件下，各国中央政府加强对地方监控的基本方法是将尽可能多的地方性事务或执行性事务交由地方自主处理，中央只保留在有关全局的关键领域进行直接控制和对地方政府活动进行依法监督的权力。

地方公债制度，是国家公债制度的重要组成部分，举债权是规范的分税制体制下各级政府应有的财权，这是几乎所有实行分税制财政体制国家经过长期实践得出的经验。因此，按照市场经济体制与分税制的客观要求，在建立中央政府严格审批和监管制度的前提下，逐步建立规范的地方公债制度，在改革和完善现有财政体制、逐步建立公共财政体系和严格划分中央与地方政府财权和事权的基础上，逐步开放地方政府对外举债和发行地方债券将是一个历史趋势。

（二）加强中央财政对地方政府债务的管理

在难以完全依靠市场约束地方政府债务的情况下，中央政府进行较为严格的地方政府债务管理，是稳定宏观经济、保障经济安全和社会稳定的必要举措。放任地方政府无序举债的直接后果是地方政府债务的过度膨胀、引发债务风险、扰乱财经秩序，这不利于经济和社会的持续稳定发展。国际经验表明，凡是中央对地方政府债务管理有序，控制较严的国家，其地方财政就会健康运行，经济就会平稳增长，反之，就会出乱子。为了降低经济运行风险，各国中央政府普遍统一管理地方政府债务。在管理部门的确定上，除个别国家外，绝大部分国家都由财政部直接承担地方政府债务管理职能。目前，我国外债已经实现了归口财政管理，但中央政府缺乏统一的综合性债务管理部门。这与目前我国地方政府自行举债规模越来越大的实际情况是不相符的。当务之急，应当在明确管理范围的前提下，尽快实行地方政府性债务归口具有明显的宏观经济管理优势的财政部门管理，努力扭转多头举债、权责不清和调控不力的局面。

（三）采取制度约束和行政控制相结合的管理体制

有效的地方政府债务管理体制，是地方政府债务管理的基础与核心，它必须综合考虑本国政治、经济、文化的特点，逐步建立与实施。特别是对于中央政府与地方政府举债权责的分配问题，更应谨慎对待。从现实来看，虽然我国已经初步建立了市场经济体制的基本框架，那种完全依靠行政控制而不借助资本市场对地方政府债务进行约束的做法固然不足取，但我国市场秩序尚不规范，完全采用市场约束型管理地方政府债务，过早、过度放权可能导致严重后果，阿根廷、巴西等国家因过度放权且缺乏有效监控机制引发的地方政府债务危机为我们提供了宝贵经验；再考虑到我国是一个发展中的大国，政府级次较多，各地情况千差万别，上有政策下有对策的情况较为普遍，采用共同协商型也不现实。因此，借鉴多数国家经验并结合我国国情，实行中央与地方之间适度分权的债务权限划分，选择制度约束与行政控制结合的债务管理体制较为合适。即首先建立一套行之有效的管理制度，在此基础上，将地方政府性债务管理纳入行政控制范围，以弥补当前地方政府性债务管理的缺位。

具体而言，首先必须将地方政府举债过程中地方政府与中央政府的活动范围与行为方式置于法律框架范围内，在给予地方政府举债权限的同时，又可以保证中央对地方的必要约束。其次，中央可适度借助自己的行政权力，对地方政府举债施加行政干预，防止地方政府过度举债。第三，地方政府举债后，可借鉴美国等市场经济发达国家经验，运用市场手段对其举债行为进行监控，依靠信用评级机构、金融中介以及社会结构的力量，对地方政府信用进行评级，以约束地方政府举债行为。

（四）选择合理的举债方式、限制举债用途、保证偿债资金来源

借鉴国际上地方政府债务资金运行管理经验，地方政府从融资来源、资金管理、投放范围到债务偿还都应该有明确的法律规定。从举债方式看，应根据各地的实际情况选择举债方式，既应该允许地方政府从商业银行借贷满足长期建设需要，也可以借助发行地方政府债券进行直接筹资。由于地方债的资金主要用于资本性的建设项目，这些项目建设周期长，收益回收慢，因此客观要求具有足够长的还款周期。在举债用途方面，大多数国家均规定地方债主要用于城市基础设施建设，特别是市政设施建设。所以，我国地方债的用途也应主要用于建设性投资或借新还旧，没有特殊情况不能用于赤字性举债。在偿债资金筹措方面，应首先立足于项目本身未来的收入，在满足一定条件下（主要针对一些公共性较强的项目），才可以借助未来地方税收收入偿还。同时，各级地方政府还应该建立偿债准备金制度，以减少债务风险对地方财政正常运行的冲击。

（五）进一步完善政府间财政关系，硬化预算约束

整合和管理地方政府债务是进一步完善政府间财政关系的重要内容。国际经验表明，地方政府债务风险的出现无不与政府间财政关系的制度设计密切相关。从根本上防范和化解目前我国地方政府隐含的债务风险，需要进一步完善政府间财政关系。尤其需要明确的是，在政府间财政关系基本制度确定后，必须实行硬预算约束，明确偿债人的责任，否则必将产生道德风险形成恶性循环。

（六）构建适合国情的规模控制与风险预警机制

从各国情况看，管理地方政府债务的有效手段是合理确定地方政府债务规模，建立科学的风险防范和预警机制。为使这一机制切实可行，相关指标要量化到每一级政府，同时要进行供给和需求双重控制。当前，我国虽然尚未发生地方政府性债务危机，但局部地区已经存在发生债务危机的隐患，为避免这种隐患转变为现实的风险，应当尽快采取强有力的控制措施，建立预警机制。保加利亚的地方政府债务偿还准备金制度以及哥伦比亚的“红绿灯”债务预警系统等，值得我国建立地方政府性债务风险控

制和预警体系时加以借鉴。

（七）健全地方政府债务担保及偿债机制

健全并完善地方政府债务担保机制，减轻地方政府或有债务风险的内在要求。地方政府债务的产生，一方面是源于政府直接借款，另一方面是地方政府提供不当担保形成的。后一种原因更具隐蔽性，也是地方政府债务规模膨胀的一大因素。南非《市政财政管理法案》中，对地方政府的担保范围和担保责任都做了具体规定，这点很值得我国借鉴。同时，完善地方财政偿债机制，也是防范债务危机发生的重要保障。对应该由地方政府承担的债务，要按照债务偿还期限划分为不同档次，根据财力增长幅度制定相应的偿还计划，做好偿债资金的准备工作。当地方政府不能偿还到期债务时，可先行从偿债准备金中支付，以减少债务风险对地方正常财政运行的冲击。如保加利亚为减少政府债务风险，对政府担保的债务设置严格的限制，建立偿债准备金，对债务风险进行分析并定期报告。

（八）提高地方政府债务信息透明度

提高地方政府债务信息透明度，首先必须将地方政府债务纳入统一的政府预算管理与报告制度，弄清地方政府债务对政府资产负债的影响及其风险大小，从而对政府债务决策起到一定的约束作用。这一制度要求地方政府编制资产负债表，将负债及其偿还情况向公众透明，通过政府会计制度改革，对地方政府债务进行适当地确认及计量，再配以相应的政府问责机制，为督促政府有效运用债务资金，防范债务风险起到积极作用。在这方面澳大利亚、新西兰、南非等国家已经积累了不少可以借鉴的经验。

（九）建立地方政府债务管理问责与纠错机制

建立地方政府债务管理问责与纠错机制，从制度上约束地方官员过度举债行为，从源头上控制地方政府债务风险。南非《市政财政管理法案》规定，不履行规定义务的政府借款人及金融机构等出借人要承担一定的经济责任，并受到行政或刑事处罚。目前我国对政府借款人还没有明确的责任要求和相应的处罚机制，这不利于地方政府债务的规范管理，我们应借鉴国际上政府债务管理的经验，尽快对政府有关人员的过失责任及处罚措施作出明确规定。

第二部分

实践：工业化国家

第一篇

美国地方政府债务管理

一、概　　述

（一）政府管理框架

美国属于典型的联邦制国家，由若干个具有自治能力的政治实体（即州）在共同认可的政治框架内组成。其政府结构包括一级联邦政府、50个州政府，以及8万多个县、市、镇、学区或其他特别服务区。

联邦与州政府纵向分权，两级政府的权力通过联邦《宪法》进行明确划分：联邦政府主要负责与各州共同利益休戚相关的具有整体意义的事务；各州则负责有关本州人民基本政治和民事权力的事务。

《宪法》规定联邦政府的地位高于州政府，具有优先权。美国《宪法》第6条规定：合众国的宪法、法律和同外国缔结的条约都是全国的最高法律，各州必须遵守。州的法律凡同联邦《宪法》、法律和条约相抵触者一律无效。在联邦与州的权限划分上，《宪法》列举了联邦政府所应具有的各种“授予权力”。此外，根据最高法院的解释，从“授予权力”中还引申出联邦政府其他的“默示权力”。

州政府职责权限在《宪法》中也有明示。美国《宪法》第10条修正案规定，凡《宪法》未授予联邦以及未禁止各州行使的权力，皆由各州或人民保留，即各州拥有的权力均为保留权力。各州在尊重和维护联邦权威和权力的前提下，共同参与联邦政府决策和政策实施，并在不损害联邦利益和权力的前提下行使各自的政治和经济自治权。

美国的地方政府从属于州政府。尽管在不同的州，州政府与其地方政府之间的关系有所差别，即使同一州内不同地方政府之间的关系也有不同，但与其他国家相比，地方政府在美国政治生活中的作用要大得多，这反映了美国参与性民主制和政府权力制衡的历史传统。

在《宪法》的保护下，联邦政府、州政府和地方政府均在各自权限范围内享有独立权力，从而实现自治与共治的结合。

（二）政府间财政关系

美国《宪法》对三级财政体制的良好运作起着至关重要的作用。《宪法》确立了各级政府的职责和支出责任，同时也赋予各级政府相应的税权，使联邦、州和地方各级政府的财权与事权明晰，有法可依，并且凭借着《宪法》至高无上的地位强化了这种划分的稳定性。

1. 政府间支出责任划分。美国《宪法》规定，联邦政府主要负责全国性的国防及公共福利，具体包括联邦级行政、国防、外交、征税、借款和货币发行，对州及州以下地方政府的补贴，制定贸易政策，统一全国度量衡，管理邮政，统一版权与专利，社会保障，对能源、环境、农业、住宅、交通等项目的补贴等。州政府的职责主要为联邦政府职责以外属州内管辖的事务；而地方政府的权力和职责则由州宪法和相关法律规定。从具体的职能范围看，州政府和地方政府长期以来一直负责提供最基本的公共产品及服务，包括基础教育、中等教育、地方治安和消防、交通、公共工程、公共福利及州级高等教育等。这种以法律形式确定的各级政府职责权限，为进一步理清各级财政的支出责任和范围奠定了基础。

2. 政府间收入划分。与政府权限划分相对应，美国财政体制也具有突出的自治性特征，各级政府均拥有各自独立的税收决定权和支出预算。按照管理权限划分，美国税收体系包括联邦税、州税和地方税，三级税收形成独立的税法来源和管理体制。联邦税收的征收依据为联邦国会通过的法律；各州税收征收的依据是州议会通过的法律；而县和城市也可在符合州宪法的前提下根据议会的立法征税。对联邦政府而言，个人所得税和工薪税已成为最重要的税收来源，而公司所得税和某些销售税的重要性趋于减弱，这反映了联邦政府通过税收法规实现再分配的需求日渐增大。一般销售税和个人所得税则是州政府最重要的税收来源。对地方政府而言，各地方政府有权自行确定其地方税的税基和税率。财产税是地方政府的主要税收来源，有些州的地方政府还征收销售税和所得税。表 2－1－1 列示了各税种收入在美国各级政府间的分配，表 2－1－2 列示了各税种收入在美国各级政府收入中所占比重。

表 2－1－1　　各税种收入在美国各级政府间的分配

税　　种	联邦	州	地方	全部
个人所得税	81	17	2	100
公司所得税	81	17	2	100
消费税（包括普通商品和特殊商品）	17	67	16	100
财产税	0	4	96	100
机动车税	0	92	8	100
所有其他税种	48	36	16	100
总和	58	26	16	100

表 2－1－2　　各税种收入在美国各级政府收入中所占比重　　单位：%

税　　种	联邦	州	地方	全部
个人所得税	79	37	5	56
公司所得税	12	6	1	9
消费税（包括普通商品和特殊商品）	5	46	18	18
财产税	0	2	71	12
机动车税	0	3	0	1
所有其他税种	4	6	5	4
总计	100	100	100	100

3. 政府间转移支付体系。政府间财政拨款为美国各级政府创造了一个转移支付网络体系。州及州以下地方政府对联邦政府拨款有着很强的依赖性。联邦政府的拨款计划涵盖了所有的政府活动，旨在实现均等化原则，其中最主要的部分是对教育、社会服务、卫生、交通、污染治理以及地区发展的拨款。联邦政府的拨款中有很大一部分经由州政府再转拨给地方政府。此外，州政府本身也向地方政府提供拨款。在州拨款中，针对公立基础教育及中等教育的拨款占了绝大部分，并且按照公式进行分配。

（三）地方政府债务概况

美国是典型的联邦制国家，财政体制实行联邦、州和地方三级管理模式。为满足地方政府公共物品配置职能，并实现大规模公共投资的代际公平问题，其法律允许州及州以下地方政府进行债务融资。可以发行公债即市政债券（Municipal Bond）。美国州和地方公债制度运行至今已有相当长的时间，为州及州以下地方政府提供了大量资金。

1. 市政债券的发展历程。从历史上看，美国州及州以下地方政府的债务规模是起伏不定的，但总是与州及州以下地区的基本建设——运河、铁路、公路等等的修建有关。到 1840 年，各州债务总额已接近 1.71 亿美元。这是州及州以下地方政府举债的第一次高峰。19 世纪六七十年代，地方政府为市政建设等也纷纷开始举债，出现了新一轮负债高峰。1870 年纽约州首次采用发行债券筹集资金的办法开凿伊利运河，仅用 5 年时间运河就得以全部完工。这对各州产生了很大影响。它们相继仿效纽约州的做法，依靠举债进行基本建设，致使各州债务急剧上升。1890 年，由于扩大公路建设，州及州以下地方政府债务再次增加，到 1916 年其总额已达 4.65 亿美元。此后直至 20 世纪 30 年代经济大萧条时期，州及州以下地方政府负债经过多次起伏，不断发展。二战后，州及州以下地方政府负债逐步进入平稳发展阶段，运用范围更加广泛，债务管理日趋规范，债务规模持续增长。

1991 年，州及州以下地方政府的未付债务总额将近 9 160 亿美元，人均负债达 3 600 美元以上。尽管州及州以下地方政府因多种目的而增加举债，但与州及州以下地区的经济规模和政府收入相比，其债务规模仍然保持着相对的稳定。当然，当州及州以下地方政府借新债还旧债时，债务的相对规模会有一定的波动。由于州及州以下地方政府的大部分债务是用于资本计划支出，其负债与资产保持着平衡。到 1998 年，流通中市政债券总量达 1.5 万亿美元，在流通中占各类债券的比重超过了 10%。与此同时，州及州以下地方政府依靠举债进行的基本建设项目越来越广泛。目前已涉及教育（学校建设等）、公路运输、公用事业、社会福利、市政建设、工业援助等各个方面。2002 年，州及州以下地方政府债务余额达到 1.69 万亿美元，与其当年财政收入 1.68 万亿美元非常接近，占政府总债务比重为 21.4%。截至 2008 年 6 月，市政债券余额为 2.7 万亿美元，占政府总债务比重达 22.1%，发债主体已逾 8 万家，成为地方政府用于支持基础设施项目建设的一种重要融资工具。

2. 市政债券类型。美国的市政债券的基本类型是一般责任债券（General Obligation Bonds，简称 GOBonds）和收益债券（Revenue Bonds）。一般责任债券是以发行机构的全部声誉和信用为担保并以政府财政税收为支持的债券。而收益债券则是与特定的项目或是特定的税收相联系，其还本付息来自于特定项目的收入。大部分收益债券是用来为政府所有的公用事业和准公用事业以及学校和医院的建设筹集资金。在相当长的时间里，州与地方政府长期债券大多数都是一般责任债券；20 世纪 50 年代以后，收益债券开始大量出现，其债务余额不断提高，1980 年首次超过一般责任债券；近年来，收益债券债务占市政债券债务的比例维持在 60% 左右。

除了上述两种市政债券的基本类型以外，还存在以下变化类型的市政债券：（1）受约束的特定税种债券（Limited and Special Tax Bonds），是由汽油税、特别捐税或按固定价格征收的从价税等特定税种的收入作为偿债保证；（2）工业收入债券（Industrial Revenue Bonds），是由地方团体创立的工业发展代理机构发行，所筹资金用于建设私人投资者不愿从事的工业项目，这些项目建成以后将出租给私人企业，承租企业交付的租金用来还本付息；（3）住房债券（Housing Bonds），由州及州以下地方政府发行，它为每个家庭的住房按揭款提供担保；（4）双重收入来源债券（Double Barreled Bonds），其偿债来源有两种或两种以上，是一般责任债券和收益债券的结合体；（5）市政票据（Municipal Notes），这是一种短期债务工具，期限通常为 60 天到 1 年；（6）预期债券票据（Bond Anticipation Noted），是预计某只债券能够成功筹集资金时而发行的预期债券；

(7) 预期税收票据（Tax Anticipation Noted），是市政府基于未来税收收入所发行的债券；(8) 预期收入本票（Revenue Anticipation Notes），是根据预期的联邦政府的补助收入所发行的债券。

3. 市政债券内部结构。目前，从期限来看，绝大部分市政债券为长期债券，占90%左右；从分级来看，州及其代理机构发行的债券占40%；从性质来看，几乎都是公募债券，占99%，私募债券比例不到1%；从债券发行地区集中程度看，排名前4位州的债券发行额占总发行额的42%，表2－1－3显示了2007年到2008年1～5月市政债券内部结构的变化。从表中看出，一般责任债券占比下降，但仍占市政债券发行总量的1/3；88%的市政债券仍然免税；在所有市政债券中29%为再融资债券，这一比重2008年1～5月份比2007年增加了13个百分点；固定利率债券比重下降，从78%下降到66%；含保险的债券比重也降低了16个百分点；信用证债券比重上升了11个百分点。

表2－1－3　　2007～2008年各类市政债券发行变化情况

债券分类	2007年发行规模占总发行债券的比重	2008年1～5月发行规模占总发行债券的比重	年度变化率
一般责任债券	38%	33%	-4.4%
免税债券	86%	88%	-5.5%
再融资债券	16%	29%	6%
固定利率债券	78%	66%	-23%
含保险债券	41%	25%	-52%
信用证债券	5%	16%	393%

资料来源：根据中国财政部和亚洲开发银行2008年7月在中国举办的“地方政府债务管理国际会议”资料整理。

图2－1－1显示了1996～2007年固定利率、浮动利率以及其他市政债券发行规模的变化情况。从图上可以看出，从1996年以来，固定利率债券发行规模始终大于浮动利率债券。固定利率债券发行规模从1996年的1 585亿美元上升到2007年的3 581亿美元，年递增7.2%，浮动利率债券从1996年的217亿美元上升到2007年的631亿美元，年递增11.2%，其他市政债券则从1996年的50亿美元上升到2007年的431亿美元，年递增24%，这表明浮动利率债券比重和其他市政债券比重正逐步上升，而固定利率债券比重下降。

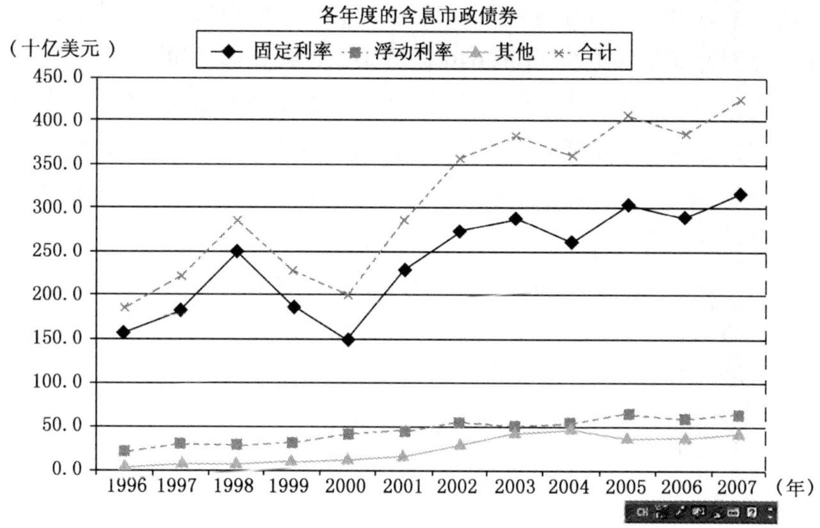

图 2－1－1　1996～2007 年按利率分类的市政债券发行情况

资料来源：根据中国财政部和亚洲开发银行 2008 年 7 月在中国举办的“地方政府债务管理国际会议”资料整理。

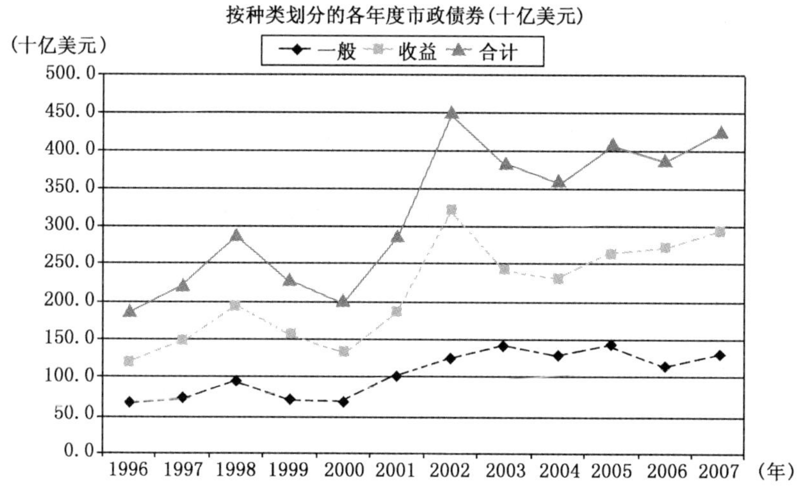

图 2－1－2　1996～2007 年按种类划分的市政债券发行情况

资料来源：根据中国财政部和亚洲开发银行 2008 年 7 月在中国举办的“地方政府债务管理国际会议”资料整理。

图 2－1－2 显示了 1996～2007 年一般责任债券、收益债券的发行情

况。从图上看出，收益债券发行规模始终高于一般责任债券。其中，一般责任债券发行规模从1996年的646亿美元上升到2007年的1 311亿美元，年递增7.3%，收益债券发行规模从1996年的1 206亿美元上升到2007年的2 932亿美元，年递增9.3%，表明收益债券比一般责任债券增长更快。从2004年以来，收益债券发行规模持续扩大，而一般责任债券发行规模稳中有降。

图2-1-3显示了1996~2007年市政债券的平均期限。从1996年的16.8年上升到2007年的20.0年，增长了16%。2003年至今，市政债券平均期限逐年增加。

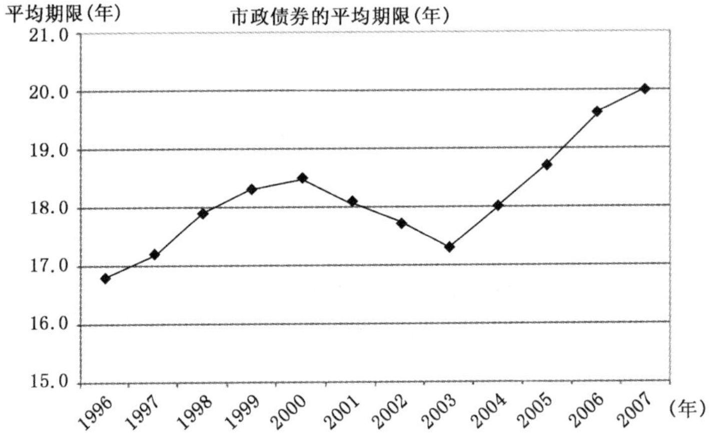

图2-1-3　1996~2007年市政债券的平均期限

资料来源：根据中国财政部和亚洲开发银行2008年7月在中国举办的“地方政府债务管理国际会议”资料整理。

4. 市政债券市场最新动向。近5年来，市政债券机构投资者的需求稳定增长，改进了市政债券的定价机制与竞争性。由于信用市场状况恶化，机构投资者转向质量更高的证券市场，并开始重新向发行者提供贷款。发行人担心个人投资者可能对信用降级的市政债券失去兴趣，这将影响到市政债券的发行。最大的州债券发行人已决定不再购买保险，而是关注近年来市政债券利率的增加对借款成本的影响，而融资规模和时间限制则阻止了发行者相机决定债券发行的时间。此外，持续下滑的经济可能减少市政债券的发行。外国银行在信用证市场上的作用正逐渐增加，由于投资者倾向于流动性，拍卖利率证券市场的规模将缩小或消失。

（1）市政债券保险公司信用等级降低。信用市场变化对部分市政债券保险公司产生了不小影响，这既增加了市政债券的信用风险，也提高了发行利率。在未投保以前，市政债券信用等级一般为BB或BB以下等级，投保之后信用等级将上升到AAA或AA等级。2007年以来的次贷危机导致市政债券保险公司的信用等级出现了不同程度的降低，这直接影响了市政债券发行者的信用等级，使得部分市政债券的利率提高或交易延期。

（2）全球性的“质量逐利”① 逆转了传统的市政债券和国债利率。2008年以来市政债券的发行和再融资显著下降。传统上，由于市政债券的免税特性，其利率一直低于国债利率。但是，从2008年以来，由于全球性的“质量逐利”，导致市政债券利率逐渐高于国债利率，而且这种情况越来越严重。以期限为3个月，信用等级为AA的一般责任债券为例，其平均利率和同期国债的利率差从2008年2月1日的0.9%上升到2008年6月2日的1.3%，具体情况如图2－1－4所示。

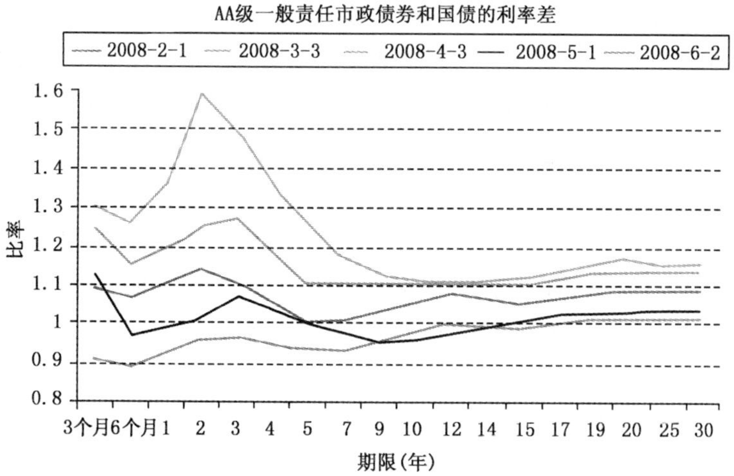

图2－1－4　2008年美国AA级一般责任债券和国债的利差

资料来源：根据中国财政部和亚洲开发银行2008年7月在中国举办的“地方政府债务管理国际会议”资料整理。

（3）浮动利率市政债券市场发生混乱。近年来，美国市政债券市场

① “质量逐利”是指投资者更希望投资质量更好的金融工具来获得收益。

发行了大量浮动利率证券。浮动利率债券分为投标选择债券、浮息票据（VRDN）和拍卖利率证券（ARS）三种类型，最常见的是浮息票据和拍卖利率证券。浮息票据是长期证券，其利率是在通过再销售机构转售给投资者时被确定，证券持有人有权选择在7天之内以面值将证券回售给发行者。拍卖利率证券利率是通过一个7～28天的“荷兰拍卖”过程确定。如果拍卖失败，投资者要到下一次拍卖，当债券召回或到期时，才能收回投资。一旦拍卖失败，证券利率将被重新设定成一个固定的惩罚性利率或者设定成与固定交换利率指数绑定的利率。

近几个月来，浮动利率市政债券市场发生了不小的混乱。2008年1月，拍卖利率证券市场失去流动性并影响到浮动利率市政债券。当拍卖利率证券市场上基本的抵押资产受到置疑时，其抵押债务也开始失效。投资者开始担心他们持有的拍卖利率证券缺乏流动性支持。由于最大惩罚性利率较低，如果拍卖失败，将连带影响到拍卖利率证券中的学生贷款。由于投资者发现缺乏流动性，拍卖利率证券中的市政债券也将经历发行失败。对保险者信用恶化的额外担忧，将导致拍卖利率市政债券出现利率上升或发行失败。到2月中旬，拍卖利率证券（ARS）流拍金额每天达到250亿美元。拍卖失败后，惩罚性利率使得某些证券的利率上升15个百分点。部分投资者出于立即套现的需要，不得不承受高达70%面值亏损而退出拍卖利率市场。

投资者退出拍卖利率证券市场后，市政债券利率互换协议指数收益率随之下降。持续不断的高利率导致市政当局削减支出、推迟项目进度或出现债务违约。2月份拍卖利率证券的拍卖失败导致市政债券发行者将债券转换为长期固定利率债券。浮息票据发行以后充斥市场，导致利率波动，而同时，信用证平均价格提高以及大量重组债务进入市场使得市政债券收益曲线变得更为陡峭。

二、地方政府债务管理体制

美国地方政府债务管理体制主要采取制度约束型。在美国现有的83 000多个州、县、市和其他地方政府部门，大都具有发行市政债券的权利，其举债主体包括：（1）政府、政府机构（包含代理或授权机构）；（2）债券使用机构。其中，政府和政府机构占发债主体的97%左右。由于美国的政治体制是联邦制，州及州以下地方政府发行市政债券并不需要上一级政府的批准或同意，即各州发行市政债券不需要联邦政府批准，地方政府发行市政债券也不需要所在州政府的批准，而且美国的《证券法》也规定发行市政债券不需要报告和登记，因此，是否发行市政债券，完全由本级政府确定。地方政府机构举债目的分为两类：一是发行债券为自身营运融资；二是自身没有经营业务，只作为其他企业的融资渠道，借入资金用于公司（私人机构）的工程项目。同一政府机构可以同时为自己和其他实体发行债券。

就市政债券发行的审批管理而言，由于美国的政治体制是联邦制，州及州以下地方政府发行市政债券并不需要上一级政府的批准或同意，即各州发行市政债券不需要联邦政府批准，地方政府发行市政债券也不需要所在州政府的批准，而且美国的《证券法》也规定发行市政债券不需要向美国证券交易委员会（以下简称SEC）报告和登记，更谈不上由SEC核准发行，因此，是否发行市政债券，完全由本级政府确定。美国各个州的法律有所不同，地方政府治理结构各异，因此是否发行市政债券的决定权、程序及其责任在不同的州也会有细微区别。例如，为了将债务控制在合理的范围内，豪伍德县执行官任命由市民和有关政府官员组成“限额支出委员会”，负责审查该地方每年的债务情况和还本付息情况；加州橘县则是由该县监督委员会来批准市政债券的发行。

尽管联邦政府对地方政府举债限制很少，但许多州级法律对州及州以下地方政府的举债权进行了限制。政府机构举债要在法律规定或特许范围之内。州及州以下地方政府发行债券特别是一般责任债券必须经听证、公决、议会或镇民代表大会的批准。如杜姆市、西雅图市就要求发行建设债券为资本品融资，需经全民公决。授权或批准主体包括：全体选民、议会、专门委员会、政府财政部门、其他部门或机构等，不同类型的债券所需授权或批准的主体不尽相同。一般责任债券的发行往往须经高层次机构（如议会、全体选民）批准，而批准收益债券发行的机构层次相对较低。

三、中央层次的地方政府债务管理机构

根据美国政府职责分工，财政部是联邦政府债务的主管部门，负责联邦财政债券的发行和管理。各州及州以下地方政府的财政部门是本级政府债务的主管部门，负责本级政府一般责任债券的发行和使用。联邦政府的机构债由发债机关发行和管理，州及州以下地方政府发行的市政债券由各州有关主管部门和实体发行及管理。同时，在联邦层次主要有两个机构负责对市政债券进行监管，一个是 SEC 市场监管部的市政债券办公室；另一个是美国市政债券规则委员会。

美国证券交易委员会对企业债券和股票有很大的监督管理权，但对市政债券的监管权却要小得多。州与地方政府发行市政债券既不需要 SEC 批准，也不需要向 SEC 登记和定期报告。事实上，美国《证券法》不允许 SEC 制定有关规则，直接或者间接要求市政债券发行者事先向 SEC 登记和报告。市政债券办公室的权力主要有两个方面：（1）根据反欺诈条款进行事后监管，包括对市政债券的发行者、承销商、经纪人、交易商、律师、会计师和财务顾问等所有参与人的监管，主要的手段有责令限期改正、罚款以及提起诉讼。例如市政债券办公室就分别在 2001 年和 2003 年对佛罗里达迈阿密市提起了诉讼，理由是迈阿密市在 1995 年发行市政债券时，所提供的 1994 年综合财务年度报告以及官方陈述披露了错误的、容易引起误解的信息，同时省略了一些重大信息。市政债券办公室责令其予以更正，并追究了主要责任人（迈阿密城市委员会主任和预算部主任）的刑事责任。（2）制定或者委托制定约束市政债券承销商、经纪人、交易商、律师、会计师行为的规则。要求这些参与人履行信息披露的义务，从而实现对市政债券的监管。

美国市政债券规则委员会于 1975 年由美国国会批准设立，虽然只是市政债券的行业自律组织，接受 SEC 的监督，但由于有关市政债券的许多规则都由 SEC 授权市政债券规则委员会制定，该委员会实际上承担了制定市政债券规则的主要责任。市政债券规则委员会所制定的规则，并不是由其自身来执行，而是交由其他部门来负责。针对证券公司，由全国证

券交易商协会执行；针对银行，由联邦存款保险公司、联邦储备委员会和货币监理署来执行。市政债券规则委员会的费用由市政债券的交易商、承销商和经纪人提供，联邦政府不提供经费。该委员会由 15 名委员组成，其中 5 名来自交易银行、5 名来自证券公司、5 名为公众利益代表（至少包括一名市政债券发行者的代表、一名投资者代表），每位委员任期 3 年。市政债券规则委员会制定的规则包括：从业资格标准、公平交易、簿记、交易确认、清算和交割等。这些规则的目标是防止市政债券市场发生欺诈和操纵事件，保障公平的交易。市政债券规则委员会制定的规则只对市政债券的交易商、承销商和经纪人有效，市政债券的发行者并不受这些规则的约束。市政债券规则委员会制定的规则必须经过 SEC 批准之后才会生效，具有约束力。

四、地方政府债务资金运行管理

（一）举债方式

美国地方政府举债方式主要是发行地方公债，即市政债券。市政债券是一种注册豁免债券，各级政府发行市政债券不需要注册。市政债券的发行方式主要有两种，分别是公募和私募。公募又分为竞标承销和协议承销。一般责任债券是以公开竞标方式发行，而收益债券常以协议承销方式发行。目前，在已经发行的市政债券中，84% 为协议承销公募方式，15% 为竞标承销公募方式，而私募方式仅为 1% 。在实际操作中，承销团队由一个项目经理和一些联合经理人组成。承销商与交易人员、销售人员紧密合作，共同决定发行价格。在公募发行方式下，竞标承销能提供一个最具竞争力的价格，这对于那些信用评级较高的知名承销商更为有利，而协议承销方式的销售时间则更为灵活，并能向投资者提供更多的信息，有助于制定更合理的债券结构和期限，因此也受到部分投资者的青睐。除此之外，部分发行主体可能更喜欢私募方式，因为他们也许没有很好的信用记录或所发行的债券评级较低，而在私募方式下只允许将发行主体的财务等信息向直接投资者公开，却不会对公众和竞争者公开。

（二）举债用途

联邦政府举债通常与其奉行的经济政策相关，举债收入可用于弥补政府各项支出，而州及州以下地方政府举债则与经济政策无关，筹措的款项一般只能用于“资本工程”。联邦和许多州大都以法律形式规定，发行市政债券的州政府和地方政府必须保持经常性预算平衡，严令禁止州及州以下地方政府为弥补财政赤字而进行债务融资。州及州以下地方政府债务资金主要用于下列方面：（1）公共资本建设项目或大型设备采购，例如道路、学校、供排水等；（2）支持并补贴私人活动，如私人住房抵押贷款、学生贷款等，甚至包括支持地方私人产业发展；（3）为短期周转性支出或特种计划提供现金；（4）偿还旧债；（5）偿付政府的养老金福利责任。

资本支出是州与地方政府举债的一个主要用途。现实中，虽然各州及州以下地方政府对债务用途的规定以及举债行为不尽相同，但用于高速公路建设的资本性支出通常在州及州以下地方政府借款中所占比例最大，其次是用于教育设施、给排水设施及其他公用事业的资金。美国大部分州及州以下地方政府都有处理大型资本支出的资本预算，联邦拨款、举债和地方税收入是其三大资金来源，借款占资本预算的比例最大。以 1989 年为例，在州和地方资本支出中，联邦拨款约占 25%，借贷资金约占 55%，剩下的部分为州与地方当年收入。

补贴个人和私人公司投资已成为州与地方举债的第二大用途，在某些情况下还成为首要用途。由于政府信用往往高于个人或公司，同时联邦政府对投资于市政债券的利息免税，这些使得州与市政债券利息成本往往低于私人举债成本。这样，州及州以下地方政府以相对较低的利率借入资金，再以相同或稍高利率贷给商业机构和个人，从而私人投资者承担的利息成本降低。该类用途包括政府借款补贴抵押贷款、对学生的贷款计划、污水处理设施以及工业发展贷款等，一般是由州政府财政当局的派生机构、从事该类私人活动的州与地方借款的代理机构以及地方经济发展公司完成。

州与地方政府举债的第三大用途是为平衡政府收支现金流以及弥补由于收入预测失误而导致的预算短收。大多数州政府税收按月或按季度征收，地方政府的财产税通常一年只征收一次或两次，收入与支出时间不匹配是一种常态。因此，州与地方政府进行短期借款，安排财政年度支出，待收入征集之后再归还借款。尽管这种行为由于政府必须遵守普遍公认的会计原则而受到了限制，但有些政府仍然滥用了这种特权，并利用短期借款来掩盖其经常性预算赤字。

（三）应债资金

市政债券应债资金主要来自：个人家庭、货币市场基金、共同基金、保险公司、商业银行、封闭式基金、工商企业、股票经销商以及其他投资者等。其中，其他投资者包括非金融机构、非农业非公司机构、州及州以下地方政府、退休基金以及政府资助企业等。1986 年税制改革以前，商业银行一直是市政债券的主要投资者，但由于税制改革后免税政策调整，用于购买市政债券的资金利息收入不再允许税前扣除，商业银行持有债券的份额不断下降。联邦政府对个人投资者的市政债券利息免征所得税。由于税收政策和市场风险的约束，商业银行持有的市政债券比例近年来持续下降。保险公司持有的市政债券比例则随着公司业务波动和经济景气循环而变化。养老基金和外国投资者由于不需缴纳联邦所得税，无法享受在购买市政债券方面的优惠，因此，一般不投资市政债券。

目前，市政债券最主要的投资者是个人，个人投资市政债券既可以直接从债券市场购买，也可以通过共同基金、货币市场基金、封闭式基金、银行信托间接购买。表 2－1－4 显示了 2007 年市政债券投资者持有比重。从表中可以看出，个人家庭用户所持市政债券比重最大，达 35%，货币市场基金、共同基金和封闭式基金加起来占到 35%，与个人投资者比重持平，保险公司占 13%，而商业银行仅占 7%。

表 2－1－4　　2007 年美国市政债券投资者持有比重

持有部门或个人	占总债券余额的比重
个人家庭（零售）	35%
共同基金	14%
货币市场基金	18%
保险公司	13%
商业银行	7%
封闭式基金	3%

续表

持有部门或个人	占总债券余额的比重
工商企业	3%
股票经纪人（经销商）	2%
其他	5%

资料来源：根据中国财政部和亚洲开发银行2008年7月在中国举办的“地方政府债务管理国际会议”资料整理。

（四）偿债资金

对于一般责任债券，政府将使用各种资金支付利息并向投资者归还本金。政府使用的偿债资金包括项目收费收入、地方税收等。如果现有收入来源不足以偿债，政府将提高收费率或税率以保证筹资需要。如果由于某些原因，州政府和地方政府不能或不愿意筹集足够的资金来支付利息或者偿还本金，那么该政府在市政债券上违约。此种情况下，该政府处于破产境地，市政债券持有人可以上诉法庭以获得政府或其代理机构的资产。在州与地方政府的长期债券中，一般责任债券所占比重较小，如1991年其占州及州以下地方政府长期未付债务的30%，在1993年售出的长期债券中，大约有31%是一般责任债券。

对于收益债券或非担保债券则通过项目的收费收入作为偿债来源。如果从该项目征集的收入不足以还本付息，州及州以下地方政府不能动用其他收入来源（例如地方税收）进行弥补，债券持有人自身承担部分或全部损失。例如，州及州以下地方政府或是交通机构发行收益债券，为修建一座桥梁筹集资金，并保证用过桥费收入偿还投资者。如果桥的使用量小于预期数，并且这一差距不能用更高的收费弥补，州及州以下地方政府不能动用其他收入来源（例如地方税收）进行弥补，债券持有人自身承担部分或全部损失。再如，一所州立大学可通过发行收入债券来修建学生宿舍，并以对住宿学生收费作为归还借款的保证。能否及时足额偿还公债依赖于该大学宿舍是否能达到预期的使用率。因此，从债券发行人州及州以下地方政府的角度来看，收益债券比一般责任债券约束更弱，风险更低。

此外，对于私人活动公债的偿债来源则主要取决于个人的还款能力以及整个经济状况。例如，州政府当局出售收益债券，以对低收入家庭提供住房抵押贷款，个人住房拥有者通过抵押或出卖被抵押财产来保证偿还公债本息。这类公债的安全性依赖于个人住房拥有者和住房市场的经济状况。

（五）举债程序

市政债券的举债程序包括三个阶段如图 2－1－5、图 2－1－6、图 2－1－7所示。

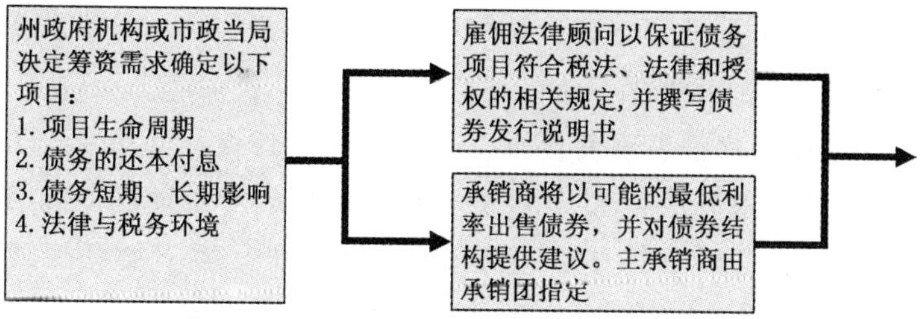

图 2－1－5　市政债券发行前准备阶段

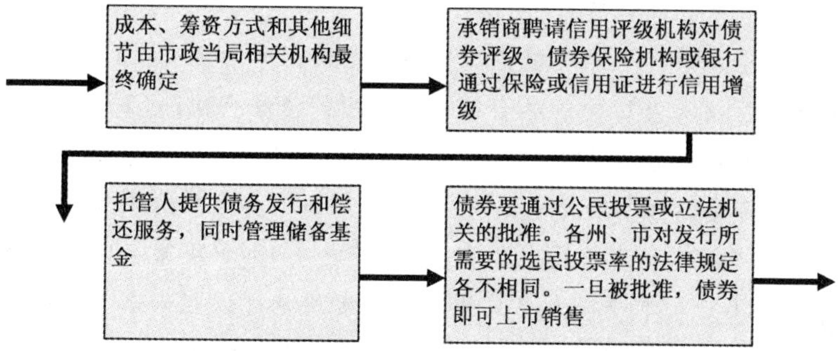

图 2－1－6　市政债券的信用评级、保险、托管和批准阶段

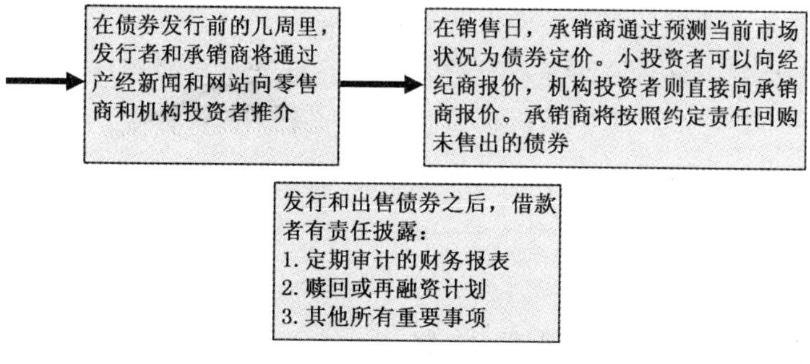

图 2－1－7　市政债券的营销、销售和售后阶段

资料来源：根据中国财政部和亚洲开发银行 2008 年 7 月在中国举办的“地方政府债务管理国际会议”资料整理。

专栏2－1－1列举了马里兰州政府举债程序。

专栏2－1－1　马里兰州政府举债程序

马里兰州每年是否发债、发多少债，均由马里兰州基建债务承受能力委员会提出意见，由州长签署后报州议会批准。州政府通过发债筹集的资金，主要用于学校、医院、监狱、体育设施、道路及上下水工程的建设、修缮和拆除等。

马里兰州基建债务承受能力委员会由5人组成，其中4人为常设委员，1人由州长任命。四个常设委员是：马里兰州财政部部长（主任委员）、审计长、预算与管理局长、交通部长。委员会的主要职责是评估该州债务状况，在决定发债前，由该委员会对全州债务承受能力进行测算，并向州长和议会提出当年可发行一般责任债券的最高限额与控制债务水平的建议。

委员会测算债务承受能力时需要考虑的因素主要有：(1) 下一财政年度期间将要发行的债券金额和流通中的债券金额；(2) 在同一财政年度中将要授权但尚未发行的债券金额；(3) 由预算与管理局编制的未来5年基建项目计划；(4) 由跨部门委员会准备的未来5个预算年度中学校新建和改造需求预测；(5) 未来10个预算年度中还款需求预测；(6) 与本州能力相关的其他因素预测（以在未来5个预算年度中满足还款需求）；(7) 公认的债券评级机构评估本州债券发行质量时建立或使用的标准；(8) 与本州债券销售相关的其他因素；(9) 新增债务授权对上述各种因素的影响。

在委员会提出的当年可发行一般责任债券额度得到州长和议会的批准后，此部分债务资金，结合经常性预算剩余资金及其他收入，就构成了马里兰州编制资本预算的全部资金。

五、地方政府债务风险控制

美国州及州以下地方政府拥有举债的权利，一方面满足了地方政府公共产品配置职能；另一方面也能解决大规模公共投资代际公平负担问题。地方政府通过市政债券的融资形式介入基础设施建设领域，既有促进经济发展的经验，也有金融灾难的教训。为此，美国政府改变以往对市政债券放任发展的态度，加强了市场监管与风险控制。

（一）硬预算约束

美国州及州以下地方政府预算一般都实行分类管理，将预算分为经常性预算和资本性预算分别管理。资本性预算可采用负债筹集资金，而经常性预算一般都要求收支平衡。目前，几乎所有各州和地方都在宪法或法令中规定政府必须遵循平衡预算规则。据 2002 年美国全国州预算官员协会（NASBO）的调查统计，除印第安纳、得克萨斯、佛蒙特、弗吉尼亚、西弗吉尼亚等 5 个州外，其他 45 个州的宪法或法令都要求州长向议会提交平衡预算，有 41 个州法律规定议会只能通过平衡的预算法案。

（二）预算管理

为了保证政府项目资金的供应，合理安排债务资金，美国实行复式预算管理，即经常性预算和资本性预算相结合，其中资本预算就是将政府各部门当年所需建设、修缮或拆除的学校、医院、监狱、体育设施和道路、上下水等公共项目全部列出，并安排落实其资金来源。资本预算资金除了发行债券所筹集的资金外，还包括安排经常性预算后剩余的预算资金及其他收入等。同经常性预算编制基本相同，资本预算的编制需要经过一个很长的、严格的过程，其中包括在编制和审批过程中的各种质询和听证。由于项目预算程序非常透明，项目立项比较客观、公正、科学，从而保证了项目资金的及时足额供应，保证了资金的用途，保证了项目的效益，同时又充分考虑了经济发展需求和债务承受能力。

地方政府在进行项目融资时要详细考虑项目与地方整体发展的联系、与政府的责任关系以及项目利益相关者的收益或损失情况；还要考虑项目是否能增加辖区内资产的价值和税收、项目的建设成本与运作维护费用、能否降低项目的经济运行成本并增加其运作效率，以及当地政府的支付能力等问题。多数地方政府每年会准备一份资本项目跨年度的改进规划，以便选民能够了解近期内可能修建的设施。接下来，预算分析和计划人员要对项目规划进行仔细复查，只有当债务偿还期与项目周期接近时才会使用公债，防止滥用地方政府债券。最后，由地方政府政策制定部门决定资本项目。一旦涉及债券融资还需要进行全民投票，使未来纳税人确信他们能从这一借款融资项目决策中得到好处，从而增强债务的政治辩解力。

（三）发行审批

美国部分州对市政债券发行进行了较高层次的审批。如北卡罗来纳州对所有的市政债券发行要求更高层次的审批。在进行全民投票之前，州财政办公室“地方政府委员会”必须审批政府所有的资本和学校筹资项目，委员会除了对项目的可行性进行分析外，还要分析主要债务和收入指标。北卡罗来纳州债务管理局代为举借市政债务，但不提供债务担保，当出现市政债务违约时，州政府将提供援助，而且如有必要，有权对地方政府进行管理。

（四）规模控制

美国对市政债券发行规模有所限制，大多针对一般责任债券，控制指标主要有：负债率、债务率和资产负债率等。据美国全国州预算官员协会（NASBO）2002年进行的调查：在州宪法和法令规定允许发行一般责任债券的47个州中，有37个州在其宪法和法令中对一般责任债务规定了限额，以检查自己的负债情况和还贷能力，并据此实施严格的债务管理。如：（1）债务率（州及州以下地方政府债务余额/州及州以下地方政府年度总收入）为90%～120%，其目的是测算政府还贷能力；（2）负债率（州政府债务余额/州内生产总值）在13%～16%之间；（3）人均债务率（债务余额/当地人口数）；（4）偿债率（债务支出/经常性财政收入，反映了预算灵活性和承债能力）控制在7%以下；（5）偿债准备金余额比例（偿债准备金/债务本金）；（6）税收还款的净债务与个人所得税之比；（7）税收还款债务的当年还本付息额与一般预算收入之比。曾有人用上述后两项指标对全美50个州债务状况进行了测算，两项指标的平均年比例为：以税收还款的净债务与个人所得税之比为2.1%（1992年数据）；以税收还款债务的当年还本付息额与一般预算收入之比为3.6%（1994年数字）。根据马里兰州财政部公布的数字，自1999年以来，马里兰州政府以税偿还的债务总额占个人所得税比例的实际情况及对2004年以后一段时期此比例的预测如表2-1-5所示。

表2-1-5　马里兰州政府以税偿还的债务总额占个人所得税比例情况

序　号	年　份	债务余额（百万美元）	债务余额占个人所得税百分比（%）
1	1999	4 656 802	2.78
2	2000	4 563 701	2.53
3	2001	4 595 023	2.42
4	2002	4 760 161	2.37
5	2003	5 365 125	2.59
6	2004	6 218 785	2.90
7	2005	6 588 265	2.94
8	2006	6 826 075	2.92
9	2007	6 932 119	2.85
10	2008	7 040 295	2.78
11	2009	7 314 719	2.78

除此之外，一些地区还设置了自己的规模控制指标。北卡罗来那州的法律规定，该州及州以下地方政府的资产负债率要小于8%。马塞诸塞州法律规定，州政府一般责任债券的还本付息支出不得超过财政支出的10%。加利福尼亚州的宪法规定，除非某机构事先获得辖区2/3选民的赞同，否则任一年度中县、市和学区举债的数额不得超过其年度收入。

（五）风险预警

美国地方政府的债务风险预警手段中，最为著名的当属俄亥俄州的财政监测计划与《地方财政紧急状态法》。20世纪七八十年代，在美国发生了几起有影响的地方政府违约事件，如1975年纽约市政债券违约，1978年克里弗兰（Cleveland）违约，1983年华盛顿电力供应系统违约等。为此，美国政府间关系咨询委员会（Advisory Commission on Intergovernmental Relations，ACIR）对地方财政紧急状态（local fiscal emergencies）开展了一系列的研究工作，并建议各州政府改善对地方财政健康状况的监测，以防止危机再次发生（参见专栏3－2）。其中，俄亥俄州较多地接受了ACIR的建议，并在此基础上发展起一个地方财政监测系统——财政监测计划（Fiscal Watch Program）。1979年，俄亥俄州通过《地方财政紧急状态法》（Code on Local Fiscal Emergencies）（后于1985年修正），该法律规定了实施财政监测计划的程序，具体内容如专栏2－1－2所示。

专栏2－1－2　ACIR建议的地方财政健康状况指标

1945～1969年间，在美国发生了431起州及州以下地方政府债务违约事件。20世纪70年代早期，美国城市的财务稳定性引起了公众的关注。为此，1973年美国政府间关系咨询委员会开展了一项关于城市财政紧急状态的研究，并建议了一些作为预警信号的指标。在其1985年的后续报告“破产、违约和其他地方财政紧急状态”中，这些指标得到了修改和应用。以下是8项在1985年报告中得到发展的指标：

- 赤字（deficits）：一般性支出超过收入的5%。
- 赤字持续（persistence of deficits）：一般性支出连续2年超过收入，并且第2年的超出程度更大。
- 赤字增长趋势（trend of deficit growth）：支出增长率超过收入增长率。
- 资产负债表差额（balance sheet gap）：一般累积性赤字（净负债）占一般性收入的百分比。
- 流动性（liquidity）：净流动资产（现金和流动资产减去短期公开负债）占一般性支出的百分比。
- 债务到期（debt maturity）：财政年度末存在的短期债务。
- 税收遵从（tax compliance）：财产税征收率。
- 未融资养老金负债（unfunded pension liabilities）：对养老金受益和提取的净支付，表现为收款的百分比；地方基金对受益和提取的支付，表现为基金总资产的百分比。

俄亥俄州地方财政监控计划由州审计局负责执行。首先它对地方政府进行财政核查，以确定地方财政是否已接近紧急状况。如果一个地方政府的财政状况符合以下三种情况中的任何一种，审计局便宣布其进入“预警名单”：

1. 出现下述两种情况中的任一种：（1）在财政年度末，普通预算中逾期超过30天的应付款在减去年末预算节余后超过这一年预算收入的1/12。（2）截止到财政年度末，普通和专项预算中的逾期超过30天的应付款，减去普通及专项预算节余末后超过该财政年度的可使用收入的1/12。

2. 上一财政年度的总赤字，减去所有可被用以弥补赤字的普通和专项预算的资金，超过本年度普通基金预算收入总额的1/12。

3. 财政年度末，地方政府金库所持有的现金及可售证券，减去已签出的支票和担保余额，其价值少于普通和专项预算的节余额，而且此差额超过前一财政年度金库收入的1/12。

只要上述情况中的一种或几种出现，州审计局就应发布书面通告，宣布对地方财政进行监视。在州审计局确定上述情况不再存在并宣布从“预警名单”中将其取消前，该监控程序一直有效。如果州审计局发现该地方政府财政状况进一步恶化，并达到了“财政危机”的程度（见下文），则将该地方政府从“预警名单”中移至“危机名单”。

州审计局认为，这种预警系统有效地促使了地方政府改善其财政管理，同时使州政府及时为这些地方政府提供顾问服务。在许多案例中，地方政府和机构在得到“预警名单”的警告后会立即开始提高他们的现金储备。同时，州审计局也会向受到警告的地方政府提供免费的顾问服务。例如，在1997年他向斯瓦顿市提供了改进会计体系的技术援助，并在3个月内向市政府提出了财政评估报告，其中包括若干削减预算、改进政府运作的方案。陷入财政困难的地方政府无力支付私营机构的咨询及其他服务，因此对州政府的免费的顾问服务特别欢迎。

俄亥俄州的“地方财政紧急状态法”描述了构成地方政府财政紧急状态的条件。这些条件大致可以被归结为以下六种“测试”：

测试1（债务违约）：债务违约达30天以上；

测试2（工资拖欠）：未能在30天内支付雇员的工资（除非2/3的雇

员同意延迟支付工资90天）；

测试3（要求额外转移支付）：要求从其他地方政府向该地方政府进行税收再分配；

测试4（其他支付欠款）：逾期未付达30天以上应付账款，在减去现有现金余额后，超出前一年普通预算或全部预算收入的1/6；

测试5（赤字规模）：预算总赤字减去可用于减少赤字的预算余额超出前一年收入的1/6；

测试6（现金短缺）：未承诺支付的现金和可售证券余额大于前一年预算收入的1/12。

在1979年至1985年间，根据这些测试，俄亥俄州的10个地方政府被宣布为处于“财政紧急状态”。分析结果表明，测试5（即赤字相对于收入的规模）在10个危机政府中有8个未通过。与之相反，所有10个危机政府都通过了测试3。只有1个政府未能通过测试2，而且测试未通过发生在该地方政府已经被宣布为财政危机之后。俄亥俄州运用上述6项紧急状态测试，考察了在1979～1985年宣布进入财政紧急状态的10个地方政府，结果如表2－1－6所示。

表2－1－6　地方财政紧急状态测试结果（俄亥俄州，1979～1985年）

地方政府	测试1（债务违约）	测试2（工资拖欠）	测试3（要求额外转移支付）	测试4（其他支付欠款）	测试5（赤字规模）	测试6（现金短缺）
奈尔斯				×	×	×
克利夫兰	×			×	×	×
诺伍德					×	×
普利矛斯	×				×	×
爱诗塔巴拉					×	
自由港				×		
埃罗敦	×	×			×	×
林肯高地				×	×	
东利物浦				×		×
曼彻斯特				×	×	
未通过数目	3	1	0	6	8	6

数据来源：美国政府间财政关系顾问委员会（1985）。

根据《财政紧急状态法》（Fiscal Emergency Law），只要一个地方政府被宣布为财政危机，该州就应该成立一个叫做“财政计划与监督委员会”的机构来监督和控制该地方政府财政管理。在该委员会举行第一次会议后的120天内，地方政府的首席执行官（同时也是该委员会的成员）必须向监督委员会提交一份财政改革计划，其中包括如下内容：

- 消除目前的财政危机状况。
- 消灭所有预算赤字。
- 收回被挪用的投资基金和专项基金的资金，恢复这些基金的余额。
- 避免今后出现财政紧急情况。
- 恢复地方政府发行长期债券的能力。

监督委员会的主要权力和责任如下：

- 审查所有税收、支出和借款政策，要求它们完全符合财政改革计划。
- 确保会计账目、会计系统以及财务程序和报告符合该州的审计长的要求。
- 协助地方政府调整债务结构和发行债券。

（六）偿债准备金

为了防止债券不能按时还本付息，州及州以下地方政府还设立了偿债准备金制度。偿债准备金的数额可能与每年所需偿付本息总额相等，可能为每年还本付息总额的120%，也可能是发行价值的10%。随着债券逐渐被分期偿还，偿债准备金的相对规模也会减小。偿债准备金通常来源于发行溢价收入、发债人提供的资本贡献以及投资项目收益或信用证收益。偿债准备金只能限于投资于低风险的联邦政府支持债券，并且所投资的债券期限不能长于偿债剩余期限。偿债准备金的存续期限不会比债券的期限长，且有时要求至少一半的准备金期限短于10年。

（七）政府债务担保

许多州都制定法规对地方政府担保进行明确限定。在担保范围上，通常规定地方政府只能对废物处理设施、地方储备设施、地下石油开采等提供担保。在担保资格上，规定只有每年都通过检测的地方政府才能作为担保方，检测条件通常为可供选择的多项测验。此外，还对担保资格、担保基金等建立定期登记和审查制度。

（八）市政债券保险

市政债券的风险首先是信用风险，这一风险是对发债人是否及时足额偿还债务进行的衡量。在美国，市政债券的信用风险只高于联邦政府债券，是一种准国债。近年来，美国市政债券大约有一半得到市政债券保险的支持，降低其投资风险。市政债券保险始于20世纪70年代，这种保险是在债券发行人实际未支付债券本息时，由保险公司承担偿付义务，因此可以在一定程度上减轻市政债券发行中的信息不对称，从而降低其违约风险。总结起来，市政债券保险具有三项功能：首先，加强了债券的赔偿保障；其次，评级机构可据此给予债券更高的评级；第三，使市政债券具有同其他投保证券同等的市场属性，扩大了债券持有人所持债券的交易能力。

目前，在美国市政债券市场上，有十多家专业的市政债券保险公司，并已成立了行业性组织“金融担保保险协会”（AFGI）——在市政债券市场的各个环节都可提供保险服务。一是在债券发行时投保。此时，债券保险公司要考核债券是否可以投保。一般债券保险合同印在债券证书上，正式说明书上将声明债券已获保险。二是在债券发行后投保，即二级市场保险。此时，市政债券交易商买进大宗未投保债券，之后交易商向一家债券保险公司购买这些债券的保险。于是，债券成为投保债券，交易商可以以更高的价格出售，这也是交易商购买保险的首要原因。

（九）信用评级制度

市政债券的信用风险在美国也曾经发生过财务危机等事件，如1975年纽约市就发生了财务危机，一度动摇了投资者对其发行的市政债券的信心。而联邦政府对于私人投资者因地方政府的违约造成的损失是不予担保的，因此，为了保证能以较低的成本发行债券，筹集资金，用于建设项目，各级政府都十分重视本级政府的债务管理，使自己的债务信用度（债信）保持在较高的水平上。因此，他们都自觉对本级政府的债务进行严格的监测和管理，同时都自觉接受菲奇评级、穆迪投资服务和标准普尔等三家评级公司的评级，并将评级结果上网，公布于众。

由于市政债券使用方向的特殊性，债券发行者往往不是盈利性机构，因而用于评价公司债券的盈利性指标、财务杠杆指标等不适合于评价市政债券，从而形成了独特的市政债券的信用评级方法。如在评价一般责任债券时，商业性评级机构通常评估四个方面的信息：第一，关于发行人债务结构的信息，以确定其总的债券负担。第二，发行人坚持稳健预算政策的能力和行政纪律，在这里，注意力的焦点通常放在发行人的总营运资金和它是否连续 3～5 年做到预算平衡这两项上。第三，涉及确定发行人可得到的地方税和政府间接收入的具体款项，以及收集有关税收征得率和地方预算对特定收入来源的依赖程度的历史记录，其中税收征得率在考察财产税征收额时至关重要。第四，对发行人所处整体社会经济环境的评估。对于收益债券而言，评级的根本原则是所融资的项目是否会产生满足该债券应付给债券持有人金额的充足的现金流。在这方面，评级方法与商业性项目所采用的方法是一致的。

（十）透明度要求

美国州与地方政府必须遵循政府会计准则委员会在《政府会计、审计和财务报告》（1983）中建立的政府债务报告基本准则，记录和报告政府债务。就在 20 世纪 70 年代纽约财政危机发生以后，城市财政局协会（Municipal - Financial Officers Association）和公共证券协会（Public Security Association）共同制定和实施了资源信息披露准则。现在，在市政债券存续期内对于城市财政和法律状况发生的任何重大变化，市政当局都必须及时披露相关信息。这些信息的公开披露大大改善了市政债券信用风险判断所依据的信息状况。加利福尼亚州、得克萨斯州和路易斯安那州已要求所有地方市政当局报告所有债务活动。负债数额以及收入和支出都是可以在互联网上查询的公开资料。目前，已有 14 个州报告了州债务的统计数据。

市政债券的发行者负有向投资者提供信息的义务，保证投资者能够合理地理解和评价所要购买的债券。随着对市政债券信用风险的认识和市政债券监管的不断完善，1989 年，SEC 为了提高市政债券信息披露的质量和及时性，修订了《证券法》的有关规则，规定公开发行的市政债券一般要通过正式的官方声明来公布地方政府的责任和义务，市政债券上市前后要经有资格的审计机构对发行人的财务状况等出具意见。同时，所有公开发行的市政债券都要聘请一名国家认可的“债券律师”或“独立律师”，由其对发行的合法性、免税待遇等出具法律意见，以保证市政债券有关合同的可执行性。为了进一步预防市政债券市场的舞弊行为，证交会分别于1990年和1995年采用了新的市场交易披露原则，要求市政债券发行人和使用人及时地、定期地更新披露信息。公开发行的市政债券一般要通过正式的官方声明来公布地方政府的责任和义务。市政债券上市前后要经有资格的审计机构对发行人的财务状况、债务负担、偿债能力等出具意见。

除此之外，一些行业自律组织制定了很多指导信息披露的规范性文件，例如美国政府财务师协会（Government Finance Officers Association）和美国市政债券分析师协会（National Federation of Municipal Analysts）制定的有关自愿披露的规则，这些规则事实上已经成为发行市政债券信息披露所应遵守的规则。

（十一）市场化约束

市场化约束机制对州及州以下地方政府债务的限制是通过影响债券供求及利率发挥作用的。市政债券公开发行，投资者自由选择，决定是否购买，买多少，买什么。若投资者认为债券质量低下，债券就很难发行。举债困难的现象在美国并不鲜见，尤其在发生大规模债券违约以后。同时，债券价格即债券利率完全由市场决定，不同地方政府的债券利率存在差别，相同地方政府债券在不同时期以及不同项目的利率也不尽相同，这为投资者提供了更多选择。如1973～1995年，新泽西州与其他州的一般责任债券利率差平均为9.98个基点。正是依靠这种市场化机制，对债务规模起到了间接控制的作用。

六、地方政府债务危机化解

对于地方政府的债务危机，以1840年为界，此前联邦政府通常完全接管，此后逐渐演变为由地方政府自行解决。

1840 年以前，联邦政府从未拒绝任何州、地方政府以及重要私人部门的财政援助请求。1790 年，亚历山大·哈密尔顿依据新联盟建立时达成的共识——如果联邦和各州政府想要得到欧洲的资本，联邦政府就必须要为州政府的信誉提供保障，成功地使联邦政府承担了各州政府所有的债务。乔治·华盛顿总统也积极主张联邦政府承担地方政府的债务。联邦政府为地方政府承担债务被视为信誉保障，也是一种将整个联邦连结在一起的手段。在此政治背景下，各州都有充足的理由认定，一旦自身陷入债务危机，联邦政府就会实施财政援助。联邦政府承担了 1812 年战争所产生的州政府债务，以及 1836 年华盛顿地区的欠款。之后，各州政府所借债务像滚雪球一样越来越多，债务到期后又无力偿还，只能选择拖欠。

历史上美国地方政府负债高峰期有三次。一是 19 世纪二三十年代，不少州为进行内部大开发举借了大量债务，出现了以州为主角的第一次负债高峰。随着 1837 年“恐慌”及接踵而来的经济萧条，州政府出现偿债危机，佛罗里达、密西西比、印第安纳、马里兰、密歇根、宾夕法尼亚、路易斯安娜等 9 个州无法按期偿还债务利息，拖欠债务额达到 1.22 亿美元，占债务总额的一半。其中，密西西比等 4 个州有 1377 万美元的债务彻底不能偿还。事情发生以后，州政府联合向联邦政府提出财政援助的请求。国会认为拖欠的债务多为地方受益，实施财政援助只会助长地方政府的赤字、拖欠等无效率行为，因而第一次拒绝了州政府的援助请求，也不再对地方政府债务偿还提供完全保障。此后，地方政府债务拖欠现象逐渐减少。同时，联邦政府不愿援助处于赤字危机中的州及州以下地方政府的传统也延续至今。二是 19 世纪 70 年代中期，州政府债务危机以后，地方政府迅速成为政府负债主体，开始大量举债。随着 1873 年的经济萧条，地方政府债务违约现象蔓延。1873 ~ 1879 年期间，州及州以下地方政府的债务拖欠达 2.45 亿美元，占全部债务的近 1/4。三是 20 世纪 30 年代，经济萧条期间州及州以下地方政府债务违约现象也大量涌现。1929 ~ 1937 年，州及州以下地方政府债务拖欠额达 28.5 亿美元，拖欠比例达 15.4%。

上述三次严重政府债务危机的发生，固然与历史背景有关，但其深层次原因还在于州与地方政府举债冲动，债务增长过快，债务规模过大。如

1825年举债建设伊利运河，随后成功经营并很快收回投资以后，许多州盲目效仿，对外借钱建设运河，致使债务短期内迅速增加。地方政府也有类似经历。州政府债务危机以后，地方政府成了举债主体，许多城市不顾承受能力大量举债。同样，20世纪30年代债务危机以前，州及州以下地方政府也经历了债务快速增长阶段。州与地方政府举债过度，也是因为其举债行为很少受到限制，举债冲动得不到有效约束。

针对经济大萧条期间广泛出现的城市债务拖欠现象，美国国会通过了地方政府偿还债务的标准和宣布城市政府破产的程序，并获得最高法院批准。该项标准被宣称最大限度保障了债权人利益，联邦法院将其解释为可以利用州及州以下地方政府全部税收来保障债务的偿还。但州政府和市政府破产，则属于只有当地方政府财政管理严重不善时才能使用的激进措施。

很多州都有关于财政管理紧急控制措施的规定，以防止地方政府因债务危机而破产。例如，20个州的法律中都有关于对处于财政危机的市政府进行帮助和控制的条款。州政府的独立地位使得各州对地方政府财政危机的立法各不相同，但大都出于相同的目的：（1）维持和保护处于财政破产状况的地方政府组织；（2）帮助地方政府连续提供基本服务和履行财政职责；（3）帮助地方政府组织改进财政管理程序。

以宾夕法尼亚州为例，其《一般地方法》第30章（即《地方复兴法案》）就明确提出如何防范地方财政危机，并对下列内容作出规定：相关主体的权力和职责，如何确认地方财政危机，紧急财政援助的启动，对地方财权和财力的必要整合，等等。

各州对化解一般责任债券和收入债券偿付危机的措施存在着差异。如果一般责任债券发生偿付危机，地方政府可以提高税率或收费比率。如果出现暂时性或技术性财务危机，地方政府只需与债权人直接协商即可。当上述自我补救措施没有效果时，某些州就会设立专门管理机构对地方政府进行监管，并提供技术帮助。州及州以下地方政府及州紧急（监管）委员会联合制定计划，以确保支付所有债务、养老金和其他必须履行的项目，同时减少相对次要的预算项目。州紧急委员会有权改变地方政府确定的或经地方政治过程产生的财政决定，地方政府丧失了更多的地方控制权。如果采取上述措施后，地方政府财政状况继续恶化，就应依照联邦《破产法》，由发债地方政府提出和解协议和自愿破产请求。和解协议必须得到51%的相关债券持有者的认同。如果破产请求得到法院批准，债务人资源转入法院审判范围。法院确定时间和地方政府一起召开听证会。听证会后，法院进一步确定和解计划，该和解计划必须得到持有2/3债券金额的债权人认可。对于收益债券持有人来说，他们的债权只是以某种收入来源作抵押。所以，当债务偿付发生困难的时候，损失将由投资人来承担。

七、市政债券所得税优惠政策

为了更好地发行市政债券，根据1913年美国国会通过的“个人所得税法”的条款规定，联邦政府不对州及州以下地方政府市政债券的利息征收联邦所得税，这实际上是联邦政府对州及州以下地方政府的一种特殊补助形式。联邦政府对市政债券利息免征联邦所得税，确保州及州以下地方政府低利率发行债券，以支持州及州以下地方政府举债。这种做法的实质，是将州及州以下地方政府公债的融资利息成本分摊到全国范围所有纳税人身上，将本地区经济运行的部分成本转嫁给其他地区。因此，各州具有更多发行公债的内在冲动。另一方面，某些地方政府不恰当地将公债资金用于收益性投资套利。上述两个原因导致市政债券过量发行，债券利率逐步提高，对再融资形成压力。

在这种背景下，联邦政府逐渐改变了对市政债券免税的做法。如果债券融资收入用于公共设施建设，利息收入通常免交联邦所得税；如果债券融资收入部分或全部用于私人目的，利息收入可能要征收联邦所得税。市政债券是否征税的相关法律规定十分复杂，在上市之前，通常由律师事务所确认属于免税还是应税债券。1986年《美国税收改革法案》对私人目的债券施加了严格限制。法案规定，如果有10%以上债券资金用于私人领域，并且由私人担保支付的本金或利息超过10%，这种债券就认定为私人活动债券。只有在税法中注明特别用途的私人活动债券（如用于抵押贷款、向学生贷款、非营利组织及小额发行的工业发展债券等）才能享受免税政策。此外，为防止地方政府利用低利率公债投资高利息债券，从中获取利差，联邦政府规定对州及州以下地方政府来自于债券套利的利息收入课税。1986 年，联邦政府还对各州每年发行的私人活动债券规模做了严格限制，规定最大规模为人均 50 美元或总量 15 亿美元。

八、美国财政部在市政债券中的作用

在美国，财政部对市政融资的影响是通过发行州和地方政府系列证券（State and Local Government Securities Series，SLGS，简称州地系列债券）来实现的。由于大部分市政债券利息是免税的，这意味着州及州以下地方政府能够以比国债和公司债更低的利率发行债券。因此，存在一个潜在的套利机会，而这种套利是联邦法律禁止的。为了监督州及州以下地方政府按照《联邦反套利法》的规定借款，美国财政部发行了非流通的州地系列证券，州及州以下地方政府可以将市政债券发行收益投资于州地系列证券，而不违反美国税法。州地系列证券非常灵活，投资者可以确定利息支付日、到期日。州地系列证券通过认购进行销售。当美国财政部通过减少可流通债券来平衡资金量时，州地系列证券投资增长会影响联邦债务的发行需求。

州地系列证券分为定期和活期两种类型。定期的州地系列证券的最高利率低于预期国库券利率（期限相同）一个基点。较低的市政债券利率和较高的国债利率促进了市政债券的再融资活动。2005 年，州地系列证券发行量增加到 750 亿美元，2006 年增加了 220 亿美元，2007 年增加了 350 亿美元。2007 年，再融资债务的增长在一定程度上提高了市政债券的发行量。目前，州地系列证券余额为 2 800 亿美元。

由于许多市政债券是不可赎回债券，州政府降低借款成本的惟一方法是“高级再融资”。在“高级再融资”方案中，州政府将以比现行利率更低的利率发行一笔新的债券，州政府用发行新债所得收益带来的现金流去偿还债务。通过再融资手段，州政府能够增加现值储蓄。州地系列证券为州政府“高级再融资”提供了更灵活的投资选择，而这一灵活性保证了债务组合免遭利率风险。近几个月来，由于金融市场混乱，国债和市政债券的利率逆转，国债利率低于市政债券利率，使得“高级再融资债券”发行失去吸引力，再融资债券发行显著减少。

附录 1　美国罗德岛州债务管理简介

附录 2　美国地方政府债务风险案例

附录 1　美国罗德岛州债务管理简介

（本部分资料主要来源于：2004 Report on Debt Management to the Public Finance Management Board，OFFICE OF THE GENERAL TREASURER，State of Rhode Island and Providence Plantations，April 28，2005）

一、债务分类及含义

债务分类及含义如附表 1 所示。

附表 1　　　　罗德岛州债务的分类及含义

税收支持债务 （Tax Supported Debt）	这类债务通常由州一般税收和收入提供偿债保证，或者由本州征收特定税收作为抵押。此类债务直接依赖于州信用，所以是与本州纳税人最为相关的债务
州支持收入债务① （State Supported Revenue Debt）	这类债务由本州一般税收和收入之外的特定收入来支付。当用作偿债的特定收入不能满足需求时，州将为其提供额外信用支持。由于州信用支持的或有性质，此类债务在某种程度上没有税收支持债务重要。此类债务包括“道德义务”债务
机构收入债务 （Agency Revenue Debt）	这类债务与州支持收入债务很相似，不同之处在于：没有得到州信用的法定支持；发债所筹资金用于州属企业购置资产，这些资产能够产生内部收益。尽管这类债务没有得到州税收支持，但由于发债机构或公共企业也可能通过州一般债务来购置资产，从而间接与州政府发生联系
代发债务 （Conduit Debt）	这类债务由州政府机构或公共企业代工商企业、健康医疗机构、私立高等教育机构、地方政府、合格个人（为高等教育和住房目的而贷款）等发行，州政府不提供担保

从附表 1 可见，在罗德岛州地方债务中，税收支持债务属于一般责任债务，州支持收入债务介于一般责任债务与收入债务之间，机构收入债务属较典型的收入债务。代发债务由实际债务人偿还，实际债务人之所以选择由州政府机构或公共企业代发，在于可以根据联邦所得税法获得免税优惠。

① 此类债务与我国地方政府的担保债务比较相似。

二、债务发行人

罗德岛州债务发行人包括授权发行债务的任何州办公室、部门、公司或者机构。目前已有16个不同的州债务发行人获准发行各种类型的债务，如附表2所示。

附表2　　州债务发行人及债务类型

发行人	税收支持债务	州支持收入债务	机构收入债务	代发债务
机场公司*			×	
洁水金融机构				×
会展中心	×			
经济发展公司	×	×	×	
健康和教育建筑公司				×
住房和抵押金融公司	×	×	×	×
工业设备公司		×		×
纳拉干海湾委员会*	×	×	×	
再融资债券机构	×			
能源回收公司			×	
罗德岛州资本租赁	×			
罗德岛州——一般责任债券	×			
州立大学和学院			×	
学生贷款机构				×
路桥收费机构			×	
水资源局			×	×

注：* 该州持有代这些机构发行的尚未偿还的一般责任债券。

截至2004年6月30日，罗德岛州上述四类债务的余额如附表3所示。

附表3　　罗德岛州2004年6月30日4种债务余额　　单位：百万美元

税收支持债务	1 334.8
州支持收入债务	376.1
机构收入债务	842.1
代发债务	3 917.5
总　计	6 470.5

注：由于数据收集的时滞，该表只包括州本级地方政府债务余额，不包含州以下地方政府债务余额。

资料来源：2006财政年度资本预算和罗德岛州准公共企业财务调查。

三、债务现状及其信用

机构投资者、个人投资者、信用担保人（包括保险公司和商业银行等）都要求对州政府债务进行信用评级。参与信用评级的分析者主要包括：信用评级机构、为债券提供担保的市政债券保险公司、经纪人——交易人和交易银行（兑付州债券）以及购买州债券的机构投资者等。用于评估州债务的一个重要因素是：州政府一般税收和收入能在多大程度上用于支付或支持债务偿还。例如，税收支持债务直接由州税收收入来支付，而代发债务完全是借款人而不是州机构的义务。投资者不能预期州政府会直接或间接地对代发债务的偿还负责。

（一）税收支持债务：2000～2004 财年

税收支持债务信用评级大体上依赖于该州的财政状况、尚未偿还债务数量、特定税收特征以及该州的经济状况。附表 4 列出了到 2004 年 6 月 30 日止，这类债务 5 年来的数额以及相应的债务比率。2004 财年该州债务与个人收入的比率为 3.8%，还本付息额与收入的比率为 4.7%，分别符合信用指导方针的要求，即低于上限 6.0% 和 7.5%。

附表 4　　2000～2004 财年税收支持债务　　单位：百万美元

财政年度	2000	2001	2002	2003	2004	复利年度增长率（%）
一般责任债务	881.1	853.8	683	722.9	762.6	-2.80
资本租赁债务	91.7	116.9	103.9	100.5	92.4	0.20
会议中心当局债务	322.9	315.8	319.4	310	302.3	-1.30
存款人经济保护公司债务	41.7	—	—	—	—	—
经济发展公司债务	87.1	85.2	93.2	91.1	136.3	9.40
纳拉干海湾委员会债务	19.9	18.5	15	13.1	11.3	-10.70
再融资债务（1）	161.2	147.4	133.1	100.7	84.7	-12.10
税收支持债务总额	1 605.60	1 537.60	1 360.20	1 350.90	1 402.20	-2.70

续表

财政年度	2000	2001	2002	2003	2004	复利年度增长率（%）
机构支付	-68.8	-66.7	-72.6	-70	-67.4	-0.40
税收支持债务净额	1 536.80	1 470.90	1 287.60	1 280.90	1 334.80	-2.80
税收支持债务每年利息和本金支付（2）	153.4	162.9	167.6	122	136.5	-2.30
债务比率（3）						
每年利息和本金/收益（上限7.5%）	6.60%	6.20%	6.30%	4.30%	4.70%	-6.80
债务净额/个人收入（上限6%）	5.20%	4.70%	3.90%	3.80%	3.80%	-6.00
人均净债务	1 462.70	1 389.00	1 205.30	1 190.20	1 240.30	-3.20
假设						
收入（2），（4）	2 322.40	2 642.10	2 676.80	2 846.50	2 935.20	4.80
个人收入	29 714.80	31 527.30	32 767.70	33 747.40	35 181.70	3.40
人口（5）	1 050 664	1 058 992	1 068 326	1 076 164	1 076 164	0.50

注：（1）公共建筑机构于1997年7月21日被再融资债券机构合并，表中为合并后2000～2004年数据。

（2）来自于2001～2004财年的资本预算。

（3）基于税收支持债务，后者包含机构支付。

（4）收入包括一般政府收入和汽油税的转移。

（5）人口估计来自于美国人口普查局，2004年9月。

资料来源：2006财年资本预算。

2000～2004财政年度，由于减少了一般责任债务、再融资债务、纳拉干海湾委员会债务和会议中心当局债券，该类债务的净额下降了2.8%。但由于经济发展公司发行了4 740万美元的运输债券，其发行的债务总额上升了9.4%。地方长官也授权一些部门通过使用资本租赁的方式去采购一些设备和修建大楼。资本租赁已经被用于为很多项目融资，例如检查总长办公室、霍华德中心的劳动和培训办公室以及该州内大学和学院的动力设施。债券分析师把这些资本租赁划分到税收支持债务范畴。经济发展公司发行的用该州的税收和收入来支付的债务占了税收支持债务总额的10.2%，这种债务有一些不同特点，那就是只有在特定情况下州政府才有义务去支付此项债务。

（二）州支持收入债务：2000～2004财年

州支持收入债务是由除一般税收和收入以外的特定收入来保证偿债的债务。只有在特定收入不能够满足偿债需求时，州政府才对其提供信用支持。

罗德岛州以多种形式提供信用支持，具体包括：在一个租约下按年拨款的或有承诺；为特定偿债准备金拨款的或有承诺；在特定条件下部分或全部偿付债务的承诺；等等。

为特定的偿债准备金拨款的承诺又叫“道德义务”，它对于信用分析师有着特殊意义。州法律指出，对于“道德义务”的债务，在特定还本付息准备金不足时，州长可通知州议会请求获得一项拨款以弥补偿债准备金的不足。尽管在合同上并没有规定州必须支付这项拨款，但信用分析师仍把该种道德义务债券看作州的或有债务。

附表5　2000～2004财年州支持收入债务　单位：百万美元

财政年度	2000	2001	2002	2003	2004	复利年度增长率（%）
黑石谷委员会（1）	12.2	11.5	9.9	8.7	7.6	-9.00
劳甘瑟海湾委员会（1）	7.7	7	5.1	4.4	3.6	-14.10
EDC—协作	25	25	25	25	25	0.00
EDC—普罗维登斯商场	40.8	40.8	40.8	39.3	38.2	-1.30
EDC—URL电厂		15.9	15.3	14.7	14.1	-3.00
罗德岛州住房和抵押金融公司	194.5	180.8	195.4	209.9	260.5	6.00
工业设备公司	26.9	24.5	18.5	17.2	27.1	0.10
其他	2.4	2.4	2.4	—	—	—
总计	325.9	307.9	312.4	319.2	376.1	2.90

注：同时具备一般责任担保和机构收入的支持。

资料来源：2006财年资本预算。

州支持收入债务是州政府最大的或有债务。如附表5所示，2003年6月30日该债务余额为31 920万美元，2004年6月30日上升为37 610万美元。这类债务是由所融资项目产生的收益来偿付，而州政府则为其提供信用担保。这种债务隐含着一种许诺，那就是未来发生收益不足时，州政府将为其提供信用支持，所以此类债务的信用级别比税收支持债务的信用级别更为重要。

州支持收入债务的最大组成部分是罗德岛州住房和抵押金融公司的道德义务债务，自2000年以来已经增长了33.9%（复利增长率为6.00%）。加上纳拉干海湾委员会的债务，州支持收入债务从2000财年到2004财年间以年复利2.9%的速度增长。

罗德岛州工业设备公司发行的债务以私人债务人的贷款和抵押作为保证，但该债务也可同时由州拨款资助的工业娱乐建筑机构通过投票人授权来提供保证。这部分债务也列在州支持收入债务范畴内。

经济发展公司发行的债务，在得到州长批准的情况下，可以州政府的道德义务来保障偿付。到2000财政年度，此类债务已全部偿清。

（三）机构收入债务：2000～2004财年

机构收入债务与州支持收入债务相似，但是州政府不会为此类债务提供任何形式的信用支持，也没有一般税收和收入来为其偿付做抵押。此类债务独立于州政府信用，但由于债务人都是由州议会创设的机构或公司，因此这类债务与州政府之间的关系还是要比代发债务密切很多。

州政府不会作出使此类债务发行人出现财务困难的行为，但也没有法律义务防止此类债务的违约行为，投资者清楚这一事实。然而现实情况是，以这种方式融资的单位，如罗德岛州大学、克莱本·贝尔纽波特希望桥梁、T. F. 绿色飞机场等都是重要的公共机构，对于这些机构，州政府不太可能允许其收入不足以偿债。出于这个原因，这类债务对于该州信用也具有重要影响。

罗德岛州已经发行了一些一般责任债券来为附表6中所列的几个公共机构融资。表中所列为收益债券，其他债务都列在了税收支持债务部分。

附表6　　2000～2004财年机构收入债务　　单位：百万美元

财政年度	2000	2001	2002	2003	2004	复利年度增长率（%）
机场公司	215.1	212.6	209	205.2	199.9	-1.50
经济发展公司	20.6	58.8	62.4	60.4	41.2	14.90

续表

财政年度	2000	2001	2002	2003	2004	复利年度增长率（%）
EDC—忠诚建筑Ⅱ	—	—	10	10	10	—
EDC—富利银行	7.4	7.4	7.3	7.2	7	-1.10
EDC—格兰特预期收入债券，联邦资助	—	—	—	—	216.8	—
住房和抵押金融公司	5	5	5	5	5	0.00
纳拉干海湾委员会	48.2	53.4	74.8	136.6	186.2	31.00
能源回收公司	5	—	19.5	19	18.3	29.60
州立大学和学院	64.2	105.5	113.5	112.5	113.6	12.10
路桥收费机构	40.3	38.8	37.2	35.6	33.6	-3.60
水资源局	8.5	7.8	8.2	18.9	10.5	4.30
总计	414.3	489.3	546.9	610.4	842.1	15.20

资料来源：2006 财年美国资本预算。

纳拉干海湾委员会由于下水道外溢工程，其债务以31%的速度增长。增长第二快的是能源恢复公司，2002 年 1 月为一个新的倾卸台设备融资，其所发行债券获得了 29.6% 的增长。经济发展公司以 14.9% 的增长速度位居第三。总之，机构收入债务从 2000 财年到 2004 财年间以年复利 15.2% 的速度增长，由于此类债务由收费等其他收入来支付，所以其增长可以作为经济增长的信号。

（四）代发债务：2000～2004 财年

代发债务是由州政府的相关机构代债务人发行的债务。其真正的债务人包括工商企业、健康医疗机构、私立高等教育机构、地方政府和合格的个人等。这些债务人通过州政府的机构代为发债，根据联邦税法，可以获得免税的优惠利率。

代发债务以债务人的未来收入来偿付，独立于该州信用。在债务人发生财务困难或发生违约时，州政府不给予任何援助。附表 7 中所列的债务都不会得到任何形式的州信用支持。

附表 7　　**2000～2004 财年代发债务**　　单位：百万美元

财政年度	2000	2001	2002	2003	2004	复利年度增长率（%）
洁水融资机构	157.4	179.7	203.1	286.9	411.7	21.20
健康与教育建设局	1 022.20	1 082.90	1 067.90	1 192.20	1 492.50	7.90
住房和抵押金融公司	1 334.70	1 367.70	1 369.10	1 348.70	1 115.50	-3.50
工业设备公司	102.8	120.4	101.2	67.4	86	-3.50
学生贷款机构	623.3	715.6	782.4	883.6	806.2	5.30
水资源局	9.3	8.8	7.1	6.3	5.6	-9.60
总计	3 249.70	3 475.10	3 530.80	3 785.10	3 917.50	3.80

资料来源：2006 财年美国资本预算。

代发债务占州债务比重最大，从 2000 财年到 2004 财年，以年复利 3.8% 的速度增长。负债机构中增长最快的是洁水融资机构和健康与教育建设局，分别以年复利 21.2% 和 7.9% 的速度增长。学生贷款机构的贷款数额也在增长，但其速度只有 5.3%。

四、债务政策与实践

（一）债务管理的重要性

罗德岛州及州以下地方政府运用债务工具为其资本改进项目融资，运用免税优惠政策为各级政府、非营利机构以及私有债务人贷款，以促进经济发展和公共事业建设。通过借债为资本项目融资的能力非常重要，这是因为，如果地方政府没有足够的现金储备与有效的收入来源为这些基础设施建设提供资金，州就无法修复其老化的基础设施，也不能进行新的资本投资。另一方面，公共资本投资还能够吸引私人部门投资，增加就业，从而提高居民生活水平。高速公路、飞机场和港口等交通基础设施，是州经济发展的基石，而供水、污水处理、娱乐、地方学校和高等教育等基础设施也是地方可持续发展的重要保证。因此，合理运用融资工具，科学管理地方政府债务，对于满足这些公共项目资金需求非常重要。当然，不是所有的资本项目都必须通过债务融资满足资金需要，本期收入也可作为地方政府资本项目的资金来源。

（二）债务约束和目标

设定债务目标涉及平衡债务成本和债务融资需求之间的关系。很多州都对需要用一般税收和收入来偿付的债务进行限制。在很多州，维持一个较高的信用等级并提高平均信用等级，成为债务限制中一个很关键的目标。公共财政管理委员会已经根据个人收入水平和还本付息额占总收入的比例来对此作了明确限定。然而，市政（公共）评级机构不仅依据债务级别来评级，还会综合考虑金融、经济以及管辖区的特征等其他因素，而对于这些因素的最优组合没有固定的模式。现实中，许多因素如经济、人口等是发行人无法控制的。但是，由于债务发行是可以控制的，很多债务人将债务级别作为评级的重要因素。高信用等级债务的益处在于，相对于低等级债务而言，投资者更愿意接受具有相对低的利息收益但信用等级更高的债务，这降低了州借款的成本。

（三）融资能力与信用评级

从绝对数量看，融资能力可以根据保证偿付该债务的收入、财富、资产等来评估。由于债务类型、支付来源和用于保证债务偿付的法律途径各不相同，没有一个简单的方式可以用来衡量所有州相关机构的融资能力。在2005年3月，罗德岛州给该州的信用评级机构作了陈述，向该机构提交了最新的预算、经济发展情况和现有债务情况。信用评级是基于该州的经济表现、财政管理水平以及在努力减少债务负担和促进经济发展上所取得的重要成就。值得指出的是，罗德岛州在2001～2004财年间，其信用等级一直保持较好水平。而与此同时，其他许多州的信用等级都在降低或者评级为“留意观察”。

五、对未来的建议

（一）继续减少债务

罗德岛州的债务状况得到改善，是因为在20世纪90年代早期该州债务达到峰值后，采取了一系列的严厉措施和财政方针。这些政策包括严格审查债务发行，建立债务负担标准和精简资本预算过程。罗德岛州一直坚持减轻债务负担的目标，并且现在也认识到了持续坚持此原则的益处。例如，罗德岛州严格审查烟草的收益为减少债务作了很大贡献，这一点受到了评级机构的正面评价。

2000年6月公共财政管理委员会通过了信用指导方针和更保守的债务比率目标，这为进一步减轻债务负担提供了必要结构，而不是简单的过度压缩州债务。广泛审视州和准公共机构的债务批准过程也是适当的，这有助于改善审批过程并加强控制。

（二）与偿债基金委员会协作

公共财政管理委员会和偿债基金委员会有着共同的使命去减少债务负担。两者间可以通力合作，尽可能做好债务管理工作。前者的政策和建议可以为后者提供指导，后者的实践也是前者债务偿还工作中不可或缺的一部分。

（三）扩大债务报告的披露范围

公共财政管理委员会的报告，也应该继续包含对地方债务的考察，这可以根据情况每两年披露一次。公共财政管理委员会还应该对地方政府的担保项目进行披露，从而使债务管理信息更加完整。

（四）开发市政财政健康检测系统

公共财政管理委员会能够为市政官员就债务项目提供非常急需的持续性教育。财政部部长办公室员工、市政财政部门官员以及罗德岛公共支出会议于2003年4月联合开发了一个“市政财政健康检测系统”，该系统对地方政府财政健康状况进行监控。

（五）为基础设施项目融资探索新的基金机制

该州的“资本预算和交通改进计划”大幅度增加对主要基础设施的资本投入，例如燃油税的收入能够为交通项目和该州一般基金提供支持，当燃油税中用于给普通基金的资金可以更多地转移到交通项目时，就会有助于减少或缓解罗德岛州对税收支持债务的依赖，这正是公共财政管理委员会和州追求的目标。公共财政管理委员会同时也监督财政部与州政府职员的工作，以寻找主要基础设施项目的创新性融资方式。

（六）签订利率互换协议

罗德岛州议会通过了财政部部长办公室提出的立法议案，允许该州签订利率互换协议，以降低借款成本。财政部部长办公室和预算办公室将规范化这一政策，并每年进行定期审查。

附录2　美国地方政府债务风险案例

以下通过美国佛罗里达州、加利福尼亚州的橙县和瓦列霍市以及阿拉巴马州杰弗逊县四个案例对地方政府债务风险问题作进一步阐释。

佛罗里达州法律规定，债务支出占经常性财政收入比重（偿债率）不得超过7%，目前该比例为5.3%。按照偿债率不超过7%的限额规定，在未来3年内，佛罗里达州有22亿美元的承债能力。该州按照财政收入的一定百分比设立偿债准备金，以表明它应对突发金融挑战的能力。该州偿债准备金余额比率在过去12年中平均为12%，这一水平目前已稳步增加至22%。佛罗里达州的人均债务估计为980美元，仅占人均收入的3.07%，这两个指标在美国各州中排名位列前五。目前佛罗里达州信贷评级已达最高级别AAA级。

加利福尼亚州橙县于1994年12月6日宣布破产，其导火索主要在于占该县预算收入35%的投资基金亏损。在此之前，橙县赤字已经高达40亿美元，投资经理人从银行借来130亿美元短期资金进行衍生工具投资。然而受托人不能适当分散风险，在一年之内，由于利率上升导致该县损失17亿美元，超出了政府的承受能力，发生支付危机，橙县政府只好宣布破产。在宣告破产以前，橙县政府曾经努力寻求过州政府和联邦政府的支持，但州政府拒绝提供财政援助。州政府认为，橙县破产的根本原因是县政府当局对财政管理不善，如果州政府对这种管理不善的后果给予救助，那就开创了一个不好的先例，其他的市政当局也会因此而没有动力去加强自己的财政管理。联邦政府赞同州政府的意见，要求橙县政府自己去解决问题。为此，橙县政府只好硬着头皮自己动手收拾残局。宣告破产以后，市政当局成立了危机处理小组。首先，政府解雇了一部分公务员，以节省工资支出，其次是压缩固定资产投资和削减公共服务项目，最后县政府还努力和债务人进行谈判，请求延长还债期限，承诺以橙县未来的税收偿还债务。总之，就像绝大多数破产的公司或者个人一样，橙县政府被迫痛苦地缩减开支。官员和民众都付出了代价。好在各项紧急措施顺利发挥了作用。8个月后，橙县结束了危机状态，脱离破产，恢复了正常。

加利福尼亚州瓦列霍市2008年由于运行费用过大，宣布破产。全市有约2亿美元的债务尚未偿还。瓦列霍市2008年预测的偿债率约26%，而全国平均大约是4.5%。该市连续3年出现财政赤字，2008年的收入预计下降8.5%，而费用提高10%，从而形成新的赤字。该市偿债准备金只占预期总收入的5%，居民人均债务约为1 700美元，占人均收入的8%，而全国人均债务约1 000美元，占人均收入的4%。由于无法通过谈判降低支出，该市申请破产。

阿拉巴马州杰弗逊县2008年已欠债46亿美元，其中大部分来自于一个长期的数额达32亿美元的基础设施项目。此外，该县披露另外的2 100万美元的掉期交易损失，导致2006年掉期合约净值为-1.2亿美元。该县没有申请破产，目前正在寻求通过服务性收费和债务重组筹集资金。

第二篇

加拿大地方政府债务管理

一、概　　述

（一）政府管理框架

加拿大是联邦制国家，下辖 10 个省、2 个地区，以及近 5 000 个省以下地方政府（包括城市、镇、村、乡镇、县及特别服务区）。其中小至爱德华王子岛省，其人口刚刚超过 10 万；而大的安大略省则有大约1 000万人口。加拿大公共部门的融资方式比较特别，联邦政府与省级政府之间的分权程度很高，而省级政府对市级政府的集权程度也很高。

（二）政府间财政关系

1. 政府间支出责任划分。与地方政府职责相适应，加拿大地方财政支出主要用于供水、下水处理、固体垃圾处理、道路、街道等基础设施以及公园、图书馆等方面。渥太华市的财政支出责任是911报警、医疗急救及护理、托儿所、消防、街道照明、垃圾回收、结婚准许和重要状况证明、雪和人行道清理、公共健康、为老年人提供社会住房、警察保护、地方法实施、财产标准检查、动物控制、养狗许可、植树、杂草控制、城市规划；道路、人行道和下水道建筑和维修、经济发展、特别事件应急处理；市内公交、轻轨列车、图书馆、水质管理、社区中心、运动场所、游泳场馆、娱乐项目、儿童和老年项目、公园、白天野营度假设施、建筑许可和检查、物资回收网建设与管理等方面的支出。

2005年，加拿大地方一般政府财政支出585.31亿加元，占所有级次政府财政总支出的11.37%。在加拿大地方一般政府支出中，以交通运输通讯、环境、人身和财产保护、娱乐和文化所占总支出的比例大，2005年上述4项支出各占总支出的19.72%、17.32%、16.51%和12.05%。其他各项支出占总支出的比例情况是：一般政府服务10.34%，社会服务9.39%，债务费用3.75%，住房3.75%，卫生2.59%，资源保护与工业发展1.97%，地区规划与发展1.82%，教育0.39%，其他支出0.84%。教育、卫生在加拿大全部政府支出中所占比例很大，2005～2006财政年度教育、卫生支出占全部政府支出的16.07%和19.86%，但其支出责任主要在省区，占省区一般政府总支出的19.68%和23.66%，联邦政府也承担医疗保健某些方面的责任，卫生支出占联邦一般政府总支出的10.20%，地方在这两方面的支出尤其是教育支出微乎其微。

社会服务（大体相当于中国所说的社会保障）支出是加拿大全部政府支出的最大项目，2005～2006财年社会服务支出占到全部政府支出的25.46%，社会服务支出责任主要在联邦和省区，2005～2006财年，社会服务支出占联邦总支出的30.59%，是联邦的最大支出项目；占省区一般政府总支出的16.17%，是省区的第三大支出项目。地方政府在社会服务方面支出较少（安大略省除外）。

加拿大地方政府的收入在2005年前的4年增加了17.66%，而支出增加了25.27%，特别是卫生支出增长了32.75%。地方政府债务支出占支出总额的3.75%。地方政府财政由2001年、2002年的结余，转变为2003年后的赤字，地方财政已收不抵支。2005年地方财政赤字额为21.56亿加元。

2. 政府间收入划分。加拿大地方政府的财政收入分为自有来源收入和转移支付收入两大类。2005年，在加拿大地方一般政府收入中，自有来源收入占到总收入的82.86%。自有来源收入中，又以财产和相关税所占比例最大，为总收入的52.69%，其他收入占总收入的比例分别是消费税0.18%，其他税1.29%，货物和服务销售（收费收入）22.20%，投资所得5.07%，其他自有来源收入1.44%。转移支付收入占加拿大地方一般政府收入的17.14%。转移支付收入中，从支出目的来看，以特定转移收入为主，占到总收入的14.27%，一般目的转移收入占总收入的2.87%；从政府层级来看，以省区转移支付收入为主，占到总收入的12.77%，来自联邦政府的转移支付收入仅占总收入的1.49%。

3. 政府间转移支付。加拿大政府间转移支付体系的突出特征表现在横向均等化方面。在加拿大，向地方政府转移支付的主要责任在省级政府，联邦政府也会向地方政府转移支付。省级政府的转移支付出于各种经济和政治原因。其中最有力的一个经济理由是外部性——即由一个地方政府提供的服务产生的收益（或成本）会溢出到其他辖区。有条件的拨款可以用来支付收益外流地方的溢出价值。离开这种拨款，在服务的提供和成本方面就有可能出现不公平现象，一些地方“搭便车”而以其他地方的利益为代价。拨款也可以弥补财政缺口，并保证地方政府有充足的资金来负担自己的开支。这通常以无条件按人或按户拨款的形式出现。提供无条件拨款也是由于公平的目的——例如支撑起偏远地区、核定支出水平和税收能力低的地区的地方政府的财政基础，或者通过补贴资产基础薄弱的地方政府来保证以相当的税收提供相当水平的服务。一些拨款所依据的原则体现出政治因素多于经济因素。有条件拨款可能仅仅是为了诱导地方政府提供一项本省省级政府认为具有优先性的服务。有时，这种拨款甚至是为了让地方政府（和它们的公民们）认识到一项新服务的好处，当然前提是假设这一拨款之后可以撤出，即不再对其拨款，并用地方政府开支来维持该项服务。联邦政府向地方政府（尤其是城市）的拨款数额非常小，拨款的一个基本原则是当地方开支是由联邦政策或措施导致的时候，联邦拨款恰当且确有必要。如联邦的移民政策使得大量移民在加拿大的大城市定居，导致额外的市政开支而联邦的支出并未涵盖。再如联邦政府履行国际义务，执行环境方面的《京都议定书》，就需要地方的财政支出来执行，联邦给予拨款。从国家利益的角度考虑，联邦拨款也是有必要的，如解决流浪者生活问题，提供能负担得起的住房等等问题。地方的发展关乎国家利益，联邦有必要支持地方的住房、交通和足够的基础设施等。作为一项 1993 年大选中承诺的“创造就业计划”的一部分，自由派政府引进了“加拿大基础设施建设”项目。依照此计划，联邦政府提供 20 亿加元来资助已获批准的项目，同时省级政府、市政府也提供等额的资金与之匹配，用于改善地方社区的物质基础设施的质量。1997 年，联邦提供了附加的 6 亿加元。2000 年 6 月，联邦政府设立了总价值为 2.5 亿加元的两个“绿色城市”基金，用于资助那些有助于改善市级基础设施的环境效率，提高其成本收益的项目。在 2001 年 12 月的预算中，又增加了 20 亿加元作为基础设施建设基金。2002 年 2 月 5 日联邦政府建立了“加拿大战略基础设施基金”，用于地方高速公路、铁路、地方交通系统、旅游和城区发展启动等主要项目。2003 年又增加了 30 亿加元的“战略基础设施基金”，原有的基础设施基金用于小规模的供水、下水处理、交通等项目。除了有条件拨款和无条件拨款，第三种转移支付的形式是以支付代替税款。它是依照省级政府（或联邦）的财产来支付给地方政府的，因为这些财产是免税的。

（三）地方政府债务管理概况

表 2－2－1 反映了 1980～1994 年加拿大各级政府的债务负担状况。可以发现，这一期间加拿大各级政府的债务负担基本上呈现扩大的态势。

表 2－2－1　加拿大各级政府债务占 GDP 的比例（1980～1994 年）　单位：%

年　份	联邦政府	省级政府	省以下政府	总　计
1980	33.2	4.9	7.4	45.5
1985	45.9	8.0	4.2	58.1
1990	54.6	11.7	3.0	69.3
1993	67.1	20.2	3.4	90.6
1994	70.8	22.7	3.6	97.1

在上述省级政府债务中，根据债务不同性质可以分为纳税人支持债务和自我支持债务。纳税人支持债务包括两部分，一是传统的政府赤字融资，二是与基础设施、教科文、医疗等相关的非政府公共组织（如公立学校、医院等）以及商业效益差需要政府补贴的省属公司（如公交公司等）的债务。自我支持债务主要指商业效益好、具备充分借款能力的省属公司（如广播公司等）的债务。政府负责管理省属公司等非政府机构债务的主要原因是按照加拿大通用会计准则，所有省属非政府机构的资产负债情况要纳入省政府资产负债表，政府通过统一管理可以约束非政府机构的借债行为，减小非政府机构债务对省政府资产负债状况影响的不确定性。而且由于政府信用评级较高，比非政府机构具有筹资成本方面的优势，非政府机构有委托政府进行债务融资的动力。

此外，省级政府债务管理与现金管理密切配合。加拿大省级政府债务管理和现金管理由省财政厅国库部门下属的两个部门分别负责。政府现金管理的主要模式是通过与其他政府部门、银行等相关单位建立资金信息共享系统，预测财政收支和现金流变动情况，在此基础上将暂时闲置的资金委托投资机构进行运作，不足的资金头寸通过短期票据融资解决。债务管理部门一方面将债务管理相关的资金信息及时通知现金管理部门，另一方面按照现金管理部门预测的资金需求情况完成政府的短期筹资。在执行过程中，债务管理部门和现金管理部门定期研究市场环境和中短期政府资金余缺情况，共同确定下一阶段的工作安排，同时在操作中相互参与彼此的管理实施过程并及时获得共享信息，保障双方管理目标的实现和操作行为的顺利衔接。

二、地方政府债务管理体制

加拿大地方政府债务管理体制主要采用市场约束型。省级政府举债不受《宪法》或联邦政府的限制，是否借款和借款额度直接受制于金融市场。由于在举借债务前，需要由一个或多个国际投资机构评定其可授信债务额度，因此各省必须服从市场秩序。值得注意的是，与省政府不同，加拿大地方政府必须按照省政府要求进行经常性预算平衡，涉及长期借款的市政府资本性支出必须获得省政府批准。实践中，各省均通过公共金融中介（市政财务公司）或以配套拨款方式帮助地方政府举债。在加拿大，联邦政府可以为经常性支出和资本性支出举债而不受《宪法》的限制。省政府也同样可以进行此类举债活动而不受任何《宪法》或联邦政府的约束。联邦政府和省政府无须每年平衡其经常预算。但由于需要接受国际投资评级机构对其债务额度的评定——这种额度对于创造有利的借款环境具有至关重要的作用，联邦政府和各省政府都需要服从一定的市场秩序。

三、中央层次的债务管理机构

在加拿大，财政部金融政策分部金融市场处负责政府融资、债务管理及风险控制工作。

金融市场处由政府融资和资本市场政策部门、债务管理政策部门、储备和风险管理部门三部分组成，它们共同负责在联邦政府融资和金融市场发展方面提供政策分析建议。其分工如下：

政府融资和资本市场政策部门负责在政府贷款、贷款担保、特殊目的借款等方面提供政策分析建议。

债务管理政策部门负责在政府公债管理、借款计划实施等方面提供政策分析建议。

储备和风险管理部门负责在国际储备、与政府金融资产和债务相关的风险管理方面提供政策分析建议。

四、地方政府债务的资金运行管理

（一）举债方式

加拿大的省政府主要有两个借款渠道，即传统债券市场和加拿大养老金计划（CPP）。CPP 利用其满足经常需求后的剩余资金从各省购买价格优惠的有价证券。一些省自行使用 CPP 的资金，另一些省则将其作为市政府发行债券的渠道。1990年，CPP、省养老金计划和省政府机构共持有省政府已发行债券的56%。各省均通过政府中介机构（如市政财务公司）或以配套拨款形式帮助地方政府举债。

（二）举债用途

在加拿大，省政府举债的用途既可用于经常性支出，也可以用于资本性支出，地方政府举债用途则受到省政府的严格限制。

五、地方政府债务的风险控制

（一）风险管理目标

加拿大省级政府债务风险管理的主要目标是降低金融市场波动和操作失误等给政府造成损失的可能性。为此，省政府通常设立由来自政府相关部门、大学和投资机构等单位的专业人士组成的债务风险管理委员会来制定政府融资策略，监督省财政的债务管理行为，设定债务组合和偿债基金的风险系数等。债务管理部门在风险管理委员会的指导和监督下，定期进行债务管理绩效和风险评估。目前，加拿大省级政府债务风险管理的主要对象包括流动性风险、市场风险、信用风险和结算操作风险等。

（二）硬预算约束

与省级政府不同，加拿大地方政府面临上级政府所施加的明确的硬预算约束。地方政府的税收收入和支出决策都受到严格限制，从省级政府所获取的转移支付多是属于高度限制的转移支付。地方政府举债必须事先得到省级政府批准，并受到严格限制。有关省级政府在地方政府预算、举债、条款和对财政困境的监管等方面的规则框架，各个不同的省份都有自己独到的特征。在安大略省，法律规定中适用于监管地方政府的条款在20世纪30年代就已经通过，并且保持到今天都一直没有什么变化。在地方政府的债务水平和重要财政事务的管理上，安大略省地方政府董事会和地方政府事务委员会都有自己的重要作用。法令允许董事会或者是委员会派人接管地方政府的财政工作，并把相关费用计算在地方政府的税基上。

省政府债务管理以立法院确定的债务预算和余额上限为约束。加拿大各级政府的财年为每年 4 月 1 日至次年 3 月 31 日。每财年第三季度，省政府债务管理部门根据未来 3 年政府赤字和省属非政府机构债务计划：起草全省未来 3 年的债务预算草案，债务预算中区分纳税人支持债务和自我支持债务，明确政府和各省属非政府机构的年度融资需求和债务余额上限、债务付息支出等规模，并汇总出省政府债务整体预算。省级政府债务年度余额上限以上年末实际债务规模为基数，加上当年债务预算筹资额后确定。债务预算草案作为年度财政预算草案的一部分提交立法院审议后付诸执行，执行中的重大调整需得到立法院批准。

在安大略省，不管是什么原因出现了财政赤字，它都必须在下一个财政年度中得到补偿。地方政府必须接受上级委派的审计员，并且按照公认的方式开展工作。它的短期举债只能有两个原因：在债券最终出售之前为建设中的项目融资，或者是在税收征收和政府收入未获得之前需要履行短期义务。这种举债在 1 月 1 日到 9 月 30 日之间不能超过预计总收入的 50%，而在 10 月 1 日到 12 月 31 日之间则不能超过 25%。任何官员为了当前目的借出超额款项被公开的话，都会被处以开除职务两年的处罚。

（三）举债限制

早在 1849 年加拿大《地方政府合作法》中就对地方政府举债进行了限制。在加拿大，早期大多数有关地方政府的立法，其目的都是为了阻止地方行为的滥用，而不是支持或控制地方行为。魁北克省可能是在 20 世纪早期最先恰当地实施这类法律的省份，当地方政府试图在法律限制范围之外进行举债的时候，就会被要求加强约束和政府管理。

加拿大每一个省份都对地方政府的长期举债进行了严格的限制。一些省份设立特殊代理机构来代表地方政府举债。在另外一些省份，地方政府可以直接开展长期举债业务，但是要受到省级政府所设立规则的限制，并且在程序上需要经过省级政府管理机构或者代理机构的批准。尽管如此，即使是拥有良好信用记录的地方政府，也不能得到他们希望中的举债数额。为了鼓励地方政府开展更多的举债业务，省级政府放松了地方政府在资本市场上的权利，并且为地方政府的举债能力、以国外货币的形式举债以及所使用的举债工具提供担保。承担长期举债融资委托事项的步骤也得到了改进。当前有关债务总额的限定是自身总收入的25%。

加拿大所有的省级政府都开始认识到实施更灵活管理机构的重要性。安大略省和阿尔伯塔省最近的改革简化了管理程序，并且在一定程度上加强了地方政府在资本市场上的权利，但是其他地方的管理系统仍然相当复杂。在不列颠哥伦比亚省，地方政府的举债（范库弗峰除外）仍然是由一个省级政府的机构代理，长期举债则需要省级政府的批准并在议员中以2/3的多数通过（也有可能是公民投票）。在魁北克，除了蒙特利尔和魁北克城以外，地方政府的举债既需要公民投票通过，还需要省级政府的批准，而以国外货币所借的款项则受到省级政府的控制。而阿尔伯塔省在1995年之前，举债计划需要省级政府的审批。尽管省级政府的监管已经取消，但是只要举债额度超过了限制，省级政府就会检查所有的债务（地方政府收入的1.5倍），并且偿债的水平（收入的25%）必须在许可范围之内。安大略省对地方政府举债限制如专栏2－2－1所示。

专栏2－2－1　安大略省对地方政府举债限制

在安大略省，所有需要债券担保或者融资时间超过一届理事会任期的资本支出，都需要由管理与预算局（管理与预算办公室）来批准。为了解决债务问题，理事会必须通过一项授权法令。实施工程或者是负责债券买卖的委员会，必须在以一定的代价获得承担项目的许可之后才能成立，而不存在任何可以追溯任命的机构。

从1993年开始，安大略省的地方政府只要不超出上述债务限制，就可以在议会条款之外举债和承担财政责任，而无须经过管理与预算局的批准。而超过上述限额的举债则同样需要在事前得到管理与预算局的许可。安大略省的地方政府可以为了筹资进行举债或者发行债券。全区性的地方政府、农村、农村的当地政府和单独政府可以以自己的名义举债。有意思的是，尽管全区性地方政府下属的当地政府可以征收财产税，但是他们却不能以自己的名义举债。相反，尽管地方政府的债券是由以当地政府的收入为担保的，而且债务和债务利息是低级政府的责任，但是却只有高级政府有权力举债。尽管债权可能同某一

续

项工程的收入没有关系，地方政府却被允许使用这一系列的融资工具，包括可回收债券和沉没资金。他们也可以以外币的形式举债，尽管这种举债必须满足加拿大基金的限制。 整体上来说，安大略省地方政府最近的财政记录表明，在大萧条的低谷中建立起来的管理结构经受住了当前财政困难的考验。安大略省的地方政府在国内外的资本市场上都有不错的声誉。尽管如此，这一体系并非无可挑剔。有些人认为这一管理结构过度限制了融资能力以及对资本市场的充分利用。另外一些人则认为地方政府所追求的即用即付哲学给当地的纳税人带来了过重的压力。但是一个更基本的问题是，安大略省地方财政仍然相当依赖过于狭窄的税基，而此时地方政府需要负担相当份额的社会救助支出。在困难时期，必须支付的债务利息和当地政府对社会救助的责任综合起来，可能会对地方政府将其他类别的服务维持在同一水平上的能力构成挑战。一些诸如为了加强地方政府同资本市场的关系而采取的政策尽管算是一种提高，但是财政责任在收入再分配服务上的准确划分以及给地方政府分配一些弹性税收收入的权利（比如个人所得税），才可能为这个问题提供一个彻底的解决方案。

（四）政府贷款或贷款担保的管理原则

加拿大政府于20世纪80年代建立了一套管理其所承担的贷款和贷款担保的原则：（1）关于贷款的任何让步条件——比如低于市场标准的利率，都视作预算支出。在某些情况下——如补助金太高，全部贷款都被列入预算支出。（2）在提供贷款或担保前，发起部门必须仔细分析工程项目，并确信：如果没有政府援助它将不会对项目进行融资；现金流量足以偿付债务本息和营业费用；并能产生令人满意的收益回报率。（3）私人单位发起人必须同政府一起分担风险。该私人单位用自有资源提供所需资金的绝大部分，万一发生违约，政府将从私人发起人那里获取补偿。（4）银行也要分担风险，最少承担任何违约有关净损失的15%。（5）贷款利率的设定应补偿下列成本：政府的货币成本、估计的贷款担保的未来损失、估算的未来损失、交付管理和行政管理支出费用。(6) 担保准备金总额应以风险评估为基础，并且发起部门必须从发行担保赚取的收入以及年度拨款中支付。(7) 新贷款和贷款担保方案必须经过财政部部长认可并由议会核准。(8) 各部门和皇家公司必须报告其或有债务，并以政府年度财务报告注释的形式公布。或有债务及其损失评估由直接向议会报告的审计官进行审计。

附录：加拿大 BC 省债务管理情况介绍

附录 加拿大 BC 省债务管理情况介绍

一、BC 省财政管理基本情况

不列颠哥伦比亚省（Province of British Columbia，以下简称 BC 省）是加拿大西部一个沿海省份，濒临太平洋，被誉为加拿大的亚太门户。BC 省是加拿大与中国经济贸易、国际交往最多的省份。闻名遐迩的温哥华市就是 BC 省最大的城市，维多利亚市是该省的省府所在地。BC 省财政厅和省政府投资管理公司（以下简称省投资公司）也设在维多利亚市。BC 省 2007 ~ 2008 财年（2007 年 4 月 1 日至 2008 年 3 月 31 日）的财政收入为 394 亿加元（折合人民币约 2 758 亿元），财政支出为 373 亿加元（折合人民币约 2 611 亿元），政府债务（只含税负性债务，即 Taxpayer - supported Debt）为 278 亿加元（折合人民币约 1 946 亿元）。

二、BC 省债务管理模式及具体做法

（一）BC 省政府债券的发行额确定方式

这里所说的政府债券主要是指政府中长期债券（期限一般是 1 年及以上），不包括短期政府债券。这样处理的主要原因是 BC 省政府年度预算中规定的政府债务预算就是这里指的中长期债券，不包括因现金流动性管理需要而发行的短期政府债券（俗称国库券）。此类短期政府债券，由省财政国库部门自行管理。BC 省政府债券（中长期）的年度发行额（需求）主要根据以下公式计算而得：

BC省政府债券（中长期）的年度发行额（需求）= 一般行政性支出赤字 + 省属国有企事业单位的债券需求额 + 本年度到期还本额 − 跨年度资本性支出回收额

需要说明的是：一是BC省属固有企事业单位（含院校和医院等）的债券融资由BC省财政国库部门代为办理，也是以发行省政府债券名义进行筹资的。二是BC省政府债券利息支出不列入本年度政府债券发行额中。三是跨年度资本性支出回收额是指上年度安排的非现金性预算在本年度回收的资金额。

（二）BC省政府债券的种类

BC省政府债券主要按期限进行分类，分为长期和短期。长期是1年及以上的，一般是3~40年；短期一般是1年以下的。如果按我国政府债务的分类方法来区分BC省政府债券，则BC省政府债券都是记账式债券，没有凭证式债券；其发行和流通都是通过证券交易所（即场内）的，没有通过银行间柜台方式（即场外）；目前没有专门的储蓄性政府债券；BC省政府债券发行的币种没有限制，一般是多币种相结合进行筹资，把降低筹资成本作为选择债券币种的主要决定因素。

另外，BC省政府债券还按债券的债务承担者分为税负性债券（Taxpayer - supported Debt）和自负性债券（Self - supported Debt）。税负性债券是指债券对应的债务偿还由税收负担的政府债券；自负性债券是指债券对应的债务偿还由具体的筹资者承担的政府债券。后者如BC省财政国库部门为该省水疗水利基金公司（BC Hydro）代理发行的政府债券。

（三）BC省政府债券的发行方式及利率确定方式

主要发行方式是包销制。BC省政府债券发行没有采取固定的债券承销团制度，但也有若干家债券承销合作金融机构（主要是几家本国的商业银行）。BC省政府债券利率的确定方式是：对于长期政府债券，一般是比较广泛的利率招投标方式。对于短期政府债券，一般是通过证券交易所撮合成交。实际操作中更简便，一般是省财政国库部门通过证券交易所做市商（Dealers）的期限和利率报价，然后进行协商选择即可。

（四）BC省政府债务的风险管理

BC省政府债务的风险管理主要表现在两个方面：一是结合历史数据

信息和相关影响参数，建立BC省政府债券基准收益率曲线（Benchmark），将政府债券市场运行情况与基准收益率曲线进行动态比较分析，并可作绩效评价，以及时报告相关提示信息和管理建议。二是建立下沉基金（Sinking Fund）。所谓下沉基金，就是指对一定条件的政府债券还本采取类似于年金方式逐年累计筹集的一种债券还本基金。

下沉基金的具体做法是：（1）建立下沉基金的条件。一般是以下两种情况，符合其中之一即可。一是政府债券的期限在5年以上；二是政府债券发行额在100亿加元（约700亿元人民币）以上。（2）具体的管理方法。下沉基金的年折现率一般为5%，按年支付，基金的期限最长一般是20年，省财政国库部门制定下沉基金的投资政策（投资收益率一般等于折现率），下沉基金委托BC省投资公司投资。下沉基金不提供政府债券的利息，利息是由债券的筹资者按年直接支付。另外，纯行政性债券和省水疗水利基金债券不需建立下沉基金，其主要原因是这两类债券的还本资金来源很充足。

三、BC省债务管理机构与具体职责

BC省财政厅国库与资产登记局下属的债务管理处（简称DMB）负责省政府债务管理工作。DMB的主要职责是在合理风险范围内以尽量低的长期成本管理全省公共债务，为省政府、省属非政府机构提供集中的债务管理和咨询等服务。每年财政预算审议通过后，DMB在债务余额上限内，按照风险管理委员会确定的各项指标约束开展债务管理操作。BC省债务管理按照不同职责分为前台、中台、后台业务。

（一）前台业务

1. 分析市场信息，设计发行方案。BC省债券发行主要是需求推动型管理，即没有季度、月度等定期发行计划，而是根据政府和客户的资金需求情况选择发行时机。在暂时没有资金需求而市场筹资成本非常有利时，DMB也会进行储备融资。DMB与债券包销团保持日常联系，及时了解分析市场动态，并在此基础上为政府和客户设计发行方案。

2. 组建、管理债券包销团。BC省债券包销团成员按包销比例递减可分为经理成员、一般成员和特殊承购组成员。经理成员由加拿大6家大型本国银行组成，每次承销中又细分为1家主承销商、2家次主承销商和3

家联合承销商。一般成员为部分外资银行和中型银行。特别卖出组成员为BC省内或对BC省政府有特殊贡献的部分金融机构。BC省财政部门和承销团成员签订协议明确双方权利义务，并按季对承销团成员进行考核（考核的主要指标包括票据和债券的承销情况、二级市场做市情况和信息交流质量等），并根据季度考核结果，确定下一季度债券发行中的主承销商和次主承销商。

3. 组织实施发行操作。BC省债券发行面向债券包销团的全部或部分成员进行，主要采取公开发行和定向发行两种方式。公开发行适用于长期债券，定向发行通常适用于为满足市场需求发行的少量债券或是短期票据。

4. 实施衍生工具交易操作。根据风险管理和绩效管理的需要，DMB通过互换等衍生工具交易，控制新发行或存量债务的外汇敞口和浮动利率敞口。近年来加拿大国内利率处于上升通道内，加元汇率持续强势，DMB选择时机适当增加了债务组合久期和外汇债务敞口取得了较好的管理效益。

（二）中台业务

1. 法律支持和文本管理。根据发行场所和币种，DMB在债务发行中招标聘请不同的财务代理。财务代理的主要职责是协助BC省完成与监管当局、托管和清算机构的协调和业务往来，并协助起草相关法律文本，保障发行和后续管理的顺利实施。在财务代理的协助下，DMB按照不同监管当局对债券发行、交易等方面的要求，起草、更新法律文本，履行相关义务，确保债务操作合法合规。

2. 客户及中介机构关系管理。一方面，DMB保持与客户的日常联系，及时了解最新的融资需求；配合标准普尔、穆迪等主要信用评级机构完成定期信用评级和日常信息沟通；联络财务代理、交易场所和债券托管机构等中介机构，保证债权注册、信息披露等工作的顺利实施。另一方面，DMB结合外部机构的反馈意见提出完善债务管理工作的对策。

3. 风险监控和绩效考核。DMB按照风险管理委员会设定的风险参数约束进行日常风险监控，同时以债务组合市值最小化和付息成本最小化为目标，定期考核债务管理绩效。绩效考核的参照标准为DMB以各期限BC债券为工具、按照风险和收益最优化模型定期构建的基准债务组合。在债务管理过程中，DMB根据自己对市场趋势的判断，通过选择发行品种和衍生工具交易等手段，调整政府债务组合参数，提高管理绩效。

4. 定期分析报告。DMB每年编制债务管理报告内容包括财年内政府债务管理情况、债务余额和付息规模变动、常用债务指标、信用评级及省际对比情况等。该报告作为按年公布的财政执行报告中的重要组成部分接受公众监督。此外DMB每季、月编制分别供省政府、财政部内部使用的债务管理情况分析。

（三）后台业务

1. 偿债基金管理和资金债权清算。偿债基金在债务到期前由省政府投资管理公司进行投资，DMB定期监控偿债基金余额的变动情况，并在债务到期时以偿债基金完成兑付。此外，在支付部门和财务代理的协助下，DMB完成与债务管理相关的资金债权清算业务，包括债券本金的收兑、利息支付、债权注册与注销、衍生产品交易清算等。同时，DMB负责债务管理现金的预测，并将相关信息及时与政府现金管理、现金流预测系统共享。

2. 会计制度修订及账务处理。DMB通过定期反馈意见等方式配合省财政部总会计长办公室逐步提高省政府债务管理会计标准。在此基础上，DMB负责债务管理相关的日常会计账务记录工作。

3. 接受审计监督。BC省立法院下属审计长办公室负责监督省财政预算执行过程，省财政部总会计长办公室为财政部内部审计机构。DMB每年要接受定期的外部审计和多次不定期的内部审计监督。

4. 信息系统管理。2005年DMB在前期系统基础上开发了新的债务管理信息系统，整合了债务管理中的全部前、中、后台业务，实现了组合管理等多种高级管理功能，保障了管理的高效和安全。DMB及时根据管理中的新需求完善信息系统。

第三篇

日本地方政府债务管理

一、概　　述

（一）政府管理框架

日本是一个单一制国家，中央政府独自负责稳定政策的制定和实施。全国共有1都、1道、2府、47个县，每个都、道、府、县下设若干个市、町（相当于我国的镇）、村，都、道、府、县是一级平行的行政区，直属中央政府，但各都、道、府、县都拥有自治权。

（二）政府间财政关系

日本地方财政的建立起始于明治维新时期，是在以日本明治天皇为首的改革者自上而下的变革大潮中应运而生的。由于变革的自上而下特征，日本地方财政从其诞生之日起，就深深烙上了明显的中央集权印迹。日本中央集权的财政体制保证了大规模社会基础设施建设的财力所需，使国土开发等能在国家的统一指导下有计划、均衡的实施，在其一个世纪以来的资本主义发展历程中发挥了积极的重要作用。但与此同时，集权体制的弊端也在这一过程中日益累积起来。一方面，地方政府缺乏积极性、主动性，一切依赖中央政府的指导与安排；另一方面，是大量缺乏效率的财政支出。20 世纪 80 年代中期，日本泡沫经济破灭，日本政府试图继续延用集权的财政体制实施大规模投资计划来挽救陷入灾难中的经济，但此时已是回天乏力。20 世纪 90 年代以后，日本经济遭遇了从未有过的打击，分权改革被迫成为不可回避的选择。1992 年，日本自民党决定实施分权化改革，1993 年《分权推进决议》在众参两院通过，改革从此拉开帷幕。2000 年 4 月《地方分权一览法》实施，标志着分权改革进入具体的实施阶段。

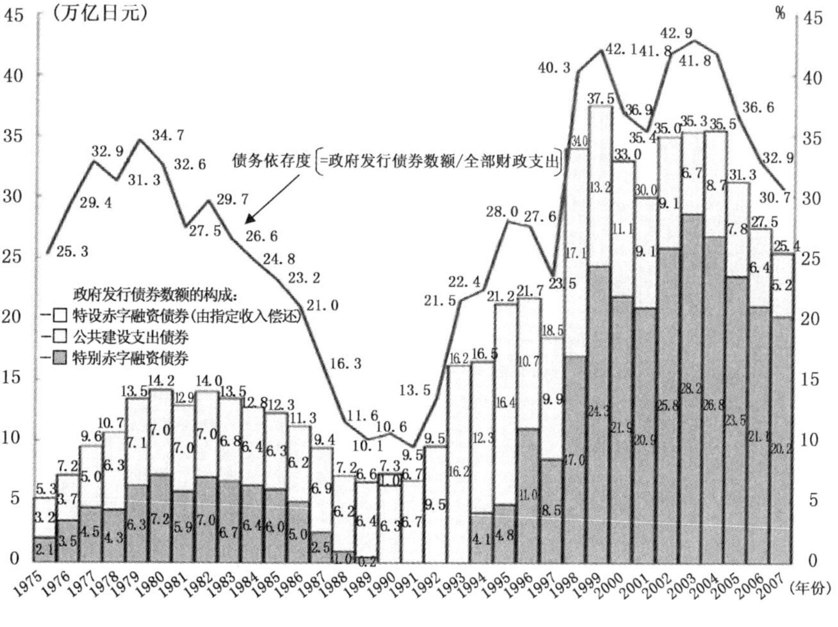

注：1975～2005 财年当年统计数；2006 财年修订；2007 财年预算。

图 2－3－1　1975～2007 财年日本地方政府发行债券情况

资料来源：根据中国财政部和亚洲开发银行 2008 年 7 月在中国举办的“地方政府债务管理国际会议”资料整理。

日本名义上存在地方自治。地方政府也常被称为地方自治体，但由于中央集权的地方财政体制，地方自治常被调侃成“三分自治”或“四分自治”，存在着较为严重的纵向不平衡，即地方税收收入只占全国税收收入的30%～40%，支出却占全国支出60%～70%，财政支出的大部分依赖中央财政向地方的财政转移，主要包括地方交付税、国库支出金等，缺口部分则在国家确定的地方财政计划中批准地方政府发行债券融资弥补。从图2－3－1可以看出，从20世纪90年代初开始，政府发债总额急剧增加，并且从90年代中后期债务资金用于弥补赤字的比重逐渐上升。此后，该比重逐年增高，最高时2003年达到81%。

1. 事权与支出责任划分。受“夏普劝告”的影响，二战后日本《地方自治法》采用“限制列举”方式划分政府间事权。现行《地方自治法》采用大陆法体系国家通行的“概括授权”方式，对政府间事务进行原则性划分，并通过个别法进行具体界定如表2－3－1所示。

表2－3－1　　　　日本政府间事权划分

政府级次	安全	社会资本	教育	福利卫生	产业经济
中央	外交、防卫、司法、刑罚	高速公路国道（指定区间）、一级河流（指定区间）	一般大学、资助私立大学	社会保险、医师执照等、医药品等许可证	货币、关税、通商、邮政通讯、经济政策、国有林
都、道、府、县	警察	国道（其他）、县道、一级河流（指定区间）、二级河流港湾、公营住宅	高中、特殊学校、中小学教员工资与人事、资助私立学校	生活保护（町村）、儿童福利、老人福利保健、保健院	地区经济振兴、职业培训、中小企业诊断与指导
市、町、村	消防、户籍、居民基本台账	城市计划事业、市、町、村道、港湾、公营住宅、下水道	中小学校、幼儿园	生活保护（市）、老人福利保健、儿童福利、国民健康保险、下水道、垃圾处理、保健院	地区经济振兴、农田利用整理

注：居民基本台账包括如下内容：（1）国民健康保险、国民年金被保险资格、儿童津贴资格等；（2）有关课税纪录；（3）选举人有关资料；（4）学龄簿、生活保护、预防接种、印鉴证明等其他资料。

关于经费负担，日本《地方财政法》虽然明确了“地方事务，地方出资”的原则，但同时又规定了诸多例外，即中央必须对那些有共同利害关系的、符合国民经济发展综合计划的公共事业等地方事务提供经费，从而形成覆盖范围广泛的中央政府拨款制度（National Government Disbursements）。

在日本《地方财政法》中，为维持中央政府与地方政府间的财政秩序，对中央政府支出作出如下规定：（1）为确保地方政府实施补助对象事务，对实施该事务所需经费必须进行充足估算，中央政府支出依此为基础计算确定。（2）对国库补助负担金（中央政府支出的一种）的计算、支付时间、附加条件或者连带指示以及其他行为不服的，可经由自治大臣向内阁提出意见，或经由内阁向议会提交意见书。（3）地方政府没有按照规定使用中央政府支出的，对该项拨款可全部或部分停止拨付，或要求退回所拨款项。这类支出主要用于义务教育、生活保护、传染病预防、精神卫生、打击毒品、儿童保护、老人保护、原子弹受害者护理、主要农作物良种培育、产业教育振兴以及学校图书馆设施与充实图书等。

可以发现，日本地方政府自治范围内的大部分事务，名义上属于地方事务，实际上是一种中央地方"共同事务"。中央政府通过提供经费，可以进行各种形式的干预，并引导、纠正、调控地方政府的支出活动，实现中央政府的政策目标。

2002年，日本内阁会议通过《2002年经济财政运营和结构改革的基本方针》，决定实施地方财政分权改革——"三位一体"改革。所谓"三位一体"改革是指国库支出金、地方税、地方交付税作为一个整体，同时推行的地方财政分权改革，是小泉内阁结构改革的重要组成部分。国库支出金的改革主要是废除、削减国库补助负担金；地方税改革主要是指在废除、削减国库补助负担金的同时，中央向地方进行相应的税源移让；地方交付税的改革主要是削减交付税总额、提高地方政府自主财源比重、简化交付税计算公式等等。

实际上，"三位一体"改革的目的有两个：一是地方分权，废除、削减国库补助负担金和税源移让这两项改革是为了这一目的；另一个是财政重组，这是地方交付税改革的主要目的。之所以把三项改革合三为一，主要是政治方面的考虑。因为这三项改革都直接触动了各个不同方面的既得利益，存在相当大的难度，三项改革一起推进，有利于整体突破，减少改革阻力。具体地说，废除、削减国库补助负担金直接触动了各省（相当于我国的各大部委）及相关议员的利益，各省掌管的补助负担金是其权力的具体体现，对此进行改革，不仅会削弱省的权力，甚至会使相关省的官僚面临失业的危险；向地方移让税源是财务省（财政部）所反对的，在中央政府欠下巨额债务难以清偿的现状下，财务省面临着前所未有的压力，也因此会更加反对减少中央政府税收收入的改革与举措；而减少地方交付税则受到来自地方政府的攻击，因为地方政府同样背负着沉重的债务负担。“三位一体”改革集中体现了地方政府、财务省以及各职能部门之间的利害冲突，它们之间很难达成利益上的一致，从而加大了改革的难度。可以说，从2002年开始的“三位一体”改革的过程就是一个矛盾冲突与利益协调的过程。截止到2007年6月2日，“三位一体”改革完成，改革成果如下：

（1）废除、削减国库补助负担金约4.7兆日元；

（2）向地方政府进行税源移让约3兆日元；

（3）实现了以基干税（所得税）向地方进行税源移让；

（4）地方交付税实现了总额控制，减少大约5.1兆日元。

此外，制度上的改革还包括：

（1）对行政改革进行激励。主要的鼓励因素包括：支出效率，征税努力程度，垃圾处理，学生餐提供状况等等。

（2）简化计算方法：都、道、府、县修正系数减半，事业费系数大幅缩减。

（3）财力差距扩大对策（目前的措施是税源移让部分100%算入基准财政收入）。

（4）增加不交付团体人口比例（市、町、村），2000年是11.5%，2006年提高到了25.94%。

总体而言，“三位一体”改革是卓有成效的。一是如期完成了改革的数字目标；二是突破了既得利益构筑的重重阻力，撬动了牢不可破的中央集权体制的一角。另一方面，从“三位一体”改革的分权目的看，它的成就有限。“三位一体”改革的目的是从集权到分权，国库补助负担金是中央政府集权手段的集中体现，废除、削减国库补助负担金就是要削弱甚至剥夺各省厅利益集团通过分配国库补助负担金对地方财政的支配与控制。虽然“三位一体”改革削减了4.7兆日元的国库补助负担金，但地方政府希望取消或削减的部分（体现在其制定的地方政府方案中）只实现了12%，并且多数项目并非废除或取消，而是通过调整比例削减了一定数额。譬如说，义务教育国库负担金，如果只是把国库负担比例从1/2降为1/3的话，并不妨碍文部科学省对地方政府文教领域的干预。因此，“三位一体”改革数额目标的达成并不意味着“分权”的实现。“三位一体”改革的成效是大打折扣的。

2. 政府间收入划分。现行日本税收体系源于1949年的“夏普劝告”，中央和地方之间的税收划分主要遵循三个原则：（1）税源划分以事权划分为基础，“各级政府事务所需经费原则上由本级财政负担”。（2）便于全国统一税率和征收的大宗税源归中央，征收工作复杂的小宗税源划归地方。例如土地房屋税，税额与当地的地价密切相关，不可能统一按面积征税，因而划归最基层的市、町、村。（3）涉及收入分配、宏观政策的税种划归中央，地方税以受益原则为依据，主要实行比例税率或轻度累进税率。例如，中央和地方都对个人和企业的所得征税，但中央的所得税、法人税的累进性强，地方的所得税（称作居民税）累进性弱，日本政府间的税收划分如表2－3－2所示。

表2－3－2　　日本政府间税收划分

	课税形态	类别	税收分类	税　目
中央税		普通税	所得税	个人所得税、法人税
			财产税	遗产税、赠与税
			消费税	消费税、消费让与税、酒税、砂糖消费税、物品税、彩票类税、通行税、入场税、燃油税、石油煤气税、石油税、关税
			流通税	有价证券交易税、注册牌照税、印花税、交易所税、日本银行券发行税、吨位税
		目的税		地方让与税、发展促进税
地方税	直接课税形态（都、道、府、县直接课征部分）	普通税	所得税	都、道、府、县的民税、事业税、法定外普通税
			财产税	固定资产税、汽车税、矿区税、狩猎牌照税
			消费税	地方消费税、娱乐设施利用税、餐饮消费税、法定外普通税
			流通税	不动产取得税、法定外普通税
		目的税		土地水利收益税、汽车取得税、汽油交易税、狩猎入场税

续表

	课税形态	类别	税收分类	税目
	间接课税形态（中央课征后转移给都、道、府、县部分）	交付税		所得税、法人税、酒税和消费税的一部分
		让与税		地方交付64%，消费让与税
地方税	直接课税形态（市、町、村直接课征部分）	普通税	所得税	市、町、村民税、法定外普通税
			财产税	固定资产税、轻型汽车税、矿产税、特别土地所有税
			消费税	市、町、村卷烟消费税、电税、煤气税、法定外普通税
			流通税	木材交易税、法定外普通税
		目的税		土地水利收益税、公共设施税、国民健康保险税、城市规划税、浴池税、宅基地开发税、事业所税
	间接课税形态（中央课征后转移给市、町、村部分）	交付税		所得税、法人税、酒税和消费税的一部分
		让与税		地方让与税的36%、特别吨位税、消费让与税

从中央税与地方税内部来看，中央税以直接税为主，在直接税中又以所得税（即个人所得税）和法人税为主，其中个人所得税占中央税收总额的30%以上。1989年实行消费税制度以前，中央税系中的间接税以酒税、专卖缴纳税、物品税、燃油税、关税和印花税为主。实行消费税制度后，消费税（包括消费让与税）所占比重迅速扩大，2003年占中央税收总额的21.6%。

都、道、府、县税以普通税为主，[①] 占其税收总额的90%左右。普通税中，地方消费税、事业税、都、道、府、县民税是最主要的税种。市、町、村税也以普通税为主（占其税收总额的95%左右），其中市、町、村民税和固定资产税是最主要的税种。

从第二次世界大战结束到20世纪70年代的近30年间，日本中央和地方税收份额基本上呈“七三开”；20世纪70年代后，中央税份额有所下降，占60%左右，地方税份额略升至40%左右，呈“六四开”状况。其中，地方税中市、町、村税的份额大于都、道、府、县税，反映了日本

① 普通税是相对于目的税而言的，前者为地方政府的一般性收入，后者为地方政府的专款专用性收入。

在税收分配上向基层政府倾斜的倾向，如表 2－3－3、表 2－3－4、表 2－3－5所示。

表 2－3－3　　　　日本各级政府税收占比

年度	中央税		地方税		
	金额（亿日元）	比重（%）	比重（%）	都、道、府、县税（%）	市、町、村税（%）
1950	7 591	75.2	24.8	—	—
1955	13 178	71.1	28.9	11.2	17.7
1960	25 457	70.8	29.2	—	—
1965	48 297	67.9	32.1	16.2	15.9
1970	115 261	67.5	32.5	—	—
1975	226 591	64.0	36	17.1	18.9
1980	442 669	64.1	35.9	—	—
1985	624 667	62.7	37.3	16.3	21.0
1990	962 302	65.2	34.8	—	—
1995	886 380	62	38.0	15.7	22.3
1998	988 203	61.1	38.9	17.6	21.3
2001	855 172	58.5	41.5	18.2	22.3
2003	760 291	57	43.0	17.7	25.3

注：由于资料所限，部分年度都、道、府、县与市、町、村没有数据。
资料来源：（日）财务省主计局调查课编：《财政统计》2004 年版。

表 2－3－4　　　　日本中央税内部结构　　　　单位:%

	税种	1985 年	1993 年	2003 年
直接税	所得税	39.4	35.3	31.5
	法人税	30.7	25.0	20.8
	遗产税	2.7	4.9	3.1
	其他	0.0	0.9	0.0
	小计	72.8	66.1	55.4

续表

	税　　种	1985 年	1993 年	2003 年
间接税	消费税	—	10.5	21.6
	酒税	4.9	3.7	4.0
	烟税	2.3	1.9	2.1
	汽油税	4.0	3.4	4.9
	天然气税	0.0	0.0	0.0
	航空燃料税	0.1	0.2	0.2
	石油税	1.0	0.9	1.0
	证券交易所税	0.0	0.1	—
	证券交易税	1.7	0.9	—
	汽车载重量税	1.2	1.4	1.7
	关税	1.6	1.7	1.8
	吨位税	0.0	0.0	0.0
	印花税	3.6	3.5	2.6
	其他	6.8	5.7	4.7
	小计	27.2	33.9	44.6
	合计	100.0	100.0	100.0

资料来源：（日）永长正士编：《图说日本的税制》2003 年版。

表 2-3-5　　日本地方税内部结构　　单位：%

	税　　种		1985 年	1993 年	2003 年
都、道、府、县	普通税	都、道、府、县民税	28.9	28.2	23.4
		事业税	38.6	34.1	27.5
		地方消费税	—	5.4	17.8
		不动产购置税	4.3	4.9	3.3
		都、道、府、县烟（消费）税	3.1	1.7	2.1
		地方特别消费税	4.7	0.8	—
		汽车税	10.2	11.4	13.5
		矿产税	0.0	0.0	0.0
		其他	1.3	0.8	0.6
		小计	91.1	87.3	88.2
	目的税	汽车购置税	3.4	3.8	3.4
		汽车交易税	5.4	8.9	8.4
		其他	0.1	0.0	0.0
		小计	8.9	12.7	11.8
	合计		100.0	100.0	100.0

续表

	税种		1985 年	1993 年	2003 年
市、町、村	普通税	市、町、村民税	50.7	45.8	39.5
		固定资产税	31.8	41.3	46.3
		轻型汽车税	0.5	0.5	0.8
		市、町、村烟（消费）税	4.2	3.8	4.6
		电力煤气税	4.0	—	—
		矿产税	0.0	0.0	0.0
		土地所有特别税	0.4	0.4	0.0
		其他	0.2	0.0	0.0
		小计	91.8	91.8	91.2
	目的税	浴池税	0.1	0.1	0.1
		事业所税	1.5	1.5	1.5
		城市规划税	5.5	6.3	6.7
		其他	0.0	0.0	0.1
		小计	7.1	7.9	8.4
	其他		1.1	0.3	0.4
	合计		100.0	100.0	100.0

资料来源：（日）永长正士编：《图说日本的税制》2003 年版。

3. 政府间转移支付制度。日本的一般性转移支付制度从 20 世纪 20 年代末开始萌芽，到 1954 年正式建立地方交付税制度，经历 20 多年，并从起初以解决地方财政困难为目标的应急性措施，逐渐过渡到地区间财力差异调节手段，最终转向以均等化为理念的财力均衡制度。现阶段，日本中央政府对地方的转移支付主要包括两类：一类是中央不指定用途的一般性转移支付，称作地方交付税；另一类是中央限定用途的特定拨款，称作国库支出金。

地方交付税是以平衡地区间财政收入为目的的地方财政支付制度，先由中央征收，然后按一定标准在全国各地之间分配，其总额确定在日本《地方交付税法》中有明确规定。地方交付税具有相当强的均等化作用。例如在 1992 财政年度，东京（日本最富裕的县）的人均地方税收入达到 262 000 日元，而最穷的冲绳县仅为 61 000 日元。在实行地方交付税转移支付后，冲绳县的人均收入上升至 217 000 日元。日本的地方交付税主要有以下特点：

（1）交付税总额与法人税、消费税、酒税等国税建立关联机制，规范、透明、有弹性；

（2）中央分别对道、府、县和市、町、村两级地方政府直接确定补助额；

（3）按照各地方政府基准财政收支确定交付税；

（4）道、府、县按标准收入的80%，市、町、村按标准收入的75%作为基准收入，并作为补助基础。

国库支出金是中央指定用途的对地方财政的资金转移。根据法律规定，国库支出金的目的是：（1）确保财政资金有计划、有重点投入；（2）确保中央行政服务的全国平均水平；（3）奖励地方从事难度较大的服务项目；（4）满足救灾等特殊财政需要；（5）支付代理中央办理事务的费用。

国库支出金的支付范围，涉及地方财政支出中的工资、差旅费、设备费、融资资金、工程承包费、补助等诸多方面，内容复杂，存在多种分类。根据其法律依据及经费性质，可将国库支付金分为国库分担金、国库补助金和国库委托金。

国库分担金主要以保证重要行政事务的全国平均水平为目的，用于地方一般行政；国库补助金以提高资金使用效益为目的，用于地方公共投资。一般的，国库支出金的60%为分担金，40%为补助金和委托金。国库支出金规模近年来呈缩小之势，在地方财政收入中占15%～20%左右，主要分配在教育、就业、灾害救济等方面。另外，国库支出金并不能满足地方政府在上述方面的全部需要，地方也要承担部分资金，如在社会福利方面，国库支出金承担1/2，义务教育经费国库支出金承担1/3～1/2。国库支出金的用途由中央指定，地方不得挪用，其使用一方面受主管部门监督、指导，另一方面受中央会计督察院的审计，一旦发现挪用，中央可以收回资金或施行其他处罚。

在横向财政差异调整方面，除了地方交付税制度外，面对20世纪50年代中期地方财政赤字增加的局面，日本采取了调整部分让与税分配办法的方式，进行横向均衡。如基准财政收入额超过基准财政支出需要额的富裕地方政府，按其收入超过额的一定比例（20%）扣减其“入场让与税”，并用于对其他府、县的再分配。

（三）地方政府债务管理概况

日本的地方政府债务，最早可追溯到明治初年（1868 年）。1879 年，日本确立了“举借地方政府债务必须通过议会决定”的原则，从此开始建立地方政府债务制度。1888 年日本颁布《市制及镇村制》，1890 年颁布《府县制》、《郡制》，使得地方政府债务制度不断趋于完善。1940 年，举借地方政府债务首次实行年度总额限制，举债主体以大城市为主，发行对象则为大银行及大信托投资公司。日本地方政府债务的主要特点是：（1）每月都有地方政府发行债券。（2）发行方式有公募和私募两种，图 2－3－2 列示了从 1994～2007 财年地方政府采用私募和公募发债的情况。2004 财年之前，私募所占比重较大，基本可达 2/3，近几年，地方政府发行债券的数量稳步增长的同时，选择公募发债的情况逐渐增多。2005 财年以后公募与私募在全部债券余额中所占比重基本相当。（3）无论发行主体为谁，只要在同一时期发行债券，发行条件都完全相同。（4）发行对象以金融机构为主。（5）面额以 1 万日元、10 万日元、100 万日元为主。（6）大多为付息债券，债券利率通常参照同期限的国债利率确定，

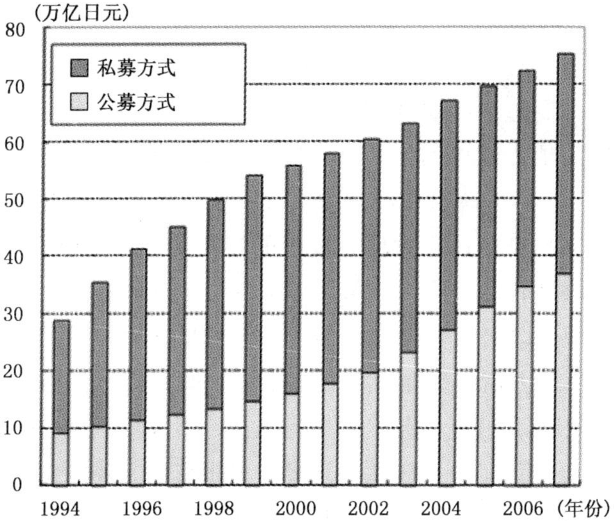

图 2－3－2　1994～2008 财年地方政府发行债券余额情况（私人部门资金）

资料来源：根据中国财政部和亚洲开发银行 2008 年 7 月在中国举办的“地方政府债务管理国际会议”资料整理。

同时私募债券利率要略高于公募债券。（7）原则上不可上市流通。（8）1972年7月以来的地方公债都是以10年为偿还期，采用抽签方式还本，每半年偿还一次，每次偿还发行额的3%，每年付息两次。（9）享受一定的税收优惠，等等。

如果仅从制度的严密性来说，日本地方公债制度堪称一绝。但这一制度也存在非常重大的缺陷，即计划有余而灵活不足，一切都以中央政府计划为导向，而非以地方居民的现实需要为出发点，从而导致公共产品供给的低效与浪费等问题。

20世纪90年代以来，日本中央政府不断推出以扩大公共支出为主要内容的财政政策，地方政府债务余额节节攀升，地方财政面临史无前例的债务压力。另一方面，2006年之前，地方政府举债必须在征得中央政府的批准后，按照《地方公共财政计划》确定地方政府债务的偿债成本。根据财政重建计划，许多陷入财政困境的地方政府可以接受中央政府的援助。因此，地方政府在中央政府"隐形担保"的前提下，避免了陷入债务危机。由于中央政府最终会为地方政府的债务兜底，不仅地方政府不担心发生债务违约时的风险，而且债权人和纳税人也毫不怀疑他们对地方政府债务投资的安全性，因而也失去了监督地方政府债务的积极性。2007财年，政府债务余额高达2万亿美元，全球排名第二，仅次于美国。2006年日本地方政府债务从审批制过渡到协商制。协商制与审批制的不同之处仅仅在于，当总务省不同意地方政府的举债计划时，只要向地方议会报告仍可举债。但是，协商制下，地方政府在经过中央政府同意后举债可以获得两种优惠政策：一是中央政府在计算对地方政府的转移支付时考虑偿债资金数额；二是如果地方政府满足其他约束条件还可以向中央政府借款。由于以上两种优惠政策，地方政府大多会选择经中央政府批准后再举债。因此，协商制是否能让日本地方债务管理制度由集权完全向分权转变，尚有待观察。

目前，日本地方政府债务受到广泛关注，不仅日本国内政策制定者在不断讨论，国外媒体也投来关注的目光，夕张市地方政府发生财政困难濒临破产的事件就被刊登在《纽约时报》2007年1月的头版①。

① 该报刊登的内容将夕张市当时的情况描述为"破产"，但在日本，中央政府由于多方面的考虑，是不允许地方政府破产的。日本总务省官员在接受采访时澄清了这一错误的报道。

二、地方政府债务管理体制

目前，日本地方政府管理体制正在经历着由行政控制型向制度约束型的转变。早在明治三十二年（1899 年）的法律条文中，日本就承认了府县一级政府的举债权，但举债的具体事项，如举债额度、偿债方式等需经总务大臣和大藏大臣批准。目前，日本地方政府债务的发行主体为都、道、府、县以及市、町、村等，此外，日本《地方自治法》在第 283 条和第 314 条二款也赋予了特别地区、地方公共团体联合组织以及地方开发事业等特殊地方公共团体举债权。

2006 年以前，日本对地方政府债务主要实行“审批制”。法律赋予了中央政府直接控制地方政府借款的权力。这种控制有多种形式，如：制定每个地方政府每年的总体债务权限标准（或某些债务成分，如海外借款）；对地方政府借款业务的检查和授权（包括审批借款业务的期限和条件），集中各级政府的借款和待审批的对地方政府的贷款（一般为投资项目）。一般来说，中央对地方政府借款的直接控制权不仅包括对被提议借款项目的事前授权，还包括对地方政府财政活动的事后监控，监控的范围和时间有所不同。从 2006 财年起，基于分权化改革，严格的“审批制”转变为“协商制”。这一改革给予地方政府举债更多的选择权，中央政府对地方政府举债的控制越来越多地依靠制度约束而不是行政审批。

三、中央层次的地方政府债务管理机构

由于中央政府参与决定地方政府的收入和支出，因此，与其他单一制国家相比，日本中央政府预算与地方政府预算之间的联系要紧密得多，而地方政府财政计划使这种联系变得更加紧密。

2006 年改革之前，总务省负责制定地方政府财政计划，同时还代表地方政府与财务省和内阁进行协商。中央政府每年都要对地方政府的收入和支出作出官方估计。收入估计值涵盖了地方税收入及非税收入、地方交

付税、地方让与税、中央专项拨款以及地方借款收入。预计支出包括工资薪金支出、商品及服务支出、资本支出、利息支出以及对公共企业的补助。然后将这些预计支出纳入一系列国家政策和计划中，如 FILP，该计划的目的在于针对每个地方支出计划制定一个“可接收”的收入—支出计划。这个过程最重要的特点是通过地方交付税和地方借款平衡地方政府收支。总务省负责确保地方政府拥有足以平衡其地方财政计划的收入，同时总务省也努力与财务省讨价还价，以保护地方政府的收入来源。因而，地方政府财政计划是协调中央与地方财政政策的一套独特机制。

总务大臣在审批地方政府举债时，须事先与财务大臣协商。这是因为，财务大臣是负责财政金融政策综合协调工作的，有必要考虑地方政府债务发行所产生的影响；同时由于财政投融资资金是认购地方政府债券的主要来源，而财务大臣作为财政投融资管理的主要负责人，必须从资金合理高效运营的角度考察地方债发行的合理性。具体讲，总务大臣是根据其与财务大臣协商制定的《地方政府债务计划》及地方政府债务审批方针进行审批的。《地方政府债务计划》决定每年各事业类别地方政府债券发行额，即认购资金构成计划。在计划中，按不同的预算账户和事业性质分别列出一般预算债、公营企业债及特别地方债发行额，以及政府资金（财政投融资资金）、公营企业公库资金和民间资金的认购金额。从 1948 年开始，每年在编制中央预算的同时要编制《地方政府债务计划》。但是实际上，由于要等待中央的《财政投融资计划》编出来后，才能具体编制地方政府债务计划，它的编制要晚于中央预算。地方政府债务不属于国会审决议的对象，只作为参考资料提交国会，因而它没有法律依据，无强制执行的效力。但是，由于它是财务大臣与总务大臣协商制定的，规定了中央政府提供认购地方政府债券资金的规模及地方政府债券资金的具体用途，总务大臣在审批各地方政府的发债申请时，将以该计划为依据。

四、地方政府债务的资金运行管理

日本地方政府债务主要有两种发行方式，即发行债券和借款，如图 2－3－3所示。

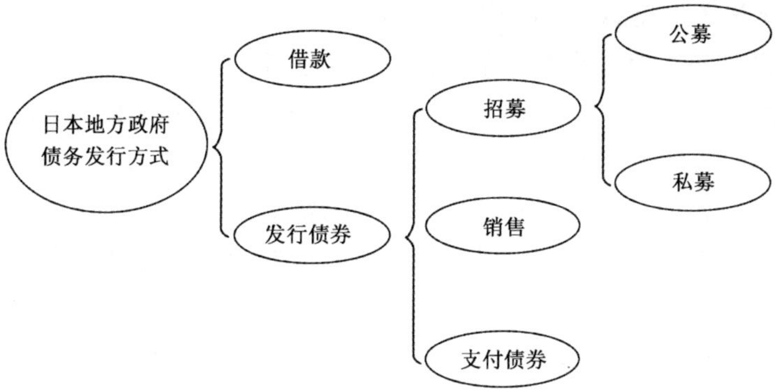

图 2－3－3　日本地方政府举债方式

（一）举债方式

1. 发行债券。债券发行方式是指地方政府通过向金融机构等发行债券而筹措资金的方式。发行债券具体包括三种方式。

（1）招募。根据募集对象的多少和是否公开投标，可分为公募和私募两种。公募债是指通过债券市场以发行地方政府债券的方式募集资金。一般来说，只有实力较强的地方政府才有能力以这种方式募集债务资金，因为实力较弱的地方政府会因为债信不高，或发行规模较小，导致债务成本过高。公募债的发行条件随行就市，以 10 年期债券为主。在日本，哪些地方政府可以运用公募方式发行债券，要由自治大臣和财务大臣协商确定。在 20 世纪五六十年代仅有东京都、大阪府、兵库县、大阪市、名古屋市、横滨市、京都市、神户市等 8 个地方政府能够公募发债，1973 年以后这个数字相继扩大，现在有 27 个地方政府可运用公募发行方式。

私募债指地方政府直接向有关机构发行债券募集资金。这些机构一般在地方政府的辖区内营业，且与地方政府有一定的业务关系，主要包括下列几种：①地方公务员等共济协会。根据《地方公务员等共济协会法》规定，地方公务员共济协会、警察共济协会、公立学校教职员共济协会除了按规定将其资金转存资金运用部外，剩余部分只能用于购买地方债。②银行、农协等金融机构。这些机构一般由地方政府指定代其管理资金，发挥地方金库作用。③受益于地方公共事业的公司，如工业用水道事业的受益者，填海工程承包商等。④保险公司，如伤害保险公司认购用于消防、安全设施建设的地方债等。

（2）销售。地方政府首先公告其销售公债的条件、规模等，接受各承购商的购入申请，然后在规定期间内向提出申请者销售地方公债。但实际上这一方法从未曾使用过。

（3）交付债券。这种方式与国债中的情况一致，地方政府对债权人发行债券并约定在以后支付现金。在地方债发行中，交付公债的规模不大，但也属于常用的方式。

2. 借款。地方政府以借款收据为凭据向债权人筹借债务资金，又称为证书借款。证书借款是地方政府举债的主要方式，尤其是在借入中央政府资金（财务省资金运用部资金与简易生命保险资金）和公营企业金融公库资金时，均采用这种形式。近年来，银行对地方政府借款也加强了审查条件，如近几年保持经常性预算平衡、公务员工资支出占经常性预算支出的比例、借新还旧的比例等等。

表2－3－6列出了按发行方式分类的日本地方政府债券余额。不难看出，日本地方政府债务主要是靠证书借款方式发行的，1990年末地方政府债务余额中有72.5%属于这一方式，而且动态地看其比重逐步上升；在债券发行方式中，交付公债占比很小，招募发行额占地方政府债务余额的比重为20%～30%。

表2－3－6　按发行方式分类的日本地方政府债券余额构成　单位：亿日元，%

年　份	1985	1988	1990
地方政府债务余额	426 884	489 008	521 895
证书借款	64.8	70.2	72.5
债券发行	35.2	29.8	27.5
其中：交付公债	0.1	0.03	0.02

资料来源：［日］财务省编：《图说日本的公共债》1993年版，第103页。

（二）举债用途

日本《地方公债法》第5条明确规定了地方政府债务资金用途，该法规定“地方政府的财政支出必须以地方政府债务以外的收入作为财源”以平衡预算；同时，法律又规定地方政府债务收入为特别的财政收入，某些支出允许以地方政府债务作为财源，这意味着地方政府债务只能用于资本性支出等特定用途。从实际情况看，日本的地方政府债务资金使用遵循马斯格雷夫“黄金法则”。“某些支出”原则上是公共建设支出，但在用于以下4项支出时不受限制：（1）交通、煤气、污水处理、其他地方公营企业支出；（2）对地方公营企业的投融资；（3）抗灾应急、灾害赈济以及灾后重建；（4）文教、卫生、消防、土木工程等公共设施建设。此外，必要时可以通过制定特别法案发行地方政府债券，弥补预算收支缺口。近期，该类债务增长迅速，占国债年度发行额的80%，占地方政府债务的30%。中央政府拨付给地方政府的地方交付税已逐渐被赤字融资债取代用于平衡地方预算。

近年来，地方政府债务更多地用于协助财政政策的实施。由于地方公共部门规模相对较大，因此中央政府必须依靠地方政府来实施其财政政策。在政策工具选择上，由于地方税制和地方让与税等都是以法律形式确定的，只有议会才有权修改，因此通过改变地方税制或地方让与税来抵消经济周期影响的想法是不切实际的。相比之下，可以通过行政行为改变地方债规模，以配合扩张或紧缩的财政政策。在中央政府实行扩张性财政政策时，地方政府债务在地方收入中所占比例往往会上升，相反则会下降。

（三）应债资金

日本地方公债的资金来源主要包括政府资金、公营企业金融公库资金、银行资金和其他资金等。

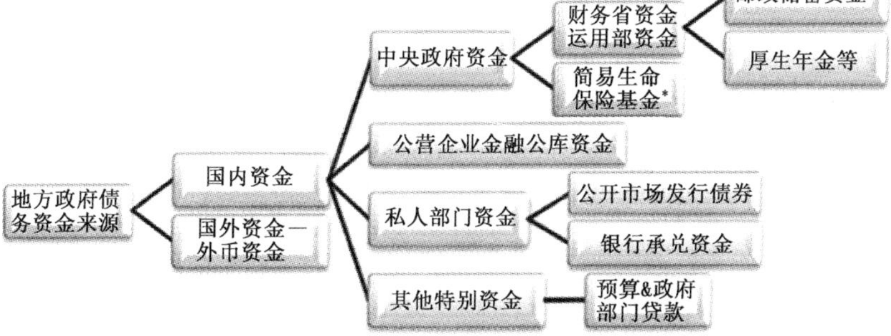

* 邮政储蓄资金和简易生命保险基金统称日本邮政基金，于2007财年取消。

图2-3-4　日本地方政府债务资金来源

1. 政府资金。主要指资金运用部资金和简易生命保险资金。资金运用部资金的来源是邮政储蓄资金及厚生年金、国民年金等中央事业类特别会计的积累基金和结余资金等。这些资金既是公共性的，又是有偿性的，因而要求进行“有利的”运用，“地方政府债务及对地方政府的融资”就包括在其用途之中。资金运用部资金用于对地方政府融资或购买地方债时，要求的利率与转存利率相同，而且期限较长（最长可达30年，再加上5年宽限期），所以对地方政府来说是十分有利的资金来源。

简易生命保险资金是指邮政部门利用邮局网点开展的简易生命保险制度的闲置资金。简易生命保险属于社会保障性质的生命保险制度，其特点是收费低，手续简便。由于加入者众多，其资金积累量也相当可观。简易生命保险资金运用由邮政大臣负责，地方政府债务是其主要投资方向之一。该资金用于购买地方政府债券或对地方政府融资时，利率、期限等与资金运用部资金相同。

2. 公营企业金融公库资金。公营企业金融公库是根据《公营企业金融公库法》成立、专门对地方公营企业提供融资的机构。公库的主要资金来源是发行公营企业债券。[①] 最初，该公库的融资对象主要是筹资能力弱的地方政府，具体讲就是不能发行公募债的地方政府，从1981年开始公库对所有地方政府融资。融资的企业主要是有收益，或者说收支能平衡的公用事业。采取证书借款方式，利率有基础利率（相当于资金成本的利率）和特别利率（低于基础利率，参照政府资金）。

3. 银行资金。银行资金主要来源于日本城市银行（都市银行）、地方银行、长期信用银行等。1980年以前，银行资金在地方债资金来源中占有一定地位，但此后其比重明显下降，如表2－3－8所示。这主要是因为1980年后国债地位上升，各银行把债券业务重点转向流通性强的国债。

4. 其他资金。主要包括共济协会、保险公司及其他公司等的资金。

在各种资金来源中，政府资金一般比民间资金期限长、利率低，所以中央政府每年都力求有效地、重点地将其分配给地方政府。政府资金和公

① 公营企业公库发行的公募债属于政府担保债，通过银团发行，非公募债主要由地方公务员共济组织联合发行。

共性质的公库资金比重高，这是日本地方政府债资金来源的一大特点。

从地方政府内部的不同级次考察，其资金来源也有区别。表 2－3－7 揭示了都、道、府、县和市、町、村两级地方债的资金来源构成。都、道、府、县债中，银行和市场公募资金占比接近 60%，政府资金加上公库资金共占约 30%。市、町、村债则相反，银行和市场公募占比约 27%，政府资金加上公库资金约占 73%。这说明日本中央政府在通过认购地方债支持地方政府时，主要是面向筹资能力较弱的市、町、村一级。

表 2－3－7　1984 年日本各级地方政府债务的资金来源构成　单位：%

	都、道、府、县	市、町、村	合　计
政府资金	24.5	64.8	46.3
公营企业金融公库资金	6.2	8.5	7.5
银行资金	47.1	14.4	29.4
其他金融机构资金	5.0	2.7	3.7
交付公债	0.4	0.0	0.2
市场公募债	11.3	3.3	6.9
其他	5.5	6.3	6.0
合计	100.0	100.0	100.0

资料来源：［日］佐藤进、高桥诚编：《地方财政读本》（第 3 版），东洋经济新报社 1988 年版，第 167 页。

从图 2－3－5 可以看出，20 世纪 90 年代，中央政府资金占地方政府债务余额的 50% 左右，加上实际属于财政投融资资金的公营企业金融公库资金，中央政府提供的地方政府债务份额占 60% 左右。2001 年起执行的财政投融资计划（FILP），旨在最大限度地扩大私人部门为公共服务部门提供资金的作用，而减少政府部门的作用。在这次大刀阔斧的改革之后，中央政府资金在政府债务中的比重急剧下降，从 1998 年的 47% 下降到 2007 年的 26%，加上公营企业金融公库资金，中央政府提供的地方政府债务份额从 1998 年的 59% 下降到 2007 年的 37%。随着邮政储蓄和邮政生命保险基金于 2007 年取消、公营企业金融公库资金于 2008 财年终止，地方政府债务资金来源中私人资本逐渐成为主要的债权人，这使得地方政府向市场融资、扩大投资者的范围更为关键。

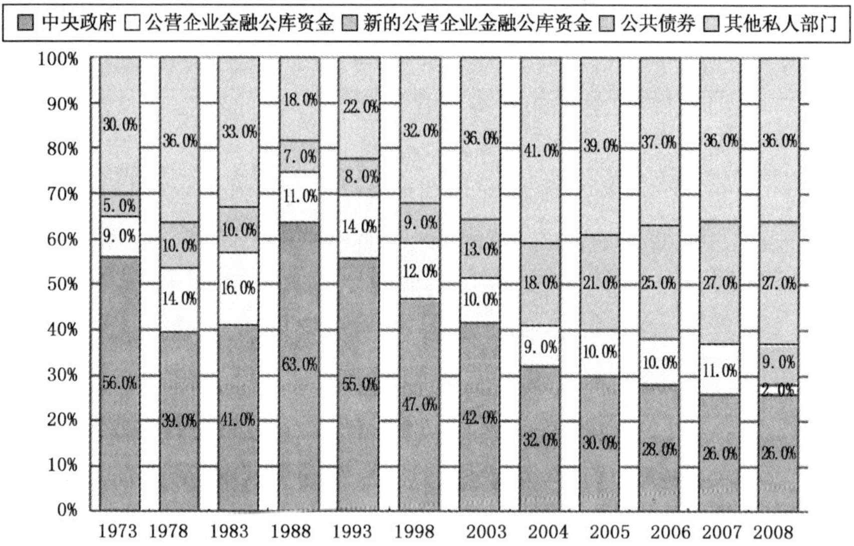

图 2-3-5　1973~2008 年地方政府债务资金来源比重

资料来源：根据中国财政部和亚洲开发银行 2008 年 7 月在中国举办的“地方政府债务管理国际会议”资料整理。

邮政储蓄金和养老金基金依照法律必须存入日本财政部下属的信用基金署。这些资金过去贷给地方政府后，执行松散的管理，2001 年 4 月，日本财政部门取消了旧的规定，取而代之的是依靠中央政府发行国债然后将其转贷给地方政府。2007 年，邮政储蓄和邮政寿命保险储金融资取消，而日本市政建设财政投融资公司也将于 2008 财年终止营业，这使得日本地方政府债务中公共基金的数量持续减少，私人资本数额持续增大。

（四）偿债资金

日本地方政府享有自主征税权，税收收入可以作为它们发行地方政府债券的担保。同时，每年经总务省、财务省和国会审议批准后公布的地方公共财政计划，预估了债务本金和利息偿还额。而且，中央拨付给地方政府的地方交付税中也涵盖了偿债资金，这一措施有力地保障了地方政府有足够的收入偿还债务。

控制地方政府债务风险，很重要的一点就是控制债务的偿还期限。由于代际公平原则，偿债期限可以超过项目建设所需时间。日本的国债期限最长60年，与国债相比，地方政府债务规模较小，而风险较大，因此规模控制也更为严格，偿债期限最长为30年。为降低风险，偿债准备金的设立非常必要。地方政府每年须按照债务余额的1/3提取偿债准备金，这一规定为按时偿还债务提供有力保障。

五、地方政府债务的风险控制

（一）审批制

2006财年前，日本对各地方政府发行债券实行严格的审批制度。审批制下，地方政府原则上不允许举债，只有中央政府批准同意后才可举债。地方政府要求发行债券时，先向总务省申报，提出所要发展的建设项目、资金来源和需要发债的额度。总务省审查后，将各地的发债计划进行汇总，同财务省协商后，统一下达分地区的发债额度。因上述众多限制，日本地方政府多数采取私募的形式发行债券，仅有部分公募发行。

地方政府举债严格审批程序不仅可以防止地方政府债券发行突破中央计划，而且通过协议审批过程，强化了中央与地方财政的联系和中央对地方财政的指导。对地方政府举债实行审批制度的目的在于：（1）防止地方政府债务的膨胀，确保各地方财政的健康运行；（2）防止资金过分向富裕地方政府倾斜，确保合理的资金分配；（3）统一协调中央、地方政府及民间资金的供求关系等。日本《地方自治法》第250条规定：现阶段地方公共团体在地方债的发行方式、利率、偿还方式等方面，必须获得自治大臣或都、道、府、县知事的许可，其具体程序为：地方政府要求发行债券时，要事先向自治省申报，提出所要发展的建设项目、资金来源和需要发债的额度。自治省审查后，将各地的发债计划进行汇总，在同大藏省协商后，统一下达分地区的发债额度。如果发行公募债券，在得到地方议会及自治大臣的认可后，由大藏省、自治省、受托银行以及证券公司召开会议，联合决定每月发行总额及各地方的发行额。

（二）协商制

从2006财年起，基于分权化改革，严格的审批制转变为协商制。这一改革给予地方政府举债更多的选择权，有利于地方政府更加顺利、平稳的举债，增加地方政府的财政收入，巩固地方财政的稳健程度。

地方政府举债首先须经地方议会批准，然后与中央政府就有关问题进行磋商，总务大臣审核地方政府的财政状况及债务的安全程度以确保地方政府债务的安全性。地方政府的财政状况满足一定条件下可直接举债，无需总务省批准，但如果相关指标超过一定限额，则需经总务省批准后才可举债。之后，地方政府还需要与债权人协商。向中央政府借款，地方政府首先要向财务省提出借款申请，其向中央政府资金借款总规模受到总务省严格限制。由于县级政府自身通过发行公募债券融资的能力较强，因此中央政府更加倾向于将资金借给一些级次较低的地方政府（市、町、村）。向银行借款，地方政府需要与指定的银行债权人协商借款金额、期限、方式和利率等相关事项。发行公募债券，与金融机构协商债券利率等相关问题，公募债券在不同地方政府之间利率差一般在15个基点以下[①]。协商制下，地方政府在经过中央政府同意后举债可以获得两种优惠政策：一是中央政府在计算对地方政府的转移支付时考虑偿债资金数额；二是如果地方政府满足其他约束条件还可以向中央政府借款。由于以上两种优惠政策，地方政府大多会选择经中央政府批准后再举债，举债流程详见图2-3-6。由于短期融资的利率较低，在每个财年的4月之前，地方政府会利用短期借款融资用于资本性支出，经过与中央政府和债权人的协商后，每个财年末可发行债券（以前是3月，现在调整为4月和5月）。

协商制下，如果地方政府实际偿债率[②]超过18%，则需要经过中央政府的审批而不仅仅是向中央政府告知和咨询才可以举债。在18%～25%

① 德国的情况也类似，政府公募债券在各个州之间的利差也在15个基点以下。法国由于地方政府之间竞争激烈，政府公募债券的利差在5个基点以下。美国受到次贷危机的影响，利差的范围扩大。正常情况下，利差范围是10～70个基点。相比较而言，日本地方政府公募债券之间的利差是比较小的。

② 这是一个反映债务人用于偿债支出的财政负担的客观指标，也是在审批时，衡量发债资格的依据。具体说来，该指标为偿债支出占一般财政收入或偿债支出占标准财政收入（经常性一般收入与地方交付税之和）的比重。

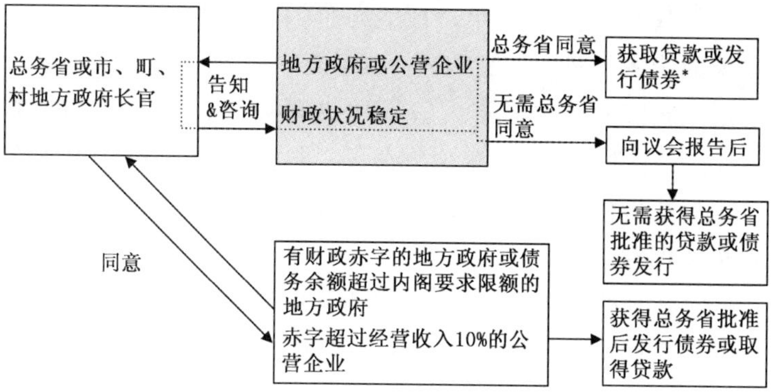

* 只有获得总务省同意或审核批准的地方政府才可以从中央政府资金或公营企业金融公库资金中借款。

图 2－3－6　地方政府债券协商制度

资料来源：根据中国财政部和亚洲开发银行 2008 年 7 月在中国举办的“地方政府债务管理国际会议”资料整理。

之间，首先起草债务管理计划，如果计划可行，总务省依据提前公布的一般规则批准其举债；介于 25% ～35% 之间，将限制债务资金用于非指定项目；超过 35%，则限制向公共住房、教育和福利设施建设融资。

（三）规模控制

协商制下，总务大臣在具体审批各地方政府的发债申请时，除依据地方计划外，还要遵循与财务大臣商定的地方政府债务审批方针。该方针在每年度地方政府债券计划决定之后再行确定，重点放在确定当年不批准发债或限制发债的地方政府名单。具体标准包括：（1）对于不按时偿还地方债本金，或发现以前通过明显不符事实的申请获准发债的地方政府，不批准发债；（2）对于债务依存度（债务余额/一般财政支出）在 20% ～30% 之间的地方政府，不批准发行基础设施建设事业地方债，30% 以上的地方政府不批准发行一般事业债；（3）对当年地方税的征收比率不足 90% 或赛马收入较多的地方政府，限制发债；（4）严格限制出现财政赤字的地方政府和赤字公营企业发债，等等。可见，日本对地方政府债务的规模控制，主要是从需求面进行的。

（四）风险预警与财政重组

早期风险预警体系引入，其根本目的是通过预警避免地方政府陷入债务危机从而导致破产。2007 年，日本颁布了改善地方政府财政状况，防范债务风险的法案。新的法案包括三项内容：（1）通过新的更为全面的指标监控地方政府的财政状况；（2）中央和县政府共同参与的财政重建计划；（3）短期财政赤字代替地方公债。风险预警体系的引入，对道德风险有一定的威慑作用，它不仅比市场规则的约束力更强，而且对减轻纳税人的负担也很有效。

表 2－3－8 列明了地方政府必须披露的 4 项财政指标，涵盖了包括预计负债在内的全面财政状况。这些指标限制增强了公众监督地方政府财政稳健程度的力度。

表 2－3－8　　早期预警和财政重建计划的限制

财政监控指标	早期预警	财政重建
（1）实际赤字率	都、道、府、县：3.75%	都、道、府、县：5%
赤字额/标准财政收入	市、町、村，根据财政收入规模不同，从 11.25%～15% 不等	市、町、村：20%
（2）综合实际赤字率	都、道、府、县级政府：8.75%	都、道、府、县：15%
赤字额/政府综合财政收入	市、町、村，根据财政收入规模不同，从 16.25%～20% 不等	市、町、村：30%
（3）实际偿债率	都、道、府、县和市、町、村：25%	都、道、府、县和市、町、村：25%
用于偿还债务的一般财政收入/标准财政收入		
（4）未来债务负担率	都、道、府、县和政府指定城市：400%；	—
债务余额（包括公营企业和政府附属机构的未来债务负担）/标准财政收入	市、町、村：350%	

资料来源：根据中国财政部和亚洲开发银行 2008 年 7 月在中国举办的“地方政府债务管理国际会议”资料整理。

在日本，中央政府不允许地方政府破产，宪法规定，即使地方政府财务状况严重恶化也仍然需要偿付债务。在现有的地方政府税收制度、监察制度和预警系统的保障下，可以保证地方政府的财政安全性。在这一体系下，4 项指标中的每一项都必须符合规定限额，如表 2－3－8 所示。如果其中一项突破限额，意味着地方政府面临财政困难，因此需要在中央政府的严格监管下制定财政重组计划，在未来若干年将指标降低到限额内。在财政重组的过程中，地方政府需要采取多方面的措施以降低公共支出，增加税收和其他财政收入，而这样做很可能会给那些财政困难地区的居民带来不便，迫使他们离开家园。财政重组计划须由外部审计人员每年进行审计，由地方议会批准并向中央政府报告。同时，地方政府每年将计划执行情况向中央政府、议会和公众报告，如果执行中有问题，中央政府向地方政府提出改进建议，财政重组计划的相关法律规定如图 2－3－7 所示。

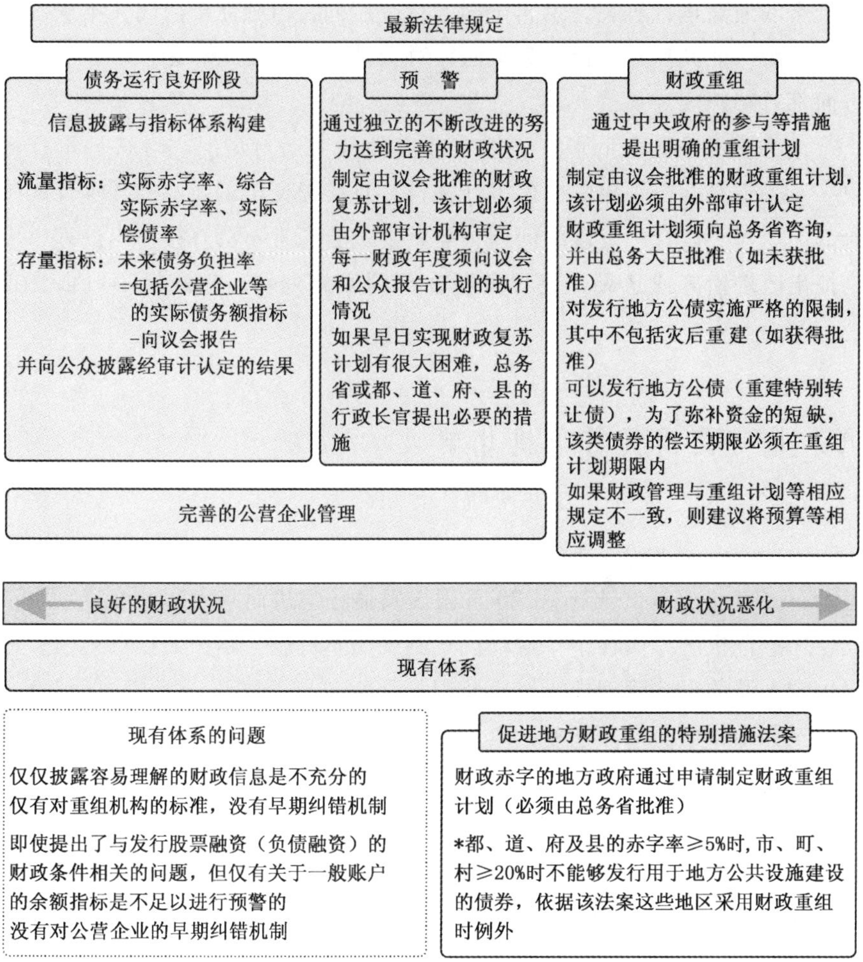

对公营企业相应的重组体系（地方公营企业法）

图 2－3－7　财政重组的法律规定

资料来源：根据中国财政部和亚洲开发银行 2008 年 7 月在中国举办的“地方政府债务管理国际会议”资料整理。

（五）审计监督

日本审计机构主要由国家会计检察院和地方监察委员会构成。会计检察院负责对中央收支决算及法律上规定的会计事项进行审计监督，地方监察委员会负责对地方政府财政收支及行政行为进行审计监督。会计检察院是日本的最高审计机关，隶属于国家行政序列，但独立于内阁，不受政府干涉。为保证其独立地位，日本法律对会计检察院在预算、人事、制度等方面都有特殊规定。

地方监察委员会负责审计地方政府的债务运行情况。对每一审计对象，监察委员会分别出具一份审计报告，直接提交给国会或委托审计的政府部门。对于审计中发现的问题，监察委员会通常不会直接作出处理，而是提出改进措施或意见，建议其所在部门实施处罚，其建议一般很受重视。

六、地方政府债务危机化解

一些规模较小的地方政府财政状况逐渐恶化甚至引发债务危机。北海道的夕张市，于2006年6月20日因爆发债务危机而陷入财政困难。该市发生债务危机的原因在于：财政规章制度的不健全，超额的投资规模，追求短期利益的财政管理模式，以及用流动债务掩盖财政赤字①。夕张市政府通过弄虚作假隐藏其债务，以至于该市的债务像滚雪球一样日益膨胀，而总务省很难了解到整个事件的真相。到2006年6月为止，夕张市政府债务高达630亿日元（达到当年税收收入的14倍）②。

面对危机，夕张市向总务省递交了财政重建计划申请。总务省于2007年3月6日批准了夕张市的这一计划。根据这一计划，中央政

① 纵观日本地方政府从20世纪70年代以来申请过的财政重建计划，主要集中在福冈县那些旧的煤炭主产区。困难多是由于国家煤炭产业政策改变带来的区域经济发展困境。北海道的煤矿关闭时间比福冈晚一些，因此北海道地区出现财政危机的时间也相应延后。尽管夕张是一个特例，但在不久的将来，第二个、第三个“夕张”会很快出现（详细资料见标准普尔2006a）。

② 夕张市未经上级政府审核批准违法从北海道发展基金举借长期债务。

府直接控制了该市的财政预算，剥夺了其自治权。该计划预计用 18 年时间完成该市的财政重组，其主要内容包括：大幅裁减政府部门公职人员；提高公共支出的使用效率；关闭公共场所以偿还 353 亿日元的债务。

总之，日本近年来对地方财政的改革具有划时代的意义。总体来看，日本对地方财政进行改革的原因可以总结为三个方面：分权化、财政部门的违规行为以及小城镇财政状况的逐渐恶化。尽管改革时间不长，但改革方向值得肯定。地方政府和机构投资者完全适应新的制度体系还需假以时日。令人担忧的是，在分权化进程中，那些财力薄弱的小城镇的弊端将暴露无遗。

七、未来改革展望

为改善财政状况，日本近期的目标是在 2011 年使中央政府与地方政府总体财政收支基本平衡，略有盈余；下一步是到 2015 年左右降低政府债务余额占 GDP 的比重；最终目标是减少债务余额。从根本上防范和化解债务风险，需要进一步完善政府间财政关系，改革和完善中央与地方政府的收入与支出责任划分的体制。这样，有助于增强地方政府的自主权。在政府间财政关系基本制度确定后，全面实行硬预算约束，明确偿债人的责任，也可以加强公众监督力度，避免产生道德风险。其他措施，一是拓宽投资者范围，包括美国的个人投资者，中国、新加坡以及来自东盟的主权基金；二是为了能更好地吸引外国投资者，日本也相应修改了一些法律法规，推出一系列免税政策；三是大力开展海外业务，加大宣传力度，促进融资。

第四篇

澳大利亚地方政府债务管理

一、概　　述

（一）政府管理框架

澳大利亚联邦成立于1901年，由联邦政府、6个原殖民州政府、两个实行自治的地区以及大约900个地方政府实体组成。

澳大利亚《宪法》规定，联邦政府享有少量的专有权力，例如征收关税和消费税。同时，联邦政府还与各州政府分享多种其他权力，包括国防、税务、外交、社会福利、社会救济、养老、邮电通讯、货币、银行业及保险等。此外，根据澳大利亚《宪法》第96条规定，联邦议会有权按照其认为适当的方式拨款，以普遍影响地方政府支出模式。

6个原殖民地州政府保留了许多专有责任，涉及法律法令、教育、卫生、住房和城市发展、公路和铁路交通、供电、供气、供水及多种工业职能。两个本土地区均享受类似于州政府的待遇。

（二）政府间财政关系

在政府间财政关系上，澳大利亚各级政府之间职责划分较为清晰，实行分税制，地方政府不仅享有税收立法权，还享有举债权。从支出职责看，联邦部门负责全国财政总支出的一半。社会福利和卫生支出构成联邦部门自有支出预算的主要部分。此外，联邦政府还向地方政府提供针对教育、卫生、交通、住房和社会保障等领域的大量拨款。

州政府支出与其根据《宪法》保留的权力密切相关，支出领域包括教育、卫生服务、住房、社区康乐设施、法律、法令、公共安全、通讯和社会服务等。地方政府的支出范围主要是交通服务（公路和公共运输服务）、文化娱乐设施、住房及社区服务（地方公路和公园建设）。澳大利亚全国约有350个地方理事会经营着非金融公共企业，这些企业负责供水、电力和交通等服务。

从收入方面看，联邦政府占据控制地位。澳大利亚《宪法》保证了联邦政府对个人所得税、关税、消费税、公司所得税和销售税的控制权。其中，公司所得税和个人所得税占全部税收的60%。在州政府收入构成中，联邦政府拨款和预付款占40%，州税收收入占40%，非金融公共企业盈利收入占12%。地方政府收入除50%来自于住宅类税费外，其余则严重依赖于州和联邦政府的转移支付。

澳大利亚联邦制的显著特点是联邦政府和地方政府在收支安排方面存在严重的纵向不平衡。来自联邦政府的拨款和预付款在澳大利亚所发挥的作用远大于其他类似的联邦制国家，如美国和加拿大。联邦政府对州及州以下地方政府的支出几乎都采用拨款的方式。拨款分为一般拨款和专项拨款。近年来，一般拨款所占比重接近50%，几乎都分配给州政府，并且通常采用收入拨款的形式。专项拨款所占比重超过50%多一点，其中大部分分配给州政府，其余部分实际上仅经过州政府之手就再发放给其他接受者，如地方政府或债务使用者。

（三）地方政府债务管理概况

澳大利亚地方政府债务管理经历了以下几个主要历史阶段：

1. 自由竞争阶段（1901～1927年）。在这一阶段，澳大利亚联邦刚刚建立，各州政府作为独立的借债主体，在市场上进行竞争性的债务融资。最终结果是形成恶性竞争，造成借贷成本增加、借债数量减少、借款期限缩短、还款时间提前。这种局面对澳大利亚政治和经济都造成负面影响。1916～1917年，澳大利亚联邦政府与州自发进行协调，由联邦政府代表除新南威尔士之外的5个州在伦敦债务市场进行债务融资。

1927年，为加强对国家债务特别是地方政府债务的监督管理，根据澳大利亚联邦《宪法》修正案第51条规定，澳大利亚借款委员会正式建立。借款委员会接管了州债务，负责为其统一借债。借款委员会对联邦和州政府债务的数量、期限、条件和时间等具有惟一决定权。但是联邦政府国防借款和临时借款可不经过借款委员会的审批。

2. 严格管制阶段（1927～1951年）。这一阶段，澳大利亚借款委员会对各州政府在资本市场上的借款融资实行严格管制，特别关注各州政府的借款数量、利率、借款时间以及借款种类等。值得一提的是，新南威尔士州在1931～1932年发生了债务违约，最终不得不由联邦政府出面帮助其摆脱困境。鉴于此，借款委员会甚至作出了可能通过强制没收相关州财政收入以应对其发生违约的决定。

3. 放松管制阶段（1951～1983年）。实施严格的管制措施，对于整肃借款秩序、规范借款行为、提高政府资信无疑起到了极大的促进作用。但过于严格的管制措施也对各州发展产生了明显的不利影响。特别是在战后经济恢复和繁荣时期，各州及州以下地方政府迫切需要扩大基础设施领域的借款融资，由于战后市场上资本供应不足，联邦政府不得不为各州政府提供特别借款支持，并因此成为各州政府的一个永久性借款融资来源。此外，各州政府还利用规章制度和管理上的漏洞自行进行借款融资。为了适应各州政府日渐增长的基础设施项目借款融资需要，联邦政府不得不制定补充规定和附加条款。如借款委员会对电力部门等逐渐给予特别支持和管理优待。这样，一个放松管制的阶段逐渐形成。

4. 总量控制阶段（1983～1992年）。随着借款数量的急剧增长，一些基础设施项目融资逐渐游离于澳大利亚借款委员会的监管之外，再加上制度缺陷导致的各州政府独立对外借款融资等，借款委员会于 1983～1984 年中止了允许部分地方政府独立开展借款融资活动的制度，并于 1984～1985 年引进了总量控制的管理方法。随着总量控制管理方法的实施和逐步完善，过去的“君子协定”管理方式退出了历史舞台，所有州政府的借款融资活动都纳入到了一个统一的管理框架之中。

5. 市场运作阶段（1992 年至今）。总量控制方法实施以来，澳大利亚公共部门债务的 GDP 占比显著降低，从 1983～1984 年的 8.3% 减少到 1988～1989 年的 0。这种状况极不适应各州以及整个澳大利亚经济发展的需要。出于对自身利益的考虑，加之总量控制管理方法本身的局限性，1988 年昆士兰州发生了抑制和反对总量控制的事件。之后，澳大利亚联邦政府于 1989～1990 年作出决定，不再代表各州政府向外借款融资，改由各州政府以自身名义对外借款融资和管理债务，联邦政府仅就过去代表州政府的举债承担责任。此后，澳大利亚公共部门借款融资数量恢复增长，其 GDP 占比在 1992～1993 年上升到 5.9%。1992 年，澳大利亚借款委员会也不得不承认总量控制管理方法失效，市场运作与管理自然取代了总量管理方法。在 2004～2005 年度，各州公共非金融公司部门的总负债额估计占 GDP 的 4.5%，而在 2003～2004 年度该指标占 GDP 的 4.2%。

近年来，澳大利亚地方政府坚持“非负债经营”的理财理念，地方政府债务规模相对较小，政府资产负债率较低，地方财政运行情况良好。在澳大利亚，2005～2006 年，借款委员会签署了总额为 20.99 亿澳元的计划盈余协议，其中包括联邦政府的 59.72 亿澳元盈余和州政府 38.73 亿澳元的净赤字。2005～2006 财年，澳大利亚各州一般政府部门净负债总额大约占国内生产总值的 1.8%，估计到 2007～2008 年度，州一般政府的净负债总额可降到占 GDP 的 2.0%。2006 年，除了维多利亚州、澳大利亚首都行政区和北领地之外，所有州都实现现金盈余。

政府的净负债率越高，其未来收益流的被要求权就越大，以用于支付该政府的负债。澳大利亚大部分的州都在努力减少它们的一般政府部门的净负债额。例如，在 1997～1998 和 2007～2008 年度间，南澳大利亚州和塔思玛利亚州的一般政府净负债额占州内生产总值的比例预计可减少大于 13% 的比例。这主要反映了政府的资产出售行为，如南澳大利亚州实行了电力公司的私有化，并推行预算盈余政策以用于偿还负债。

二、地方政府债务管理体制

澳大利亚实行了共同协商的地方政府债务管理体制，由联邦政府和地方政府共同协商方式管理地方政府债务，而非由法律或中央政府直接控制。

作为联邦制国家，澳大利亚《宪法》明确赋予了州政府较为广泛的权利和义务，其中包括地方政府举债权。经澳大利亚财政部部长批准，可以通过透支、贷款或其他方式举借债务。澳大利亚联邦《宪法》第 4 章第 105 条规定：在联邦与州达成协议的基础上，州政府有权进行举债，并有义务对该项债务进行监管和偿还。另外，《诚信预算宪章》、《新财政管理法》、《完整政府预算法》、《强化职能履行报告法》等法案对地方政府债务的举借及管理亦有较为具体的规定。

三、中央层次的地方政府债务管理机构

澳大利亚设有协调、监督和控制公共部门（包括地方政府）债务的专门机构——借款委员会。该委员会隶属于财政部，以利于充分发挥财政部进行监督、预测以及代表国家借款的功能。

澳大利亚借款委员会成立于 1927 年，其成员包括联邦、州和自治区的财政部部长共 9 人，联邦财政部部长担任主席。借款委员会并没有独立的秘书处，而是依赖联邦财政部提供相应的服务。借款委员会中，每一个州都拥有 1 张表决票，联邦政府则拥有两张表决票和 1 张决定票。只有至少 5 个州联合起来反对才能够否定或推翻联邦政府的决定。这种不均衡的表决权力使联邦政府能够对借款委员会施加较大的影响，因此借款委员会在某种程度上是联邦政府控制州及州以下地方政府债务的渠道。

借款委员会的最初职责是协调联邦与州政府之间的恶性融资竞争，规范两者举债行为。在不同时期，借款委员会的管理模式有所不同，经历了

从宽松到严格再到宽松的循环。从1936年到现在，借款委员会的政策工具发生了一系列变化。

（1）1936～1983年的“君子协定”阶段，主要特征是将联邦、州及州以下地方政府部门的借款纳入借款委员会统一的管理框架，以防止他们通过各种手段突破借款委员会设定的借款额度。

（2）1984～1985年的“借款总量限制协定”阶段。规定由借款委员会监管各地方政府的基础设施项目融资，并限制联邦和州政府的新增借款水平。

（3）“借款协定”（沿用至今）阶段。目前，借款委员会继承了1993～1994年“借款协定”的监控与报告制度，即各级政府向借款委员会呈报其借款计划，各级政府须将其借款计划呈报给借款委员会，借款委员会则在综合分析资本市场和宏观经济条件的基础上，对借款计划进行审查，并协调和确定各级政府的具体借款融资数额。借款委员会还负责审查各级政府呈报的季度报告和年度报告，并鼓励和支持资本市场对整个借款融资及其使用情况实施监督。

近年来，随着财政状况的改善，澳大利亚借款委员会通过取消对地方政府举债条件的限制，联邦不再代表州政府进行借款，以及不具体限制州政府发行有价证券等措施，以体现其强调公共部门融资透明度而非一味严格限制地方政府借款额度的理念。借款委员会基于每一行政区的财政状况和宏观经济的总体运行情况，于每年3月举行会议对各州呈报的借款计划进行仔细审查和综合平衡，并制定借款分配方案，同时，在各方可接受的限度内，允许各州拥有一定的借债自主权。

四、地方政府债务资金运行管理

（一）举债方式

澳大利亚《1930年地方政府法案》规定：在财政部部长的批准下，地方政府可以通过透支、贷款或其他方式举借债务。该法案第623条规定，为保障地方政府及时偿还所借债务，地方议会在举债时需要提供相应的担保。

（二）举债用途

地方政府通过举债所筹资金，一般用于基础设施等资本性项目。

五、地方政府债务风险控制

（一）预算管理

澳大利亚对其地方政府债务实行严格的预算管理，在其政府预算体系中全面反映政府收入、支出以及债务的举借和偿还情况。澳大利亚联邦政府和每个州政府都需向借款委员会陈述其下一财政年度的净融资需求。这些所谓的“借款委员会分配项目”包括政府预计总收支差额和某些特定备忘项。借款委员会将对联邦政府和各州政府就此类分配项目所提出的提议进行考虑，同时也会考虑各级政府的财政状况、合理基础设施需求以及这些分配项目所揭示的总体情况对国家宏观经济的影响。如果需进行调整以符合国家宏观经济目标的要求，借款委员会将内部商定此类调整的性质以及在各政府中的分配情况。如果对某政府的财政战略有疑问，借款委员会将要求该政府进一步证明其融资要求的合理性，借款委员会有权要求所涉及的政府修改其财政战略。

（二）规模控制

澳大利亚财政部下属的借款委员会为限制地方政府债务规模，采取了以下措施：

（1）规定各地呈报借款申请。借款申请必须包括以下内容：一般政府的现金赤字（盈余）；非金融公共部门的现金赤字（盈余）；出于政策目的所进行的金融资产投资净现金流量；备忘项目（包括具有一般借款特点的非一般借款交易）。（2）设立规模控制线。由借款委员会分配的借款额度与预算报告中的借款额度之间的差额，以及本年度借款实际发生额与预算报告中的借款额之间的差额，均不得超过本级政府非金融公共部门收入的2%，若对此限制有所突破，地方政府需向借款委员会作出必要解释，并将其公开。（3）在向借款委员会呈报的借款计划中，州和自治地区必须提供风险信息，且在其预算中反映借款委员会所批准的借款分配情况。（4）地方政府需要报告有私营部门介入、运营期在10年以上（包括10年）、项目总负债大于500万澳元的基础设施建设项目中的政府到期债务情况。（5）在基础设施建设领域构建良性的公私合作伙伴关系，并在综合考虑风险和绩效的基础上，对基础设施项目借款融资实行分类管理。

（三）信用评级制度

当前，澳大利亚对地方政府借款融资的监督管理，在很大程度上也取决于金融市场信用评级制度。

标准普尔等国际知名信用评级机构参与其中，为各级政府提供客观、公正和公平的信用评级服务，从而有助于确定各级政府借款融资的利率水平。一般情况下，债务少者信用等级高，信用等级高者，则可以较低成本筹集资金；相反，信用等级低者，则可能承担较高成本，且筹资相当有限。以卧龙岗市为例，该市对其政府部门实施的信用评级制度，使得其各政府部门资产负债比例趋于合理，债务水平较低，财务状况良好，同时还保持了足够的储备以应对未来的债务偿还风险。在经过标准普尔国际金融专家和分析人员的评级后，卧龙岗市获得了A+的信用等级，这为其重要的市政工程融资提供了强大的信用保证，具体内容见专栏2-4-1。

专栏2-4-1　澳大利亚卧龙岗市引领财政可行性评估之路

卧龙岗市政府将敦促地方政府部门引入对中型和大型城市政府的法定信用评估，虽然它们刚刚获得了A+的信用评级。这些评级是由标准普尔的国际金融专家和分析人员作出的。标准普尔是世界规模第二大的信用评级机构。

这一评级结果是对政府在维持一张健康的资产负债表，健康的现金流和尽可能小的债务水平，同时还能保持足够的储备以应对未来可能面临的债务压力等方面所作出的努力的一种肯定。

政府的首席财务官史蒂芬·佩纳说，这种承认是在政府正寻求未

续

来潜在预算资金短缺的解决办法时获得的。这个评级大大增加了我们的信心，只要政府下决心，我们一定能够在保持适当的债务规模的同时，维持一个健康的财务状态，并且不断提升信用等级。

“标准普尔已经承认，虽然我们仍然面临着维持资产和基础设施的债务的挑战，政府现在正处于一个很健康的状态之中。”史蒂芬·佩纳说，“它认可了我们在偿债能力方面的良好状态，这在我们为市政基础设施升级筹集资金的时候是十分重要的公众也不断增加着对政府透明度的认知和对政府的信心，他们可以看到他们的政府正在通过合适的方法为公共支出筹款。这种信心将在我们不断提供高质量的服务和公共设施，以满足纳税人的期望，同时也不使政府在为未来的运营性和资本性项目融资的过程中陷入难以为继的状态进一步得到增强。”

卧龙岗管理者罗德·欧克斯勒非常欢迎这种评级，并把它作为最近几年良好的财政管理和政府在一系列财政问题上负责任的态度的具体体现。

“政府正在实施一项降低成本的项目，以进一步提高组织的核心指标。”他说，“在实施信用评级方面，我们现在是和其他大城市的政府并肩而立的，其中包括悉尼、墨尔本、布里斯班和奥克兰等。”

卧龙岗的新信用评级在重要的市政工程需要寻找资金来源时，将为金融和商业伙伴提供强大的信用保证。投资者和银行需要意识到与他们做生意的组织具有良好的稳定性和财务管理能力，他们因此能对自己投资和贷放的资金有足够的信心。

当然，市场规则也存在局限性：对于那些财政状况不太好的地方政府来说，在纯粹市场规则的条件下，其借款融资成本可能比较高，甚至难以借到所需资金。这就需要联邦政府的支持与协调，以弥补市场规则作用的不足。

（四）透明度要求

澳大利亚建立了较为完整的地方政府债务报告制度。地方政府必须将借款委员会批准的借款分配及其调整情况完整无误地反映在地方政府预算报告中。报告方式遵循澳大利亚会计标准体系和政府财务标准体系共同框架确定的原则。前者要求预算报告必须对政府债务、贷款、租赁、抵押、透支款项以及其他负债进行全面反映；后者要求政府反映其某一时点所拥有的资产、负债及净资产情况，同时还要报告政府部门的资产、负债和净资产在数量、组成、价值上的变动情况。

在处理地方政府债务时，澳大利亚州政府要求地方政府除了报告直接债务外，还需要披露或有负债。以维多利亚州为例，该州要求州国库局在其向议会和公众提交的年度和半年度预算审议草案中包括有关风险的报告。此报告必须详细解释影响州财政状况的主要因素，例如：（1）经济领先指标的变动，如国内生产总值、就业、工资、物价和利率的变动；（2）可量化事件带来的财政风险（如对收入和支出有影响），尽管这些事件发生的概率和时间不确定；（3）不可量化的政府承诺所带来的财政风险，这些承诺涉及政府担保、法律诉讼、政府对环境破产所应承担的法律责任以及地方公共服务需求可能发生的变化。

各州政府还需定期向借款委员会提交筹资战略与平衡规划，并由借款委员会进行审查和综合平衡。如果需要进行调整，州政府将与借款委员会进行谈判协调。在取得原则一致的基础上，并在各方可接受的限度内，允许各州拥有一定的灵活性。此外，各州还要将借款融资及其使用情况，按照借款委员会确定的统一框架要求，严格进行季度报告和年度报告等。

六、地方政府债务危机化解

澳大利亚联邦政府非常关注本国在国际资本市场的举债信用。因此，一旦州政府无法按期偿还借自国际市场的债务时，联邦政府往往就会出面干预，进行救助。

《澳大利亚联邦法案》第105条规定：议会承受各项州债务；或根据最近的联邦人口统计，以州的人口为比例，承受其部分州债务，并对该项债务或其中任何部分，予以调换、转期或合并。各州对联邦所承受的债务应予以偿还；债务的利息，应从联邦拨付各州的收入余款中扣除。如收入余款不足以抵付或无收入余款时，其差额或全部利息也应由各州付还。第

105 条 a 款进一步列举了联邦政府解决州债务问题的具体措施。

1. 关于州债务，联邦得与各州订立协定，内容包括：

（1）联邦政府承担该项债务；

（2）该项债务的管理事宜；

（3）利息的支付和该项债务的偿债基金的准备与管理事宜；

（4）该项债务的合并、转期、调换和还债；

（5）各州对联邦所承受的债务的补偿事宜；

（6）各州、联邦或联邦代州举借款项事宜。

2. 议会应制定法律，使本条实施前所订立的此项协定生效。

3. 议会应制定法律，使双方履行此项协定。

4. 此项协定由双方修改或撤销。

5. 无论本《宪法》、各州《宪法》如何规定，无论联邦议会或州议会的法律如何规定，所有此项协定和此项协定的修改均对联邦和订立协定的州有拘束力。

6. 本条所规定的权力不受本《宪法》第 105 条规定的任何限制。

从澳大利亚历史上看，新南威尔士的两次债务违约都得到了联邦政府的支持。新南威尔士的第一次债务违约发生在 20 世纪 30 年代经济大萧条时期。税收收入下降使得澳大利亚各州不得不依赖举债渡过难关。新南威尔士举借的债务最多，其中 70% 是在伦敦债务市场筹措的。当时，借款委员会要求各州遵从预算平衡，提高税收和利率，削减工资，减少失业，并将 1930～1931 年借款计划相比前一个年度缩减 45% 。但以低利率和扩张信用额度承诺作为竞选口号而上台的新南威尔士劳动党，告知借款委员会该州政府不可能实现财政平衡，请求联邦政府能通过银行渠道给予短暂的融资支持。1931 年，澳元的急剧贬值加大了外债利率的实际负担，进一步恶化了经济衰退对预算失衡的影响。1931 年 4 月，新南威尔士只有选择违约，延期支付外债利息。联邦政府在其违约的第二天就代表新南威尔士政府支付了外债利息，同时向高级法庭起诉新南威尔士州违反金融协定。最后，该事件以新南威尔士州偿还联邦政府借款，并接受借款委员会平衡预算的要求而告终。新南威尔士第二次债务违约发生在 1932 年。新南威尔士政府请求借款委员会批准其通过以联邦票据方式从银行举债弥补超预期的州赤字。但借款委员会驳回了请求，新南威尔士再次选择债务违约，延期支付外债利息。这一次，联邦政府在10天后才帮新南威尔士垫付了利息，并先后通过了《金融协议法案》（也称《联邦债务法案》）和《金融协定执行法案》。前者承认了州债务的债权人享有的权利；后者则规定一旦州政府违反金融协定后联邦政府将从高级法庭获准接管州政府收入的法律程序。

七、地方政府债务管理纠错与问责机制

出于对国家债务信用的考虑，联邦政府通常会及时救助拖欠债务的州政府。联邦政府连续两次为新南威尔士州政府支付外债利息就是佐证。但接受救助的州政府往往是以付出很高的政治成本为代价。

在朗格（Lang）领导的新南威尔士政府第一次债务违约时，劳动党联邦执行委员会就驱除了新南威尔士的执委，致使几名新南威尔士劳动党的成员辞职，组建了新的朗格劳动党。在新南威尔士第二次债务违约后，朗格政府在竞选中惨败下台。1989年，昆士兰拒绝遵从借款委员会的条例后，其执政党在接下来的州选举中败北；同样，维多利亚州执政党在经历“维多利亚债务事件”后也在竞选中失利。

债务违约后高昂的政治代价是州与地方政府债务违约受到的最为严重的惩罚，这说明澳大利亚的选民们倾向于州政府避免债务救助，以防止联邦政府进一步陷入高成本的救助之中。

附录　澳大利亚地方政府控制地方政府债务风险典型案例

附录　澳大利亚地方政府控制地方政府债务风险典型案例

一、墨尔本——第一个没有债务的首都城市

早在1990年，墨尔本城市政府就接受了一个创建无债务城市的使命。到1996年10月，这一目标终于实现。1990年，墨尔本市还背负着1.2亿

美元的债务，到1996年，市政府不仅成功化解了这些债务，而且降低了税负，使城市工程投资得以维持。

墨尔本市运用出售本市电力公司的收入来填补债务。这项金额高达2.06亿美元的收入被分配到各个主要的资本项目中，其中包括市政府对墨尔本航空公司控制权的收购，这给政府带来了巨大的商业回报。

消除债务的决定是由当时新选举产生的政府作出的。这一决定被1994年新任命的政府议长所继承，他还制定了消除债务的具体政策，并沿袭了新当选政府的成果。

“城市无债务状态应当归功于墨尔本的经济管理和良好的商业准则。”市长伊万·德福森爵士说。他认为，议员、议长和墨尔本的管理者共同努力才达到了这一令人赞叹的成就，这是政府提高运行效率、降低运行成本、实施城市竞争性商业策略和密切关注公众利益的结果。

二、代阿比市提前实现零负债目标

1999年8月31日，代阿比市政府偿还了它的最后一笔贷款，实现了零负债目标，这比预定日期提前了4个月。

据行政与财务部门的主管杰夫·布朗透露：“在1985年市政府就提出了要在2000年之前实现零负债的目标。”

由于在20世纪60年代进行了大量的基础设施建设投资——主要包括排污系统的建设和供水设施的改造，代阿比市政府积累了大量的债务。

据杰夫·布朗所说：“当时，市政府不得已申请了40年期的贷款，这笔贷款在20年后又根据当时的即期利率进行了一次转换。

“这意味着从最初申请贷款直到20世纪80年代这段时间里，市政府一直承担着利率上升——从刚开始的5%上升到最后的17%~19.5%，所带来的损失。

“这给市政府造成了巨大的财务负担，由于支出能力不足，政府不得不将很多其他的重要事务推迟进行。”

于是，政府开始考虑用其他办法来为它的全面运作提供资金支持。

过去，政府一直通过贷款来为各项活动提供融资，为此它不得不将地方税收收入的54%都拿来偿还贷款利息。市政府希望能够降低这一比例。它决定通过其他方式来为基本建设工程提供融资。最后，政府毅然决定再另外增加两个百分点的税收收入，用于基本建设工程投资。

在过去的这些年里，由于整体税收收入的增加，这两个百分点的投入对基本建设工程融资的贡献是相当大的。杰夫·布朗说：“最终，政府停止了通过借款来支持各种基本建设工程。现在，这些基本建设工程资金都主要来自于政府税收收入。”20世纪90年代早期，昆士兰财务公司整体接管了市政府的贷款业务，并且对这300笔贷款进行了重组，目的就是希望代阿比市政府能够在2000年之前实现零负债的目标。

三、凯恩斯市采取有效措施降低税收及公共事业服务费拖欠

2002年度的澳大利亚全国地方政府奖励大会上，凯恩斯市政府以其在改进税收及公共事业服务费用拖欠管理上所采取的成功的财政管理计划而获得了嘉奖。该计划旨在不影响纳税人生活质量的前提下，提高政府债务追讨水平。

该计划主要包括以下几个方面：

（1）改进管理体制以确保对拖欠债务的及时而准确的追讨，以及改进债务“约定”偿付的管理机制；

（2）根据“昆士兰地方政府法案”的授权，通过出售债务人的土地来偿还其拖欠的税款；

（3）改进对合法的债务追讨服务的使用；

（4）通过各种媒介，确保纳税人能够熟知政府法案在债务追讨方面作出的规定；

（5）建立独立的税收救济法庭，以允许纳税人在确实不能履行纳税义务的情况下申请政府救助。

这些措施不仅使得组织的效力得到了加强，而且实现了为所有纳税人提供持续服务的目标。通过这些努力，凯恩斯市政府的税收拖欠总额从2000年6月的914万美元下降到了2002年6月的347万美元。现金头寸的改善，使得政府能够进一步减少它的贷款债务总额。如此一来，政府就有更大的能力为改善公共福利而进行一些较大的基础设施建设。

该计划的成功实施，增强了政府人员的自信，使他们愿意采取进一步的措施来提高政府的财政管理能力。很多其他地方政府当局也在积极与凯恩斯市政府进行接触，意图更多地了解和学习他们所采取的各种措施。

第五篇

新西兰地方政府债务管理

一、概　　述

（一）政府管理框架

新西兰是英联邦成员国，实行君主立宪制和议会内阁制。从国家结构形式看，它是单一制国家。总督是英王在新西兰的代表，代行英王的权力。实际上，在新西兰国家政治生活中总督只具有形式上的意义，而没有实质性的权力。

新西兰中央政府共设有39个部和局。各部、局的次官属于实行合同制和任期制（任期最长为5年，期满可以续聘）的执行官。部长与次官签订合同，规定次官提供的行政事务（起草、拟定政策，行政服务）的量、质、费用等，规定次官在购买物品和服务、录用职员、组织设置等方面的自主权，规定对次官业绩进行年底和任期届满考核等内容。新西兰行政人事管理委员会作为39个部、局之一，负责行政组织的管理、政绩评价、公务员制度建设等。行政人事委员会的独立性很强，委员长由首相推荐，总督任命。

1988年新西兰制定了《公共部门法》，列明了所有的政府部门。该法制定后，政府部门的调整、撤并，需要通过单行法对《公共部门法》进行修改、删除。新设部、局，则是根据行政会议的命令（实质上是内阁会议决定），追加到《公共部门法》中去。

新西兰政府部门间的相关业务协调，一般由有关部、局组成常设或临时机构进行，但是总理内阁府、财政部以及行政人事管理委员会作为整个政府的核心部门，对政府部门起着主要的协调作用。

新西兰地方政府由12个区域政府和74个基层地方政府组成。区域的地方政府由议员和议员选举的首长组成，基层地方政府则由直接选举的议员和首长组成。[①] 地方政府在法律规定的范围内，独立于中央政府。

相应的，新西兰共有三种不同的地方行政当局：行政区当局、地方当局和统一管理区。地方当局又包括地区行政当局和市政当局。查塔姆议会是一个地方行政当局，它由一个特别议会法案批准设立，同时具有地区行政当局的全部权利和部分行政区当局所拥有的权利。统一管理区作为地方行政当局，同时拥有行政区当局的职责、义务和权利。

传统上，行政区当局和地方行政当局作为两级不同的地方政府，管辖领域不同，发展规划和公共服务内容各异，并且很少出现交叉管理的现象。在法律允许的范围内，行政区当局和地方当局都拥有充分权力，采取各项措施提供社会公共福利。新西兰地方政府在管理与财政上的决策程序和机构设置，充分体现了它们在政治和财政上的高度独立性。

同时，为防止地方政府滥用权力，议会特别要求地方政府在行使权力时需要经常征求民众意见，并规定地方选举的主要责任，但对中央政府则

---

① 行政区当局的主要负责人是主席，通过3年一度的间接选举由区议会选举产生。地方当局的主要负责人是市长，由公民直接选举产生。

没有提出类似的要求。

（二）政府间财政关系

新西兰中央政府负责国防、教育、保健、社会福利、警察、消防等国家事务；地方政府主要负责道路与运输、公共事务、文化与娱乐、行政管理、监督管理和环境保护等。不同地方当局的职能范围还有所差异。

新西兰全国12个行政区当局主要负责资源管理（本区自然资源和物质资源的统一管理），生态保护，河流与水库管理（防洪，港口导航与安全控制），海洋污染控制，地区突发事件处理与社会治安维护，辖区内陆路交通发展规划（为公共运输提供融资）等。在行使环境与物质资源管理职责的过程中，不同行政区的管辖范围是以河流为界进行划分的。一般情况下，行政区当局并不直接向社会提供公共服务，不过奥克兰和惠灵顿市除外，它们继承了在1989年建制之初所拥有的提供公共服务的职能。如它们都要负责本辖区公园的管理工作，惠灵顿市区当局还要负责提供生活用水。

新西兰全国还有四个统一管理区，这四个统一管理区仍属于地方当局，但同时拥有地方当局和行政区当局的所有权利和职责。

由于行政区的辖区划分方式问题，一些地方当局的管辖区域可能会横跨两个不同的行政区。地方当局履行职责的方式和行政区当局基本相同。新西兰全国74个地方当局都直接或间接为社会提供公共服务。市政府和地区行政当局要为公众福利负责。通常情况下提供的社会公共服务包括：公共卫生与安全，基础设施，文化和娱乐，资源管理（控制土地及相关物质与自然资源的开发、利用和保护）等。

各级地方政府的财政收入主要来源于：税收、规费与罚款收入、资产变卖与其他收入、捐赠、补贴与征用收入等。随着《2002年地方政府税务征收法案》、《2002年地方政府法案》的相继实施，与地方政府运行相关的法律改革彻底完成。其中，《2002年地方政府税务征收法案》在确定税率和地方财产税方面引进了许多新概念：重新界定了税收额度确定的基本依据；将占有者责任改为所有者责任；规定更灵活的目标税收额度；赋予了行政区当局更加广泛的征税权力和职责，并且引进了新的征税程序。

在财政上，新西兰地方政府和中央政府是相互独立的，地方政府只在道路建设与维护方面接受中央政府的大额转移支付。1994～2004年的10年中，中央政府转移支付和补助成为地方政府增长最快的收入来源：中央政府转移支付和补助增长了85%，而税收收入和政府投资收入分别增长了58%和52%。由此导致中央政府转移支付在地方政府融资中的作用日渐加强。

2000年初，新西兰中央政府与地方政府论坛设立，作为常设机构，论坛主要负责中央政府和地方政府的共同事务及服务协作问题。2000年3月，论坛召开第一次会议，出席会议的新西兰中央政府官员包括总理、副总理、地方政府部长、财政部部长和其他部部长，代表地方政府出席会议的则是新西兰地方政府协会主席、新西兰地方政府协会全国理事会的全部成员。其中，新西兰地方政府协会是一个全国性、自律性组织，代表地方政府利益并为其代言，包括作为地方政府代表参加中央政府与地方政府论坛。

（三）地方政府债务管理概况

近年来，新西兰地方政府坚持“非负债经营”的理财理念，地方政府债务规模相对较小，政府资产负债率较低，地方财政运行情况良好。新西兰地方政府亦保持较低的负债水平。2004～2005财年，新西兰地方政府债务余额为30.03亿新元，同期地方政府资产总额为620亿新元，即每一新元的债务有20新元的资产保证，而同期中央政府每一新元负债仅有1.47新元资产作为保证，地方政府资产负债率远低于中央政府。从目前到2012～2013财年，地方政府债务总额预期增加60%，达到48亿新元。但地区之间情况不一，有22个地方政府债务水平保持不变或有所下降，没有长期负债的地方政府将由目前的6个增加到8个。如果按地方政府债务余额与财政收入比率和利息费用与税收收入比率衡量，未来几年，新西兰有8个地方政府的债务与财政收入比率将超过150%，有8个地方政府的利息费用与地方税收收入比率超过20%。新西兰地方政府债务余额与当地人口规模及增长情况紧密相关，一些人口快速增长的地区，政府负债较多。

二、地方政府债务的管理体制

新西兰中央政府对其地方政府的举债行为没有过多的行政约束。地方政府举债行为主要基于法律法规的管制以及市场秩序的调节。是否举债、举债额度的多少在很大程度上受制于相关法律规定、自身资金需求状况以及金融市场运作的规律。

新西兰《1956 年地方政府债务法案》明确规定：地方政府债务的举债主体为市和自治市议会、乡议会、镇议会（地区议会、区议会、联合议会），海港委员会、电力委员会、供水委员会、河流委员会、医院委员会、铁路委员会等等，以及符合该法案要求的地方机构。

在新西兰，地方政府的权利与义务主要通过《地方政府法》、《地方政府选举法》和《地方政府税收法》三部法案予以规范。其中，地方政府举债权主要是《地方政府法》授予的。该法案明确规定，地方政府必须根据本级政府的长期或年度计划确定其债务规模。

三、中央层次的政府债务管理机构

新西兰债务管理办公室（The New Zealand Debt Management Office，NZDMO）成立于 1988 年，下设于财政部，并在财政部有关方针政策下进行独立运作。它的职责是在与财政货币政策保持相对独立的基础上管理公共债务，其工作目标即是“建立一个低成本、低风险的债务组合，然后通过债务管理的各项措施来实现并保持这个组合”。债务管理办公室设有由政府官员和风险管理专家组成的咨询委员会，每年举行 4 次会议，以为国债管理提供政策咨询和监督。

四、地方政府债务的资金运行管理

新西兰地方政府的内、外债管理属于典型的法规管理方式。《1956 年地方政府债务法案》对新西兰地方政府的举债行为进行了详细的限定和说明。该法案后于 1988 年、1989 年和 1991 年三度修正。

（一）举债方式

《1956 年地方政府债务法案》第 3 部分第 52 条规定，地方当局举债时应采用发行债券或股票的方式。每一笔特别用途的债务都须发行或部分发行单支或是多支债券或股票。严厉禁止通过股票方式举债的地方当局在新西兰以外举债融资。

（二）债务用途

《1956 年地方政府债务法案》对地方政府债务用途做了严格规定。地方当局借款主要用于支付旧资产的升级换代以及新资产的建设和购买。严禁地方当局出于收入目的，向银行或个人以透支方式举债，但允许在某些紧急状况下可有特例。例如《1956 年地方政府债务法案》第 2 部分第 21 条规定：在出现国家紧急状态、民防紧急状态、洪水、暴风、山崩、地震、火灾等时，地方当局当年的支出超过预计，可在当年或是紧接的财政年度，以透支方式向银行借债。但其行为应得到地方当局债务委员会的批准，举债数额也必须基于未来收入预期。

（三）偿债资金

为保证地方政府债务的偿还，《1956 年地方政府债务法案》规定建立地方政府债务的偿债基金。偿债基金主要用于特别债务的偿还。例如通过独立发行债券方式举债，那么每一笔债务的发行都被视为独立债务，需要建立相应的偿债基金。偿债基金的资金主要来源于地方当局的拨款以及地方基金的抵押所得。一旦某一笔地方政府债务对应的偿债基金及其利息累积到足够偿还到期债务和利息支出，那么在得到审计办公室的书面认可后，地方当局可停止提取偿债基金。

五、地方政府债务风险控制

新西兰地方政府债务控制的目标是在“净债务人”概念基础上管理其借款和现金资产，使政府投资组合和其他金融资产的收益最大化，政府总成本、借款或其他债务管理相关风险最小化。

（一）预算管理

新西兰对其地方政府债务实行严格的预算管理。新西兰地方政府借款遵循《2002年地方政府法案》的相关规定，合理确定借款规模，编制债务预算，任何追加借款必须经政府讨论通过，并在政府工作报告中反映新增借款对总债务余额的影响。如惠灵顿市政府将其债务按照期限（通常为12个月）严格划分为短期债务和长期债务，政府的借款计划需由市议会讨论通过，并反映在其年度计划或长期计划中。任何额外的借款项目必须经过政府与议会双方商讨决定，而且在政府的一系列工作报告中反映新的借款水平对总体债务水平的影响。市政府的捐赠、贷款、担保和保险等行为，必须经过议会的审议通过，并且要以经常性的监督等方式来保证与这些行为相关的信用风险最小化。

（二）规模控制

地方政府举债规模不当是形成地方政府债务风险的一大因素。新西兰对其地方政府债务的规模控制主要考虑以下三类指标：一是债务率（债务余额/财政收入）不得超过150%，该指标主要是对债务总量的控制，反映地方政府通过动用当期财政收入满足偿债需要的能力。二是利息支出率，反映地方政府当期财政收入或税收收入偿付债务利息的能力。新西兰在运用该指标时采用两个口径，利息支出率Ⅰ（净利息支出/财政收入）要小于15%；利息支出率Ⅱ（净利息支出/地方税收收入）要小于20%。以上两类指标将地方政府举债需求同其偿还能力挂钩，可有效遏制其扩大债务规模的冲动。三是资产负债率（债务余额/总资产）不得超过10%，该指标用于全面衡量地方政府资产负债情况及总体风险。

（三）利率风险控制

浮动利率借款使政府现金流暴露在利率风险之中。惠灵顿市政府运用浮动利率与固定利率的利率互换合约，把浮动利率借款转化为固定利率借款来管理浮动利率风险。惠灵顿市政府规定，任何时刻固定利率债务比例必须满足如表2-5-1所示存续期限度的要求。

表 2－5－1　　惠灵顿市政府固定利率债务存续期限度要求

期　　限	最小比例	最大比例
1～3 年	20%	50%
3～5 年	20%	50%
5～10 年	15%	50%

（四）流动性限定

为减少政府债务的流动性风险，避免债务到期日的集中化，新西兰地方政府把借款资源维持在未来 12 个月预计最高借款规模的 110% 以内。当政府为偿还借款而持有特定资金时，对应投资的存续期就不能超过借款偿还的期限。为避免过度暴露在流动性风险下，新西兰地方政府设定了债务的存续期限制，如表 2－5－2 所示。

表 2－5－2　　新西兰地方政府债务的存续期限制

期　　限	最小比例	最大比例
0～3 年	10%	50%
3～5 年	20%	60%
5 年以上	10%	60%

（五）信用评级

政府必须从被认可的、具有足够信用等级的机构借款，以避免信用风险。在新西兰，地方政府的信用等级是其举借债务的重要依据。地方政府需要聘请一家独立的信用评级机构，至少每 3 年对其进行一次全面的信用评级。其间，如果确认政府财政状况或资产负债表已经发生了重大变化，也需要进行全面的评级。全面信用评级工作必须由独立实体（如标准普尔和穆迪投资服务有限公司）来承担。由于具备较为健康的政府资产负债表和较低的债务水平，并保持了足够的储备来应对未来的债务偿还压力，地方政府就可拥有较高的信用等级，在重大工程项目融资时就能获得强大的信用保证。

（六）透明度要求

新西兰建立了较为完整的地方政府债务报告制度，保证了地方政府举债的透明性，有效控制了地方政府债务风险。政府预算平衡表、政府综合财务报表（包括资产负债表、利润表和现金流量表）、年度计划报告、财政状况报告及融资效果报告都从不同角度反映地方政府债务情况。新西兰地方政府债务在政府财政状况报告中的债务项目包括：应付账款、地方政府借款、对政府养老基金的支付等。其中，现金赤字是反映新西兰地方政府债务的主要指标，这一指标会在上述几个报告中得到详细报告和说明。

（七）或有负债管理

新西兰对政府债务风险管理的一个重要特色是建立了一套政府或有债务核算和报告体系。它是目前世界上做到这一点的少数几个国家之一。

新西兰率先在政府会计和预算中实行了权责发生制。1989 年实施的新西兰《公共财政法案》要求所有政府单位都需采用商业会计原则。报告并量化或有负债是新西兰政府债务管理的重要特征。新西兰是世界上少数几个正式建立政府或有负债核算和报告体系的国家之一，尽管这是国会对新西兰中央政府的一项要求，但其概念和方法同样也适用于地方政府。按此要求，新西兰在政府债务风险管理体系中，建立了政府或有负债核算和报告体系。1994 年通过的《财政责任法》要求中央政府在其年度和半年度财政报告中包括或有债务报告，连同其他报告一起提交给议会，并要在大众媒体、互联网上发表，向社会公众公开。新西兰政府或有负债表的摘要形式如表 2－5－3 所示。

表 2－5－3　　　　新西兰政府或有负债报告　　　　单位：百万新元

	1997 年 6 月 30 日	1998 年 6 月 30 日	1999 年 6 月 30 日
担保和赔偿	496	373	541
未缴资本金	2 922	2 250	2 820
诉讼程序和纠纷	362	669	464
其他或有负债	1 286	1 203	1 373
可量化的或有负债总额	5 066	4 495	4 902

表 2－5－3 中所包含的主要或有负债项目解释如下：

（1）担保和赔偿。政府为地方政府或企业在国内外借款提供的担保；来自私人公司和个人的有关财产坏损或价值损失的索赔要求；政府提供的存款保险。

（2）未缴资本。政府对国际金融机构（例如亚洲开发银行、欧洲复兴开发银行和世界银行）的未缴认购股款。

（3）诉讼程序和纠纷。政府机构（例如政府部门、警察、军队、税务机构、社会福利机构等）和国有企业由于在诉讼判决中败诉而可能被要求支付的利息和本金。

（4）其他可量化的或有负债。与政府机构补助和赔偿的履约条件有关的或有负债；公民由于人身伤害向政府要求的索赔；政府向国际金融机构签发的应付票据；向国有企业要求的其他索赔。

除上述可量化的或有负债之外，新西兰政府还必须提供其他无法量化的或有负债的详细资料，并且说明或有债务总规模与探讨其发生概率。这些或有负债的覆盖范围包括：新西兰储备银行（中央银行）、国有企业等。与此同时，新西兰政府还采用分立的财务报告显示每个部门和机构的或有债务详细情况。

六、地方政府债务管理纠错与问责机制

《1956 年地方政府债务法案》第 3 部分第 92 ~ 103 条主要涉及对地方政府债务违约的限制和惩罚措施。地方当局违约的情况不同，问责机制也会有所差异。

一旦地方当局无法全额和持续支付特别债券的本金或利息，那么违约地方当局将向债券或股票持有人额外支付违约金额的 5% 作为赔偿金。一旦地方当局连续 28 日无法全额和持续支付偿债基金的分期偿债额，地方政府债务委员会将向地方当局追索债务或是提请高等法院指派一名财务委托管理人追索债务。财务委托管理人的权利包括：（1）接管地方当局的收费、租金和其他收入等所有相关资金。（2）接管地方当局所有财产，并享有处置以及法律赋予的抵押变现权；除高等法院另有规定外，还享有出售财产的权利。

第六篇

英国地方政府债务管理

一、概　　述

（一）政府管理框架

英国是一个历史悠久的单一制国家，领土主要由英格兰、威尔士、苏格兰和北爱尔兰4个地区组成。目前，英格兰和威尔士下辖：47个郡（英格兰39个、威尔士8个），6个城市郡（都在英格兰），333个区，36个城市区，约11万多个教区或社区。苏格兰下辖9个行政区，行政区之下共有53个区，外加3个岛区（奥克尼、设得兰、西方省）。北爱尔兰下辖26个区。首都大伦敦则由32个自治市和1个伦敦城组成。

现代英国地方政府大体采用三级制，由于受历史沿革影响，各组成部分的层级划分又有一些差别。北爱尔兰的制度与其他地区差别最大，变化频率也较高。英格兰和威尔士则比较相似，都划分为三级地方政府。苏格兰是三级制和两级制并存。大伦敦基本上是两级制。

（二）政府间财政关系

在英国，地方政府一直被看作是中央政府选择的、用于执行其具体决定的组织。因此，从本质上讲，地方政府行使的不是它自己的权利，而是中央政府赋予它的，并且是在指定范围内的权利。英国中央政府处理与地方政府之间的财政关系，始终坚持三大原则：（1）征税权属于中央政府，没有中央政府的批准，地方政府无权征收地方税。（2）地方政府借款应该事先获得中央政府的批准。（3）不允许地方政府为经常性支出负债。

1. 政府间支出责任划分。英国曾拥有运行良好的地方政府财政及政府间财政关系制度；从维多利亚时代开始直到 20 世纪 80 年代后期，该制度一直比较稳定。但在最近的 15 年里（尤其自 1988 年以后），英国对地方政府的职能、结构，尤其是地方政府的筹资安排进行了重大改革，地方政府在国家经济中的作用也开始减弱。地方政府的职能减少，其规模也随之开始缩小，同时结构也在简化。

在 1974 年实行的改革中，英格兰和威尔士地方政府的主要职能被划分为两层。最基层地方政府负责主要的公共服务，包括住房、环境服务和某些特定的地方交通。上级地方政府则负责教育（教育支出约占地方政府总支出的 50%）、治安、消防、社会服务及结构规划工作。人们普遍认为 1974 年的地方政府重组改革成本高昂，导致了政府工资水平及人员数量的普遍上涨。

不过，地方政府的职能在整个 20 世纪 80 年代一直在减少，英国政府据此于 1992 年宣布由新组建的地方政府委员会负责检查英格兰的地方政府结构（对苏格兰和威尔士则另行组织有关的检查）。起初，这项政策的普遍意图似乎是为了建立更统一的地方议会；但在实践过程中，英格兰的该委员会在很大程度上更愿意在保持现状的基础上对界限略作改动，此外再在某些地区建立一些新的单级政府机构，如人口增长迅速地区出现的新城镇。由于担心政府结构的改变可能会导致更高的人员支出（即“改革的代价”），政府不再继续对现行结构进行更广泛的改革。相反，苏格兰和威尔士则实行了一种不同的改革方式：两地区于1996年引入了单级政府结构，这表明人们普遍觉得原来的两级式政府结构安排对于地区而言实在太过繁琐。第二次世界大战之后，地方政府的责任日益增多，尤其是社会领域、交通及计划方面的责任；但自1979年以来，地方政府的权力和职能都已明显减少。尽管1979年的地方政府支出占到政府总支出的42%，但到1994年，该比例已下降到36%。

英国各级政府都拥有自己独立的财政预算，经本级议会审批后执行。从维多利亚时代开始直到20世纪80年代后期，英国的政府间财政关系一直比较稳定。但在最近20年里（尤其自1988年以后），英国对地方政府的职能和结构（尤其是地方政府的筹资安排）进行了重大改革，地方政府的职能减少，规模缩小，结构简化，在国家经济中的作用开始减弱。

实际上，20世纪80年代后期开始的这场改革，其初衷是想扩大地方政府责任并实现财政责任的下放。但由于这些改革均告失败，到20世纪90年代早期，地方政府自行制定预算以及决定地方税种的权力日益受到中央政府的限制。与欧洲其他国家相反，从属性原则在英国的重要性已经让位于中央政府对宏观经济和地方税务负担的控制需要。这一变化，可以从考察现行英国中央与地方政府财政支出范围中得到佐证。

英国中央财政支出主要包括：国防支出、社会保障支出、个人社会服务和卫生保健支出、工业支出、能源支出、贸易和就业支出、运输支出、教育和科学支出等。

根据资金使用性质及其拨款来源，英国地方财政支出可分为经费支出和投资支出两大类。经费支出的主要内容有：（1）教育经费，主要是中小学义务教育费用；（2）一部分卫生保健开支；（3）行政管理部门经费，包括警察局、法院经费，国家债务利息支出；（4）住宅和公共事业经营开支；（5）社会服务费用，如图书馆、俱乐部、公园等公共休闲设施以及环境保护、地方运输经营等方面的支出。投资支出主要包括住宅建筑、学校、医院和道路等方面的建设投资。从结构上看，近年来，地方教育支出占整个英国教育支出的85%以上，是地方财政支出的最大项目（约占40%）。此外地方财政支出中投资支出所占比重较大，其总额约占国民经济各部门基建投资总额的30%以上。在地方全部支出中，由地方自有财力安排的仅占33.3%，其余均来自中央财政的转移支付。

2. 政府间收入划分。20世纪80年代所实行的改革（这一类改革在英国引入人头税时达到了顶峰时期）旨在扩大地方政府责任并实现财政责任的下放。但这些改革均告失败：的确，到20世纪90年代早期为止，改革的结果恰好与改革的初衷相背离。地方政府自行制定预算以及决定地方税种的自由日益受到中央政府的限制。

地方政府原则上负责征收两种地方税，即全国性的非住宅性不动产税（也称统一营业税）和家庭税。直到1988年，英国仍然对家庭征收住宅税，而对企业征收非住宅性不动产税。税款根据每一财产的应纳税价值计算，该价值根据每隔5年重估一次的财产租赁价值（即“再估价”）估算，各地方政府自行设定每英镑应税价值应该支付的税金。在1985年，财产再估价在苏格兰招致了公众的反对；在那之后，英国政府宣布了一项政治承诺，答应寻求其他方式以取代财产再估价。此项承诺的结果（此结果将对中央政府和地方政府产生重要影响）是：苏格兰于1989年引入了一种人头税；苏格兰引入此税种的时间比英格兰和威尔士晚1年。

人头税过去对每一家庭中的全部成年人（超过18岁）征收。包括学生在内的较穷的成年人可获得减税，但所有成年人都必须至少缴纳地方政府规定的人头税金额的20%。普遍征收这种税的目的是为了促进地方政府的责任感——所有成年人都为地方政府所提供的服务付费，因此他们在选举投票时会考虑地方政府服务的收费水平和质量。但人头税也带来了很多实际问题及政策问题——很多地区都普遍反对采用这种税，理由是该税种为递减税，其规模过大，而且还具有不公平性。开征该税种还引起了骚乱，抗税已成为一个严重的问题。因此，该税种于两年之后就宣告废止。

取代人头税的家庭税以调整过的住宅税的形式重新出现在英国并被称为“家庭税”。但家庭税经过了实质性的调整。首先，其税基从财产的租赁价值变为资本价值；但住宅税的纳税责任由财产的户主（即财产的占用者，可能是租户或财产所有人）承担，而不一定由财产所有人缴税。这样规定的目的是为了坚持家庭原则，即每个成年人都应该缴纳家庭税——尽管这其实并不可能实施，纳税义务实际上还是由户主承担。其次，家庭税以范围很广的八类财产为基础，而不是基于具体的资本价值。第三，单身家庭可享受家庭税的减税待遇，尽管这显然不利于鼓励房屋的最充分利用。单身成人家庭可负担较少税款的特点也由过去的人头税继承而来。第四，与住宅税和人头税相比，家庭税向户主提供了更多与收入挂钩的补助。

更难定义的是全国性非住宅性不动产税的性质。英国于20世纪80年代晚期引入人头税，并以之取代了地方非住宅性不动产税。此前，这种非住宅性不动产税，或称销售税，由地方政府自行征收并构成了地方政府税基的组成部分。在1988年之后的英国政权统治下，苏格兰、英格兰和威尔士各自设定了全国性不动产税的税率（各年的税率以上年金额为参考指数）。中央政府集中全国的非住宅性不动产税收入并按人均分配给各地方政府。1993年的英国政权广泛保留了这种税务安排，但每年由中央政府来确定这部分收入对地方政府的详细分配依据。

因此，全国性非住宅性不动产税实际上更被视作一种中央政府税，其收入专项用于向地方政府提供的一项经常性拨款。但三个地区未能实行统一的全国性非住宅性不动产税。实行全国性统一税基导致了一些地区纳税额的增加；为了防止这些地区非住宅性不动产税额的增长速度超过通货膨胀的速度，政府仍然向这些地区的企业提供补助。此外，苏格兰还有一些特殊安排，以逐步协调苏格兰和英格兰的非住宅性不动产税的征收额。

3. 政府间转移支付。现在，地方政府经常开支所需的资金中有很大一部分是来自中央政府的拨款（超过地方政府经常开支所需资金总额的80%），同时中央政府还严格限定了地方政府通过地方税和借款可筹集的其余资金的上限水平，这使中央政府能够对地方政府的经常支出实行严格的整体控制。

英格兰、威尔士和苏格兰各自实行独立的拨款制度。三个地区的拨款制度都非常复杂，但均以相同的一般性方式为基础。三个地区的拨款从本质上可分为两种：一种为分类拨款，即英格兰和威尔士的收入援助拨款；另一种为一系列的专项拨款。年度分类拨款的确定过程如下：

首先，中央政府针对地方政府的经常支出确定一个总标准支出额，中央政府基本上是根据宏观经济背景制定年度财政支出预算，然后按照英格兰各县的政府类别划分该总标准支出额，此类政府类别包括都市地区的区和县政府、农村地区的区及县政府。其次，中央政府将评定每个地方政府的标准支出额。此标准支出额是中央政府预计地方政府在提供相同水平的地方公共服务时应当安排的支出额，各地方政府的标准支出额之和与总标准支出额保持一致。中央政府还向地方政府分配收入援助拨款，从而使实际支出额等于其获批的标准支出额的地方政府能够对拥有中间档应税财产的住户征收标准家庭税（按照中央政府制定的标准征收）。因此：

$$\text{收入援助拨款}=\text{估定标准支出额}-\text{所分配到的全国性非住宅性不动产税收入}-\text{标准家庭税收入}$$

每个地方政府的估定标准支出额针对各项地方公共服务逐一确定，通常用单位成本估计值乘以所涉客户群体（如教育服务的客户群体为学生）的人数，同时允许存在额外费用（例如，边远地区的交通费用）。针对此类额外费用的补助额将根据跨部门的回归分析确定，此分析方法用于强调如气候及人口密度等单位成本影响因素的重要性。

标准支出估定额并非由某个独立机构负责确定。在这三个地区中，此数额均由所涉政府中的相关职能部门与相关地方政府共同商定。因此，收入援助拨款的分配具有一定的政治意义，而不是一个完全客观的分配过程。可以利用几种方式对这种拨款施加政治影响。首先，可以改变 4 类地方政府各自的标准支出额在总标准支出额中所占的比例。其次，也可以改变 7 种主要地方公共服务各自的标准支出额在总标准支出额中的权重。例如，可以增加教育部门的总标准支出额，同时缩减环境部门的总标准支出额。再次，还可以改变确定公共服务相对需求的因素在总标准支出额中的重要程度。为了在收入援助拨款中增加新的因素（最近的例子如地方政府要求将海岸线的英里数作为确定消防部门费用的决定因素），或为了让中央政府在确定此类拨款时更多地考虑某些现有因素，个别地方政府或地方政府群体确实经常进行游说。此类游说活动的结果之一是造成了有明确需求指标的服务计划或子计划的数量激增，也增加了此类需求指标的数量及复杂性。现在已形成了这样一个循环：中央政府（或具体政府官员）为了增加拨款制度的透明度而减少拨款计划或子计划及需求指标的数量，如 1989 年采取的此类行动，然后，随着时间推移，这些拨款计划再以追求更高的需求灵敏度和更有规则而被进一步细分，直到其复杂性再次超出人们的理解为止。因此，英国中央政府于 1996 年年初宣布由财政研究协会负责重新审查收入援助拨款的计算公式。

实际上，随着拨款计划的复杂性不断增加，不同类别政府或公共服务在拨款中的分享比例或拨款计划对具体需求指标的重视程度也发生了较细微的变化，从而导致了实际拨款的大量变动。地方政府每年可获得的拨款额缺乏稳定性，这是一个公认的不利因素，因为这将导致地方政府无法谨慎地计划未来将提供的服务。中央政府因而不时引入各种抑制机制，以防止地方政府获得的各项拨款额与上年同期相比出现较大差异。因此，在1994～1995年期间，中央政府还向计算的标准支出额降低2%以上的地方政府提供了一项额外专项拨款，即针对标准支出估定额降低的拨款。

此外，拨款严格的条件限制也可以确保地方政府将拨款用于中央政府所期望的方面。专项拨款的缺点是：拨款所涉及的优先顺序是由中央政府集中确定的。此外，专项拨款在总拨款中所占比例越高，地方政府调整地方资源分配以反映当地条件的灵活性就越小。例如，在前面所举的计算机采购拨款例子中，如果中央政府用于鼓励计算机采购的专项拨款比例越高，地方政府能够免费利用来自邻近的计算机企业的、已使用过但仍然较新的计算机的机会就越小。

（三）地方政府债务管理概况

1992年以来，英国政府一直积极推进以私人融资优先权（PFI，Private Finance Initiative）为核心的公共管理理念，鼓励私人资本参与甚至主导公共投资计划。1997年工党政府执政后，又围绕PFI创新发展出公私合作制（PPP，Private and Public Partnership）操作方式，提出构建“合作制的英国”的政府工作目标，其目的是通过公私合作提高公共投资的专业管理水平，拓宽公共融资渠道，延伸私人投资领域，确保公共投资项目的按时实施和成功。

在此背景下，地方政府资本支出与借款控制日益复杂。以房地产金融为例，从20世纪80年代中期开始，中央政府先是鼓励、然后要求地方政府按照社会出租房屋的租户的要求（即租户的“购买权”），向他们出售这些房屋，其售价大大低于市场价格，但往往远高于其历史造价及相关债务。地方政府通过大量出售资产，获得了大量的资本项目资金。与此同时，中央政府开始限制此类资本收入的使用比率。后来，根据《1989年地方政府与住房法令》，中央政府开始对地方政府借款实行全面控制。

图2－6－1显示了1990～2006财年英国地方政府债务与政府债务（包括中央和地方）分别占GDP的百分比。从图上看出，政府债务余额占

GDP的比重，1997年3月31日①为43%，2002年3月31日降到30%，2007年3月31日上升到37%；与此同时地方政府债务余额占GDP的比重从1991年3月31日的8%降至2007年3月31日的3%，部分反映了财政预算投资的增加和债务余额的减少。

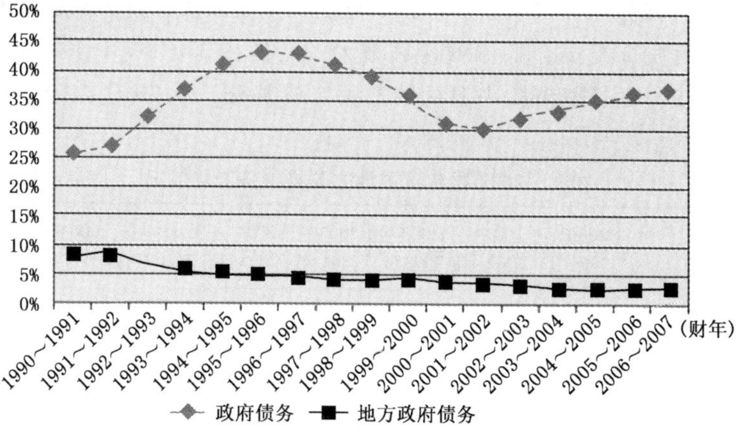

图2－6－1　1990～2006财年地方政府债务与政府债务分别占GDP的比重

资料来源：根据中国财政部和亚洲开发银行2008年7月在中国举办的“地方政府债务管理国际会议”资料整理。

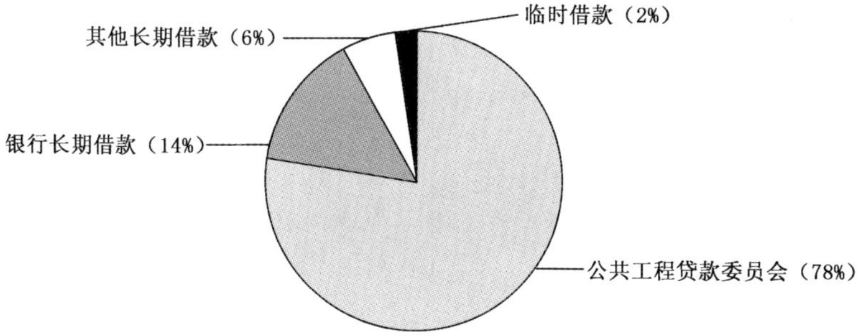

图2－6－2　英国地方政府债务资金来源结构（2007年3月31日）

资料来源：根据中国财政部和亚洲开发银行2008年7月在中国举办的“地方政府债务管理国际会议”资料整理。

截至2007年3月31日，英国地方政府债务余额达486亿英镑，其

① 英国各级政府的财年为每年4月1日至次年3月31日，故债务余额统计时间通常为每年的3月31日。

中，376 亿英镑（78%）来自公共工程贷款委员会；100 亿英镑（20%）来自银行和其他长期融资渠道；10 亿英镑（2%）为短期借款，如图 2－6－2所示。

表 2－6－1 显示了英国地方政府 2000～2007 财年地方政府债务变化情况。第一部分是临时借款。第二部分是长期借款及其具体来源，其中来自公共工程贷款委员会的借款份额很大，尤其在 2007 年一季度高达 376 亿英镑；银行是长期借款来源的第二大组成部分，达 70 亿英镑；英国从其他国家的借款显示在“其他国家”一栏中。

表 2－6－1　2000～2007 财年英国地方政府债务变化情况　单位：百万英镑

举债方式	2000～2001 年	2001～2002 年	2002～2003 年	2003～2004 年	2004～2005 年	2005～2006 年	2006～2007 年	2007 年 3 月 31 日
临时借款	17	－93	－107	245	8	－175	205	1 008
长期借款								
协议债券	12	－10	－1	－84	191	102	199	593
上市债券	－14	6	0	－336	0	298	－26	489
公共工程贷款委员会	678	－452	－981	－2 248	1 092	4 390	1 014	37 627
银行	－121	252	926	1 205	1 126	1 200	1 162	7 029
建筑协会	－50	－12	1	21	－38	－8	8	38
其他金融中介机构	－18	33	－9	121	16	－8	－208	237
公共企业	－5	－6	－1	0	0	0	1	1
私人非金融企业	－1	0	1	0	0	－1	－2	0
中央政府	1	－2	－1	－2	－1	－1	－2	12
家庭部门	－5	－5	－2	－1	－3	－1	0	8
其他国家	－50	116	64	555	77	170	187	1 573
其他	9	－24	－4	3	3	－5	0	16
总计	436	－104	－6	－765	2 463	6 137	2 333	47 622
总借款	453	－197	－113	－520	2 472	5 961	2 538	48 630

资料来源：根据中国财政部和亚洲开发银行 2008 年 7 月在中国举办的“地方政府债务管理国际会议”资料整理。

二、地方政府债务管理体制

在英国，政府举债的主要原则是有征税权的政府才能有借款权。苏格兰、威尔士和英格兰等地方政府有权征税，因此可以借款；而苏格兰议会等没有征税权，因此无权借款。英国地方政府债务管理体制正在从行政控制型向制度约束型转变，这一转变的标志是2004年开始实施的谨慎性制度。

谨慎性制度实施以前，地方政府借款制度非常严格，一般需要经中央政府许可方能借款。从19世纪90年代开始，中央政府就根据地方公共支出需求，对地方政府进行贷款审批，并且规定地方政府借款投资的额度和种类，管理非常严格。地方政府借款限额等于其满足资本性支出需求所需的资金减去资本性支出准备金，同时还可包括针对现金流量波动的临时借款额。直到1988年还是由中央政府直接控制地方政府的资本支出，这种支出根据项目资金来源的不同而变化。

2004年4月1日实施谨慎性制度以后，英国对地方政府借款的约束从以前的法定管理转向谨慎性制度下的专业管理和自我管理，这为地方政府资本性借款提供了自由裁量的空间。地方政府借款时不再需要中央政府批准，只要没有超出本地方政府的承债能力，就可以自行举借债务用于投资。

三、中央层次的政府债务管理机构

1998年，英国财政部（HM Treasury）正式成立了独立的债务管理办公室。2000年4月3日，债务管理办公室接替英格兰银行，开始全面执行中央政府国库现金管理的各项职能，其主要职责是负责英国政府的债务和现金管理，具体包括：向地方政府提供贷款和管理某些公共部门基金；对公共工程贷款委员会（负责为地方政府提供国家贷款基金）进行监管；每年出版一份政府的借款计划，按季公布债券拍卖计划，并与主要的市场参与者进行定期协商；通过一系列货币市场工具，例如借助月度国债的发行（如零息债券等），平滑现金流的季节性波动等等。

1817年，英国成立了公共工程贷款委员会，核心职能是为地方政府资本性投资提供贷款并负责统一还款。公共工程贷款委员会负责将来自国债资金中的国家贷款基金转贷给地方政府，在贷款发放以后负责本金的收回，并且规定所有地方政府借款只能用于资本性项目。从中央政府来讲，可以将地方政府借款限制在公共支出和债务管理体系内；从地方政府来讲，这种借款方式程序简化，且能够享受比市场更优惠的利率，在保证贷款安全的同时能够降低成本和增强收费结构的透明度。目前，赋予公共工程贷款委员会持有的贷款额度高达700亿英镑。经过议会决议，这一数目可以继续扩大。2002年7月，公共工程贷款委员会并入英国财政部债务管理办公室。

四、地方政府债务资金运行管理

（一）举债方式

英国地方政府的借款渠道主要有两条：（1）公共工程贷款委员会贷款。该委员会可以从英国国家贷款基金获得资金，因此向地方政府提供的贷款利率比商业银行优惠。（2）商业银行贷款。

1. 公共工程贷款委员会贷款的利率与期限。公共工程贷款委员会贷款占地方政府债务余额的一半以上。公共工程贷款委员会对英国地方政府贷款基本上采用固定利率。债务管理办公室根据《1968年国家贷款法案》决定公共工程贷款利率，贷款利率的制定方法需得到英国财政部批准。利率的制定方法是在国债收益率基础上增加边际利率0.12～0.22个百分点（12～22个基点），并尽可能使其接近政府自行借款利率，以促使更多的地方政府向公共工程贷款委员会借款。边际利率的存在使得公共工程贷款委员会不能以低于国债利率的价格将资金转贷给地方政府，从而在一定程度上避免了借款的流失。实际操作中，由于2005～2006财年国债利率的降低，公共工程贷款委员会贷款的利率也有所降低，从而增加了地方政府对贷款的需求，也增加了对现有贷款的延期要求。近年来，贷款利率基本上都控制在5%以下甚至更低。贷款的平均期限虽然从2001～2002财年开始有所降低，但从2003～2004财年又开始回升，2006～2007财年平均期限已达43年，如图2－6－3所示。

公共工程贷款委员会贷款除了有较低的利率规定、贷款比较灵活等优

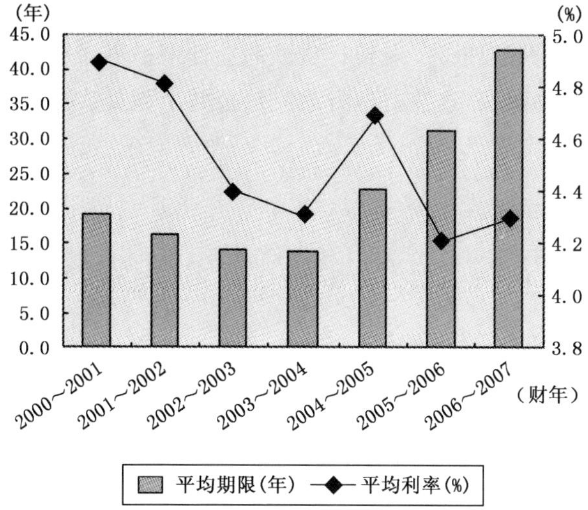

图 2-6-3　公共工程贷款委员会新增贷款平均期限和平均利率

资料来源：根据中国财政部和亚洲开发银行 2008 年 7 月在中国举办的“地方政府债务管理国际会议”资料整理。

点外，另外一项吸引地方政府贷款的因素是收费低廉。公共工程贷款委员会对地方政府贷款的收费标准由英国财政部决定，仅需满足贷款所需成本的要求即可，具体包括：审批贷款费用，发放贷款费用，账户维护费用以及人员工资等。1991 年以来，收费标准没有变化：固定利率贷款的收费标准为每 1 000 英镑 35 便士；浮动利率贷款的收费标准为每 1 000 英镑 45 便士；每笔最低收费标准为 25 英镑。因此，从公共工程贷款委员会借款要比从私人渠道或市场上借款成本低很多。

2. 公共工程贷款委员会的贷款规模的变化情况。英国地方政府向公共工程贷款委员会的贷款额从 2001~2002 财年开始下降直到 2004~2005 财年快速上升，至 2006~2007 财年已达 479 亿英镑。公共工程贷款委员会贷款额下降的主要原因是：（1）由于 2001~2004 财年资产价值较高，地方政府出售大量资产，所获收益用来抵减未偿贷款；（2）由于经济平稳发展和人民生活水平提高，政府对某些领域的公共保障程度减弱，以公有住房为例，更多人选择个人贷款买房，导致地方政府公有住房建设借款减少；（3）商业银行开始向地方政府提供一些利率较低、期限较长的贷款，形成对公共工程贷款委员会贷款的部分替代。

从2004～2005财年开始，公共工程贷款委员会适时降低了贷款利率，加上由于会计准则的调整，对银行贷款的会计审核更加严格，致使银行贷款的吸引力大大降低，这使得地方政府从公共工程贷款委员会的借款开始回升。

（二）举债用途

英国法律禁止地方政府为经常性支出举债，但允许其为资本性支出借款。

五、地方政府债务风险控制

（一）规模控制

中央政府控制借款的目标是保障良好的财政秩序和保证公共部门债务维持在较低且可持续的水平之上。地方政府应将其借款保持在规模控制限额之内。英国中央政府正致力于使地方政府债务余额占GDP的比重保持在4%以内。

中央政府规定政府债务余额（包括中央和地方）应当低于GDP的40%，同时建立“资本上限”以满足可持续投资规则。该上限反映了各级政府的可承受投资水平，地方政府在每年的预算和概算报告中，将资本上限中的地方政府自行筹集部分通过总量预测报告给财政部。

此外，对类似伦敦这样的规模较大的地方政府的重大借款项目，有关方面还需要在《支出审查》中达成协议。

（二）谨慎性制度

2004年4月，英国开始构建地方政府资本融资的谨慎性监管框架，主要包括谨慎性准则、谨慎性指标及其具体的执行手段等。这一制度框架要求专业化的管理和自我管理，并遵守特许财政与会计协会（CIPFA：The Chartered Institute of Public Finance and Accountancy）颁布的会计原则，从而使地方政府可以对其固定资产投资予以更为有效的控制，以提供优质的地方公共服务。在谨慎性制度下，虽然中央政府赋予地方政府借款更多的灵活性，但也采取措施控制地方政府借款风险。

1. 谨慎性准则。谨慎性准则旨在为地方政府资本性融资提供一个可靠的制度框架，这一准则为地方政府建立了清晰和透明的制度框架，使其责任明确。该框架要求地方政府做到以下几点：（1）资本性支出计划应当是地方政府在其债务承受能力范围内的；（2）所有的外部借款和其他长期债务应当谨慎可靠，并且这种谨慎性应当具有可持续性；（3）国库管理决策应当体现先进的专业化管理理念。

2. 谨慎性指标。在谨慎性制度下，各个地方政府的首席财政官负责提供基于谨慎性指标的财政稳健性报告，监控政府绩效，制定符合当地政府承债能力的审慎借款计划，并设法使民选议员同意这一计划。地方政府用于评估其承债能力的谨慎性指标包括：

（1）资本融资计划，包括融资和借款的渠道、借款占总体融资额的比例等；

（2）资本融资计划的债务规模和债务到期情况；

（3）对现有债务的还本付息承诺；

（4）可得到的收入来源；

（5）其他长期负债与投资。

3. 谨慎性制度的执行。地方政府必须遵守专业化的谨慎性准则，同时，根据特许财政与会计协会确立的谨慎性指标，地方政府将债务规模控制在财政允许且满足地方政府资本投资需要的范围内；在贯彻谨慎性原则、考量谨慎性指标的基础上，外部审计人员将负责审议债务的合法性、适应性和资金价值；主管财政官员有责任报告预期的财政稳健性和政府储备资金的充裕程度；地方政府应当从收入总体结构出发考虑其举债需求，并且使用其全部收入保证贷款安全性；地方政府不得使用其资产作为债务抵押。

当地方政府违法或其借款计划超出承受能力时，中央政府将保留对地方政府谨慎性约束的权力。因此，即使中央政府想增加地方政府借款的自由性，但在谨慎性实施的过程中，中央政府仍将保有地方政府借款的干预权。当地方政府不能实现举债的可持续性时，采取的措施主要有：首先，提前支取偿债准备金；其次，出售地方政府资产；第三，减少当地政府的公共支出。假如以上措施不能奏效，中央政府则有权力直接接管地方政府，代其行使职能。实际上，中央政府不愿看到地方政府因偿债困难而削减公共服务，因此会密切关注地方政府财政和债务状况，并提前采取措施。

（三）偿债准备金

为了缓解地方政府的债务压力，避免地方政府由于一次性偿付而导致资金不足，英国中央政府设立了偿债准备金制度，要求地方政府每年都有计划地从预算限额之内安排一定比例的收入用于偿还债务，以化解偿债压力。

中央政府规定偿债准备金一律应当保持在债务本金4%的水平，这为控制地方政府支出提供了统一的方法。在2007～2008财年，偿债准备金制度的实施更为灵活，地方政府不再设定偿债准备金数额，而是根据不同的债务项目、性质和组成分别设定模型，以帮助地方政府针对自身项目特点并结合谨慎性制度确定本金偿还规模与计划。以伦敦地铁项目为例，其运行周期非常长，而原先占本金4%的偿债准备金不能完全反映其价值，因此设立更低的偿债准备金率将能更加全面地反映此项目的价值以及偿债周期。

（四）透明度要求

作为新公共管理的发祥地，政府会计与预算基础变革构成英国公共财政管理改革的重要组成部分，同时也对其他方面的改革起着关键性的支持作用。由于传统的现金基础，政府会计难以提供对于预算和管理都极为重要的非现金交易信息，英国目前已经转向权责发生制基础（或修正权责发生制基础）的政府会计，并以此为基础来编制政府预算和财务报告。这一改革，对于全面反映政府债务尤其是或有债务状况具有重要的基础性作用。

第七篇

法国地方政府债务管理

一、概　　述

（一）政府管理框架

法国是一个中央集权的单一制国家。1982 年 3 月，《关于市镇、省和大区的权利和自由法案》颁布实施后，法国在维护单一制国家结构的前提下，开始实施地方分权改革，目前实行的是中央、大区、省和市镇四级政府管理体制。全国共划分为 22 个大区、96 个省、4 个海外省、4 个海外领地和 2 个具有特殊地位的地方行政区，全国共有 36 565 个市镇。法国在经济上推行“混合经济”模式，其特点是：国有部门和私有部门同时并存；计划指导和市场机制互为补充；宏观调控和微观运行机制相互协调。

（二）政府间财政关系

与国家经济体制相适应，法国在财政管理上实行中央、地方分级管理体制，一级政府一级预算。目前法国预算体系分为四级：中央、大区、省和市镇，四级预算各自独立，分别编制。

1. 地方政府职责与财政支出责任划分。法国的分权改革以 1982 年 3 月法国议会通过的《权力下放法案》为标志，在中央集权的框架下，扩大了地方的自主权力，主要内容包括：

（1）重新调整了地方行政区域的划分。将法国的行政区划分为大区、省和市镇三个层次，并规定："市镇、省和大区由选举产生的议会自行管理。"此外，三级地方政府之间没有直接的从属关系。

（2）扩大了地方自治权。改革后，中央陆续下放了一些权力给地方。1983 年，法国中央政府下放了城市的权力，包括各地区的经济发展与计划、城市建设、住房、职业培训、土地整治等。1984 年下放交通运输、社会活动、司法等权力。1985 年下放教育、文化、环境保护和警察等权力。此外，1982 年和 1983 年，国民议会还分别认定市镇、省和大区有"审议并决定其权限内的事务的权力"。

（3）在中央对地方的监督问题上也反映出地方的自治权有所加强。1982 年 3 月和 7 月的法律正式取消了中央及其派驻在地方的代表对地方政府决议的"事前行政监管权"，而代之以"事后行政监管权"。地方决议只要不违背国家的法令，就可以不受中央干涉，也无需得到中央政府或其代表同意、批准和授权，中央对地方的行政监督只能在地方决议生效后实施。分权改革后，地方政府职权有所扩展。一方面，省议会在制定本省预算、借贷款、奖励省行政人员等方面，其决定无需中央政府和代表中央的省长的批准，就可以自动生效。另一方面，市镇政府在其职权范围内可以自主行事，任免工作人员无需得到省长和省议会的批准。

（4）经过几轮调整之后，法国各级政府职责与支出责任划分如下：

大区一级所承担的责任主要是：执行国家的中长期计划，促进本地区的经济开发和发展；制定本地区发展的 5 年计划，支持本地区所管辖的省、市镇的经济活动及中小企业和私人企业的发展；协助国家推行领土整治政策；分配和使用国家调拨的财政经费；编制年度职业培训大纲；对大区的地方公共投资和工商旅游各业的合理分布进行调整等。

省级政府的事权主要是：决定省的财政预算，负责地方税收，制定城镇规划，管理省内的公路、港口和运输，建设和装备中学教育设施，主持各种社会救济机构，管理社会医疗和社会保险费用，制定和资助农村的领土整治计划，讨论和分配中央调拨的费用等。

市镇是法国地方政府的最低层次，其工作宗旨与人民的生活息息相关，市的大小不一，有的是小村镇，有的是大城市，事权主要是负责组织和建立市镇行政机构和其他公共机构，管理公产、公共工程，建立公共公益设施，管理市镇公共机构和医院，批准工程计划，负责建筑和维修公共建筑，征收不动产，接受遗产，讨论和通过年度财政预算，计划市镇公共生活问题等。

（5）在教育方面，中央、大区、省和市镇政府分别管理并负责大学、高中、初中和小学的建设及正常运行费用，各级学校教师的工资统一由中央政府支付。值得一提的是，法国政府认为办学校是政府的职责，因此，即使是私立学校，只要与政府签订合同，即可获得经费资助，其教师工资全部由中央政府承担，学校的建设运行费用亦可得到地方政府的补贴。

2. 地方政府的财政收入情况。对于中央与地方各级政府的财权划分，法国实行的是管理权限较为集中的单一制的分税制。长期以来，在高度集权统治下，其地方财政的预算收支完全由中央决定。“权力下放”后，地方财政建立了相对独立的财政预算，中央预算与地方预算是分开的，各有自己的收入和支出。各级财政之间不存在隶属关系，其财政预算由各级议会自行决定，但中央对地方的三级财政都有事后的法律监督权。当中央政府或代表中央利益的大区专员和省长认为地方的项目或预算违法或不符合国家法律时，可通过行政法庭裁决，予以撤销。

法国税收体系是由《税务总法》来进行规范的。中央控制税收立法、税收收入分配等方面的主要权力，但地方也具有一定的机动权，如自行决定地方税的税率，有权对纳税人采取某些减免税措施等。法国的税收体系以国税为主，地税为辅。国税主要包括增值税、个人所得税、公司所得税、消费税、注册登记税、关税等，其中增值税的比重最大，所得税次之。地税主要包括营业税、地产税、住所税、财产转让税等，其中以地产税所占比重较大。在税收征收管理上，法国分为中央、地方两套系统，分别负责征收本级政府的收入。

中央政府的收入来源主要有税收、国营企业利润、国家财产（指政府从国有土地、森林、公园等不动产和国家持有的债券、股票等取得的收入)、贷款利息、互助基金及其他收入。其中，税收是主要来源。中央税包括个人所得税、公司所得税、增值税、消费税和关税等，均列入中央预算，不与地方分成。

地方政府的收入来源主要有四个方面：一是来自地方税收，占地方总收入的50%左右；二是中央预算的转移支付，占地方总收入的25%左右；三是服务性收费收入，占地方总收入的15%左右；四是借款收入，约占地方总收入的10%。按法律规定，地方财政的借款收入，只能用于城市建设，不能用于其他方面的开支。还款时，利息列作预算支出，本金一般采取“借新债，还旧债”的办法偿还。

1981年法国《权力下放法》颁布之前，国税占全部税收收入的比重为81%，而地税为19%；分权改革后，地税比重逐渐上升到25%～28%。实际上，自20世纪70年代以来，地税所占比重就一直呈上升趋势。

3. 政府间转移支付。法国中央对地方的转移支付主要包括四种形式：(1）均衡拨款，它是目前法国最主要的转移支付形式，只拨给省和市镇两级，不拨给大区。具体拨款数额由人口、公路长度、学生数、公用设施负担情况、贫富状况等60个因素决定。(2）职能转移和分权综合拨款。20世纪80年代以后，法国进行了以分权为核心的政治和经济体制改革，为适应中央和地方政府职能的变化，设立了职能转移和分权综合拨款。该项拨款分为两个渠道：一是将部分中央税改为地方税；二是设立一个综合拨款指标，以弥补因为职能转变而增加的地方政府支出。(3）减免税补助。中央政府出台一些减免税政策造成地方收入减少，中央财政给予一定补助。(4）贫富调节基金，即将一些比较富裕地区的税收直接转移给贫困地区。

法国由于是中央集权制国家，其中央预算收入所占的比重也较大。如

1993年，法国的四级预算总额为21 720亿法郎，其中，中央预算收入为15 030亿法郎，占69.2%；大区及以下的地方预算收入总和为6 690亿法郎，占30.8%。法国中央预算收入除满足中央政府行使职能的需要外，其余大都用来对地方的转移支付了。中央预算的转移支付，每年约占地方总收入的25%左右。法国中央对地方的转移支付有两种形式：一种是一般性补助。所谓一般性补助就是笼统地补给地方，不附加任何条件的补助，地方政府可以统筹安排。这种补助金一般是按镇人口的比例进行分配的，人口越多，得到的补助金就越多。另一种是专项补助金，即指对地方兴修的专项工程给予的补助，如市镇修建学校、铁路、托儿所等，就可以得到国家财政资助。中央对地方建设项目的补助或投资，则是根据地方5年经济合同中双方承担的责任和义务来确定的。这笔资金也往往被用来作为国家在经济发展战略和地区结构调整中的指示器。另外，中央财政还用退税的办法来支持一些地区和产业的发展。还有一部分转移支付，是由中央财政代替某些无纳税能力的企业和自然人向地方缴税来实现的。如1993年，法国减免了企业置业税的28%，其影响地方财政收入部分由中央财政拨给，加上其他的减免代缴，全年共补贴地方财政557亿法郎。

（三）地方政府债务管理概况

目前法国各级地方政府采取对外举债方式筹集资金的做法已经比较普遍。据法国经济与财政部国库司“债务管理中心”透露，60%～80%以上的地方政府都采取不同形式的对外负债，地方政府负债或发行债券约占法国政府总负债的10%～15%，地方政府对外负债或发行债券已成为法国各级财政对外负债的重要组成部分和重要运作方式之一。

二、地方政府债务管理体制

法国地方政府债务管理体制属于行政控制型。在这种模式下，中央政府运用行政手段管理地方政府债务，控制范围涉及债务规模、单笔借款、中央转贷地方等，控制范围既包括事前审批，也包括事后监控。

在法国，各级地方政府对外举债，由地方议会和政府自主决策，严格按相应的法律法规运作，中央政府原则上不采取审批等直接管理方式进行干预。各级地方政府均可以对外举债。在1982年政治体制改革以前，中央政府可采取发行国债和向银行借款两种方式进行融资，而地方政府只有在中央政府特许的情况下，才可以发行地方债券对外负债，地方政府对外负债的主要形式还是向银行借款。1982年政治体制改革以后，地方政府自主权扩大，地方政府可以自主决策发行地方债券对外负债，不需要中央政府进行审批或特许。但地方对外发行债券的权力目前也只限于省级政府，市镇政府尚无权对外直接发行债券进行融资。1982年，法国颁布了《地方分权法》（Decentralization Bills），地方政府可以近乎完全自由地从金融市场融资，除了规定借款只能用于资本支出外，中央政府既不在事先也不在事后对地方政府的举债行为进行控制。

三、中央层次的地方政府债务管理机构

法国经济、财政与工业部（Ministry of the Economy，Finance and Industry）内的国库司下设“债务管理中心”，负责对各级政府的资产和负债情况进行日常监督和管理，确保各级政府债务能够及时偿还并履行对欧盟承担的义务。该中心设立在执行监督公共收支和具有协商制定货币政策职能的国库司，也有利于国家制定综合的政府债务管理政策和财政风险防范措施，促进财政政策与货币政策的相互配合。在中心内部，成立了战略委员会和市场委员会，负责在债务管理政策制定、国库管理、政府债务的市场运作等方面提出建议并作出相关解释，通过内部控制、预算管理控制、外部审计等措施，以优化政府债务期限结构，降低中期债务成本，防范地方政府债务风险。

此外，经济、财政与工业部还在各省、市镇派驻财政监督机构，负责对各级地方政府的财政运行状况和债务情况适时进行监督，一旦发现问题，会及时向地方政府提出意见并向上级财政部门汇报。

四、地方政府债务资金运行管理

（一）举债方式

法国地方政府的负债几乎全部来源于银行，相应的，法国地方政府很少发行债券融资。在向地方政府提供债务的银行中，一家名为“法国地方信用银行”（the Credit Local of France）的私人银行是最大的债权人，它提供了地方政府负债的40%。法国研究者认为，之所以出现地方政府负债主要来源于银行的情况，是因为相对于银行贷款，债券融资的成本较高和缺乏弹性。银行之间的激烈竞争使地方政府能够选择合适的贷款利率。法国金融市场普遍存在的其他信贷条件也有利于银行贷款，不利于债券融资。

（二）举债用途

在法国，无论采取向银行借款，还是对外发行地方债券的形式，地方政府通过举债所筹集的资金都只能用于投资或建设地方公共工程，不能用于弥补经常性预算缺口。

（三）偿债资金

对地方政府债务，中央政府不承担偿还责任，只能由地方财政自行偿还。地方政府偿债资金来源主要包括：地方税收、中央对地方政府的各类转移支付、发行新的地方政府债券（借新还旧）、偿债准备金等。

五、地方政府债务风险控制

（一）行政司法监控

法国的政府债务完全纳入了公共预算管理，地方政府负债的形成、偿还和变更等事项必须遵守预算编制程序与原则，予以反映和报告。中央政府对各级地方政府的负债和财政运行情况的监控，可从以下四个方面来考察。

1. 议会的监控。一是通过对财政预算草案的审查批准进行法律性和事前性的监控。议会的审查仔细、严密，直接审查到单位一级的预算，并进行激烈的辩论。二是预算法案通过后，议会的专门委员会和议会委托的审计法院对政府部门和事业单位的支出进行审计监督。

2. 审计法院严格的司法监控。法国的审计法院与其他法院一样，是一个独立的国家机构，其权力由法国国民议会授予，不受行政权力干预。审计法院既是检查政府资金使用情况的最高司法机关，又是对政府进行事后财政监督的机关。审计法院的主要任务是：协助议会和政府监督财政法律法规的执行，检查中央和地方政府各部门以及国有企事业单位的会计账目等。各级政府、国有企事业单位以及国有控股企业等，都必须按时向审计法院报送财务决算接受审查，并负责向审计法院提供有关情况。

审计法院的第三庭和第四庭分别负责法国北部和南部地区各省、市镇的审计工作。审计法院不仅专门审理各级国家机关、国有企事业单位会计人员的违法事项，而且还设置了预算纪律法庭，专门审理各级国家机关、国有企事业单位领导人违反财经纪律的案件。审计法院对行政事业单位的会计账目每年审查一次，对国有企业两年审查一次，对审查中发现的问题，审计法院可责令相关单位和会计人员进行纠正、赔偿甚至逮捕法办，并且审计法院的判决是终审判决，不得上诉。

审计法院强有力的司法监督，使得各级地方政府在对外举债决策时比较慎重，很少出现对外负债“失控”和滥发债券的情况。

3. 财政部的严格监控和管理。国库司是法国财政部最重要的职能部门之一，是国家财政监督的代理机构，其主要职责包括：管理国内一切公共性收支、政府资产及公共资金运作，发行公债和向投资项目贷放公共基金，与中央银行协商制定货币政策等。附属于国库司的“债务管理中心”成立于 2001 年 8 月，其主要职能是对各级政府的资产和负债情况进行日常监督和管理，提出和实施政府债券具体运作的政策和措施等，以确保各级政府债务能够及时偿还和履行对欧盟承担的义务等。

4. 财政部派驻各省、市镇的财政监督机构监控。一般的，当法国地方议会或地方政府决定采取对外举债方式兴建某项工程时，首先要向财政部派驻本地的财政监督机构进行咨询，征求他们的意见。如果这些派出机构不同意，通常情况下，地方政府就会放弃兴建这项工程；但在大多数情况下，这些派驻机构只要认为该项工程资金落实、使用合理合法，财务运转正常，一般不会提出反对意见。在地方政府与这些派出机构的意见出现分歧时，地方政府仍然可以自主决策兴建这个项目，但要向这些派出机构和作为财政部部长代表并代行财务监督官职责的省、市总出纳说明分歧意见，并自行承担全部财务责任。法国财政部派驻各省、市的财政监督机关，对各级地方政府的财政运行状况和负债情况适时进行监督和审查，一旦发现问题，会及时向地方政府提出意见并向上级财政部门汇报。

（二）金融监控

各级地方政府对外举债，除了受行政、立法和司法部门强有力的直接监控之外，还受到银行金融机构的间接监控。法国各级地方政府均在银行设立了专门的资金账户，对外举债通常都由银行代理（除直接向银行借款外，地方政府发行地方债券一般也由银行代为发行）。这样，银行对地方政府的财政运行状况和对外负债情况非常了解，一旦地方财政运行出现风险，银行就会向地方政府提出警告，并停止为地方政府举债提供各种直接和间接代理服务。因此，完善的金融监管机制，对减少地方政府对外举债风险发挥了重要作用。

（三）债务担保

法国地方政府在对外举债时，一般都以政府资产作为抵押或担保。如向银行借款，则通常以市镇政府财产作为质押，借款期限约为 10 ~ 15 年，利率与市场利率相同；如发行地方债券，则地方债券利率水平通常要高于中央政府发行的国债，但由于有地方政府财政做担保，其利率水平低于企业债券。

（四）偿债准备金

为防范债务风险，法国各级地方政府均建立了偿债准备金制度。当地方政府不能偿还到期债务时，可先行从偿债准备金中支付，以减少债务风险对地方正常财政运行的冲击。同时，偿债准备金的要求，也对地方政府扩张债务的行为产生了一定的约束。

（五）透明度要求

法国的政府债务完全纳入了公共预算管理，地方政府负债的形成、偿还和变更等事项必须遵守预算编制程序与原则，予以反映和报告。因此，完善的公共预算编制与报告体系为提高法国地方政府债务管理的透明度以及防范地方政府债务风险，打下了坚实的基础。

法国公共预算的具体工作由总理负责，由财政部具体组织编制。编制程序分为三个阶段：（1）预算单位提出建议书；（2）预算编制部门分析、审查建议书，并设定预算支出的上限，形成预算草案；（3）报议会审批。法国《宪法》规定，只有议会才能通过公共预算，实际上，议会对预算草案只能表示同意或反对的意见，而不能改变公共预算草案中的项目。在公共预算编制中，依次形成了原始预算法案、追加预算法案和决算法案三个法案。原始预算法案反映年度预算计划内的国家总开支，是各部门预算收支的依据。追加预算法案是对原始预算法案进行修改和调整后形成的，修改后的法案经议会批准便可公布执行。决算法案是原始预算执行结果的报告，它反映预算年度国家财政收支的实行状况。

总预算是中央预算的主体部分，其收入包括税收、罚款收入、互助基金、财产收入、财政性摊派收入、国有企业利润和国外收入等。支出方面包括债务支出、弥补支大于收的差额、国家权力机构人员的工资和购置费、国家在文化、社会和经济领域内的干预费等四项费用支出；国家直接投资、国家给予提供贷款的互助金和战争赔款等三项资本支出。

国库专项账户是法国公共预算体系的一个独特形式，它由特殊用途账户、预付款账户、贷款账户、贸易账户、货币业务账户与外国政府结算账户组成。附属预算是法国公共预算所特有的，它是由那些享有财政自治资格，但不具有法人权力的国家组织所编制的。目前共有 8 种附属预算，即邮电、农业社会补助、国家印刷、造币、勋级会和解放勋章会、航运和政府公报。附属预算的全部收入来源于这些国家组织自己的收入、债务和总预算补助。国家要求附属预算做到收支平衡。

法国政府在编制公共预算时必须遵循统筹原则，即预算必须反映收入和支出的全部金额，任何一个部门都不能自行动用本部门的收益，必须列入国家预算后才能用于支出。

公共预算草案一旦由议会通过，就形成了有法律效力的文件，预算执行部门必须按照自己的权限范围严格贯彻执行。公共预算的具体执行工作由财政部门负责。财政部设有公共会计局，在各省设有总出纳署，省以下按财务区设财务局，按市镇设财务所，这一套机构称为公共会计网，专门负责公共预算收支的执行情况。法国《宪法》规定，公共预算在执行过程中，如果由于经济形势发生了变化，政府可能提出修改方案。修改方案的审批办法和预算草案的审批办法相同。公共预算执行的情况，由公共会计网按月逐级向市镇、省和中央报告，平时也可以通过计算机网络了解全国各地的预算资金的使用情况。法国地方政府在发布每一份预算报告中，都包括一份债务附录，见专栏 2－7－1。

专栏 2－7－1　法国地方政府财政预算的债务附件

法国地方政府在发布的每一份预算报告中，都包括一份债务附录，该附录反映当地在本财政年度 1 月份的重大借贷状况。

在附录中，每一项重大的贷款和债券项目都要求披露下列信息：

- 每年已签订契约的贷款（发行的债券）
- 提供贷款的银行或金融机构
- 主要已发布的借贷总量
- 贷款的目的（适用计划）
- 贷款（债券）的到期情况
- 如果贷款或者债券以外币形式流通，外币名称和汇率
- 汇率（显示是固定汇率还是浮动汇率）
- 对浮动汇率而言，决定实际汇率的指标
- 偿付时间表（按年度、半年、季度或月份偿付）
- 宽限期（月份或者年份的数量）
- 在财政年度 1 月 1 日重大项目的本金
- 财政年度的利息支出
- 财政年度的本金支出
- 在财政年度 12 月 31 日重大项目的本金

随同这份资料，地方政府需要出具与第三方团体签订的贷款保证书，保证书上要求署上保证书受益人的姓名。

六、地方政府债务危机化解

在法国，一旦出现地方政府不能够偿还到期债务、运转不灵的情况，则由法国总统的代表——各省省长直接执政，原有的地方政府或地方议会宣告解散，其债务由中央政府先代为偿还，待新的地方议会和政府经选举成立后，通过制定新的增税计划逐步偿还原有债务和中央政府代为偿还的垫付资金。

第八篇

德国地方政府债务管理

一、概　　述

（一）政府管理框架

德国是一个具有三级政府结构的联邦制国家，其政府级次包括：联邦政府、16 个州政府和 12 291 个市政府。德国联邦政府对州和市具有强大而广泛的影响力，全国在几乎所有重要问题上的立法都保持一致，包括税制的统一。对于公共产品的提供，德国《宪法》强调全国生活水平的一致性，而非规定生活水平的最低标准。德国联邦制的另一特征，反映为不同级别政府在政策上的高度协调性。

《德意志联邦共和国基本法》[①] 对各级政府间职责范围划分作出了原则性规定：（1）联邦政府主要负责外交、国防、货币、海关、航空、邮电等事务。（2）州政府的主要职责包括：州的行政事务和财政管理、环境保护、卫生健康事业及保健设施建设、法律事务和司法管理、社会文化和教育事业等。除了上述明确划分的职责之外，根据法律规定的原则，有些事务由联邦和州共同承担。法律上确定的这种共同事务主要包括：扩建和新建高等院校（包括医学院的附属医院）、地区性经济结构调整和改善、改善农业结构和增进海岸防护等等。另外，按照降低成本和提高支出效率的管理原则，经过立法机关批准，联邦公路、水道航运、航空运输和控制、节约能源方面的研究利用等任务，也可以委托有关州来承担。（3）市政府的职责主要涉及：地方行政事务及行政管理、地方公路建设和公共交通事务、科学文化和教育事业（包括成人教育、学校管理、博物馆和剧院等的管理维护）、水电和能源供应、社会住宅建设和城市发展规划、地方性公共秩序管理、卫生、医疗保障和社会救济等。此外，市政府还接受联邦和州政府委托，承担诸如公共选举、户籍和人口普查之类的职责。

为保证各级政府职责的有效实施和全国法律政策的必要统一，《基本法》对立法权做了相应规定，州和市不得越权自行其是。在联邦任务范围内及与整体经济活动秩序紧密相关的领域，联邦享有单独立法权，有关法律规章只能由联邦制定和颁布。在其余事务范围内，虽然联邦和州享有共同立法权，但联邦却拥有优先立法权，这表明德国的立法权基本上掌握在联邦手中。各级政府职责的明确划分和立法权的相对集中，不仅有利于保证整体经济社会活动的正常运行，同时也为全联邦贯彻实施统一的财政政策提供了必要条件。

（二）政府间财政关系

1. 政府间财政支出责任划分。德国《基本法》明确规定，联邦和各州政府分别承担实现各自职责任务所需要的财政支出。由于政府的各项政策主要是由联邦政府负责制定，因此支出决策也是由联邦政府决定。在

① 即德国《宪法》，以下简称《基本法》。

《基本法》中，对财政支出责任的划分也有一些例外规定，主要涉及联邦委托任务、特殊支付款项、财政援助和共同任务所需的财政支出负担：（1）各州如果承担联邦委托的管理任务，其所需要的财政支出全部由联邦承担（这种支出称为有特定用途或特定目的的财政支出）。各州在安排开支时，必须将款项用于联邦委托管理任务的指定项目。（2）特殊支付款项的财政支出责任。如果某些由各州承担的任务所导致的支出负担较重，根据法律规定，联邦有义务提供特殊支付款项协助完成。（3）财政援助的支出规定。这种财政援助针对各州和市的特殊意义投资而提供，旨在促进整体经济平衡与保持经济稳定增长。财政援助项目必须与政府的景气调节政策、经济结构及基础结构调整政策相吻合，往往被看作是联邦实施财政政策的一个重要手段。（4）共同任务的财政支出责任。原则上联邦和各州分别承担共同任务所需支出的50%，如高等院校的新建和扩建、地区性经济结构的改善等。但用于改善农业结构的支出联邦要承担60%，对海岸保护的支出联邦要承担70%。根据法律要求，这些支出负担比例的划分，需要在联邦与各州之间签订的共同任务协议中确定。德国联邦政府、州政府以及市政府之间重要支出责任划分如表2－8－1所示。

表2－8－1　　　　德国政府间重要支出责任划分

支出项目＼政府层级	联邦政府	州政府	市政府
货币政策	×		
外交和国防政策	×		
社会福利	×		
大学	×	×	
学校		×	×
警察		×	
幼儿园			×
消防局			×
废物管理			×
水电供应			×

注：表中×为某级政府承担的支出责任。

资料来源：根据中国财政部和亚洲开发银行2008年7月在中国举办的“地方政府债务管理国际会议”资料整理。

2. 政府间收入划分。

（1）概况。德国的税收立法完全由联邦负责。德国《基本法》规定了针对各级政府的税收安排，联邦立法只能对这些安排进行轻微调整。如要对联邦财政安排进行重大调整，就必须修改《宪法》，这需要联邦议会上下两院均以 2/3 的多数票通过。

在德国，税收收入按照自有收入和共享收入在各级政府之间进行分配。其中，个人所得税、增值税和地方贸易税由各级政府共同分享。州政府没有税收立法权，其收入主要来自共享税收入，主要包括个人所得税、增值税和公司所得税。联邦矿物油税收入则被部分地拨付给州政府，以补贴各州的地区公共运输事业。联邦政府还必须以其所分享的增值税收入缴纳德国所承担的欧洲联盟预算。

德国所得税的纵向分配由《基本法》加以规定。当联邦政府和州政府之间出现纵向不平衡时，只能通过重新议定增值税的分享比例或者拨款进行调整。根据法律规定，增值税分享比例调整必须得到联邦下院的同意。

在共享税的横向分配上，所得税以“来源地原则”为根据。增值税主要在人均基础上进行地区性分配，这种方法具有强大的潜在均等化作用。另外，还有最多可达总额 25% 的增值税可用于更明显的均等化用途。

直接安排给各级政府的税种都是不重要的小税种。消费税是主要的联邦税，其中最重要的是针对矿物油、烟草和酒（啤酒除外）的消费税。此外，联邦政府也有权对所得税征收附加税，这类附加税近年来变得更加重要。

（2）现状。如图 2－8－1 所示，2007 年，德国税收收入达到了5 020亿欧元，其中增值税和个人所得税合计数已经达到了税收总额的 2/3，是德国的主要税种。

表 2－8－2 所示为 2007 年德国三级政府对税收的分享程度。根据表 2－8－2，假设纳税人缴纳 100 欧元的个人所得税，其中 15 欧元属于纳税人居住地的市政府，42. 5 欧元属于州政府，剩下的 42. 5 欧元属于联邦政府。

德国市级政府收入来源，主要包括下列方面：

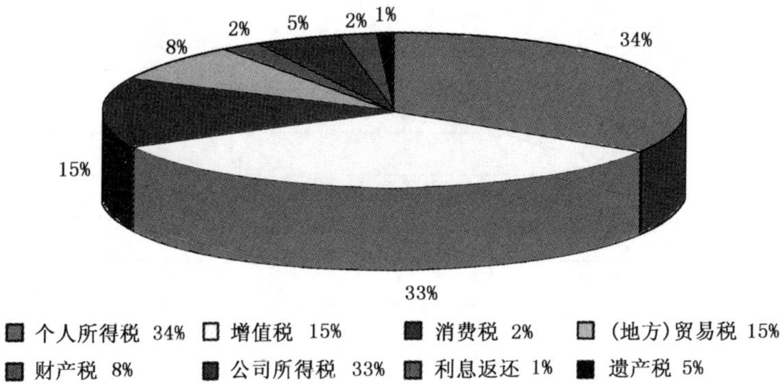

图 2－8－1　2007 年德国税收情况

资料来源：根据中国财政部和亚洲开发银行 2008 年 7 月在中国举办的“地方政府债务管理国际会议”资料整理。

表 2－8－2　　2007 年德国政府间税收分享情况

	联邦政府	州政府	市政府
消费税	100%		
遗产税		100%	
财产税			100%
个人所得税	42.5%	42.5%	15%
增值税	52%	46%	2%
公司所得税	50%	50%	
利息返还	44%	44%	12%
地方贸易税	14.8%	7.7%	77.5%

资料来源：根据中国财政部和亚洲开发银行 2008 年 7 月在中国举办的“地方政府债务管理国际会议”资料整理。

①自有税收收入（具有独立自主征税权）。地方政府可以根据自己的需求来决定自有税收收入政策，上级政府不为其设定上限和下限。自有税收收入主要包括地方贸易税和财产税。图 2－8－2 显示了 1992～2007 年德国西部和东部人均财产税负担情况，从图可见，德国西部人均财产税负担一直高于东部，其差距维持在 40 欧元左右。

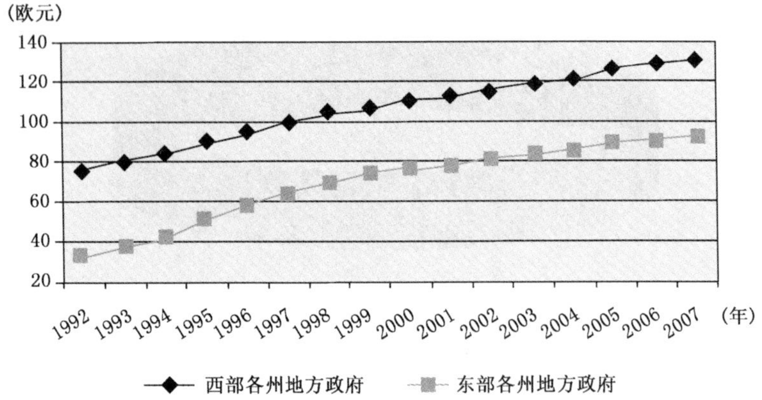

图 2－8－2　1992～2007 年德国西部和东部人均财产税负担

资料来源：根据中国财政部和亚洲开发银行 2008 年 7 月在中国举办的“地方政府债务管理国际会议”资料整理。

共享税收入（主要包括个人所得税与增值税的固定比例分成）。地方政府不能决定共享税收入政策，因为这是联邦政府的职责所在。这点对东部来说具有重要意义。

③转移支付、收费、贷款和其他收入。图 2－8－3 和图 2－8－4 分别显示了 2007 年德国西部和东部的市级政府收入结构。由图可见，德国西部市级政府收入中，29% 来自上级政府转移支付，而在东部地方政府这一比重高达 56%，同时其自有收入只占到 18% 左右。东部市级政府更依赖于上级政府补助。

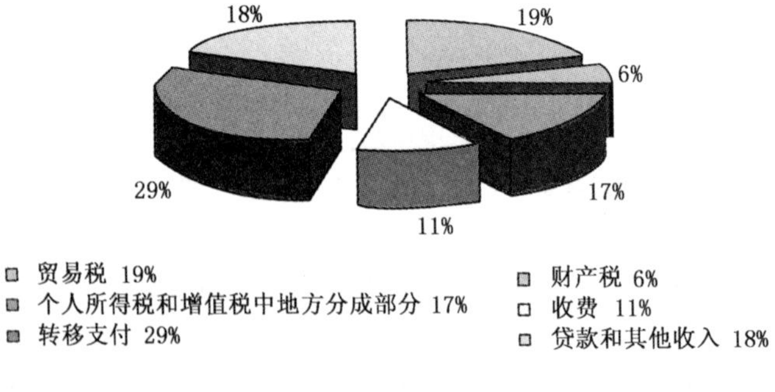

图 2－8－3　2007 年德国西部市级政府收入结构

资料来源：根据中国财政部和亚洲开发银行 2008 年 7 月在中国举办的“地方政府债务管理国际会议”资料整理。

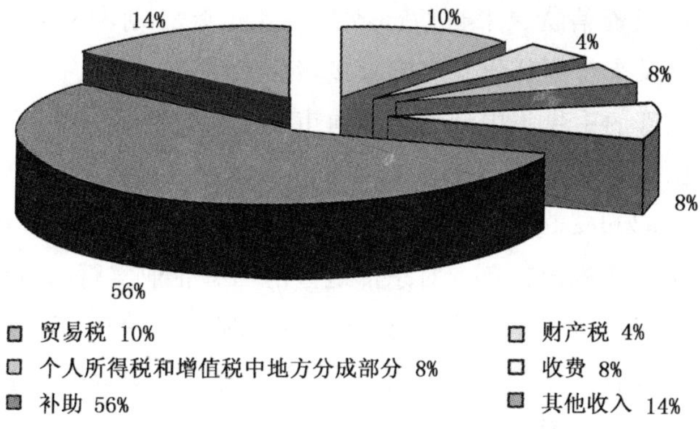

图 2－8－4　2007 年德国东部市级政府收入结构

资料来源：根据中国财政部和亚洲开发银行 2008 年 7 月在中国举办的“地方政府债务管理国际会议”资料整理。

3. 政府间转移支付。

（1）纵向拨款与均衡。德国实行用于援助经济落后各州的一般性纵向拨款制度。在统一之前，此类拨款由联邦政府向各州提供，称为“联邦补充拨款”。由于《宪法》规定可以通过改变增值税分享比例来协调纵向不平衡，因此很大程度上联邦补充拨款成为一种多余。但随着统一的实现，五个东部州加入联邦德国，不对称纵向拨款的重要性大大加强。

德国统一后，东部的巨大财政需求使西部的经济实力面临严峻考验，同时也对政府间财政关系产生了巨大影响。起初，西部各州都反对让东部各州参加横向均等化方案。为赢得重新协商政府间财政关系的时间，也为了实现各级政府在纵向及横向财政负担上的公平，德国在《统一条约》中规定，制定政府间财政关系新规则的时间将不早于 1995 年。在 1990～1994 年的过渡期内，作为一种临时性方案，德国建立了预算外的“德国统一基金”，此方案通过无条件拨款加强了东部各州不太充足的收入基础。1990～1994 年，德国通过该基金向东部各州提供了 1 430 亿德国马克，其中约有 500 亿马克来自联邦政府，160 亿马克来自西部各州，其余部分则来自向资本市场贷款。联邦政府、西部各州政府及市政府按同等比例共同负担这些贷款。除“德国统一基金”之外，其他针对东部的转移支付还包括：联邦政府提供的专项转移支付、来自欧洲复兴计划（即马歇尔计划）的投资信贷、来自西部各州失业保险计划和养老基金的直接转移支付，以及来自西部州政府的直接转移支付等。

为促进东部的中央集中计划经济向市场经济过渡，一些专门机构得以建立，其中比较重要的是“手（Treuhandanstalt）机构”与“信用结算基金（Kreditabwicklungsfonds）机构”。[①] “手机构”是一个州级机构，或者说是一个政府信托机构，负责对东部地区的国有企业实行私有化，由联邦财政部负责管理。该机构只存在了很有限的时间，1994 年即告撤销。为鼓励私人投资者收购东部国有企业并保留就业，Treuhandanstalt 向投资者提供了大量补助——而接受私有化企业的股本多数都已作废，因此给联邦政府留下了 2 700 亿马克的净负债额。

“信用结算基金机构”的成立，是为了解决前民主德国的遗留债务，以及源自货币转换而产生的债务。1990 年 7 月德国经济、货币及社会联盟成立后，东部居民按照每人可兑换的最高限额将其私人活期存款和储蓄兑换为等值的德国马克，高于该限额的私人储蓄和其他资产债务则按照 1 德国马克等于 2 东德马克的比率进行兑换。由于大部分银行在将资产兑换为德国马克时所采用的比率低于其债务所采用的兑换率，因此这些银行不得不向该货币转换基金会提出资金要求，以恢复自己的资产净值，从而形成约达 1 020 亿德国马克的债务。

（2）横向拨款与均衡。德国的财政横向均衡主要通过下列三个渠道来实现：

①共享收入（尤其是增值税）的分配大大缓和了各州原先存在的征税能力差距。在各州共享的增值税中，多达 1/4 的收入用于援助财政能力较弱的州。通过援助，这些州的财政能力得到增强，其人均税收水平最高可达到各州平均人均税收水平的 92%。其余增值税收入（3/4 或更多）按各州人口进行分配。

②德国联邦制具有一个不同寻常的特点，即资金补助方案（Finanzausgleich[②]），这是一项不受联邦政府干涉的州际横向均等化方案。在该方案下，各州采取一套具体原则来管理它们之间的各种“兄弟般的”二次

① Treuhandanstalt 和 Kreditabwicklungsfonds 均为德语。

② Finanzausgleich 是德语，原意是“金钱上的补偿”，这里意译为“资金补助方案”。

再分配方法，从而实现州际均等化。

在资金补助方案下，首先对每个州及州以下地方政府的财政能力进行评估。各州财政能力大致相当于一州的税收总额，在此基础上再根据人口密度及城市化程度等因素对各州的特殊负担和地方税收情况进行调整，从而对该州税收总额稍作修正。然后将评估的州财政能力与该州的均等化标准挂钩，后者等于参与该均等化方案的所有州的平均人均财政能力乘以该州的人口数。相对于该均等化标准，任何财政能力的不足额都将按累进比率逐步得到平衡。资金补助方案虽然不能保证各州财政能力在实行均等化以后都能达到统一的平均水平，但可以确保各州的财政能力（含均等化转移支付）至少达到所有参与州的整体平均财政能力的95%。财政能力高于标准财政能力的州负责提供均等化转移支付，同样也按照累进比率进行支付。这些州的边际贡献率相当于其人均财政能力超出各州平均财政能力那部分的66.6%。财政能力高于各州平均财政能力110%的州承担的边际贡献率甚至高达80%。

西部各州起初并不同意东部各州加入横向均等化方案。如果原封不动地对东部各州实行该均等化方案，原来是均等化受益者的西部各州就会全部变成均等化转移支付的提供者。因此州际均等化方案只是在东部各州和西部各州之间实行的一种临时性措施，双方均在等待最终解决方案。为减少二次收入分配中西部与东部之间的转移支付数额，增值税在联邦政府与州政府之间的分享比率从63:37调整为56:44，此举明显扩大了初次收入分配的潜在均等化范围。自1995年开始，东部各州完全纳入到该横向均等化方案中。各州在其辖区范围内实行州内转移支付制度，以平衡各地方政府的财政能力。这些州内转移支付制度考虑了地区经济结构的不同，与州际均等化方案相比，这些制度显然更多地以需求为根据。

③对某些特定地区，联邦政府提供多种不对称纵向拨款。这类联邦补充拨款可以细分为如下用途。一种是同时向西部和东部的财政能力弱的各州提供的拨款。上述拨款弥补了这些州在州际均等化后相对于各州平均人均财政能力90%部分仍然存在的收入不足。此外，联邦政府也向某些西部州提供补充拨款，以弥补由于东部各州参与州际均等化方案而使它们蒙受的损失。还有一种是联邦政府应一些州的“特殊需求”而提供的补充拨款。这些需求反映了较小的州所发生的相对较高的政治管理费用，以及

东部各州在公共基础设施方面的严重不足。此外，负债严重的萨尔州和不来梅州也可获得财政援助资金，以分期偿还其未偿债务。最后一种是东部各州在10年内可获得的额外补助金，其目的在于促进这些州的投资及经济增长。

（三）地方政府债务管理概况

中央银行的独立性使政府不再能够通过发行货币的方式轻松地为其预算筹资，这在一定程度上加强了对德国公共部门的预算约束。但是从20世纪90年代初开始，德国实行的限制性《宪法》规定和财政政策并未阻止公共部门的巨额赤字和债务规模增长。表2－8－3显示了1950～2006年德国各级政府债务规模变化情况。

表2－8－3　　1950～2006年德国各级政府债务规模　　单位：亿德国马克

年　度	联邦政府债务	州政府债务	市政府债务
1950	7 290	12 844	500
1960	26 895	14 695	11 169
1970	57 808	27 786	40 295
1980	235 600	137 804	95 208
1989	497 604	309 860	121 374
1990	599 101	328 787	125 602
1998	1 071 575	623 571	198 833
1999	770 343	327 407	102 237
2000	774 850	338 143	98 462
2006	933 467	481 850	118 380

资料来源：根据中国财政部和亚洲开发银行2008年7月在中国举办的“地方政府债务管理国际会议”资料整理。

图2－8－5显示了从1950～2006年德国各级政府债务占政府总债务的比重。从图上可以看出，联邦政府债务占比最大，州政府次之，市政府债务占比相对较低。2006年，德国市政府债务占政府总债务比重仅约8%，而州政府债务占政府总债务比重约为31%，联邦政府债务占政府总债务比重约为61%。

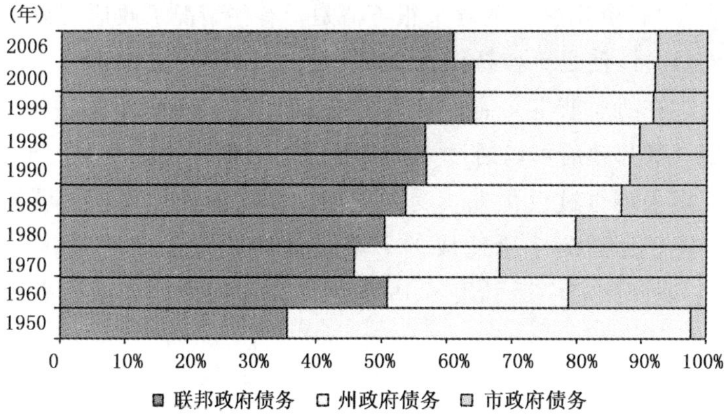

图 2-8-5 1950～2006 年德国各级政府债务所占比重

资料来源：根据中国财政部和亚洲开发银行 2008 年 7 月在中国举办的“地方政府债务管理国际会议”资料整理。

二、地方政府债务管理体制

德国地方政府债务管理体制以制度约束为主。《德意志联邦银行法》最初只允许中央银行向联邦政府和州政府提供少量短期贷款。《马斯特里赫特条约》（以下简称《马约》）规定政府不得直接向中央银行借款，只有经过特许的政府才可通过此途径为各种机构筹集资金。根据德国《宪法》，联邦政府借款额不得高于“联邦政府预算中投资目的的预计支出总额”（即“黄金准则”）。按照各州《宪法》或法规，类似规定也适用于州政府预算。地方政府借款则与其资金流动状况挂钩，同时服从州政府的管理。

德国法律确立了德意志联邦银行（即德国中央银行）独立于联邦政府和州政府的法律地位。针对中央银行融资的各种“准《宪法》”限制尤其被誉为德国能够实现低通胀、货币坚挺与财政稳定的原因。这项制度的确立，很大程度上是基于德国各政党及利益集团对历史上曾发生的恶性通胀的反省。然而，德国统一所带来的考验表明：很难通过司法限制甚至《宪法》限制来控制预算赤字。实际上，预算限制的很多方法在完成统一之前就已被“软化”。

首先，“投资用途”的含义很不清楚。有些情况下政府可以重新定义经常性支出，以使之更容易代表投资支出，从而扩大举债数量。

其次，在凯恩斯主义需求管理的全盛时期，1969 年的一项《宪法》修改规定，联邦政府可以通过举债来对抗“对整体经济平衡的干扰”。然而这项规定很难通过量化方式受到监控，因此为联邦政府大量举债埋下了隐患。由于德国统一所造成的影响被认为导致了“对整体经济平衡的干扰”，联邦政府广泛引用了 1969 年《宪法》修改条款，举借了大量债务。

三、中央层次的政府债务管理机构

德国联邦财政部下设 10 个理事会（Directorate - General），其中第 7 理事会（Directorate - General Ⅶ）负责国内和国际金融市场及货币政策，其下属的 A 理事会（Directorate Ⅶ A）具体负责债务管理及国际债务战略，并将其主要工作职责“债务管理和控制”与“国际债务战略、债务重构、金融贷款”分别交给两个分支机构 Division Ⅶ A2 和 Division Ⅶ A4 负责。

四、地方政府债务资金运行管理

（一）举债方式

德国州政府举债方式主要包括州债券、“兰德债券”（面值 5 亿欧元的债券集合）、DEPFA 银行贷款、储蓄银行及其州清算银行贷款等。州政府信用等级由国际机构评估，结果均为 AAA 级。德国市政府举债都来自州政府控制的银行或属于各市的地方储蓄银行，占比通常超过 90%，如图 2 - 8 - 6 所示。以德国复兴信贷银行为例，当面对环境问题时，可以给市政当局提供比较廉价的贷款。市政当局有可能将此类借款视为一种“关系借款”。此外，德国不存在市级债券市场。因此，国家难以通过市场秩序来约束市政府的借款行为，这解释了德国为什么需要实行更明确的监督管理方式。

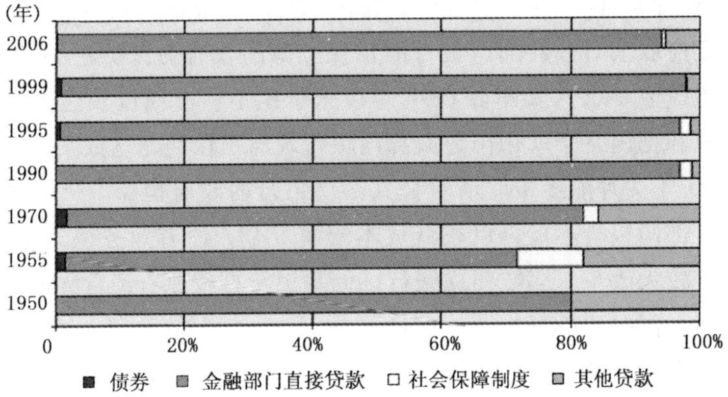

图 2－8－6　德国市政府债务来源

资料来源：根据中国财政部和亚洲开发银行 2008 年 7 月在中国举办的“地方政府债务管理国际会议”资料整理。

德国州政府和市政府向金融部门借款主要来自公共部门银行（主要包括州立银行和储蓄银行）。在德国，一般较大的市都有储蓄银行，市政府是其主要股东，州立银行则一般充当本州储蓄银行的清算中心，所在州政府是其控股股东。此外，州立银行还负责为州或联邦政府项目进行筹资，以及为州政府管理公共基金等。德国州立银行和储蓄银行既具有盈利性，同时也承担着一定的社会责任。如储蓄银行可能会支持当地的小足球队，别的银行则不会。不过这样的行为可能受到欧盟批评，因为该做法也许不够市场化。

第二次世界大战以后，德国公共部门银行为德国经济恢复和发展起到了重要推动作用，特别是其有政府信用担保，融资成本和贷款利率均较低，因此深受中小企业欢迎。经过长期发展，公共部门银行达到能与私有商业银行、合作银行三分天下的实力。根据德国联邦银行统计，2003 年上半年，在全部信贷份额中，公共部门银行占 35%，私有商业银行占 27%，合作银行占 26%。在吸收储蓄存款份额中，合作银行占 51.8%，公共部门银行占 32.6%，私有商业银行占 15.5%。然而，由于其与政府固有的紧密联系，公共部门银行也日益暴露出一些问题。公有产权特征导致政府对公共部门银行存在担保，这种担保一方面对其他银行带来不公平竞争，另一方面诱使一些州立银行和储蓄银行追求高风险高收益，形成严重道德风险。

同时，欧洲经济融合过程中，德国私有商业银行向欧盟提出申诉，要求德国政府取消对公共部门银行的担保。德国政府为保护中小企业利益，一直拒绝欧盟要求，双方自1996年以来争执不休。经过长达数年的拉锯战，欧盟和德国终于就德国公共部门银行政府担保问题达成妥协，德国政府于2005年7月前逐步取消对公共部门银行的政府担保。失去国家担保后，公共部门银行不能再以较低成本筹集资金，原有业务模式受到影响，被迫进行较大改革。多数州立银行、储蓄银行打破原有经营界限，进行多元化经营，同时积极开拓国外市场。

除了上述举债方式以外，向私营企业发包公共基础设施投资项目的做法作为一种为财政预算吸引资金或减少赤字的工具也开始流行。私人投资者在政府的担保下将不会承担兴办企业时需承担的风险，但政府要求它们兴建公共基础设施项目并预先提供项目所需资金，如公路或桥梁等。在项目竣工后，政府将在一定时期内偿还建设费用并承担与项目相关的全部财务费用。这使政府得以在短期内减轻在完全现金核算的政府预算制度下承担的财政压力，但它以政府今后财政控制权的缩小为代价。

（二）举债用途

德国地方政府举债除了满足投资需求以外，州政府在很大程度上依靠银行贷款来弥补赤字，而市政府则几乎完全通过向银行借款来弥补赤字。

五、地方政府债务风险控制

尽管德国联邦政府以其战后谨慎的财政管理而闻名于世，其联邦州一级潜在的严重问题已经酝酿有些时候了。最近，随着各州偿债危机的出现和法院案件的增长，以及对这两大问题救援行动的实施，同时由于柏林和新建的东部各州的负债迅速增加，危机感正日益提升，而政府间的体制改革也日益成为德国政治界、政策分析部门和学者关注的焦点。德国各联邦州独立的财政管理体制和地方政府债务最近的快速增长使得宏观经济管理变得更为复杂，同时甚至可能会使得德国与马斯特里赫特标准产生背离（马斯特里赫特标准分别规定赤字总额不得超过 GDP 的 3%，负债总额不得超过 GDP 的 60%）。

（一）纵向控制

德国州和市政府债务管理体现出较强的纵向控制特征。

对于政府举债的主要规定体现在德联邦《宪法》第 115 条中："政府债务收入不得超过预算草案中的投资性支出；例外情况只允许在扭转宏观经济失衡时发生。有关政府举债的详细规定必须由联邦立法。"

在地方均衡制度下，州能够独立确定市政府举债额度。因此，控制市政府举债额度的法律体系在各州彼此不同。

市政府必须向联邦财政部或其相应的地区机构提交预算。这确保了地方预算的透明度，也有利于上级政府对地方财政实施早期预警。极端情况下，当某市政当局出现财政能力不足时，财政部会拒绝批准该市的预算申请，该市将不得不重新提交经修改的预算。此外在理论上，联邦财政部也能对地方预算施加完全控制。这些严格的规则是有合理性的。因为当市政府出现救助要求时，州政府必须完全填补其债务缺口，从而保证市政府不可能破产。

（二）横向控制

除联邦和州自上而下的纵向控制之外，市政府各部门之间也在地方债务管理上形成横向制衡。

地方预算部门与市政会议（市长）相互独立。市长支出必须经市政会议授权并通过地方预算部门执行，未经市政会议或市长许可，地方预算部门不得转移资金。同级地区审计办公室测试预算循环的所有数据，并对市政财政状况发表评论。

不论对过去还是当前预算年度，地方议会均有权要求获得每个预算项目的详细概要。

在每个预算年度结束后 4 个月内，地方市政会议（市长）必须完成年度财务报告，并提交给地方议会和地区审计办公室。地区审计办公室测试预算循环的所有数据，并对市政财政状况发表评论。

（三）中央政府隐性担保

因为州政府缺乏税收自主权，债权人并不将其看作是财务独立的主体。尽管各州之间广泛存在着财政效果的巨大差异，以及普遍出现了偿债能力问题，但主要的信用评级机构对所有联邦州的评级都是3A级，而这显然是适当的，因为其评级的基础是中央政府的财政稳健，并且评级机构相信中央政府要确保“均等的生活条件”的《宪法》义务使其不允许任何一个州政府陷入破产的困境，这事实上形成对州政府的隐性担保。

第九篇

南非地方政府债务管理

一、概　　述

（一）政府管理框架

南非是单一制国家。在中央政府下设置了9个省，省以下设置284个地方政府，包括6个大都市、47个地区委员会和231个地方委员会。省财政对中央政府转移支付的依赖程度很高，而市级财政则相对独立。各级政府的事权划分与收入分享的基本原则在南非《宪法》中有详细而明确的规定。

（二）政府间财政关系

南非在1994年消灭种族隔离制度以后，通过重新划定行政区域，南非地方政府间财政关系也得到重新确定。教育、健康和福利等支出由中央和省级政府共同承担。各市政府依靠财产税和水、电的附加费收入，主要负责市政管理、住宅基础设施和市政道路建设。

南非各省政府的财政能力较差，自有收入只占4%，96%依赖中央政府转移支付；市政府的财政能力较强，自有收入达95%以上，来源主要依靠财产税和水电附加费收入。南非《宪法》中明确规定，上级政府对下级政府的转移支付包括一般性转移支付和专项转移支付（基础设施和能力建设补助)，规模主要考虑下级政府的职能和财政能力。中央政府对市政府主要采取直接转移支付的方式，省对市政府也有转移支付，但与中央政府相比数额非常小。

1. 政府间支出责任划分。南非中央政府负责的事权中，防卫与治安是一个大项，支出一般会占到中央政府全部支出的50%强，这主要是由于南非境内贫富差距巨大导致治安混乱，同时没有死刑刑罚，因而司法、监狱、警察等部门开支巨大；对大学、研究机构提供的高等教育拨款一般占到中央政府支出的10%左右，交通与其他公共事业支出约占10%。省级政府负责提供最重要的社会服务，如学校教育、卫生、福利等。其中教育支出一般占到省级财政全部支出的近40%。卫生、福利也都在20%以上。地方政府负责市政设施、市政规划与水、电等公共产品的提供。其中水电网络建设是最大的开支项目。南非各级政府事权划分情况如表2-9-1所示。

表2-9-1　　南非各级政府事权划分表

政府级次	事　权
中央政府	防卫与治安
	高等教育（对大学、研究机构的拨款）
	交通（国家级公路、公交）
	其他公共事业
	水利事务
	收入征收与管理
	贸易与产业发展

续表

政府级次	事　权
中央政府	劳动力
	外交
	国内事务（身份证与护照管理）
	艺术、文化、科技活动
	农业、环境、旅游
	矿业与能源
	通讯
省级政府	教育、卫生、福利以及住宅的政策制定
	学校教育
	卫生（学术机构、医院以及基本医疗）
	福利（社会资助与服务）
	住宅提供
	省级公路
地方政府	电力网建设
	供水网建设
	公共卫生设施与污水处理
	垃圾收集处理
	街道等市政基础设施
	城市消防

资料来源：南非西开普大学提供资料（2004）。

2. 政府间收入划分。南非的税费收入80%左右集中在中央，省级政府的收入主要来自中央政府的转移支付。自身税费收入主要有汽车牌照费、道路交通费、专利费以及赌博税（赛马、赌博与赌场税）、所得税附加、燃油税附加等。依照南非法律，省级政府没有课税权，只能少量征收个人所得税附加费与燃油税附加费，因此其自有收入规模非常小。虽然南非《宪法》规定省级政府可以举债，但只能用于偿还现有债务。因此，省级政府实际上没有债务收入。相对于省级政府，地方政府有自己稳定而充足的财源。从中央获得的拨款要少得多。地方政府本身拥有课税权，主要有房产税与地区企业营业税，同时按使用者交费原则征收水、电等费用，以及地区服务委员会收费。南非法律规定地方政府可以为资本投资项目举债，但只限于使用中短期债务工具，同时由于1994年废除了“国家担保制度”，地方政府完全要依靠自己的信誉与能力来举债。因此，实际举债规模并不大。根据《宪法》规定的事权划分，南非财政支出责任有很大比重落在省级与地方政府。省级与地方政府自有财力差异很大，地方政府自有财力较强，可以负担其80%的支出责任，而省级政府自有财力薄弱，只能负担其4%的支出责任。因此，省级政府对中央拨款有极大的依赖性。

3. 政府间转移支付。南非中央政府对省与地方政府的转移支付总量往往占到中央收入的一半左右，尤其是省级政府，获得的中央拨款分为“平等份额”（无条件转移支付）与“专门项目资金”（有条件转移支付），其中最主要的是“平等份额”拨款。这种实质上是均衡性转移支付的拨款，主要是为了保证省级政府在处理省级事务上的自主性，省级政府主要靠这部分收入完成其依法应履行的支出责任。除了平等份额，还有一部分专门项目资金来自中央，主要用于中央认为重要的领域，这部分资金往往附加各种条件，比例比平等份额拨款小得多。中央对地方政府的拨款也分为平等份额与专门拨款两类，但规模远小于对省级政府的拨款。“平等份额”拨款依据特定公式确定，对省级政府的平等份额拨款主要考察各省在教育、卫生与福利领域的需求、未完工程、经济发展程度等因素，而对地方政府的平等份额拨款则主要考察低收入家庭对社会服务的基本需求；不论是对省还是对地方，平等份额拨款都对农村地区与贫困地区有明显的倾斜。

专门项目拨款支持国家重点项目，如为贫困人口提供住宅以及水电等市政设施。同时，专项拨款还可以用来支持各级政府实现其承担事权中具有较大外溢性的服务，如中央拨付资金在某地建立全国居民都可以受益的专门性医院等。南非的平等份额拨款体系运作一向良好，而专项拨款则由于缺乏明确的可以衡量的目标，操作透明度低，往往造成政策与预算的脱节，甚至成为一些部门腐败寻租的工具。目前南非正在进行的专项拨款改革主要是将拨款项目尽量限制在支持外溢性服务领域，并加强立项前的评估与立项后资金运作管理与审计，将专项拨款的确定过程纳入整体预算程序。

二、地方政府债务管理体制

南非地方政府债务管理体制主要采用制度约束型。南非法律适用所有的省和市，各省市没有独立的财政立法权。南非《宪法》规定：在财政年度之外，省和市政府只能为资本性支出借款；但在1个财政年度内，省和市政府可以进行短期借款。

南非涉及政府债务的法律法规有《省政府借款权法、公共财政管理法》和《市政财政管理法案》。南非地方政府的举债主体为市级政府，其市级政府债务管理的主要法律依据为2003年7月通过的《市政财政管理法案》。该法案对市级政府举债的条件、内容、程序、信息披露、风险防范、纠错和惩罚机制等进行了详细规定。该法案分别对市级政府举借短期和长期债务的权限做了规定和约束。

三、中央层次的地方政府债务管理机构

南非的地方政府债务管理部门内设于财政部，由财政部政府间财政关系司省级财政处和城市财政处分别承担省级和市级债务管理职能。

四、地方政府债务资金运行管理

（一）举债方式

南非《宪法》规定，在1个财政年度以外，省和市政府只能够进行资本性借款；在1个财政年度内，省和市政府可以进行短期借款。

（二）举债用途

短期借款主要用于弥补一个财政年度内的资金短缺，长期借款主要用

于不动产、厂房或机器设备等方面的资本性开支。

五、地方政府债务风险控制

2003年，南非财政部颁布了《市政财政管理法案》。该法案是根据《宪法》要求制定的，其目的是通过建立有效的报告制度，明确市政管理人员的责任，进一步规范市政财政和债务管理。各种措施归纳起来主要有：

（一）严格举债行为

1. 短期债务。依据南非《市政财政管理法案》，以下情况允许举借短期债务：

（1）由于1个财政年度内阶段性资金的短缺，并在该财政年度有切实可靠的预期收入作为还款来源时，允许举借短期债务；

（2）由于某1个财政年度内的资本项目融资需求，并可利用强制性资金分配或长期债务的特定资金作为还款来源时，允许举借短期债务。

市政府在举借短期债务时，由市长签字的借债协议必须得到市议会的表决通过，并由市政财务主管对借债协议的所有文件审签同意。同时，市议会的决议草案中必须明确信用额度，且只有市议会才有权修改债务协议的内容。市政府必须在该财政年度内归还该短期债务，不允许延长或重新融资短期债务，从而使该债务延长至下1个财政年度。

如果出借人违反规定，蓄意向市政府延长信用期限，则市政府没有义务归还超出的利息。如果在市政府的书面说明中向出借人隐瞒了借款动机，其责任在市政府一方。

2. 长期债务。根据《市政财政管理法案》，当市政府为满足地方政府对不动产、工厂或设备等资本性支出的需要，[①] 或者为现有长期债务再融

① 资本性支出可能包括：A. 融资成本，具体又包括（ⅰ）在合理的初始期所产生的资本化利息；（ⅱ）同抵押相关的成本；（ⅲ）同融资有关的贴现及其他费用；（ⅳ）同融资直接相关的法律、财务、顾问咨询、托管、信用评定及其他服务所发生的费用；（ⅴ）同支付或出售债务相关的费用，及同融资直接相关的打印出版成本。B. 同资本开支直接相关的专业服务成本。C. 规定的其他此类成本。

资时，可举借长期债务。《市政财政管理法案》同时要求，市政府的长期债务必须与资本预算相一致。

举借长期债务时，市政府必须履行下列程序：

（1）由市长签发的市政委员会决议批准了债务协议；

（2）财政官员已签署了该协议和其他与债务相关的文件。

市政府的财务主管根据《市政府系统法案》（Municipal Systems Act）的有关规定，至少应该在市议会讨论该项债务的会议召开前21天，向公众发布此项举债的信息公告，包括举债数额、用途以及抵押物等，并邀请公众、财政部以及相关的地方部门就该债务问题向市政委员会提出书面意见或建议，同时向该委员会提交信息公报的复印件，并附上以下条款：

（1）基本还款条款，包括债务偿还计划；

（2）还款期限内该债务的预计总成本。

如果市政府要为已举借的长期债务进行再融资，则必须满足：①已有长期负债必须是依法举借；②再融资后的负债期限不得超过初始举借该负债时被用于不动产、工厂或设备的使用寿命；③再融资后预期偿还本息总额的净现值必须小于再融资前预期偿还本息总额的净现值。

市政府在举借短期和长期债务时，还必须保证该债务是以兰特（Rand，南非的法定货币单位）为计量单位，使债务数额不因兰特与其他国家货币之间汇率的变化而受到影响。同时，市政府应对所借债务提供必要的偿还保障措施。

（二）政府间硬预算约束

在南非，中央政府曾经对地方政府预算赤字进行补贴，对一些特定支出项目的亏空给予直接帮助，对拖欠的借款实施紧急援助。这些财政援助有可能导致软预算约束机制的形成，损害地方政府完成财政税收任务的决心并导致地方政府债务违约。为改变这种局面，南非中央政府正积极从完善立法、改善政府间财政关系以及增强地方财政责任等方面入手，防范地方政府软预算约束。

（三）预算管理

根据南非《市政财政管理法案》，地方政府必须将债务收入作为预算收入的一部分纳入市财政预算，并将可能存在风险的项目进行分类，使政府随时关注这些债务项目存在的风险。根据南非《市政财政管理法案》，市政府预算应遵守以下原则：

（1）市财政预算必须满足收支平衡。

（2）市财政预算应当满足市政府就包括关税、收入、支出和借款等方面作出的限制条件。

（3）市财政预算应包括该市长期经营计划，该计划应与市政府设定的主要财务和非财务绩效目标及考核标准一致；与市政府综合发展计划一致；与市政实体与市政府之间签订的任何服务协议或者其他协议相一致；同时反映实际和潜在的债务风险（包括在该计划执行期间任何借款协议的细节中）。

此外，市财政预算必须是按规定格式作出的计划，并按照国际上的先进方法，分成资本支出预算和活动经费预算两个部分。

（四）偿债保证

为了有效融资，南非《市政财政管理法案》规定，通过市政委员会决议以后，市政府可以对政府的任何债务责任以及市政府单独控制下的市政机构的任何债务责任提供抵押，为这些机构借款提供偿债保证。偿债抵押使得市政府成为上述债务的最后承担者，它可以预防地方政府过度举债行为的发生。

南非《市政财政管理法案》规定，市政府应依据市议会的决议为以下内容提供偿债保障：市政府的某一债务义务；由其控制的某一市政实体的债务义务；由市政府承担的用于不动产、工厂或设备上的资本性支出，或有关人员服务于地方政府项目的资本性支出。

南非市政府对其债务需提供合适的偿债保障，包括：（1）留置、抵押、担保或让与某项资产或权益，或给予其他形式的财产担保；（2）保证利用可实现的货币收入或资源归还负债，或授予贷者或投资者关于某项资产的权力，以保证被担保负债的归还和被担保责任的履行；（3）为按期偿还债务，向贷者、投资者和第三方储蓄资金；（4）让与特定种类的收益或未来收益的索取权，以实现偿债保障；（5）保证在其预算安排中制定偿债计划，包括资本金和利息的偿还计划；（6）市政府应在其担保的债务归还之前或担保的义务履行之前限制其未来的举债规模。

上述抵押的资产或权益，无论是接受市政府抵押的那一方，还是它的继任方或是受让方，在市政府违约时，在不影响继续提供最低限度城市基础服务的情况下，均有权处置抵押的资产或权益。但如果抵押资产或权益影响了城市基础服务的最低限度水平，则市政府需完全履行偿债义务。

（五）政府担保管理

南非《市政财政管理法案》规定，除了以下情况，市政府不得为任何政府机构或自然人债务提供担保：

（1）担保金额必须在市政府预算草案的规定限额之内。

（2）如果获得市议会的授权，并满足《市政财政管理法案》中规定的市政府举借债务的条件时，市政府可以为由它控制的市政实体债务提供担保。

（3）市政府在获得南非财政部批准的条件下，可向其参与控制的或由他人控制的市政实体债务提供担保。但还需满足以下条件：市政府在担保的持续期内，需要创造并维持一份用现金担保的储蓄，以及购买并维持一份由注册承保人提供的保险单，其数额应该等同于由此担保产生的潜在总财务风险头寸。

除了《公共融资管理法案》（the Public Financial Management Act）规定的担保范围，南非中央和省级政府都不能为市政府和市政实体的债务提供担保。

（六）透明度要求

南非规定市政府在借款过程中必须披露对预期贷款人或投资人决策有重大影响的所有信息，并保证披露信息的准确性。市政府的财经官员必须按照法律要求把政府有关资料放置在网上，具体包括：年度预算、调整预算和所有与预算有关的资料；所有与预算有关的政策；年度报告；所有服务提供协议；所有长期借款合同等。所有资料必须在政务会议后5个工作日内，或者在其必须向公众公开的日期时被放置在网上。

为强调财政风险透明化，南非政府开始使用波拉奇科娃（Polackova）提出的财政风险矩阵来鉴别其承担的风险，以寻找可能采取的补救措施。

负责该工作的官员已经指出，努力填写矩阵的每一部分内容，可以使政府明确许多以前并不知道的重要风险，表 2－9－2 显示了该项工作的结果。应该注意到，对于矩阵中大多数项目而言，政府无法估算出其可能需要负担的后续成本。但即便如此，填写风险矩阵是描绘政府风险和应对措施的一项非常有用的早期步骤。

表 2－9－2　　南非政府的财政风险矩阵

风险项目	对策方法
显性直接风险	
贷款担保	逐步取消担保；修改借款和提供担保的管理权限；限制借款的管理权限，对借款战略进行审查
主权借款	澄清风险并形成风险控制战略
医疗计划	调整预算政策
国民养老金	调整预算政策
显性或有风险	
对私人投资进行担保	通过合同分担风险；对合资项目进行限制；建立担保总额上限；对每一机构的担保规定上限
国家保险计划	对政府风险进行封顶；分担风险（也可在国外）
隐性直接风险	
社会经济支出	分析政策，建立反映隐性负债的中期支出框架；在每年的预算中更好地反映成本
公共投资的经常性支出（包括国有企业）	纳入财政计划和预算；在项目中引入“公司治理”
隐性或有风险	
地方政府债务违约	监督，引入事前的预警机制
系统性风险	加强监督
私有化（商业化）政策失败导致的负债和风险	在重组时考虑财政风险
旧债（不可避免）的风险	建立应急准备金、建立应急信贷限额和购买再保险
货币（外汇）管理	重新考虑利率和汇率政策，以限制它们可能带来的政府风险；监督中央银行的准备金管理、衍生工具运用和风险暴露

六、地方政府债务危机化解

南非《市政财政管理法案》规定，如果市政府不能兑现其财务承诺，该市政府和在市政府完全控制下的市政实体可以向高级法院申请下令暂停所有法律程序，包括法律过程的执行，时间最多不超过90天。

法院在下达终止市政府对债权人偿债的法令前，必须确定市政府现在以及在可预见的未来无法偿清债务；所有维持有效行政管理或者提供最基本的市政服务所必需的资产，已经按照获批准的财务复苏计划被用于清偿债权人的债务；除了获批准的财务复苏计划中规定的合理预期收入能够支付的雇员外，其余雇员全部被解职。

如果法院发布了市政府暂停或终止偿债的法令，该省负责财务的常委会必须任命一个受托人在法令规定日期前起草一份分配计划来妥善处理所有债权人合法的利益。分配计划必须确定可用于分配的金额；列出所有有资格被包含在分配计划中的债权人名单；以及根据优先顺序确定可用资金在债权人之间的分配。

南非《市政财政管理法案》规定，如果市政府未能在到期日还款给债权人或者投资者；市政府未能在到期日支付其他借款（这些报酬单独或者加总之和超过规定的数目，如果无规定，超过市政府的预算营运支出的2%）；市政府未能履行其财务承诺（这可能或者已经影响到它在其他市政府的信用）等因素单独或者混合出现，标志着市政府发生了财务危机，省政府必须强制介入市财政管理，要求市政府编制财务复苏计划。在编制计划时，市政财务复苏署必须咨询相关的市政府、市政府主要的供应商和债权人、该省负责财务的常委会成员和该省负责地方政府的常委会成员以及工会组织的意见。

附录介绍了当南非地方政府出现债务危机时，上级政府如何介入的情况。

七、地方政府债务管理纠错与问责机制

不履行南非《市政财政管理法案》规定的义务，将导致行政或刑事

处罚。南非市政府经过调查后，确定市政府的会计长、财务总监、负责财务管理的高级官员或者政府实体中的高级公职人员在财务上存在违反《市政财政管理法案》的规定、未履行职责、决策失误造成无效或浪费支出、提供错误或误导性信息等过失责任时，将启动相应的惩戒性程序，给予上述人员行政处罚。根据有关规定被认定为犯罪的人员，将视情节轻重处以5年以下有期徒刑或按照有关法规处以一定金额的罚款。对于其他官员、公务员和政府实体人员由于故意或者疏忽而作出的非法行为导致损失和浪费的，要承担相应的赔偿。

附录　南非地方政府债务危机的化解

附录　南非地方政府债务危机的化解

南非处理地方政府财务问题，化解财务危机的方法主要依靠上级政府介入。

一、解决财务问题的主要责任

1. 避免和解决财务问题的主要责任在于市政当局自身。

2. 市政当局必须兑现其财务承诺。

3. 如果市政当局在兑现其财务承诺时遇到严重的财务问题或者预计将有问题，必须立即寻求解决问题的方案；通知负责地方政府的该省常委会成员和负责财务的常委会成员；并通知所属地方政府。

二、省级介入

如果负责地方政府的某省常委会成员知道市政府存在严重的财务问题，该常委会成员必须迅速咨询该市市长以明确实情；评估情况的严重程度和市政府对该情况的反应；并根据南非《宪法》的规定决定该情况是否必须进行介入。

（一）省级介入的类型

当出现下列情况之一时，省级行政长官就需要对市政府进行介入：

1. 如果负责地方政府的某省常委会成员获悉市政府存在严重的财务

问题，其原因是由于市政府工作失误导致时，省级行政长官必须迅速决定对市政府进行介入。

2. 如果市政府由于财务方面的危机，不能履行提供基础服务的职责，且无法兑现财务方面的承诺，省级行政长官必须迅速对市政府进行介入。

（二）自定性省级介入

当市政府出现上述第1种情况时，省级行政长官必须对市政府进行自定性省级介入，其具体内容包括：

1. 评估市政府财务问题的严重程度。

2. 寻求解决财务问题的方法（该方法要具有持续性，并能建立市政府管理自身财务事宜的能力）。

3. 需确定该财务问题是十分严重还是可以通过某一财务复苏计划得到解决。如果是后者，就需要相关人员为市政府准备一份适宜的财务复苏计划，并提出有助于落实复苏计划的具体建议，并在常委会成员规定的时限内，把上述复苏计划和建议提交给该省负责地方政府的常委会成员。

4. 咨询该市市长以获得市政府在解决财务问题方面的合作，并在可能的情况下，实施财务复苏计划。

常委会成员必须把上述评估结果、决议及所要求的文件副本提交给市政府和负责地方政府的内阁成员和财政部长。

（三）确定财务问题严重性的标准

在确定财务问题严重性时，必须考虑所有相关的情况。以下这些因素有可能预示严重的财务问题，这将作为省级介入实施财政复苏计划的基础。

1. 市政府未能在到期日支付报酬；

2. 市政府因财务方面的原因未能履行其财务职责；

3. 市政府当期实际支出大于当期实际收入与至少两个持续财务年度的可用盈余之和；

4. 市政府最近几年的财务信息表明，其财政赤字超过收入的5%；

5. 市政府在向总审计长提交其年度财务报告时，延迟超过60天；

6. 总审计长已因市政府财务报告或者记录中不足之处提出保留或者否决意见，或者在已提交的意见中指出市政府存在严重财务问题；

7. 在市政府完全控制下的市政实体，或者市政府对其债务负有责任并未能有效进行介入的那些市政实体存在上述提及的任一情况；

8. 存在任何其他重要情况，表明市政府或者在市政府完全控制下的市政实体可能因财务问题而未能履行其职责。

（四）强制性省级介入

当市政府出现上述中第2种情况，即如果市政府由于财务危机不能履行提供基础服务的职责，且无法兑现财务承诺时，省级行政长官必须对市政府进行强制性介入。

此时省级行政长官必须迅速要求：

1. 市政财务复苏署明确财务危机的原因；

2. 评估市政府的财务状况；

3. 为市政府准备一份适宜的复苏计划；

4. 提出一些有助于复苏计划的修改建议；

5. 在不超过90天期限内给该省负责财务的常委会成员提交包括上述提及的决定、评估结果及复苏计划和建议，并咨询该市市长以期获得市政府在实施复苏计划方面的合作，包括通过有助于落实复苏计划的预算及立法措施，然后由该省负责财务的常委会成员把上述资料提交给市政府、负责地方政府的内阁成员。

上述强制性省级介入高于在前面论述的任何自定性省级介入。在决定是否符合上述提及的强制性介入条件时，必须考虑所有的相关情况，下列因素，或者单独或者混合，有可能预示市政府实质上严重地违背了兑现其财务承诺的职责：

1. 市政府未能在到期日还款给债权人或者投资者；

2. 市政府未能履行提供保障的合同义务；

3. 市政府未能在到期日支付借款；

4. 借款超过了市政府的预算营运支出的2%；

5. 市政府未能履行其财务承诺，这可能或者已经影响到它在其他市政府的信用。

市政府一再或者持续不能履行其财务承诺，将严重削弱市政府在日常商业关系中获得商品、服务或者信用的能力。

（五）财务复苏计划的编制

任一有适当资格的人员，可以在省级行政长官的要求下，针对上述提及的自定性省级介入编制一份财务复苏计划。对于上述提及的强制性省级介入，只有市政财务复苏署才有资格编制财务复苏计划。不管是自定性省级介入财务复苏计划的编制人员，还是强制性省级介入财务复苏计划的编制者——财务复苏署，都必须咨询相关的市政府、市政府主要的供应商和债权人（他们能在某种程度上适当地接触）、该省负责财务的常委会成员和该省负责地方政府的常委会成员及工会组织；同时还要考虑到以前为市政府准备的任何财务复苏计划和针对财务复苏计划的建议（可能由市政府或者其债权人提出）；在完成计划前至少 14 天，提交计划给市政府、市政府主要的供应商和债权人、该省负责财务的常委会成员和该省负责地方政府的常委会成员及工会组织。

1. 财务复苏计划的目标在于确保市政府履行提供基础服务和财务承诺的能力，该计划必须考虑到以下问题（不管是针对强制性还是自定性省级介入）：

（1）确认市政府的财务问题；

（2）在设计上尽可能使市政府处于良好、可持续的财务环境中；

（3）声明该计划的主要战略目标及实现这些目标的途径和方法；

（4）提出一个处理市政府财务问题的详细策略，其中包括尽量减少不必要的开支和提高收入筹集数量；

（5）确定有助于解决财务问题的人员及财政资源；

（6）描述财务复苏的预计时间期限及最终目标；

（7）确定完成该计划需要采取何种行动，并区分市政府可采取的行动和其他部门可采取的行动。

不管是针对自定性省级介入还是强制性省级介入，该计划还应规定特殊资产的清算（但不包括用于提供最基本的市政服务的资产），规定进行债务重组或者债务减免，规定防止未授权的、违规的支出以及其他损失，并确定任何实际的或者潜在的收入来源。

2. 针对自定性省级介入的财务复苏计划可以建议市政府采纳开销限制和收入目标、规定特定时期内的预算参数直到达到规定的条件、财务复苏所必需的详细的特殊收入筹集措施。

3. 针对强制性省级介入的财务复苏计划必须设置开销限制和收入目标；规定特定时期内的预算参数直到达到规定的条件；并确定财务复苏所

必需的特殊收入筹集措施，包括实现财务复苏需设置的市政税和关税的税率。

4. 该省负责地方政府的常委会成员和负责财务的常委会成员可以随时要求有合适资格人员或者市政财务复苏署根据常委会成员的指导对财务复苏计划进行修订。财政复苏计划的修订不可以阻止任何法庭命令，以及阻碍根据修订前财政复苏计划所签合同的执行。

关于财务复苏计划，要求在该市发行很广的报纸上刊登通告，并标明地址（包括网址，公众可以免费或者支付合理费用从中得到计划的副本）。同时还应向地方团体征求有关计划的书面建议。

（六）财务复苏计划的执行

1. 自定性省级介入的财务复苏计划的执行。如果自定性省级介入的财务复苏计划已准备好，市政府必须执行已通过的财务复苏计划；并且每月依据计划中规定的方式向该省负责地方政府的常委会成员报告计划实施情况。

如果市政府不能或者没有执行已获通过的复苏计划，省级行政长官可以根据南非《宪法》相关规定采取进一步的措施来确保计划的实施。

2. 强制性省级介入的财务复苏计划的执行。如果强制性省级介入的财务复苏计划已准备好，市政府必须执行已获通过的复苏计划；所有收入、支出和预算方面的决策必须在复苏计划框架内决定，并且遵守复苏计划的规定；市政府必须每月根据计划中的规定向该省负责财务的常委会成员报告计划的实施情况。

如果市政府不能或者没有在计划规定的时间范围内落实该复苏计划所规定的措施（包括预算或者收入筹集措施，通过临时预算和收入筹集措施，及其他有助于落实复苏计划或者能保持市政府职能的措施），而且市政府不能或没有采取有效措施推动复苏计划，那么市政府应当承担执行复苏计划的责任，省级行政长官必须根据《宪法》解散市政常委会。

（七）省级介入的检查和终止

该省负责地方政府的常委会成员和该省负责财务的常委会成员必须至少每三个月检查自定性省级介入和强制性省级介入计划，主要内容包括：

1. 解决市政府财务问题及财务复苏计划的进展情况；

2. 财务复苏计划的效果；

3. 提交有关这一介入的进展报告和最终报告给市政府、部长、负责地方政府的内阁成员、省级立法机构及该省所属的地方政府。

当市政府能够或者愿意按照《宪法》或者法律的规定导致省级介入的财务问题已被解决（这些财务问题由市政府在履行职责时的失误导致）时，自定性省级介入必须结束。当市政府的财务危机已经消除，并且市政府履行其基本服务或者财务承诺的能力得到保证时，强制性省级介入就可以被终止了。

当一个省级介入结束后，该省负责地方政府的常委会成员和该省负责财务的常委会成员必须通知市政府、财政部长（当该介入为强制性介入时）、负责地方政府的内阁成员、与市政府之间存在未决诉讼的债权人、省立法机构以及该省所属的地方政府。

如果省级行政长官依据南非《宪法》对市政府进行介入，省级行政长官及其代表有权获得市政府及其完全或部分控制下的市政实体的信息、记录和文件，包括确认和解决市政府财务问题所必需的信息、记录和文件。

三、国家介入

如果符合南非《宪法》提及的省级介入某市事务的条件，并且省级行政长官未能或者不足以行使权利来执行职能时，国家行政长官必须咨询相关省级行政长官并代替省级行政长官按上述规定采取行动或者进行介入。

如果国家行政长官对市政府进行了介入，则国家行政长官必须遵守以下规定：

1. 为国家介入的需要，国家行政长官根据上述规定行使省级行政长官的职能和权力；

2. 为国家介入的需要，财政部长根据上述规定行使负责财务的常委会成员的职能和权力；

3. 为国家介入的需要，省级行政长官的规定必须作为对国家行政长官的规定；该省负责财务的常委会成员的规定必须作为对财政部长的规定；省级介入的规定必须作为对国家介入的规定。

第十篇

韩国地方政府债务管理

一、概　　述

（一）政府管理框架

韩国现行的政府结构具有单一制的特点，同时又带有一定程度的管理分权。现行政府架构可分解为三个层级，即中央政府和两级地方政府——地区政府和地方政府。[①] 地区政府包括汉城市政府、5 个有直接司法权的城市（大城市）政府和 9 个省政府。地方政府包括：（1）22 个自治市

① 可见，在韩国，广义的地方政府是指中央政府以下的两级政府，而狭义地方政府仅指地区政府以下的一级政府，也称为地方自治机构。

（区）；（2）有直接司法权的城市管辖的33个自治行政区；（3）67个市（小城镇）；（4）省政府所辖的137个县。[①]

（二）政府间财政关系

与其他实行分散管理的单一制国家一样，韩国每一级政府都有自己的支出责任，同时也拥有一些自有收入来源，较高级别的政府还向较低层级的政府提供转移支付资金。汉城和五个特大城市政府所承担的职能及所拥有的税种与省政府相同，同样也从中央政府获得转移支付。

1. 政府间职能与支出责任划分。中央政府对地方自治机构的财政活动具有相当大的影响力。因此，地方自治机构支出在政府总支出中所占的高比例并不能反映它们的相对财政自主性。中央政府至少通过两个渠道对地方自治机构施加影响。

（1）向地方自治机构提供转移支付和拨款（多数附有条件）。如果将中央政府对教育委员会的转移支付也计入地方自治机构支出，这些转移支付和拨款将占中央政府总支出的约30%。

（2）中央政府对地方自治机构的活动拥有相当大的管理权。地方自治机构开征新税种的权力很有限。而且，内务部和中央政府下属的其他各部也通过法令和行政指导对地方自治机构的政策制定及实施施加很大影响。中央政府还对某些由地方政府提供的公共服务或由私营部门提供的市内交通服务等实行价格控制。

《地方自治法》对中央政府及地方政府的很多职能都未作出明确规定。中央政府和地方政府之间存在许多混合职能，这其中大部分由地方自治机构负责承担，中央政府向这些机构提供相关的财政支援。

地方自治机构支出的很大一部分用于资本项目，这部分支出目前已超过地方政府总支出的1/3，这限制了可用于向公众提供经常服务的财政资源数量，如表2-10-1所示。

---

① 韩国《宪法》中只有两条涉及地方自治权。第117条简要规定了地方自治机构的职能（提供与居民福利有关的服务并管理财产）和权力（在相关法律框架内制定地方法令）。第118条规定：地方自治机构应拥有自己的立法机构。但《宪法》并未确定各省、小城市和各县之间或大城市与其下的自治区之间的责任划分。韩国《地方自治法》和《地方自治法实施条例》是有关地方自治机构的建立及运行的基本框架。

表 2－10－1　　韩国政府支出职能构成（1995 年）　　单位：万亿韩元

	全体政府	其中：地方自治机构
总支出	91.9	44.9
公共管理	15.9	8.9
一般行政	10.0	8.0
公共秩序及公共安全	5.9	0.9
国防	11.0	—
教育	15.1	12.3
初级教育和中级教育	12.3	11.3
高等教育	2.8	1.0
卫生	2.0	1.4
社会福利	7.9	2.1
住房及社会发展	9.8	5.2
经济部门	28.9	14.4
农业和渔业	9.6	4.0
采矿及制造业	3.9	1.2
公路	6.8	3.5
交通及通讯	4.0	3.4
其他	1.3	0.6

资料来源：韩国银行 1996 年《经济统计数据年鉴》，1995 年预算数据。

2. 政府间税收划分。韩国税收体系由互不重叠的中央税和地方税构成，如表 2－10－2 所示。

表 2－10－2　　韩国政府间税收划分

中　央　税　种	地　方　税　种
	各省及都会城市的税种
个人所得税	购置税
公司所得税	登记税
土地溢价税	赛马税
遗产及赠与税	公共设施税
资产重估税	地区发展税
额外利润税	省独有税种

续表

中　央　税　种	地　方　税　种
	执照税
增值税	都会城市独有税种
特殊消费税	居民税
酒税	汽车税
电话税	农田税
	烟草消费税
印花税	屠宰税
证券交易税	城市规划税
运输税	
关税	市、县及区级税种
教育税	财产税
农村发展特别税	综合土地税
	车间税
	市、县独有税种
	居民税
	汽车税
	农田税
	烟草消费税
	屠宰税
	城市规划税
	区独有税种
	执照税

资料来源：韩国财政经济部（1996）提供。

1975 年地方税收入占税收总收入的比重约为 10%，占 GDP 的比重为 1.6%，1994 年这两个比重分别上升到 18.1% 和 4%。地方税地位的提升，归功于在这 20 年中，通过开征新税和把从前由中央政府享有的税种划给地方政府从而扩大了地方税基。尽管如此，韩国地方税收水平仍然远远低于国际水平。

韩国政府间税收划分具有以下几个显著特点：

（1）中央政府垄断收入弹性好的税种，而地方税种通常缺乏弹性。

（2）居民税作为一种主要的地方所得税（市、县独有），其收入归属主要按照来源地确定（占95%），只有极少部分由居住地确定（占5%）。

（3）韩国现行地方税收体系包含了许多特定目的税，包括公共设施税、地区发展税、城市规划税以及工作地点税等。

3. 政府间转移支付。韩国政府间财政关系的一个显著特点表现在巨大的纵向与横向不平衡。从纵向看，近年来地方财政支出规模虽有一定扩大，但中央财政集中度依然比较高。从横向看，各地区财政状况存在很大差别。除了汉城和釜山等主要城市及其都府和道府的财源较为充裕、财政收支状况稍好之外，其他许多地区都程度不同地存在着财力缺乏的问题。表2－10－3描述了韩国各地方政府的财政自给率状况，其中，许多地区的财政自给率甚至低于50%的水平。

表2－10－3　　韩国各级政府财政自给率（1994年）

地区划分	全　国	市　道	市	郡	自治区
全国平均	69.3	69.9	63.6	24.5	53.2
汉城	98.6	98.1	—	—	64.0
釜山	85.2	82.8	—	—	43.9
大邱	88.9	87.5	—	—	38.2
仁川	93.2	92.2	—	—	47.4
江原	35.5	35.5	45.0	21.1	—
忠北	40.9	41.4	56.5	23.3	—
忠南	33.3	31.4	46.4	26.3	—
全北	33.2	29.6	54.0	14.4	—
全南	25.7	23.6	51.9	14.7	—
庆北	36.2	36.2	56.1	20.9	—
庆南	52.9	51.8	71.9	26.5	—

注释：财政自给率＝基本财政能力/基本财政需求

资料来源：李俊生著：《财政学》，中国物价出版社1995年版，第253页。

韩国的财政转移支付主要包括五种形式：地方交付税、地方让与金、国库补助金、财政调整补助和道政府补助。其中，前三种形式是中央政府向道政府和主要城市的转移支付，而后两种形式则属于道政府和主要城市对所属下级地方政府的转移支付，即所谓地方政府间的转移支付。

（1）地方交付税。地方交付税制度始建于1951年，类似于税收分享，基本目的是充实地方财源，并力求达到地区间的财力均衡。地方交付税制度分为一般交付税和特殊交付税两种。其中，一般交付税形式所分配的金额约占整个地方交付税总额的90%以上，是地方交付税的主要形式。

由于一般交付税的基本目的是实现横向财政均衡。因此，它是按照事先确定的所谓“平衡公式”，经过计算之后加以分配和运用的。具体地说，是计算出每一个地方政府的标准财政需求和标准财政收入，通过对比这两者之间的平衡差额，并考虑一定的调整系数，作为最终确定分配一般交付税的基本依据。一般交付税的计算公式为：

$$一般交付税=(标准财政需求-标准财政收入)\times调整系数$$

其中：

$$\begin{matrix}标准财\\政需求\end{matrix}=\left(\begin{matrix}各种项目的\\测定单位数\end{matrix}\times\begin{matrix}单位\\费用\end{matrix}\times\begin{matrix}补充\\金额\end{matrix}\right)+\begin{matrix}补充需\\求金额\end{matrix}$$

为了合理计算地方标准财政需求额，共设立了28种测定项目，其中主要包括地方议会费、农水林事业费、地域经济开发费、排水及道路建设和维护费、消防费及文化体育费等。测定单位数的设定，则是为了能够最合理地表示出因测定项目所产生的需求额。所谓补充金额，是指在计算需求额时，为弥补因不合理的超额单位费用所适用的调整金额。

$$标准财政收入=地方税中一般税收金额\times0.8+补充收入金额$$

这里，补充收入金额为：目的税收入金额的80%，地方税结算额中清算额的40%，道路税征收金额的24%。

特殊地方交付税是作为一般交付税的补充而设立的一种有条件补助形式，其目的是为了满足地方政府的特殊需求，解决一般交付税所不能解决的个别地方财政失衡问题，如文化遗产保护、防灾救灾等。

（2）地方让与金。地方让与金是于1991年新设立的转移支付形式，属于有条件的财政补助，其主要目的是为了保证地方财力的均衡。韩国《地方让与金法》规定，中央政府以其超额土地税收入的50%、酒税的80%和电话税的100%作为地方让与金的资金来源。地方让与金在计划税收之外直接转移给地方政府，其中，17%被指定用于区域开发项目，11.5%用于农村发展项目，1%被指定用于与青年事业有关的项目。同时，按照《地方让与金法》规定，地方让与金中用于地方道路养护的费用是按照地方政府所辖区域道路的长度来加以分配的，其他项目则以地方财政的缺口和经过批准的地方与国家项目计划等为依据进行分配。对于不同地区，实行不同的地方让与金分配标准。其中，对直辖市的补助标准为18%，对道的补助标准为20%，对县的补助标准为15%，对乡的补助标准为9%。

（3）国库补助金。从性质上讲，韩国的国库补助金也属于有条件转移支付形式，有时还要求被补助对象拿出一定比例和数量的配套资金。国库补助金的使用范围比较广泛，涉及地方社会经济发展、基础设施建设及其人民生活等许多方面。从内容上看，大致分为三种补助类型：第一种是发展补助，主要用于鼓励地方政府承担某些项目或为某些项目提供财政支持；第二种是国库分成补助，它是以地方自然灾害防御项目和其他建设项目为依据而加以提供的；第三种是特别补助，通常用于向那些由地方承担的本属于中央政府的项目（如一般选举费、征兵等）提供费用。

（4）财政调整补助。与前三种转移支付形式相比较，韩国的财政调整补助是属于地方政府之间的财政转移支付。具体地说，财政调整补助是汉城和其他5个中央直辖市用于平衡本市所属自治区预算而实行的一种转移支付形式，设立于1988年。该项转移支付的资金来源主要是所得税和登记税，通常是将这两项税的一个固定比例划转为财政调整补助资金。这一固定比例由各个城市根据本市的实际情况自行确定。财政调整补助是市财政支出的一个重要项目，同时也是市所属区财政收入的一项主要来源。

（5）道政府补助。道政府补助也属于地方政府间的财政转移支付，它由两个方面的内容组成：一部分是道政府的财政补贴，另一部分是道税收的让与。其中，前者是道政府支付给所属市和农村郡政府的特别转移支付，用于资助特定开支项目；后者是将道税收收入的30%转移给所属市和农村郡政府，作为接受补助的所属市和农村郡政府的财政收入。

4. 改革方向。韩国政府间财政关系存在的主要问题是，纵向与横向不平衡过于显著，地方自治机构的财政自主权过小。这不利于提高公共部门的资源利用效率，从而与经济发展的长远目标不相符合。改革的方向是逐渐缩小现有的纵向与横向财政不平衡，同时满足地方政府日益增加的对财政自主权的需求。

基于上述考虑，进一步分权化成为不可避免的趋势，实际上韩国政府已经在朝着这个方向努力。但是另一方面，要实现更大限度的财政分权，就必然要求政府间财政关系更加透明，要求中央与地方之间更好地合作与协商，要求地方政府管理能力显著提高。在改革的过渡期内，韩国政府必须解决好下列问题：

（1）确保各级政府都能恰当发挥市场补充作用，同时加强宏观经济管理。

（2）在各级政府之间合理划分支出责任并确立地方政府对其支出的适度自主权。

（3）重新设计税收划分制度并确立适度的地方政府税收自主权。

（4）明确规定地方自治机构的适当借款权。

（5）建立相关制度，以解决外部性和外溢效应，协调政府间财政关系。

二、地方政府债务管理体制

韩国地方政府债务管理体制主要采用行政控制型，同时在一定程度上运用制度约束型。中央政府对地方政府债务的管理目标包括：

（1）限制地方借款总量；

（2）加强地方自治机构的责任感，最大程度减少其在借款决策时的短期倾向；

（3）防止国家经济能力集中于富裕地区。

每年韩国中央政府确定和发布地方举债的基本指导方针，并制定“地方筹资中期计划”，地方政府提交关于举债筹资的方案报告，其中列明筹建项目和筹资规模。大部分地方债是向中央政府举借。

具体过程是，地方政府首先与负责管理国家住宅基金、农村发展特别账户、环境保护特别账户的政府部门协商，获得相关部门批准后，再将举债方案提交中央政府审批。审批中，有些指标必须控制在一定的范围之内，如“偿债率”（前 4 年平均还本付息额/前 4 年平均财政收入）必须低于 20%，“收支结余率”不能低于 -10%。中央政府批准地方举债方案后，该方案还要由地方市政当局审批，以确定具体举借数额（不能超过中央批准额）。一般情况下，韩国不允许地方政府举债，但同时又规定：在必要情况下，对不可避免的地方债可作特殊对待。具体规定的借债范围包括：（1）具有长期效益的公共工程项目；（2）具有充分投资回报且能还本付息的项目；（3）抵御自然灾害的项目和灾后重建项目；（4）筹集用于前一轮举债还本付息的资金；（5）其他改进居民福利状况的项目。由于这些具体规定，实际上就使地方政府获得了不小的债务筹资空间。

在上述项目范围内，韩国政府进一步规定：地方政府必须一直实行稳健的财政政策，才能举借债务。所谓稳健财政政策主要体现为：没有到期未支付的债务、债务比例低、赤字水平低，等等。此外需要指出，韩国对于地方借款总额事先不确定上限。

三、中央层次的地方政府债务管理机构

韩国内务部负责颁布地方借款的详细规定和指导方针，在地方政府债务管理中发挥关键作用。但是地方政府的海外借款主要由财政经济部负责管理。

除海外借款外，地方政府的任何借款都必须得到内务部和地方议会的批准，同时相关各部（包括财政经济部）也通过详尽的听证程序参与该审批过程。另外，财政经济部本身也可以向地方政府提供补助性贷款，以支持国家目标及国家项目的实现；但此类贷款实际上是通过相关各部（如交通部或环境部等）发放给地方政府。

四、地方政府债务资金运行管理

（一）举债方式

地方政府举债方式主要是借款和发行债券。地方政府可向中央政府、地方公共基金、金融机构和国外借款，地方债券可分为常规债券、义务债券、协议债券和外国债券。

根据汉城和其他城市的市政府法令，如果从地方借款所支持的公共服务中受益，那么受益人应当承担借款所需资金。这种制度称为强制性包销公债制度，它是韩国地方政府债务的一大特色。强制性包销公债最早出现于1979年，即当时的“水公债”，后来主要涉及城市铁路、公路等领域，通常在汽车购置、签发执照或许可证以及进行地方政府项目投标等活动时发行。公债的期限由市议会独立决定，宽限期为5年，年利率为6%（市场利率为11%）。

（二）举债用途

韩国地方债可分为一般账户债、特别账户债和公共企业债。一般账户债所筹资金主要用于道路及桥梁建设、公共设施修缮和救灾项目；特别账户债所筹资金主要用于住宅、供水排水和乡村企业等项目；公共企业债所筹资金主要用于地铁、水厂等项目。

五、地方政府债务风险控制

（一）规模控制

每年中央政府在审批地方政府上报的举债方案时，设置了一些规模控制指标。如“偿债率”必须低于20%，“收支结余率”不能低于-10%等。地方市政当局在最后确定举债数额时，必须以中央审批额为上限。

（二）信息系统建设

东亚金融危机以后，韩国政府深刻吸取了教训，围绕增强财政资金管理的科学性，增加财政管理透明度，下大力气开展了全国范围的财政管理信息系统建设。纵向上，目前该系统从中央政府一直延伸到市郊、乡村；横向上，各部门、各单位、各地区之间实现联网，形成覆盖全国、纵横交错的电脑信息网络。在信息内容上，建立了包括宏观经济指标、预算编制、预算执行、预算管理、资金管理、资产、负债管理及监察等内容的一整套信息网络体系。

第十一篇

意大利地方政府债务管理

一、概　　述

（一）政府管理框架

意大利是一个单一制国家，共有四级政府，包括中央政府、20 个地区政府、99 个省政府、8 088 个市政府。

（二）政府间财政关系

意大利中央政府与地方政府之间的财政关系的特点是高度的纵向财政

不平衡、支出筹资责任的不明确以及政策缺乏透明度和稳定性。政府间财政关系以《宪法》中有关支出责任划分的法律和有关收入及筹资的特别法规为依据。尽管税收及筹资安排几乎每年都有一些小变化，但这些安排有些特点一直保持不变，其中包括：（1）明显的收入集权；（2）地方政府收入的很大一部分来自拨款；（3）有条件拨款占主导地位。随之而来的严重纵向不平衡以及预先限制地方政府能获得的转移支付的不现实做法共同导致了地方政府预算执行中的财政赤字。由于集中了地方政府的赤字、债务及利息费用，这些不平衡的财政关系经常造成中央政府或有债务超出其预算水平。

对此，意大利曾多次通过引入各种保护机制而成功地控制了地方政府的现金支出情况。但由于地方政府缺乏财政责任（部分原因是支出责任划分和财政责任的定义不明确），同时国家实行有效的预算程序和控制，以及严格的预算限制，因而使这些机制对政府支出只产生了有限的控制作用。中央政府和地方政府的筹资安排以及每级政府采用的预算程序都没有旨在提高支出效率的激励机制。

最近的法律调整仅仅部分地解决了这些问题。1990 年，致力于改革地方政府行政管理的框架性法律，制定了如下三条总原则：首先，中央政府拨款将限制在提供“必要”支出的范围内，然后由中央政府向地方政府分配相应的拨款，地方政府负责筹集其他公共服务所需的财政资源。其次，为了增加财政责任感，中央政府已将更多税种下放给地方政府，同时中央政府拨款也相应减少。再次，地方政府机构的管理者须对其经济效益负责。涉及卫生和运输部门的法律也采用了类似原则。但这些新法律规定仍然未能明确应该由哪一级政府最终负责筹集政府支出所需的资金。由于缺乏对各地区的有力威胁手段（即破产程序），而且国家预算实践和地方政府核算原则落后于这种新的法律体制，因而进一步强化了这种不明确性。中央政府重新引入地方政府财政责任的努力也因这些问题而变得复杂化。

二、地方政府债务风险控制

现在，意大利各地区只能为资本预算和在地区级企业中承担负担举债，而且，各地区的资本费用（即利息和本金的偿付）不得超过地区自有收入、卫生收费收入净额与共同基金之和的25%。各地区不得通过举债来筹集经常性支出所需的资金。但地方卫生单位和交通公司（通过获得国家卫生基金和国家交通基金，这些单位和公司的支出总额约占地区支出总额的80%）可以向商业银行借款，而最终是由中央政府通过定期清算赤字来偿清这些商业贷款。

20世纪70年代发生债务危机以后，意大利中央一直禁止地方政府通过银行系统提供的短期借款筹集经常支出所需的资金，同时要求实行平衡预算（包括拨款）。80年代，又引入了预先确定包括转移支付在内的全部可用收入的制度。该制度预先确定收入的上限水平，从而有效地减少了地方政府的支出。对于投资项目，各省市可以向银行、储蓄与贷款基金会以及其他政府银行机构借款，但必须提供偿债计划。这往往也鼓励了地方政府把来自储蓄与贷款基金会的部分借款以欠款形式间接地转嫁到供应商身上，通过多种方式把更多借款排除在预算中的政府借款之外，从而使借款不超过国家规定的限额。供应商然后以银行贷款来筹集因这些政府欠款而形成的资金需求，同时以地方政府对它们的债务作为这些银行贷款的担保。

三、地方政府债务危机化解

20世纪70年代初，意大利地方政府在借款来源、金额及条件方面很少受到限制，这导致了大量地方政府债务的积累。1976年，由于意大利国内利率上升，政府不得不通过财政部实行紧急融资；1977年3月，国会决定将地方政府的全部短期债务转为10年期财政部公债。

第十二篇

瑞士地方政府债务管理

一、政府管理框架

瑞士是世界上最古老的联邦制国家之一，全国由 26 个州（及不完全州）组成。在州以下还有大约 3 000 个市级政府。尽管市级政府机构并非完全独立，但仍拥有相当大的合法自治权及政治权。

二、政府间财政关系

瑞士《宪法》规定了不同级别政府之间的纵向责任安排。然而，瑞士地方政府接受上级政府委托而代替后者行使某些职能，因此很难明确辨别政府之间的纵向职能安排情况。收入及支出职能单独安排给各级政府。每个政府均有自己的预算，但政府间转移支付使这些预算彼此联系起来。

（一）政府间支出责任划分

瑞士由联邦政府专门负责的领域有国防、外交、公民权及外国人法律地位、政治避难、民法及刑法、社会保护、财产政策、经济秩序、货币、能源政策以及国家交通和通信。各州拥有专有权限的领域包括：维持公共秩序、公共福利、医疗设施、学校及教育、州政府与教会的关系、地区土地规划及地方土地规划、公路、水及其他资源的利用。除非联邦法律另有规定，否则所有的其他领域（在这些其他领域中，瑞士《宪法》尤其提到了卫生、环境保护、文化、研究、科学及艺术、大学及职业教育等领域）均由州政府负责。在由联邦政府负责的领域中，通常也由州政府负责实施相关政策。但即使瑞士《宪法》将某些职能安排给中央政府，它同时也常常会规定地方政府拥有"可依靠"的地位，如《宪法》中对穷人公共福利的规定。

（二）政府间收入划分

瑞士《宪法》非常明确地规定了征税权的纵向划分。中央政府负责征收所有的间接税（关税和消费税），各州和市政府负责征收直接税（所得税和财产税）。但长期以来，联邦政府也一直掌握着征收所得税的权力。这主要是受纵向财政不平衡和收入需求差异，而非均等化政策的影响。瑞士在第一次世界大战期间引入了联邦所得税——即国防税。第二次世界大战期间，瑞士又引入了另一种重要的联邦税，即销售税，它是一种批发税。这两种"紧急税"在战后被继续保留下来，后来的《宪法》修订又认可了他们的引入。

三、地方政府债务概况

在瑞士，各州之间存在巨大的地区差异，经济能力很不平衡。联邦政府通过提供不均衡纵向拨款来平衡各州的税收能力差距。每个政府的预算从原则上说都是独立的，其中也包括借款程序。瑞士对赤字实行有效的预算限制。在瑞士，“稳健财政”思想深入人心，这一共识从整体上约束着瑞士的联邦财政安排。另一方面，瑞士法律禁止政府通过发行货币来筹资，而且强制性财政表决可以有效地限制政府借款，[①] 同样也可以有效地约束政府的征税行为。瑞士正式制定了“黄金准则”，根据该准则，政府只能针对投资目的举债。大部分州都以法律形式限制政府借款并对其下属市政府采用上述“黄金准则”。近年来，随着政府借款需求的上升，瑞士开始讨论用《宪法》来限制赤字和债务。这方面的首条限制性规定于1995年颁布，该规定建议政府降低并稳定财政支出与国内生产总值之比，而非控制赤字率本身，这种限制最终可能会以《宪法》的形式确定下来。

① 或在出现临时公民表决时仅以提请财政表决作为威胁手段。

第三部分

实践：发展中国家

第一篇

巴西地方政府债务管理

一、概　　述

（一）政府管理框架

巴西是联邦制国家，政府结构包括：一级联邦政府、26个州政府和1个联邦特区、大约5 000个规模差别很大的市政府。值得注意的是，1988年巴西《宪法》正式承认了市的联邦成员地位，这似乎给予了巴西各市比其他大多数国家的市更大的自主权。

巴西实行的是总统共和制，其众议院（下议院）共513名议员，每个州的议员数目取决于该州人口的数量。参议员每州3人，组成参议院，任期8年，可连选连任。政党纪律的约束力在巴西尤为薄弱，下议院、特别是参议院，强烈地代表了地域集团的利益。州长们对本州的众议员和参议员有着巨大的影响力。因此，州在大多数中央事务上有着事实上的否决权，且任何重大的改革都需要与之进行广泛的协商，而这又以向州长们和地区利益集团的妥协而告终。

巴西州的利益不仅在参议院中得到良好代表，而且州的政治自治和市政当局的地方自治也都被刚性的宪法约束所保护。只有在外敌入侵之时，中央政府方可使用联邦军队介入各州事务。另外，各州都拥有强有力的民兵组织，足以应对联邦干涉的威胁。州和市政府的活动范围十分广泛，而且自身的财政收入也相当可观。州政府拥有广泛的财政自治权，尽管联邦政府进行了多次努力，试图限制其举债行为，但是他们仍有途径通过广泛的资源和手段获取贷款。

（二）政府间财政关系

地方分权和重新集权的相互交替，构成了巴西政府间财政关系发展的显著特点。20世纪60年代中期到80年代中期的专政统治期间，巴西政府间财政管理以强大的中央集权为特征，联邦政府及其所属企业在公共资源及国家经济管理中发挥着主要作用。在其后的民主化进程中（1988年《宪法》颁布时达到顶峰），地方分权逐步复苏。分权化趋势在收入划分领域表现得尤其明显，以至于巴西州及州以下地方政府对收入来源的控制程度大于世界其他联邦制大国。

以1995年为例，地方政府自有税收收入（含社会保障费）将近占全国税收总收入的38%，相当于国内生产总值的10.5%。供地方政府支配的税收（包括自有税收和共享税收）占全国总税收比重将近50%。同年，州及州以下地方政府的消费性支出约占全体政府消费性支出总量的60%，州及州以下地区公共投资额占全部公共投资额的63%。联邦政府主要通过社会保障制度在转移支付中占据绝对优势，其在整个政府转移支付总量中的占比超过80%。

1. 政府间支出责任划分。1988年巴西《宪法》给每一级政府确定的独有职能较少。具体而言，该《宪法》保留了联邦政府的传统职能，其中比较突出的如国防、外交、货币供给、财政制度控制以及某些特定垄断权等，这些职能目前也正在逐渐调整之中。1988 年巴西《宪法》也对州及州以下地方政府在各自辖区内的职责做了一些规定，如提供警察服务和其他治安服务等。但 1988 年《宪法》对大多数公共支出责任划分并未作出明确规定，而是构想了一种并行责任模式——这一模式迄今未得到联邦法律确认。政府间支出责任划分的不明确，很大程度上导致了公共产品的重复提供和资源浪费。

尽管法律没有明确规定大多数支出责任的划分，但实际上巴西的公共支出责任划分已呈现出向地方分散的明显趋势。不过这种趋势并非是有计划的支出责任下放，而是联邦政府面临财政困境的无奈之举。1988 年以来，由于收入分散与宏观经济形势不利，联邦政府将其大部分财政资源（将近 80%）用于社会保障、社会援助、一般行政管理及国债利息支出等方面。

在实践中，大多数领域的政策制定往往被两级、有时是三级政府所共同把持。在教育、健康、城市交通、文化娱乐、儿童和老年护理及社会保障领域，所有三级政府以不配合的方式共事，从而导致了导致“提供了无序和混乱的服务”。比如，在教育领域，宪法构想了联邦政府的角色，其被限制为仅制定准则与指导方针；而把具体事宜交给州和市政府去办。而事实上，联邦政府继续直接提供了中等教育、专科和大学教育的服务，有时甚至还包括基础教育。

1988 年巴西《宪法》对州的财政支出只做了很少的明确限制，而这又涉及广泛的政策制定领域。州政府根据自己的议程来确定财政支出项目的轻重缓急，有时甚至会通过协议转让州和联邦的共同职权，来使中央政府向其优先项目提供资金。宪法并无有效限定州的自治权，除了公共部门人事管理方面之外。20 世纪 80 年代至 90 年代，《宪法》很大程度上限制了州政府在公共部门职员管理方面的权力。根据 1988 年《宪法》，州政府无权解雇冗余公职人员，或是在名目条款上减薪。在 90 年代，退休的州政府雇员有权得到养老金，其相当于在职时的工资又加上离职后这一职位的薪金增长幅度。这些《宪法》条款严重地限制了州政府在控制人力资源费用的能力，并使这一部分支出在州税收中变得尤为重要，从而令州政府在财政困难削减开支时很难作出相应的调整。如下详述，这些管制在招致债务危机中扮演了重要角色。

目前，巴西州政府支出集中于一般行政管理、教育、社会援助及卫生等领域。市政府的重点支出领域则包括一般行政管理、住房及市政服务、初级教育、卫生和地方公共交通等。值得注意的是，巴西南部和东南部的8个较富裕的州政府及其地方政府支出占全国州及州以下地方政府总支出的71%。这表明尽管联邦政府转移支付发挥着很大的再分配作用，但各州之间巨大的筹资能力差距仍然严重影响着州及州以下地方政府支出的地区分布。

2. 政府间收入划分。巴西联邦政府主要征收下列税种：个人所得税和公司所得税（与州政府和市政府共享）、某些特定增值税（实质上是一系列税率不同并带有税款抵免机制的消费税，属共享收入）、农村财产税（其中50%与市共享）、各种对企业工资总额和营业额征收的社会保障费、各种外贸税以及对金融交易征收的某些特定税种。州政府负责征收一般增值税、机动车辆税、不动产税和赠与税。各市负责征收服务税、不动产转让税和城市不动产税。市政府不参与最后三种联邦税收的共享。近年来，各种社会保障缴费在联邦政府自有收入总额中约占55%，一般增值税占州政府自有收入总额的近93%，而服务税占市政府自有收入的将近一半。巴西政府间税收划分如表3－1－1所示。

表3－1－1　　　　巴西政府间税收划分

税种类别	责任		
	界定税基	规定税率	税务管理
外贸税	F	F	F
公司所得税	F	F	F
资本收益税	F	F	F
个人所得税	F	F	F
财产转移税	S、L	F、S、L	S、L
车辆税	S	S	S
财产税	L	L	L
农村财产税	F	F	F
工薪税	F	F	F
公务员工薪税	F、S、L	F、S、L	F、S、L
销售税			
特殊增值税	F	F	F
一般增值税	F、S	F、S	S
服务税	F、L	F、L	L
各种收费及使用费	F、S、L	F、S、L	F、S、L

注：F＝联邦政府，S＝州政府，L＝地方政府

巴西联邦系统的最显著特点之一就是各州政府在征税过程中的重要作用。联邦政府管理着特殊增值税，并享有对外贸、公司所得（IRPJ）、资本收益、个人所得（IRPF）、农村财产、工薪征税的特权。州政府除取得一般增值税、车辆税、财产转移税、公务员工薪税以外，还可以在联邦政府许可下将个人及公司所得税率在联邦税率的基础上提高5%。地方政府可以对服务、财产转移、财产和其他“特殊税种”征税。

一般增值税是巴西州政府极为重要而又特殊的税源。巴西州政府与加拿大州政府是世界上仅有的独立管理自身增值税的地方政府。一般增值税是巴西最主要的税种，它占据了全部税收的23%，并占所有州政府税收的84%。虽然一般增值税由州政府自己征收，税基和税率却由联邦参议院决定。每个州有权准予免税或是针对一些特殊部门予以特惠待遇。而这些优先权须经财政部副部长掌管的国家财政政策委员会一致同意。除了全体一致的规则之外，委员会成员之间互投赞成票也使免税得以扩散，这让税收监管变得极其复杂，同时加重了州际贸易的税负。一般增值税通常被看作是一个被糟糕编制的税种，其中存在着许多低效率。首先，一般增值税是对来源而非终端征收，这就使那些欠发达地区的州政府（他们的消费往往超过产出）难以取得税收收入。这种体系也使州政府易于将其税收负担转嫁给他人。此外，州与州之间为了争取流动投资者的竞争十分激烈，并且这些竞争在技术上是非法的，他们通常会对生产者降低税率或是减免税收。这使一些持否定态度的学者抱怨各州之间存在的“财政竞争”缩减了州政府的税收基础，增加了各州之间的商业压力，使税收管理变得更为复杂，并且加剧了州与州之间收入的不平等。

正如财政开支权力中存在的问题一样，税收权力的重叠与财政联邦主义的基本准则是有所抵触的，而这将导致混乱和无效率。尤其是联邦政府的工业产品税、州政府增值税与市政府的服务税在课税基础上的重叠，使其以一种不协调的方式被共同管理着。

3. 政府间转移支付。尽管巴西的州政府可以取得那些重要的、有广泛税基的税收收入，并且较富裕州的大部分支出都来源于当地财政收入，但政府间的转移支付仍然是巴西联邦财政体系中一个极为重要的方面。尽管巴西在整个州级层面上的纵向财政不平衡并不严重，但是各个州对转移支付的依赖却相差极大。表3－1－2的最右列列出了20世纪90年代巴西各

表 3-1-2　　巴西州政府重要的财政及人口统计指标

（1990～2000 的平均数）　　单位：百万雷亚尔

	人口	贫穷指数	人均实际GDP（1995年）	人均州政府支出（1995年）	州政府财政赤字占收入的份额（%）	转移支付占州政府收入的份额（%）
阿格勒州	468 867	30.66	2 066.34	890.76	-0.098	0.753
阿拉戈斯州	2 636 603	51.40	1 680.58	277.73	0.030	0.463
阿马帕州	355 923	37.19	3 206.24	1 299.55	-0.017	0.706
亚马孙州	2 377 339	32.83	4 849.87	565.16	0.009	0.249
巴伊亚州	12 480 193	51.12	2 252.30	332.57	-0.018	0.273
塞阿拉州	6 731 876	54.11	1 832.65	307.42	0.022	0.311
联邦区	1 774 824	12.98	7 836.46	1 714.53	-0.007	0.551
圣埃斯皮里图州	2 773 477	28.24	4 234.46	645.81	-0.088	0.198
戈亚斯州	4 405 601	24.45	2 740.13	456.99	-0.139	0.139
马拉尼昂州	5 187 500	64.20	1 024.06	207.57	0.056	0.557
马托格罗索州	2 227 149	25.83	2 994.60	600.56	-0.125	0.239
南马托格罗索州	1 905 740	23.48	3 542.96	573.29	-0.131	0.188
米拉斯吉拉斯州	16 517 107	27.64	3 824.05	504.97	-0.043	0.158
巴拉那州	8 867 247	21.59	4 417.68	450.72	-0.011	0.147
帕拉伊巴州	3 300 224	47.48	1 589.76	288.81	-0.086	0.536
帕拉州	5 425 679	38.34	2 367.17	276.29	0.004	0.385
伯南布哥州	7 375 282	46.84	2 373.88	311.16	0.002	0.280
表易州	2 673 439	60.59	1 137.13	271.97	-0.038	0.555
北里奥格兰德州	2 545 940	44.32	1 924.42	365.71	-0.086	0.482
奥格兰德州	9 560 723	18.65	5 604.92	675.65	-0.032	0.118
里约热内卢	13 305 537	14.40	5 580.57	642.50	-0.070	0.125
朗多尼亚州	1 243 090	22.90	2 469.33	530.27	-0.140	0.452
罗赖马州	246 824	10.65	2 212.90	1 334.00	-0.070	0.703
圣卡塔琳娜	4 824 261	15.27	4 951.90	552.24	-0.070	0.151
塞尔希培	1 603 101	46.24	2 395.81	506.83	-0.013	0.437
圣保罗	33 704 209	9.89	6 850.41	893.38	-0.080	0.069
托坎廷斯州	1 023 999	51.57	1 192.50	588.80	-0.135	0.630

资料来源：根据巴西统计调查局（IBGE）、巴西财政部（Ministerio da Fazenda）的资料，经过作者计算。

州对转移支付的平均依赖程度。在这一时期，圣保罗对联邦政府的依赖仅占其总财政收入的 7%；而对于阿格勒（Acre），该比例却达到了 75%。与州政府不同的是，几乎所有的市政府都严重依赖于转移支付，超过 75% 的市政府支出是靠来自中央政府及州政府的转移支付来实现的，甚至于某些市政府自身的税收收入只能占到其总收入的 2%。转移支付的内容主要包括法律指定的税收分享计划以及非法律形式的特殊转移支付。

巴西的政府间转移支付体系由收入共享和拨款构成，其中拨款又包括分类拨款和专项拨款。收入共享和分类拨款构成了一般性转移支付。近年来，一般性转移支付在政府间转移支付总额中所占比例显著上升，同时专项拨款的比例下降。

（1）收入共享。1988 年巴西《宪法》规定了不同级别政府以及同级政府之间收入共享的具体准则。巴西以两种基金作为主要的收入共享工具：州分配基金（Fundo de Participacao dos Estado）和城市分配基金（Fundo de Participacao dos Municipio）。州分配基金来源于三种主要联邦税（个人所得税、公司所得税和特定增值税）的净收入的 21.5%。1989 年的一项法律规定了州分配基金在各州之间的分配方式和每个州的分配系数。分配系数以北部、东北部和中西部三个较穷地区的再分配标准为依据，这三个较穷地区获得的州分配基金占交易额的 85%。

巴西城市分配基金由所得税和特定增值税净额的 22.5% 构成，其分配公式比州分配基金更复杂。10% 的城市分配基金分配给各州的首府城市，86.4% 分配给人口不到 156216 人的市，剩余的分配给其他城市。每个市的分配系数根据两个因素决定：各市所属的州、该州的人口规模（以定期人口普查结果为准）。人口规模因素在城市分配基金的分配公式中具有重要作用，因此导致城市分配基金的再分配作用没有州分配基金强。如上述三个较贫穷地区对城市分配基金的共享比例为 51%，远低于州分配基金的 85%。

在巴西州和市之间的收入共享方面，1988 年《宪法》将各州向各市转移支付的一般增值税比例从 20% 提高到 25%，同时规定：这些转移支付中的 75% 应根据来源地原则分配到相关各市，即根据一州中每个市对该州增值额的贡献程度进行分配。其余的一般增值税收入按照各州自行制定的标准进行分配。

1994 年，巴西收入共享机制进行了临时修订，目的在于为一项稳定计划的引入做准备。该次修订减少了联邦政府收入中指定用途的收入，同时也减少了联邦政府对州及州以下地方政府转移支付收入的比例。具体讲，通过一项《宪法》修正案，该次修订创建了一个特别基金（FSE），其资金来自于各种不参与共享或未制定专门用途的收入。特别基金于 1995 年底终止，但随后的第二次《宪法》修订又将该基金延期至 1997 年 6 月底，并更名为财政稳定基金（Fundo Estabililazacao Fiscal，FEF）。据估计，该共享机制显著增加了联邦政府收入中不参加共享或不指定用途收入的比例。

（2）拨款。拨款在巴西政府间转移支付总额中的重要性已经逐渐下降，但目前仍然存在大量不同种类的拨款。有些具有分类拨款的性质，有些是专项拨款，它们主要作为联邦政府为教育、卫生和各社会领域支出计划提供资金的工具。

（三）地方政府三次债务危机

20 世纪 60 年代后半期，巴西州政府开始为基础设施建设举借债务，[①]当时主要是向联邦金融机构借款，而联邦金融机构的可贷资金来源于基于各种工薪税的强制性储蓄计划。

20 世纪 80 年代以来，巴西经历了三次以州政府为主的债务危机。危机前，州政府都由于高水平工资性支出和超警戒负债水平而导致财政状况不稳定，一旦遭遇外来因素冲击便形成债务危机。每次危机发生时，州政府的第一反应都是要求中央政府提供财政援助，在州政府的强大权力影响下，中央政府都采取了援助措施。巴西的政府间债务问题，成为世界上最严重最持久的政府债务问题之一。

第一次债务危机：外债危机。从 20 世纪 60 年代中期到 80 年代前期，巴西经济处于起飞阶段。作为发展中国家，巴西国内资金积累不足，为了实行进口替代工业化战略，只能在国际金融市场大量举债。80 年代末，第二次石油危机引发了国际债务危机，急速攀升的利率大大加重了巴西的还本付息压力，各州都被迫停止了对国外债权人的债务偿还。作为担保人，巴西中央政府不得不与国外债权人达成协议，由中央政府接管州政府

① 巴西州政府主要是州公用事业单位和其他州级企业。

190 亿美元（相当于 GDP 的 2%）外债，期限为 20 年。通过债务重组，州的债务成本转移给中央政府，州政府的资金周转困难得到缓解。

第二次债务危机：对联邦金融机构债务的偿还危机。1993 年，各州政府纷纷出现无力偿还联邦金融机构债务的违约行为，引发了第二次债务危机。危机发生以后，中央政府与州政府再次达成协议，由联邦财政部偿还部分州政府拖欠联邦金融机构的 280 亿美元债务，期限为 20 年。危机初步化解后，联邦政府开始采取措施规范各州举债，如规定各州应偿还的债务与其收入的比率高于巴西参议院制定的下限，则超额部分可以延期偿付，并通过资本化，计入债务余额；对拖欠不还的州，不允许其向联邦金融机构举借新债；对宪法也做了相应修订，明确允许联邦政府从中央对地方的转移支付资金中扣除地方应该偿还的债务资金。这些措施对地方政府的无序举债起到了一定约束作用，但并未从根本上建立全面有效的债务风险控制机制。

第三次债务危机：债券偿还危机。这是巴西三次债务危机中最严重的一次。1988 年修宪后，巴西将地方政府公务员的工资和福利提高到一个较高水平，而且禁止各州降低工资标准。修宪后的最初几年，由于当时的通货膨胀率极高，虽然各州政府名义上提高了工资和福利水平，但其实际支出压力并未凸显。1994 年，巴西政府引入“黑奥计划”（稳定经济计划），年通货膨胀率从 1994 年的 929% 急剧下降到 1996 年的 9%。一方面，货币升值使得工资性支出和养老金等福利支出占各州政府收入的比重迅速提高到 80% ~90%；另一方面，经济稳定计划中的紧缩货币政策使得各类债券的实际利率攀高。在上述双重压力下，州政府开始拒绝履行偿还其债券的义务，金融市场由此出现剧烈震荡，第三次债务危机爆发。中央政府再一次承诺援助，并授权州政府将其债券兑换为联邦或中央银行的债券。中央政府发行中央债券，重新确认地方政府债务，并成为州及市政府的债权人。27 个州中的 25 个和 183 个市（其债务余额占地方总额的 95%）签订了债务重组协定，这些协定是法定的。中央政府接管了包括税收分享在内的地方政府自有收入作为担保，并且要求每月支付相当于州及市净经常性收入的 13%。根据这些协定，州以固定实际利率 6% 按 30 年期限重组其债务。中央政府承担的成本体现为州政府支付给中央政府的利率与中央政府支付给金融市场利率差。该利率差 2001 年 7 月估计大约为220亿美元。中央政府重组的总债务超过1 000亿美元；2004年12月，重组债务数额占GDP的17.5%。导致从地方到中央每年大约60亿美元还本付息资金流动。

在经历了三次债务危机以后，巴西中央政府于1998年，推行财政稳定计划，具体包括以下内容：旨在增加公共部门盈余的财政调整政策；侧重社会保障与行政体制的体制改革；预算过程与财政条例（包括《财政责任法》）的制定；在对州市政府进行综合性债务再融资基础上重新设计财政联邦制。财政稳定计划取得了明显成效，突出反映在调整后的公共部门预算盈余上：从1997年的赤字到1998年的实际上零赤字，1999年以来公共部门盈余已超过GDP的3%，2004年该比例则高达5%。

二、地方政府债务管理体制

目前，巴西地方政府债务管理体制属于制度约束型。最初，巴西州、市政府实施借款计划时都不受国家法律和行政约束，但是后来不断膨胀的地方政府债务迫使联邦政府不得不采取法制手段对地方借款实施控制。州政府出现三次债务危机后，联邦权力机构（包括中央银行和联邦银行）不得不以多种形式对州债务进行重新规划，从而将大部分地方政府债务风险转移到联邦政府。

在国内债务方面，1997年的9496条法例禁止州政府在依靠国库援助还债的时期举借债务，这种禁期将在各州之间轮换。类似地，2001年下议院通过2185号法案，限制180个自治市在募集还债资金的同时发行地方性债务。

三、中央层次的地方政府债务管理机构

巴西国家金融管理委员会授权中央银行以监管者身份控制商业银行对地方政府的贷款，所有向参议院提出的借款申请均首先必须提交给中央银行审查。1999年9月，巴西国家金融管理委员会颁布了2653号规定，对

地方政府向银行借款实行了一系列的具体限制。这项规定主要包括两个内容：一是授权中央银行以监管者身份控制商业银行对地方政府的贷款；二是授权中央银行具体执行参议院78号法案关于地方政府借款监控的条款。也就是说，所有向参议院提出的借款申请必须首先交中央银行审查。中央银行在收到申请后的30天内对地方政府的财政状况进行分析，如果符合相关条件，再由中央银行将其申请和中央银行给出的建议提交参议院。根据分析，如果提出申请的地方政府有违反78号法案任何一条要求的情况，中央银行便有权拒绝向参议院转交其申请。根据2000年5月通过的巴西《财政责任法》，要求贷款的地方政府应当首先向财政部提出申请，并证明其要求符合法律规定。

四、地方政府债务资金运行管理

（一）举债方式

巴西州政府的债务来源多样化，包括国内私人部门、国外私人部门、联邦金融机构及各种非正式机构。首先，他们在国内私人银行的举债主要用于短期资金的管理及中期融资。短期举债的一种重要形式是预期收入贷款（ARO），这是管理现金流的一种方法。与此同时，州政府也在国内资本市场上发行债券。在近期的私有化浪潮出现之前，有20个州政府都至少拥有一家银行，它们通过认购州政府债券的方式帮助州政府筹资。如同公有企业一样，这些银行也持有预算外负债。他们的举债行为很大程度上被政治化了，其主要官员的任期都很短，而且多属政治任命，银行员工的雇佣也大多是因政治目的，并且其贷款全部流向政治同盟。这些银行中的大多数在20世纪90年代中期都倒闭了。圣保罗直接从其商业银行（BANESPA）举债。州政府还从国际私人机构取得贷款，其中大多数是以中期契约式债务形式存在的。90年代一些州政府及其企业成功地发行了欧洲债券。

其次，州政府还从联邦金融机构取得贷款。从20世纪60年代开始，长期资金由联邦住房及储蓄银行（Federal Housing and Saving Bank，CEF）

及联邦经济与社会发展银行（Federal Economic and Social Development Bank，BNDES）提供给各州。另外联邦政府通过其储蓄商业银行使存款流通，储蓄商业银行中最主要的一家是巴西银行（Banco do Brasil），它已经被州政府租用。在近期的财政援助计划中，联邦财政部与中央银行也成为了州政府的债权人。表 3 -1 -3 为地方政府间债务分配的历史演化。

表 3 -1 -3　　地方政府的净债务占 GDP 的百分比　　单位:%

年度	总净债务	州内债务	债券	银行借款	联邦政府再协商债务	其他	外部债务
1987	6.82	5.23	1.81	3.41		0.01	1.6
1988	5.57	4.18	1.53	2.65		0	1.4
1989	6.15	5.18	2.49	2.69		0	0.97
1990	8.87	7.67	2.46	4.45		0.76	1.2
1991	7.5	6.4	2.3	3.2		0.9	1.2
1992	9.5	8.4	3.1	4.3		1	1.1
1993	9.3	8.3	3.6	3.9		0.8	1
1994	9.5	9.2	4.6	3.3	1.1	0.2	0.3
1995	10.4	10.1	5.4	3.6	1.1	0	0.3
1996	11.9	11.5	6.4	4.1	1.1	-0.1	0.40
1997	13	12.5	4.3	2.6	5.5	0.1	0.5
1998	14.3	13.7	2.4	1.8	9.5	0	0.7

资料来源：Bevilaqua：“巴西债务管理：计划与挑战”，2000 年。

最后，巴西州政府通过各种非正式机构取得贷款。短期的州政府赤字经常通过拖欠供应商货款及州雇员工资来弥补。另外，州政府有时会利用司法程序上的时滞来获得一种特殊形式的借款，即缩减成本措施。如土地征用，它可能会被法庭宣布无效，但是等到判决下达时州政府已经逃避了支付。甚至当一个不利的判决作出时，州政府有时也可以通过一种特殊的债券来进行融资。

（二）举债用途

巴西州政府借款，主要用于公共基础设施建设。

五、地方政府债务风险控制

（一）法律法规

巴西联邦政府采取了一系列措施来限制州政府举债，这给人的初步印象好像是，通过宪法、其他联邦法律及中央银行组成的分级控制机制来对其加以控制。这些机制已经被众多漏洞或是不良激励所破坏，而这又使其适当的强制执行难以实现。首先，宪法规定参议院有权规范州政府的举债行为。参议院对新的债务进行了数量限制，主要包括两方面内容：债务利率范围及总债务存量增长。既然参议院中代表州政府的利益团体居于统治地位，那么由它对州政府的举债行为进行监管是很不适当的选择。最近州政府债务危机的历史表明，将参议员放在监管州政府举债及保证其硬预算约束的位置上，无异于监守自盗。

除了参议院之外，理论上仍有其他宪法条款和联邦法规来限制州政府的举债。联邦法律规定预期收入贷款（AROs）必须在该财政年度结束后的30天之内归还。国内债券的发行由宪法约束，它规定从1993年到2000年不得再发行新的州政府债券。然而，州政府可以发行债券为法庭的判决筹资以及用已发行债券来周转本金和资本利息。州政府的国外贷款不受这些联邦法规的限制，但大部分国际借款人（包括世界银行）都要求有联邦政府的担保，这种担保不一定会得到财政部的批准。州政府向捐赠机构的借债由联合执行会（COFIEX）管理。联邦财政部的一个部门也对地方政府的融资进行监督，并为参议院和中央银行提供建议，但后两者有权决定是否采纳。

为了应对三次债务危机，巴西政府有两部法律尤为关键：

1. 1997年立法中的9696法案。针对其后两年在州债务问题上的重新谈判设立了相关约束条件，包括：降低债务和赤字比率的目标、员工支出和投资的上限、各州收入增长和国有企业私有化。这部法律还设立了比以往债务谈判更加严厉的事后措施——联邦政府不向州债务提供担保；对联邦政府现在持有的州债务进行利息上的惩罚；提高债务利息的上限；从联邦政府向地方政府提供的共享收入中直接扣除债务利息等。

2. 2000 年巴西《财政责任法》。2000 年 5 月通过的巴西《财政责任法》是一个单一制法律，适用于联邦政府、州政府和市政府，比通常法律更为严格，也是对 1997 年 9696 法案的补充。它为州预算、人员管理和债务管理等设置了最低标准。

巴西《财政责任法》规定各地方政府每年的预算必须与本州多年的预算计划以及联邦政府的财政货币规划相一致。它包含了限制地方政府财政赤字的制度，主要包括：

（1）中央政府制定的针对地方政府的各种制度。

（2）地方政府根据自己的财政环境制订的制度。[①] 这些制度可以对地方政府财政赤字进行事前预防；或者通过对地方政府的不良财政行为予以惩罚，以取得更好效果；也可以防止地方政府普遍的不谨慎财政行为产生不良后果。

（3）限制中央政府采取以下行为的制度：推行不可持续的赤字政策；对地方政府实施的过度财政政策所产生的后果减轻追究。

巴西《财政责任法》强化了债务延期协议中对赤字与债务的限制，以及其他一些措施的实施，并将这些措施系统化。它还包括了针对处于最后一年任期政府的特别条款。违反巴西《财政责任法》的债务和劳动合同将不再有效，对于那些因此而蒙受损失的贷款人而言，这就是一种事后惩罚。

要求贷款的地方政府首先向巴西财政部申请，并证明它们的要求符合新法规定。所有超过议会决议所规定借款上限的贷款都要求全额偿还，但不必支付利息，这对借款者和贷款者都是一种惩罚。在借款期限内地方政府不能自由决定财政拨款，也不能得到联邦政府的担保，同时还被禁止签订新的债务合同。新法还禁止各州州长和市长在任期的最后 6 个月中签订有关付款义务的合同，除非这些债务能在他们任期内付清。最重要的是，该法禁止中央政府向州级以下地方政府融资。这一规定的重要性不仅在于限制了地方政府的未来行为，以避免政府间相互拖欠债务的风险，而且反映在有助于维持现行合同，防止现行债务重组协议中金融条款的任何变

---

① 这些财政环境主要包括巴西中央政府制订的法规及其行为。

化，从而确保现行地方政府健全财政政策的有效持续实施。

巴西《财政责任法》还专门设定了对收入和支出进行控制的措施：明确在没有相应收入来源或者减少现行支出的情况下，任何政府都不得增加持续性支出（即持续两年以上的项目支出）；同时还建立了大选年度控制额外公共财政支出的机制。

在实施巴西《财政责任法》之后，自治市在财政控制方面的表现有所改善。表3-1-4显示地方政府财政结余在绝对值和GDP占比上都有所增加，债务水平虽然也有所增加，但其GDP占比却有所减少，财政结余及其与GDP比例也有所增加。

表3-1-4　　巴西地方政府财政控制指标　　单位：百万雷亚尔

年　度	债　务	财政结余	GDP	财政结余/GDP	债务/GDP
1997	16 544	-3 309	870 743	-0.38%	1.9%
1998	19 198	-1 591	914 188	-0.17%	2.1%
1999	29 976	2 837	963 869	0.29%	3.1%
2000	32 897	3 457	1 086 700	0.32%	3.0%
2001	30 744	4 689	1 184 768	0.40%	2.6%

（二）预算管理

巴西的所有政府收入和支出都必须由年度预算法批准；公共债务再融资必须在预算法和附加信贷的立法中分别列出；对债券债务的再融资金额变动不能超过预算指导原则或其他特别立法中规定的价格指数的变动；支出目标不明确或分配不受限制的信贷在年度预算法中是被禁止的；巴西《宪法》第167条规定，如果没有包含在多年期计划（PPA）中或没有法律文书授权，年度预算法不能为时间跨度超过一个财政年度的投资分配资金。

（三）规模控制

巴西对地方政府债务采取需求控制与供给控制相结合的措施。

1. 需求控制。1998年债务危机后，巴西参议院通过了78号法案，明显加强了对地方借贷的监督和控制。

（1）借贷渠道的限制：不允许地方政府从其所有的企业和供应商借款。

（2）借款额的限制：借款额必须小于或等于资本性预算的规模。

（3）新借款额的限制：新的借款不得超过经常性净收入的18%，偿债成本不得超过经常性净收入的13%，债务总额必须低于经常性净收入的200%。

（4）借款主体财力和信用的限制：借款政府的财政收入超过非利息支出（基础性盈余）。曾违约者不允许借款。

（5）政府担保额的限制：政府签发的担保余额必须低于经常性净收入的25%（根据信用活动分析可以上浮10%）。

（6）短期往来款的限制：预借的短期收入不得超过经常性净收入的8%。这些借款必须在同一财政年度结束前的10天内清偿，政府换届前一年禁止此类借款。

（7）新债券发行的限制：2010年以前新发行债券局限于资本性支出，并且不超过资本滚存余额的95%。州及市政府换届前的8个月内不允许任何借款。不允许地方政府进行任何种类的减免税。

（8）债券偿还比例的限制：债券到期时至少偿还余额的5%。如果借款政府的偿债支出小于经常项目净收入的13%，则必须在债务到期偿还10%以上的余额，或者将偿债支出提高到经常性净收入的13%。

1999年9月，巴西国家金融管理委员会颁布了2653号规定，对地方政府向银行借款实行了一系列的具体限制。这项规定主要包括两个内容：一是授权中央银行以监管者身份控制商业银行对地方政府的贷款；二是授权中央银行具体执行参议院78号法案关于地方政府借款监控的条款。也就是说，所有向参议院提出的借款申请必须首先交中央银行审查。中央银行在收到申请后的30天内对地方政府的财政状况进行分析，如果符合相关条件，再由中央银行将其申请和中央银行给出的建议提交参议院。根据分析，如果提出申请的地方政府有违反78号法案任何一条要求的情况，中央银行便有权拒绝向参议院转交其申请。

在这一套体系下，只有那些负债和投资均很少的少数地方政府才有权借款。当然，这个新体系还是带来了一些新问题。它一方面增加了政府间的干预，使地方政府反过来更加依赖中央政府；另一方面，新体系保留了参议院作为特例批准借款的权利，这里隐含了一定程度的人为因素，并有可能加剧政治博弈。表3－1－5列出了巴西控制赤字和债务的途径。

表 3－1－5　　控制赤字和债务的途径

	借款人	贷款人
事前控制	所有政府： 债务封顶 赤字计划 对国际借款的限制 地方政府： 地方政府借款的管理法规，基于财政能力标准（由中央政府、中央银行和其他机构制订）	所有政府： 中央银行不直接融资 对国际借款的限制 中央银行和其他金融监管机构制订的管理法规 地方政府： 对各州的信用评级 增加对有风险地方政府贷款的资本要求
事后结果（事前谨慎决策的动机）	所有政府： 对从中央银行融资的限制 没有财政援助（来自中央政府或国际社会），没有充分的条件不进行借款 公开具体的财政决算 地方政府： 中央政府不接受地方政府的债务 从对地方政府的拨款中扣除其债务额	所有政府： 银行强有力的监督 地方政府： 对地方政府贷款损失要求用资本来冲销的法规

2. 供给控制。在供给控制方面，巴西国家金融管理委员会规定：中央银行应限制各银行向公共部门贷款；对于任何违反议会决议所规定的有关债务和赤字上限，或者无法偿还联邦政府或任何其他银行借款的州，各银行禁止向其贷款。此外，由于巴西国有银行列入了再融资协议所要求的私有化范围，因此它们不再成为地方政府债务融资的一个来源。巴西还加强了对州政府新借款的控制。具体而言，根据中央银行的现行规定，州政府不得从其下属银行借款①。

（四）财政监督检察

巴西立法机构必须直接地，或在审计法院和各部门内控系统的帮助下，检查各级政府是否遵守了《财政责任法》的规定，监察中尤其强调：

（1）是否符合预算指导原则的目标；

（2）信贷业务的限制条件以及未完成责任的记录情况；

（3）将总人事支出控制在各自限额以内的措施；

（4）将债券债务控制在各自限额之内的措施；

① 此限制并不禁止从其他州的银行借款，因此存在漏洞，但至今尚未出现州政府明显利用该漏洞的现象。

（5）依据巴西《宪法》和《财政责任法》，出售资产所获资金的使用情况；

（6）在适用的情况下，是否符合对市级立法机构设定的总支出限制。

在发现下列证据时，审计法院应向各立法机构和司法机构等发出通报：总人事支出超过限额的 90%；债券债务、信贷业务和担保总额超过限额的 90%；对待用人员和领养老金者的支出超过了法定限额；任何会对成本或项目结果产生负面影响的发展趋势；任何导致预算管理混乱的情况等。

（五）政府担保管理

根据联邦参议院对联邦政府设定的限制和条件，联邦单位为国内或境外的信贷业务提供担保必须符合如下规定。

（1）担保必须有条件地取决于反担保规定。反担保数额不得小于所提供的担保，并且有条件地取决于发出请求的联邦成员、担保人和被担保公司逾期未偿还债务的情况。此外提供担保还需要符合以下条件：

①不能从联邦成员自身的组织或组成机构获得反担保；

②联邦政府从州或市获得的反担保，或者州从市获得的反担保，可能是由直接征收的有特定用途的税收收入以及巴西《宪法》规定的转移支付构成的，并且担保人有权保留这些收入并使用这些收入来偿还到期债务。

（2）除了（1）中的规定之外，在有国际金融机构或负责转移国外资金的联邦信贷和发展机构参与的信贷业务中，联邦政府只能为符合接受自动转移支付条件的联邦成员提供担保。

任何超出联邦参议院规定的担保都将是无效的。间接行政单位，包括其被担保公司和子公司，都被禁止提供担保，即使其用资金资源作担保。

因为提供担保而为另一联邦成员偿还债务时，巴西联邦政府和州可以要求得到《宪法》规定的转移支付，以支付国家应付的数额。

在信贷业务中，若某联邦成员债务是由提供担保的联邦政府或州偿还的，那么这个联邦成员不能获得新的信贷或进行筹资，直到上述债务已完全付清为止。

（六）央行间接调控

巴西中央银行作为州政府从国内银行部门举债的监管人在其权力范围之内对州政府的举债进行监督。最近的中央银行决议禁止私人银行以任何形式增持州政府债务（除了债券），但是，“这些规则自身的混乱及其后来的调整并没有增加其可信度”（Dillinger and Webb 1999，12）。中央银行的规则还禁止州政府从本州商业银行举债。但是这一规定总是或明或暗地被成功规避。最常用的伎俩之一就是事前达成协议，让某一项州工程的承办者向州银行举债，之后违约，这就会给州银行留下一项不良贷款，该贷款之后被州政府接管（Dillinger 1997）。

（七）透明度要求

巴西地方政府每年须向联邦政府汇报财政账户收支情况，每 4 个月须发布政府债务报告，这些报告由地方行政长官签署并公之于众。但由于存在时间差，地方政府债务仍可能超出限额。对于超出限额的地方政府通常给予 8 个月宽限期，如果在宽限期结束时地方政府仍未能将债务规模调整到法律规定的限额内，则该地方政府将列入财政部公布的黑名单，不能继续举债。上述信息的披露主要依靠与所有银行联网的国家信息系统，地方政府的一切借贷交易情况都必须在信息系统中登记，否则将被视为非法交易。国家信息系统是透明的，每个政府和银行都能查看相关信息，而且系统运行是自动的，不能人为控制，债务规模的限额和申请先后顺序不能更改。财政部负责建立和维护国家信息系统，但仅限于提供技术支持。巴西《财政责任法》第 48 条规定，实现财政管理透明度的工具应广泛公布（包括在公共电子媒体上），这些工具包括：计划、预算和预算原则等；提供账户和各自的意见陈述等；预算执行报告和财政管理报告摘要，以及这些文件的简化版。通过鼓励公众参与，以及在计划、预算指导原则、预算的准备期和讨论期举行公共听讼的方式，也可用于保证透明度。《财政责任法》第 49 条规定，行政部门长官提交的账户，在相应的立法机构和为其准备工作负责的技术部门内，全年都必须做到可供公民和机构进行查询和评估。联邦政府提供的账户必须包含国库和官方金融发展机构（包括国家经济社会发展银行，BNDES）的陈述报告，报告应当提示来源于财政和社会保障体系资金的详细贷款情况，以及该年度对融资机构的财政影响的评估摘要。巴西地方政府统计与报告体系如下：

1. 州市政府账户的记录和调整。巴西《财政责任法》第50条规定，州在每年5月30日前、市在每年4月30日前，向联邦政府行政部门提交其账户，并向各自所属州的行政部门提交一份副本。

若州市政府不能在规定期限内提交账户，将不能获得自动转移支付和介入信贷业务（除了那些旨在为偿还债券本金进行的再融资以外），直到情况恢复正常。

州市政府提交的账户必须满足下列要求，其中第（5）项与州市债务直接相关。

（1）必须单独记录可用财政资源，为某一组织指定的资金、基金或强制支出可以个别区分和记录。

（2）必须在增长的基础上记录支出，财政资金流动结果应按现金制原则确定。

（3）财务报表应包含关联和个人交易，以及各组织、基金、直接行政部门、国有企业等所有单位的运作情况。

（4）社会保障收入和支出应在特别财政和预算报告中列出并说明。

（5）信贷业务方面，为偿还债务以及其他形式的融资或为第三方承担的债务，都应记录，以便作为该时期内公共债务数量及其变化情况的证明，并且至少应按照性质、债权人类型等分类记录。

（6）关于公共资产变化情况的报告，应强调其来源，以及出售资产所获资金的使用情况。

2. 预算执行报告体系。巴西的预算执行报告体系主要包括下列内容：

（1）预算资产平衡表，要求对每一经济分类提供详细说明，包括：①收入来源，包括收到的和可收到的收入，以及修正的预期收入。②按性质分类的支出，包括本年度分配的详细情况，以及已支付的支出和结余。

（2）预算执行报告，其中第③项与州市政府债务直接相关，包括：①收入，按照经济性质和来源分别列出，包括详细的初始预期、本年修正预期、年内可收到收入、以及对可收到收入的预期等。②支出，按照经济分类和支出性质分别列出，包括详细的初始预期、当期分配情况、支出承诺和年内支出等。③支出，按照职能和次级职能分别列出，包括信贷业务收入和债务清偿支出，应突出有关债务再融资的数额。

（3）预算执行报告摘要，其中第③、④项与州市政府债务直接相关，应对如下情况进行说明：①当期净收入的确定及其变化，以及年底前其状况的预期。②社会保障收入和支出。③利息支出。④部门和组织的未完成责任，账户记录中详细列出的数额，已生效的还款及可还的数额。

3. 财政管理报告。财政管理报告是由部门和机构长官发布的、按照模版制定的标准化报告，并需要由以下人员签署：（1）行政部门长官；（2）根据立法机构内部规章，总统和议会或同等权限决策机构的其他成员；（3）依照司法机构内部规章，法院院长和议会或同等权限决策机构的其他成员；（4）联邦公共检察官和州检察官办公室的长官；（5）对财政管理和内部控制负责的权力机构以及其他参与决策的部门或组织。

财政管理报告的主要内容涵盖：

（1）财政责任法设置的限制和以下数额的比较：①总人事支出（需详细说明待用人员和领养老金者的支出）；②有价债券；③担保；④信贷业务（包括基于预期收入的信贷业务）。

（2）超过限制时采取的或将要采取的修正措施的说明。

（3）其他需要陈述的内容：①年末可用财政资源数量；②未完成的支出责任额（包括已清算额、已记录但未清算的、已记录为现金的限额但未清算的、由于缺乏可用财政资源因而没有记录且相应责任已被取消的支出）；③是否符合以下两点规定：第一，基于预算收入预期的信贷业务必须在12月10日前进行结算，包括利息和其他支付的费用的结算；第二，禁止该业务发生在总统、地方长官或市长任期的最后一年。

财政管理报告应在基准期末之后的30天内公布，并向公众广泛公开，包括发布在电子媒体上。若不能满足上述规定的最后期限，该联邦成员将不能得到自动转移支付和介入信贷业务（除了那些旨在为偿还债券本金进行的再融资以外），直到情况恢复正常。

六、地方政府债务危机化解

巴西对于债务危机的化解在下面的三次行动中得到充分体现。

第一次行动发生在1989年，联邦政府批准将地方政府的累积欠债和未偿本金合并成单一债务，然后转化为联邦国债，用这种方法重组的地方政府债务有190亿美元，占当年GDP的2%。

第二次行动发生于1993年，针对当时各州拖欠联邦金融机构的债务。通过提供贷款和将其转化为联邦国债，联邦政府重组了大约280亿美元的州政府债务。值得一提的是，联邦政府在与州政府签订的协议中写进了一条免除条款，规定当各州的偿债成本与其收入之比超过了参议院规定的上限后，超出部分可以延期偿还，并将现有债务存量资本化。通过对债务本金的重组和规定偿债成本上限，在相当大程度上减轻了各州的短期债务负担。但是免除条款也造成一种印象，似乎只要州政府提出要求，联邦政府就准备对其债务提供减免。

第三次行动起始于20世纪90年代初，主要解决巴西各州内部的债券拖欠问题，特别是其中的四个大州——圣保罗州、里约热内卢州、Minas Gerais州和Rio Grande Do Sul州。传统上，州政府债券由州商业银行承销，并最终卖给私人银行和其他私人投资者。州债券通常是5年期的，利率根据当时的市场情况确定。州政府债券危机是由联邦政府稳定计划的巨大成功而引起的。由于该计划迅速减轻了通货膨胀程度，各州就无法指望依靠持续的通货膨胀来降低实际工资和养老金支出。在这种困境下，为回报联邦政府提供的短期财政援助，负债州承诺实施一些财政调整计划（包括一项工资消减计划）。然而，尽管某些较大的负债州确实采取了一些初步调整措施，它们的总体财政状况在1996年仍继续恶化。各州政府发现工资支出耗费了政府收入的80%～90%，这在一定程度上反映了州政府由于削减工资和清偿工资欠款而发生的一次性支出。随着州政府融资的风险性增加，私人银行开始提高利率，缩短持有州政府债券的时间，以至于最后干脆拒绝以任何价格持有州政府债券。当发现既不能支付也无法进行债务重组后，各州政府被迫寻求联邦政府的帮助，联邦政府允许它们将州债券兑换成更容易在市场交易的联邦债券。1996年12月，联邦政府采取了一种更综合的重新调整州政府债务的方法，即同州政府谈判并签订有关协议，协议的主要内容如下：

（1）用欠财政部的债务取代州政府的银行债务以及因发行债券而发生的债务，重组后的债务大部分为30年到期，实际年利率为6%，远低于当时的平均利率水平。最高年偿债率限定在13%（在某些州为15%），超出此上限的部分将自动被重新制定偿债时间。

（2）销售下属企业和银行等州政府资产，数额至少相当于州政府债务的20%。

（3）各州承诺实施各项调整计划，以确保在规定期限内将州政府债务占预期收入之比的最大值降低至100%。

一旦获得联邦和州立法机构的批准，这些协议就会要求州政府以其自有收入和分享收入作为重组后债务的担保。到1997年初，联邦政府与州政府大约签订了16个此类协议。相对于此前的单纯援助行为，这些协议对于解决州债务问题具有若干积极意义：规定出售州政府资产以提供偿债来源；明确了州政府债务的减少程序；要求州政府以其收入作为提供给联邦政府的偿债担保等。

随着巴西州政府债务的逐笔解决，联邦政府开始试图收紧对各州的借债约束：从转移支付中扣除州政府享受到的债务补贴；禁止各州拖欠向联邦政府新借债务；修正《宪法》相关规定，到2000年为止，禁止各州发行新的债券，中央银行也不允许私人银行增加州债券的持有。

但是，巴西联邦政府的这些规定仍未能有效防止1999年开始的债务危机，原因在于大部分新增债务不是来自新增借款，而是来自资本化了的已有债务利息。从宏观经济角度观察，上述债务重组协议的效果是有限的。虽然重组协议降低了各州的债务利息成本，但联邦政府作为各州的债权人，仍然要支付借款基金的真实成本，公共部门支付的利率作为一个整体仍未降低。此外，重组协议没能预先阻止债务利息的资本化，因此各州债务仍在增长。

七、地方政府债务管理纠错与问责机制

在巴西，对不履行《财政责任法》规定的义务，将导致规定的人事处罚，更为严重的失职行为处罚包括革职，禁止在公共部门工作，处以罚金，甚至被判刑。

八、启　　示

（一）中央政府必须加强对地方政府债务管理

巴西三次债务危机的出现，主要是联邦政府预算约束软化的结果。其具体表现为危机出现之前，地方政府可以无约束举债，危机发生之后，联邦政府以担保者身份出现，帮助地方政府化解风险，最后引火烧身，地方财政风险“倒逼”联邦政府，引发全国性债务危机。为收拾这种残局，联邦政府不得不采取强硬措施约束地方政府，债务风险问题才得以解决。巴西地方政府债务管理的经验教训充分说明中央政府管理地方政府债务的重要性和必要性。我国与巴西同属发展中大国，目前地方政府性债务规模庞大，管理失控，如放任下去，后果十分严重。为此，中央政府应尽快加强管理，制定切实有效的管理措施，防范债务风险。

（二）化解债务风险，需要一揽子治理方案

巴西债务风险的出现，其原因是多方面的，因而该国治理债务问题的措施也是综合性的，动员了包括法律、行政、司法在内的几乎所有强有力的控制手段。同时，在此基础上，采取相应配套措施，进一步完善政府间财政关系、限制支出结构中的人员经费比例等，这一点也值得我国借鉴。目前，我国地方政府性债务规模膨胀的原因很多，重要原因之一在于财政供养人数太多，省以下财政管理体制不完善，纵向和横向财力差距较大。解决地方政府性债务问题，必须实行综合治理。

（三）需求与供给双重控制是遏制债务规模膨胀的强有力手段

为强化对地方政府债务管理，巴西对债务的需求方和供给方分别进行了控制。需求方控制主要是限制地方政府的借款行为和债务规模，供给方控制主要是限制金融机构的贷款行为和规模。双管齐下的约束手段成功遏制了债务规模的继续膨胀。这一做法对我国有借鉴意义。目前，我国金融机构风险意识还不够强，在政府性贷款上尤其如此。应当借鉴巴西的经

验，对金融机构进行相应约束。

（四）信息透明化是控制地方政府债务的有效手段

巴西解决第三次地方政府债务危机后，财政透明度制度在联邦政府控制地方政府债务规模时发挥了重要作用。国家信息系统的应用也许在整个债务管理体系中并不十分显眼，但它是债务监控信息的主要来源。有了可靠的债务信息，中央政府才能确定地方政府的债务规模是否已经达到了法定限额，从而有的放矢，果断应对。目前，我国地方政府性债务管理还缺乏统一的会计核算办法和信息管理系统，地方政府性债务情况难以实时掌握，信息不对称，不利于国家的宏观管理。应当借鉴巴西经验，在对地方政府性债务进行必要的会计核算基础上，逐步建立全国统一的地方政府性债务管理信息系统，建立健全债务信息报告制度，提高债务管理的透明度。

第二篇

阿根廷地方政府债务管理

一、概　　述

（一）政府管理框架

在 20 世纪 90 年代，尽管阿根廷在私有化、解除管制及其结构性改革方面取得了显著进展，但其公共部门的规模仍然相当大。主要公共部门实体包括三级政府部门（联邦政府、23 个省与 1 个布宜诺斯艾利斯自治市政府部门、1 110 个市政府）、准政府性质的公共卫生基金会以及公共金融部门。联邦政府部门包括中央政府、有关的分支机构、联邦政府下属的非金融企业以及国家社会保障系统。包括布宜诺斯艾利斯自治市在内的省政府部门也拥有自己的非金融企业和为省公务员服务的社会保障体系，但1994年以后，很多省属社会保障体系已逐步并入国家社会保障体系。公共金融部门包括中央银行、6个全国性官方银行、21个省级和市级官方银行。

阿根廷是分权化程度最高的发展中国家之一，省级政府拥有大量宪法权力。阿根廷《宪法》的一般组织原则是：各省拥有未授予联邦政府的全部权力，但必须在本省内组织并确保实施有效的地方自治制度，并将其纳入省级宪法。在实践中，各省允许所属各市拥有不同程度的自主性；大部分省政府允许所属各市拥有自治权，这意味着这些市可以自行制定其政府程序，至少在理论上包括制定和管理自有税种的权利。

（二）政府间财政关系

阿根廷政府间关系经历了先中央集权，然后地方分权的过程。例如，根据阿根廷《宪法》，各省应该保证提供基础教育，但随着时间推移，联邦政府逐渐承担了各级学校教育的责任，同时在很大程度上吞并了省政府部门在教育领域的权力。而20世纪70年代以来，这一中央集权过程一直在逆转，越来越多的支出责任重新转移到地方，在医疗部门也有类似的过程出现。

各级政府的本级收入和支出之间的不平衡是阿根廷现行政府间财政关系中比较突出的特点，这决定了政府间收入分享机制成为政府间财政关系的核心，而支出责任的下放更体现出各种收入分享机制的重要性。如在1995年省政府支出中50%的资金来自联邦政府转移支付，而市政府支出的55%来自省政府的转移支付。这表明阿根廷的收入分享机制具有再分配的特点，它可以使较穷的省份获得更大利益。

1. 政府间支出责任划分。阿根廷支出责任划分与其他联邦制国家没什么不同。阿根廷中央政府独立负责国防、外交、国际贸易、州际贸易管理、货币政策、移民政策及失业保险的提供。医疗、初级教育以及中级教育由联邦政府、省政府和市政府共同负责；社会福利服务、治安和高速公路则由联邦政府和省政府共同承担。

20世纪70年代以来，阿根廷实行了由联邦政府向地方政府及私营部门下放支出责任的政策，这导致了公共支出结构的重大变化。如联邦政府在 1983 年承担了全部教育支出的 44%，而 1992 年已降为 22%，这反映了联邦政府正在向各省政府下放初级和中级教育支出责任。医疗支出也有类似之处，不同的是，支出增加的是市政府部门——而非省政府部门。此外，联邦政府社会救济支出、公共住房及基础设施建设支出也出现了类似的减少趋势，而支出责任增加则发生在省级政府部门。

初级教育、医院、供水、供电及成人教育等领域的支出责任下放不会影响相应的资金情况，这是因为阿根廷联邦政府可继续通过转移支付来提供相应资金。但在现实中，联邦政府在向地方转移支出责任时并没有提供与之相适应的资金转移。如医疗支出 1983 ~ 1992 年期间实际增长 24%，联邦政府减少了自身医疗支出，同时也减少了对地方提供的资金，教育支出、公共住房及基础建设服务等领域也有类似情况，这表明这些支出责任的下放并没有伴随与之配合的资金转移。为此，地方政府为了应付增加的支出责任，不得不利用来自省级银行或商业银行等渠道的资金或欠发工资；而省级政府则从中央获得可自由支配的贷款或拨款。

当然，支出责任的下放也迫使阿根廷地方政府按重要性区分支出责任的优先顺序。如医疗和教育支出的增长表明，市政府与省政府对支出方向做了重新调整，使这些领域的支出高于联邦政府针对支出责任转移所提供的补偿资金；而对于公共住房和基础设施建设等其他支出，则大量削减。

2. 政府间收入划分。阿根廷《宪法》规定了税源在联邦政府和各省之间划分。19 世纪后期的一次财政危机以后，很多税源一直由联邦政府和省政府共同分享，其中消费税尤为突出。阿根廷现行税制相当简单：联邦政府独自享有开征进口税及出口税的权力，且在特定时期可开征直接税；间接税则是联邦政府和省政府均可征收的税种；各省独自享有征收永久性直接税的权力。

阿根廷联邦政府负责征收所得税、增值税、消费税、外贸税、总资产税、个人资产税、社会保障税以及其他大量小税种；省政府和市政府征收的税种包括房地产税、汽车税、公路税及省销售税。在实践中，各省已经将立法、管理及征税方面的大量责任委托给联邦政府，但它们可以分享税收。这是因为联邦政府的征税效率高于省政府，且各省的潜在税基也存在很大差别。

筹资职能向联邦政府部门集中，在一定程度上反映了各省筹集自有收入能力的差别，这种差别源于各省税基以及税收管理实力的差异。按照税收指标考察各省，可以发现发达省份和欠发达省份的差距一直在扩大。

3. 政府间转移支付。阿根廷政府间的转移支付主要是由收入自动分享机制和税收自动分享机制组成的。在 20 世纪 90 年代，中央对地方的转移支付大约有 90% 来自于联邦政府的自动转移。这些转移计划中所占份额最大的是“共同参与”收入分享基金。根据 1998 年关于转移支付的法令的规定，通过这个计划，一定比例的联邦增值税，收入和资产税款被分配给地方。另外，燃料税的分享政策规定只有很小的一部分税收被用于特殊项目的融资，大部分分配给地方。

1988 年颁布的法律确定了转移支付的原则，阿根廷政府将把 58% 的所得税和收入税支付给地方。但是，在 20 世纪 90 年代初，阿根廷又成立了“部分省市共同参与”基金，该基金从中央政府收入中抽取一部分支付给部分省市。特别是 10% 的增值税和 20% 的所得税将直接被联邦政府用于资助社会保障体系，而不进入收入分享基金。另外，一旦收入分享基金不包括增值税、收入税、财产税和其他税收，那么在把资金转移支付给地方之前，还会有 15% 的额外扣除。这些改变反映了各级政府收入分配的结构变化。通过复杂的转移支付系统，阿根廷联邦政府自动支付给地方政府的资金相当于财政收入的 1/3，相当于阿根廷国内生产总值的 6%。站在地方政府的角度来看，大约总支出的一半来自于中央对地方的转移支付。不过，这个数字对于阿根廷 3 个最大的省和布宜诺斯艾利斯市（相当于一个省）并不准确。较小的省支出的 80% ~90% 都来自于转移支付。

1992 的财政法令是改革的一条分水岭。法令中规定了中央政府和地方政府在转移支付体系的细微改动。它规定每个月转移支付数额不得低于 7.25 亿美元（但是每两个月才计算一次）。一年以后，阿根廷政府制定 1993 年财政法令，该法令同时把中央政府的每月最低转移支付额度提高到 7.4 亿美元（在 1994 年正式启动），并附加了一条特殊条款——如果各省同意财政法令关于税收和取消管制的部分，在以后的月份中央政府则无权保持盈余。这项条款同时规定政府将不收回已经被分配的 9 亿美元，其原因在于 1992 年财政法令的保证条款。这项短期贷款已经变为一笔津贴。

更进一步是1999年和2000年的财政法令。当费尔南多·德拉劳在1999年下半年就职后，新组阁的政府颁布了新的财政法令。新法令主要说明如何分配转移支付。当然，也有关于各省税收的一致性和财政的透明性的内容。就宏观经济环境而言，1999年阿根廷正面临10年中最严重的经济衰退——国内生产总值下降了3.4%。虽然如此，由于在1994～1998年阿根廷经济的实际增长，1992年和1993年的法令规定的最小转移支付额度也变得无关轻重。

2000年联邦财政法令的主要内容是规定各省每月从自动转移支付体系中获得的数额是固定的。这使得各省收入更具备可预测性，同时也保证了当经济复苏和地方税收增长时，中央政府将取得更大的收益。2000年每月转移支付额度被固定在13.5亿美元，这是基于以前的两年的平均转移支付计算出来的。法令也确定在2001年各省取得的转移支付收入占中央财政收入的比例是最近3年该比值的平均值。即地方获得的平均收入是建立在“一般参与”和“税收分享”政策和最近几年转移支付比例的基础上的。通过这个法令，转移支付“移动平均支付法”得以实现。

（三）地方政府债务管理概况

自20世纪80年代，阿根廷不仅中央政府债务管理失控，地方政府债务管理也处于失控状态。这种失控状态表现在各省的借款都很多。这些借款大部分都来自于本省的银行，这些银行又拿这些贷款向中央银行贴现。很明显，各省都没有严格的预算约束，反而可以共享国家的铸币税，这最终导致了恶性通货膨胀。随后的稳定经济的措施主要集中在1991年4月推出的“可兑换计划”上，该计划固定了阿根廷货币与美元的汇率，并要求货币基础不能超过国际储备的美元价值。这解除了中央银行最后贷款人的职责，并硬化了联邦政府和各省政府的财政预算约束。到1995年，省级债务总量达到省级财政收入的58%，同时各省状况也很不平衡，有6个省的债务/收入占比不到20%，但有9个省的债务/收入占比却超过了80%。同年，省级人均债务平均达到430比索（美国在该年的州人均债务平均达到400美元），其中圣路易斯省的人均债务水平最低，仅为50比索，而里奥哈省的人均债务水平最高，达到2 200比索。

1994年12月墨西哥金融危机所带来的负面影响严重冲击了阿根廷经

济（这种现象称为龙舌兰效应，Tequila effect）。由于对外资流入过分依赖以及汇率缺乏弹性，危机引发的外资撤出降低了基础货币供应量，导致经济运行出现实际衰退（1995 年阿根廷 GDP 下降了 4.4%），政府财政收入也显著下降。面对经济衰退和收入下降，地方政府的欠债不断积累，于是就用债券来支付员工工资和供应商货款，并以其收入分配作抵押向银行借款。截止到 1996 年，与 1991 年的 500 万美元相比，地方政府债务已经达到了 170 亿美元。

20 世纪 90 年代梅内姆政府在协调各级政府间财政约束的问题上，主要奉行市场为基础的策略。中央政府奉行事后的严格预算约束，迫使各省偿还债务。这主要是要激励各级地方政府在事前就自觉奉行谨慎的借款政策。在 20 世纪 90 年代，这套策略看来还是有效果的，尽管要证明这一点还需要更长时间的考察。梅内姆—卡瓦罗政府能成功地引导各省与联邦调整计划保持一致还要归功于历史提供的机会。布宜诺斯艾利斯和圣达菲是国家稳定计划开始以后进行调整的正义党地区中最重要的两个。这两个地区在 1995 年经济危机之前成功地完成了的调整，这给中央政府采取强硬态度迫使其他省份进行调整创造了有利条件。其他地区在 90 年代初期过度借贷，然后在 1995 年的经济衰退中付出了惨痛的代价，而中央政府的干预只稍稍缓解了它们的窘况，在这以后它们应该已经体会到财政谨慎的优越性，并吸取教训。但是经济增长的迅速恢复让它们好了伤疤忘了疼。各地区，特别是布宜诺斯艾利斯继续不断借款。到 90 年代末，事前财政约束的缺失使许多地区都陷入过度借贷之中，而根据梅内姆—卡瓦罗的策略，它们中有些将会付出沉重的代价。

二、地方政府债务管理体制

阿根廷债务管理体制以行政控制型为主，允许地方政府举借内债与外债。地方政府举债时，必须得到上级政府授权，并且要尽量避免向国外举债。省政府债券受到联邦政府的控制，必须接受商务部的检查和登记。从 1994 年年初开始，省政府在举借外债时必须首先获得国会批准，市政府举债必须得到市协商委员会的批准，并且要报省立法机关批准，尤其在申请举借外债时必须如此。一般来说，对借款规定的限额与当年财政收入相关，并且借款必须用于为资本运作提供资金。例如在布宜诺斯艾利斯、拉潘帕等地，规定了借款限额设定为财政收入的25%。

三、地方政府债务资金运行管理

（一）举债方式

阿根廷省政府债务举债方式主要是：联邦政府贷款、省级银行贷款、财政系统其他机构贷款、对供应商欠款、对省政府雇员的工资拖欠等。值得一提的是，省级银行在阿根廷被视为各省的准中央银行：它们按省政府要求向其提供资金，然后从阿根廷中央银行获得再贴现。例如，1983～1990年，省级银行向央行再贴现额超过了省政府年度支出额的2%。由于向省政府提供贷款，省级银行积累了大量不良资产和坏账。因此在从1995年开始的银行重组及合并活动中，省级银行成为了被重组与合并的主要对象。此外，地方政府通过发行地方债券，并使之具有准货币的作用，与正式货币一起在市场上流通使用。

（二）举债用途

阿根廷规定地方政府债务资金可以用于投资项目上，而不能用于融通经常性开支和财政赤字。此外，阿根廷还允许地方政府将款项用于结构调整，因为结构调整的收益也是分摊于各期的，所以可以视为投资行为。

四、地方政府债务风险控制

（一）硬预算约束

1991年4月，阿根廷引入了一项非常成功的稳定计划——兑换计划。

这项计划将美元汇率固定，规定基础货币不能超过与国际储备等值的美元数量（同时把中央银行转变为货币委员会），并解除了商务部可以使货币贬值的权力。

另一方面，在阿根廷地方政府层面，联邦政府采取了一系列措施以稳固兑换计划的成果。（1）禁止中央银行为商业银行存款提供担保。因此地方银行不得不依赖存款人的信用来保持流动性。（2）规定中央银行不得再购买新的国内资产。因此中央银行再不能对地方银行提供给地方政府的贷款进行再贴现。以上两项措施削弱了中央银行作为最后贷款人的作用，并硬化了地方政府的预算约束，限制了它们间接向中央银行或者直接向存款人借债的能力。

在这场发生于1995～1996年的金融危机中，联邦政府坚持拒绝提供自动财政援助。只是在面对某些地方政府的部分应急需要时（主要是工资支付），才以拨款的方式进行适当援助。这种硬预算约束逐渐产生了效果，大多数省份开始调整支出，首先削减工资支付（1995年真实工资水平下降了5%，1996年又下降了5.5%）。同时由于经济增长逐渐恢复，地方政府收入上升，赤字水平也逐渐降低。

（二）规模控制

由于政府面临着日益膨胀的财政赤字和不断增长的偿债压力，阿根廷国会在1999年9月通过了一个财政责任法案。该法案除了对中央政府的财政赤字施加了一系列限制之外，还限制了各级政府支出的增长，规定采用多年预算编制，建立一个反周期财政基金，并在财政管理上更具透明度。该法案要求不晚于2003年实现财政平衡，并设置了1999年到2002年之间国家非金融公共部门名义赤字的最高限额。

虽然上述法案并没有把地方政府的情况包括在内，但建议各省通过相似法案。一些省份已开始这方面的尝试。尽管各省法案条款不一，执行情况也有很大差异，但所有法案都包括了对财政赤字或债务总额的限制，且大部分省份的法案都兼具这两项限制。布宜诺斯艾利斯市和其他四个大省中的三个并没有通过类似法案，而这几个省份占到全国经济总量的一半以上，这大大削弱了该法案对阿根廷整个国家的影响。在制定类似法案的24个省份中，有16个对债务（总收入）做了法律限制。但令人遗憾的是，2001 年只有 10 个省份遵守了这些限制。

（三）共享收入担保

20 世纪 90 年代，阿根廷对地方政府债务风险的控制突出表现在要求省政府以其共享收入作为债务担保。在阿根廷，联邦与省之间的共享收入由国民银行负责分配。国民银行是一个半自治的联邦机构，因此可以在一定程度上免受联邦政府干预。另一方面，从债权人角度看，国民银行的半自治地位使得与其相关的担保拥有较高的信誉度。

如果举债省政府的信誉不够好，那么在举债前它必须承诺：允许国民银行在向其分配共享税收之前，扣除应还债务利息。对于信誉较好的省政府，则无需对债权人作出如此严格的承诺，只需保证债权人在债务省违约时能够从国民银行获得本息即可。信誉最好的省政府——如布宜诺斯艾利斯州与布宜诺斯艾利斯市，可以不用将其共享收入作为抵押而获得贷款。

在上述两种情况下，债务省都需要与债权人商定一个比率限制，作为从共享税收中扣除的每日利息流量标准。该比率限制通常设定在这样一个水平：即使扣除预期的共享税收后，省政府财政余额也足以偿还常规的债务利息。显然，这一比率限制低于 100%，目的在于使省政府知道还有余下的共享税收收入以备它用。

在省政府违约的情况下，即使接下来会采取一系列的追踪手段，也不能保证所有债权人都能够如期获得支付。支付滞后的时间取决于每一个债权人在众多债权人中的相对地位及其比率限制的大小。每个债权人事先都知道比率限制的大小与支付期限，根据这两个条件就能够计算出需要多久才能将资金收回，并可以据此商定其贷款项目的利率水平。

五、地方政府债务危机化解

为了化解 2001 年因政府债务危机以及由此引发的金融危机，阿根廷政府进行了艰苦的努力，专栏 3－2－1 做了简单介绍。

专栏3-2-1 阿根廷债务危机的化解

2001年7月，由于阿根廷经济持续衰退，税收下降，政府财政赤字居高不下，面临丧失对外支付能力的危险，潜藏已久的债务危机终于一触即发，短短一个星期内证券市场连续大幅下挫，梅尔瓦指数与公债价格屡创新低，国家风险指数一度上升到1 600点以上，国内商业银行为寻求自保，纷纷抬高贷款利率，甚至达到250%~350%。

危机发生初期，阿根廷被迫采取了两项措施：一是通过《公共紧急状态和汇率体制改革法》，赋予新总统几乎不受限制的经济权力以应对危机，冻结银行存款和对美元存款按121.4的汇率强制比索化。二是通过向国际货币基金组织申请援助，通过与国际金融机构等国际机构债权人进行债务重组谈判，获取贷款援助，减轻和延缓债务偿还负担。随后，又采取了四项措施：一是在国际货币基金组织的谈判要求下，在2004年前先确定一个货币发行控制在30%的增幅以内、通货膨胀5%的涨幅内的货币政策目标，然后从2004年1月1日起，根据通货膨胀预期确定保持稳定的浮动汇率制。二是努力恢复人们对银行的信心。政府向人们发出恢复对银行信心的号召时，人们响应了政府的号召，储蓄很快回升，2003年6月已达6 472万比索，较最低的2002年7月增加992万比索，月均增长1.7%。三是鼓励银行向私营部门增加贷款，根本改变危机前要求银行过多向公共部门增加贷款的做法，促进经济恢复。四是严格限制美元汇出和商品进口，鼓励农产品出口，吸引国外游客来阿根廷旅游，以增加经常性账户盈余。五是在改革税制、加强征管的同时，努力控制财政支出，实现财政收支平衡或盈余。

到2004年年底，阿根廷经过艰苦谈判，最终与国际金融机构达成协议，公布了用新债券转换到期未偿债券的债务重组方案。根据该方案，阿根廷政府用3种新债券转换2001年年底到期迄今未还的178种公共债券，总额为818亿美元。该方案规定，2005年1月14日至2月25日期间，所有接受该重组方案的债权人可向指定的代理银行登记，办理债券转换手续。4月1日，所有债权人将持有新债券。此次债务

续

重组后，阿根廷债务总额将减少200亿美元至300亿美元，其余债务的偿还期限也将大大推迟，可明显减轻阿根廷的偿债负担，为阿根廷彻底走出债务危机和恢复国际信用奠定了重要基础。但是，重组后阿根廷公共债务总额仍将保持在1 400亿美元的高水平上，从长期来看，还不能从根本上解决阿根廷沉重的债务负担问题。

第三篇

哥伦比亚地方政府债务管理

一、概　　述

（一）政府管理框架

哥伦比亚是美洲地区分权程度最高的国家之一，其政府结构包括中央政府、32 个省政府和 1 064 个市政府。

（二）政府间财政关系

1. 政府间支出责任划分。哥伦比亚政府结构包括三个层级——中央政府、省政府和市政府，各级政府均有自己的支出责任和自有财政资源。

每一级政府都包括三种成分，即中央成分、分权成分和省级成分。很多较小的市至今仍不具备自有税种的管理能力或用可自由支配的收入满足经常支出需要的能力。很多较大的市都拥有现代的税收管理制度，与大多数省相比，这些市似乎能更好地承担支出职能和筹集自有收入。各省负责承担卫生和教育领域的支出责任，但它们只具备很有限的承担能力；中央政府为此设立了一些特别基金，从而使针对这些领域的转移支付甚至不用涉及各省的预算。因而，各省和各市政府都只承担相当有限的财政责任。

1991 年哥伦比亚《宪法》将大量支出责任下放到各市和各省，这种方式符合支出责任划分的受益原则。其目标在于实现对地方需求的更快反应，从而更有针对性并更高效地提供地方公共服务。但哥伦比亚的地方分权进程仍处于初期阶段，各省和多数市都缺乏有效执行支出职能时必需的制度上的能力。而且，哥伦比亚继续由中央政府确定支出准则，如教育支出和卫生支出等，这种强有力的传统做法进一步抑制了地方分权的实行。

2. 政府间收入划分。哥伦比亚中央政府的税收划分在很大程度上符合政府间财政关系的基本原则并能实行恰当的税收管理。哥伦比亚的主要税种都被安排给中央政府，其中包括增值税、国际贸易税、个人所得税和公司所得税。这种安排符合国际惯例，也便于在 DIAN（即税收管理与关税部）的职能结构下提高税收管理效率。1991 年《宪法》加强了自 20 世纪 80 年代开始的权力下放过程，规定了收入分成转移支付系统，以便为某些公共物品的供给提供资金，比如地方层面的健康和教育。收入分成的两个主要手段是：第一种手段给省政府提供专门用于健康和教育用途的转移支付，而第二种手段把财政收入用于自治市一级的基础服务项目（教育、健康、供水）。

3. 政府间转移支付。哥伦比亚政府间转移支付中，用于弥补财政不平衡的转移支付在中央政府最为突出。1991 年至 1996 年期间，中央政府整体财政状况明显恶化，其经常性转移支付增长是造成支出增长的最主要原因。其中，向市政府提供的转移支付在转移支付总额中所占比例稳步上升。所以，哥伦比亚仍需对现有政府间转移支付制度进行大力改革，促使市政府最大限度地提高财政自给能力并增强财政责任感。这要求政府能实现有效的税收管理、制定恰当的转移支付与预算制度、建立适当的信息系统并控制借款。

2002 年，向地方政府转移支付的总额提高到占中央行政部门收入的 46.5%（24.5%到省一级，22%到自治市一级）。在 2004 年，给地方一级的财政转移支付额度占 GDP 的 5.1%，而且，其中 36%被用于地方一级。就像所有其他的拉丁美洲国家一样（巴西除外），哥伦比亚的地方财政高度依赖于转移支付。省政府自己几乎没有什么税收基础，而自治市只能够依赖于财产税，作为他们财力的补充。为了加强财政秩序，哥伦比亚修改了它的政府间财政协议，以便限制对地方政府的自动转移支付，并提高宏观经济和财政的合作。

（三）地方政府债务概况

在 20 世纪 90 年代的权力下放过程之前，哥伦比亚所有的地方借款行为都必须得到财政部的批准。虽然批准不是非常严格的，但地方的债务水平是非常低的。因为地方州长是由中央政府任命的，而这些州长反过来又任命了市长，所以，实践中的政治自主很少。权力下放的第一步是 1986 年最先开始的市长选举。随着分权过程的发展，借款的特别批准程序渐渐演变为以市场约束机制和以法律为基础的行政控制相结合的模式。

20 世纪 90 年代初期，由哥伦比亚中央决定税收的专款专用和转移支付方式鼓励了贷款的增加。银行根据《宪法》的强制力量，扩大了它们的贷款。导致借款限制放松的因素还有：误导性的报告、对地方政府的控制放松以及对银行的现金垫款缺乏有意识的控制。这些因素导致银行部门的地方政府债务占 GDP 的份额从 1991 年的 2.6%提高到了 1997 年的 4.6%。

二、地方政府债务管理体制

自 20 世纪 90 年代末开始，立法方面的发展就试图推动哥伦比亚成为以市场约束和行政控制相结合的国家。

哥伦比亚债务管理体制以行政控制型为主，允许地方政府举借内债与外债。根据借债方式的不同，中央政府对地方政府举债的控制程度有所不同。尽管地方政府发行债券需要得到财政部的批准（在经过国家计划部的批准之后），其他一些借债方式，诸如商业银行借款和各种各样的国有债券，并没有受到严格的规制。

地方政府发行债券需要获得哥伦比亚财政部和国家计划局的批准，到目前为止，地方政府曾向外国银行借款，但从没有向外国发行过债券。

三、地方政府债务风险控制

（一）规模控制与风险预警

1. 需求控制。在需求控制方面，1993 年以前，哥伦比亚地方政府举债只需履行规定的手续，不受财政部限制，结果导致地方政府产生了大量负债。1993 年，哥伦比亚出台了 80 号法案，要求金融机构对地方政府的偿债能力进行监测。根据该法案要求，银行对地方政府借款进行评级，并监控地方政府借款担保的数量和质量。

1995 年，哥伦比亚财政部颁布了一项法令，该法令规定地方政府用作借款担保的收入额占担保借款额的比重从 130% 提高到 150%。此外还规定，信贷机构在发放贷款时必须充分考虑地方政府的资产净值与贷款额之比。这些措施同时降低了地方政府借款的供给量和需求量。

1997 年，哥伦比亚《358 号法律》（红绿灯法律）将地方借款与他们的支付能力相结合，规定了对地方政府债务的具体限制。这些限制包括两个指标：一是地方政府的债务利息支出与经常性盈余之比，这个比例代表地方政府的资金流动性；二是债务余额与经常性收入之比，该指标用来评估中长期债务的可持续性。针对每一个地方政府的贷款要求，上述指标的作用类似于交通信号灯。由于限制指标为两个，实际评估中，首先就两个指标分别确定亮灯区域，然后再综合决定最后亮灯区间。具体原则是：只要有一个指标为红灯，则为红灯；如没有红灯，则只要有一个指标为黄灯，则为黄灯；如果都为绿灯，则结果为绿灯，如表 3－3－1 所示。

（1）严重负债（红灯）：这一交通区主要根据债务利息支出与经常性盈余之比大于 60% 和债务余额或经常性收入之比大于 80% 来体现。处于红灯区的地方政府被禁止借款。

表 3-3-1　《358 号法律》规定的哥伦比亚地方政府债务预警体系

预警指标	绿灯区	黄灯区	红灯区
债务利息支出/经常性盈余（流动性指标）	小于 40%	40% ~60% 之间	大于 60%
债务余额/经常性收入（偿债能力指标）	小于 80%	小于 80%	大于 80%

注：经常性盈余 = 经常性收入 - 经常性支出（不包括利息支出） - 对下级政府的转移支付。经常性收入主要包括税收、非税收入、收费、来自中央政府的转移支付、中央与地方政府之间的收入分成和利息收入等。经常性支出包括工资、社会福利和社会保障支出等。

资料来源：哥伦比亚《358 号法律》(1997 年)。

（2）中等负债（黄灯）：这一交通区主要根据债务利息支出与经常性盈余之比大于或等于 40% 但是小于或等于 60%，而且债务余额与经常性收入之比小于 80% 来衡量。处于黄灯区的地方政府必须首先获得哥伦比亚中央财政部的允许，而且借款政府必须与金融机构（借贷方）签订业绩合同。该业绩合同规定了在某一时间表内，该地方政府必须达到的一系列改革目标，如增加税收和非税收入、削减支出、达到经常性盈余、改善债务结构等。如果该地方政府不能完成这些目标，则其未来的借款便会受到限制。例如，负债最为严重的 Valle 省与 23 个金融机构签订的业绩合同就包括下列要件：①该省必须与一家信托机构签订一份不可逆的信托存款合同，由该机构管理省政府的所有资金。②该省必须与一家信托机构签订一份不可逆的信托存款合同，该机构负责管理和出售由省政府所拥有的两家公司的股份。③省政府如欲将短期贷款展期或重新融资从而提高负债水平，必须得到中央政府批准。④省政府必须在 1999 年和 2000 年，每年至少减少人员和其他经常性支出的 5%。任何经常性收入的增加必须首先用于偿还债务。只有当实际经常性收入的年增长超过 2.5% 时，省政府才能分配收入增量的 50%。

（3）自主负债（绿灯）：这一交通区主要根据操作储蓄中利息的比例小于 40% 和债务余额与经常性收入之比小于 80% 来衡量。处于绿灯区的地方政府被允许自行签订借款合同。

2000 年的《617 号法律》在《358 号法律》基础上，对地方政府债务管理进行了更严格的规定。首先，将省分成 5 类，市分成 6 类，然后根据不同地区规定了经常性支出/非专项收入的上限。其次，中央行政当局（包括中央银行）不允许对它们的公共实体进行转移支付。第三，对新自治市进行了严格限制，并要求不能独立生存的自治市将被合并。最后，不遵守这些财政规则的地方政府必须建立为期两年的纠正调整项目（由哥伦比亚中央财政部监督），以便重新获得财政上的独立生存能力。

由于《358号法律》并没有得到很好的执行，2003年的《第795号法律》取消了红绿灯系统的黄灯分类（第120款），这一修改后的法律对地方政府的借款限制更为严格。实际操作中，只要有一个指标亮红灯，则结果为红灯，如表3-3-2所示。

表3-3-2　《795号法律》修改后的哥伦比亚地方政府债务预警体系

预警指标	绿灯区	红灯区
债务利息支出/经常性盈余（流动性指标）	小于40%	大于40%
债务余额/经常性收入（偿债能力指标）	小于80%	大于80%
关于借款的规定	地方政府可以自行签订新的借款合同	禁止地方政府借款

（1）严重负债（红灯）：这一交通区主要根据债务利息支出与经常性盈余之比大于40%和债务余额或经常性收入之比大于80%来体现。处于红灯区的地方政府被禁止借款。

（2）自主负债（绿灯）：这一交通区主要根据操作储蓄中利息的比例小于40%和债务余额与经常性收入之比小于80%来衡量。处于绿灯区的地方政府被允许自行签订借款合同。

2003年哥伦比亚的《第819号法律》（《财政透明和责任法》）在《第795号法律》基础上又添加了另外一层规定。在最初的流动性指标和偿债能力指标外，添加了第三项指标，即经常性盈余应大于或等于债务利息。这意味着财政赤字必须是零，即借款只限于为现存债务提供资金。根据该法律机制，中央政府和地方政府需要每年提出持续性的10年宏观经济框架。中央和地方的预算也必须完全依照中期的宏观经济框架。该法律进一步规定，对各级政府进行的财政管理必须严格依照中期的宏观经济框架。如果政府计划降低其税收或者提高支出，使支出超过预期支出，则必须寻求中央财政部的批准。然而，中央政府并不能对收入多少进行完全的控制。

哥伦比亚综合《358号法律》、《617号法律》、《795号法律》和《819号法律》对地方政府的国内外借款作出了规定，这些法律规定借款实体要保留支付能力。地方政府可以借贷或者发行债券，国内货币或者外国货币都行，但是，它们必须服从财政规定。需求控制对地方借款的限制可以概括为以下四个规则：

（1）严重负债（红灯）：这一交通区主要根据债务利息支出与经常性盈余之比大于40%，债务余额与经常性收入比例大于80%来体现。

（2）自主负债（绿灯）：这一交通区主要根据债务利息支出与经常性盈余之比小于40%和债务余额与经常性收入之比小于80%来衡量。

（3）经常性盈余和债务利息的比率不低于100%（暗示财政赤字为零）。

（4）规定经常性支出与非专项收入的比率上限。该上限随着地方实体类别的不同而变化。

2. 供给控制。对商业银行的贷款行为进行管理和监督是限制地方借款的重要途径，而银行贷款主要是由私人商业银行主导的。在特定的情况下，需要获得银行和管理委员会的批准。另外，根据条款规定，银行有责任不提供没有履行偿债义务地方实体的贷款，即使他们有担保人的支持。作为对20世纪90年代初期和中期的借款狂潮，银行监督机构规定，任何到期日超过一年的地方贷款都是有风险的。这些控制后来放松了，但是，在地方实体的两年狂热借款之后又得到了加强。2000～2001年的哥伦比亚改革引入了对地方实体进行贷款等级划分的墨西哥模式。

哥伦比亚一直禁止中央银行向地方政府贷款。此外，如果地方实体违反了《617号法律》和《358号法律》的规定，或者对政府欠有债务，那么，法律就禁止政府向该地方实体贷款或者为其债务提供担保。另外，财政机构和区域发展机构对地方实体的贷款必须满足《358号法律》、《617号法律》和《817号法律》等不同法律规范的条件和限制。否则的话，信用协议就是无效的，所借的资金也必须立即被偿还，而且没有利息、也没有任何其他费用。

（二）偿债准备金

意外开支准备基金用于偿还或有债务，其资金来源于公共部门的出资或存款。基金中的存款按照项目和各自的风险程度进行划分，因此不同部门的存款并没有被混同。债务偿还作为支出列入预算。如果不出现或有债务，或者或有债务不再上升，公共部门的资金要么被退回，要么被专用到其他项目上。

（三）控制或有负债

哥伦比亚地方财政系统消除了或有（隐性负债）的两个重要来源。第一，哥伦比亚地方政府没有自己的银行。第二，费用的基础是权责发生制基础。传统上，对或有负债的管理被限制在中央政府上。《448 号法律》（1998 年）、《617 号法律》和《819 号法律》（2003 年）对或有负债规定了新的和范围更广的框架。《448 号法律》要求政府、省政府和所有类别的地方实体都包括预算拨款，以便支付或有负债。财政部在对这些负债额的量化进行管理的过程中起到核心作用。另外，该法律设立了一项特殊的基金（地区实体的风险基金），目的是支付因地区债务而引起的费用，该债务是根据中央政府担保而签订的协议。根据《617 号法律》，必须用非专项收入为地方实体的运行费用提供资助，这些费用不仅包括经常性开支，还包括或有负债和退休金负债，以及部分资本投资的资金。《819 号法律》（2003 年）规定，每年必须向国会报告任何与特许权、主权债务担保和法律合法性有关的或有债务，以作为中期财政框架（MTFF）的一部分。

（四）透明度要求

财政管理的法定框架和行政框架以法律为基础。这个框架是公共的，但是非常复杂。公共实体常规性地透露大量关于公共财政的信息，但是，透露的质量和范围是不同的。一些机构还汇编与非财政公共部门有关的信息，这些信息包括关于各省市的数据。公众可以获得关于政府财政赤字的历史信息和当前信息。虽然《617 号法律》设立了关于地方实体的债务和或有负债的电子数据库，但是，能够被公众获得的信息仍旧是粗略的和不完整的。“综合财政信息系统”是网上公共部门信息系统，该系统也收集和发布关于地方实体的信息。该系统现在还没有向公众公开。另外，一项名为 FOSIT（2000 年第 2806 号令）的项目也开始启动了，该项目的目的是改善地区财政信息系统的质量和实效性。

第四篇

秘鲁地方政府债务管理

一、概　　述

（一）政府管理框架

秘鲁的行政划分为 25 个地区和 1 830 个自治区，在这些自治区中，有 197 个省级自治区，其余都是区级自治区。秘鲁是拉丁美洲最为中央集权化的国家之一。

（二）政府间财政关系

直到最近，秘鲁还是拉丁美洲最为中央集权化的国家之一，自 2002

年开始对中央集权进行分权以来，政府一再强调财政稳定的重要性和将分权风险降到最低的必要性。因此，截止到目前，秘鲁已经成功规避了一些其他拉丁美洲国家在中央集权分权过程中遇到的意想不到的危险和风险。一个反映出财政稳定重要性的广泛的分权合法性框架，已经被用于指导分权的过程。

2002 年 7 月秘鲁的《分权组织法》为将要实施的程序提供了基本指导，这些程序强调了硬预算约束和财政中立程序的必要性。2002 年 11 月的《地区政府组织法》的实行将为期 4 年，它建立了地区的行政和立法分支，在监督地方的财政状况方面，它赋予了中央政府一个关键性的角色。对于那些与《财政责任透明法》不一致的地方来说，此法的实施是可以被预见的，例如，反对财政规则的地区将没有机会进行基础设施的条件性转移。2003 年 3 月的《自治区组织法》包括详细的市政支出责任和收益来源，行政区和省市都被给予了相对最小的责任，当地收益包括从中央得到的转移支付，从当地收益来源中得到的资源，市政税收，费用和执照，私有化收据和从借款中得到的资源。2003 年 6 月，《财政责任透明法》得到修订，修订后的法律仍然保留它的核心原则——平均保留了商业周期上的财政平衡和盈余，另外，法律也保留了赤字的财政规则、非财政性一般政府支出的增长和所有与透明度相关的条款。以后，这个修订将扩展到所有地方政府和实体。2004 年 2 月的《财政分权法》突出了与地区和地方的政府资金来源相关的条款。在分权的第一步，地区将通过中央政府转移支付得到资金，这些款项被指定用于特定的社会项目和基础设施方案。第二步，两个或者更多的地区将被合并，积聚力量为一些已经过评估的项目服务，这些大型地区，包括利马和卡亚俄。2004 年 2 月秘鲁的《政府分权 955 号法令》实施了现行的合法性框架。

（三）地方政府债务概况

秘鲁地方的债务演化必须放到宏观经济的大背景下，秘鲁在 1997 年经历了一场财政危机，在 1996 ~ 1998 年间，秘鲁重构了欠外国商业和巴黎俱乐部双边借贷者的债务，到 2003 年年底总共的债务占到 GDP 的 48%，这些债务中 85% 是由外汇主导的。从那时起，公共部门的早期盈余和稳固的经济增长，加上积极的债务管理，都促进了秘鲁债务问题的减少。到2005年其债务已经降低到占GDP的39%，外债与出口的比例已经从2003年的280%降到2003年的160%。由于秘鲁中央政府对地方政府举债尤其是外债实施了严格控制，秘鲁没有经历类似于巴西、阿根廷和俄罗斯那样的地方政府债务危机。

二、地方债务管理相关法律法规

涉及秘鲁地方政府债务管理的法律依据主要有四项：《自治区组织法》、《财政责任透明法》、《财政分权法》和《一般债务法》，其中《一般债务法》是迄今为止关于地方政府债务管理最综合的立法。

（一）《自治区组织法》（2003）

秘鲁《自治区组织法》允许自治区举借内债，以便于为非现期支出融资。对于国外融资，则规定自治区要有官方权威和政府提供的担保。

（二）《财政责任透明法》（1999，2003）

秘鲁《财政责任透明法》于1999年11月1日生效，随后在2003年做了一次实质性的修正，使其适用范围扩展到地区和当地政府。《财政责任透明法》最重要的意义在于为地方政府建立了一套适用的财政规则，其主要条款包括：

（1）债务限制——作为地区和中央政府的现期收入的百分比，也包括从中央政府得到的转移支付。

（2）为期3年的平均值平衡的要求，这对于每个地区或当地的政府来说都有积极性。

（3）地方政府仅能向中央政府借款，并且必须是为了基础设施建设目的。

（4）承诺从2005年起，开始将非财政公共部门赤字占GDP的比重减少到1%或者更少。

（5）在收益亏空的调整方面引入了季度性监督体制。

（三）《财政分权法》（2004）

秘鲁《财政分权法》适用于国家、地区和当地政府。这部法律为地区和当地政府的实际支出建立了3%的年增长上限（与一般政府的总需求上限一致）。

（四）《一般债务法》（2005）

秘鲁《一般债务法》适用于地区和自治区实体。该部法律规定的主要借款规则可以概括如下：

1. 总未偿付债务小于或等于现期收入的100%，现期收入的定义排除了资本收入，但是包括转让收入。

2. 总未偿付债务的还本付息小于或等于现期收入的25%。

3. 无担保中等规模未偿付债务小于或等于现期收入的40%。

4. 无担保中等规模未偿债务还本付息小于或等于现期收入的10%。

5. 年底的短期债务，包括浮动债务，小于或等于现期收入的12%。

6. 3年的均值必须是正值，此时的初期盈余被定义为总收入和非融资成本的差异。

7. 财政支出的真实年增长不得超过3%。

8. 在选择期的前一年，为便于将来管理，必须公示每一笔当前支出承担的成本费用。

9. 地方实体（和任何外部借款）需要由中央政府担保方可签订外部负债合同。

10. 非担保债务与现期收益比率必须低于40%。由于外部债务的担保要求，这个条款主要是为了阻止国内过度借款。

11. 总的非担保负债的还本付息与现期收益比必须低于10%（对于购买机器设备，其上下限分别为40%和25%）。

12. 借款只能用于为基础设施项目融资。

13. 如果省或自治区不符合《财政责任透明法》的要求，则其利用地区和市政资金的机会将被剥夺，剥夺期限高达90天。

14. 当地方政府的操作危害国家财政稳定性时，中央政府有权介入其操作。

第五篇

印度地方政府债务管理

一、概　　述

（一）政府管理框架

印度共和国位于南亚次大陆，是我国的近邻，当前也是一个正在加速前进的发展中大国。无论是在历史还是现实方面，印度都与中国有着某种程度的相似。印度是一个具有浓厚中央集权色彩的联邦制国家，由中央政府、邦政府及邦以下地方政府三级政府组成，每个邦都有自己的立法议会。立法权在联邦议会和邦立法机构间进行了划分，中央政府直接管辖的领地称为中央直辖区。印度全国划分为25个邦和8个中央直辖区，其农村人口占全国人口的2/3，因而地方政府在印度具有举足轻重的作用。

（二）政府间财政关系

印度邦政府拥有相当大的财政权力。中央政府为标准支出超过标准收入的邦提供一般性转移支付，中央财政委员会审议国家财政预算，并提出调整建议，确保财政预算平衡，在债务减少的同时，实现宏观经济稳定增长。同时，邦财政委员会通过邦共同基金向地方政府转移财力。邦政府正逐步将一些权力转移给地方政府，但这一过程尚未完成，财权下放的过程仍在继续。

根据印度《宪法》，中央政府负责处理印度经济中最一般性的问题，如银行、铁路、港口、外贸及大型工矿业等；地方政府则负责人民生活的主要方面，如灌溉、电力、教育、卫生、公路运输、小型工业等。同样，《宪法》对中央与地方的财源作了明确划分，中央征收所得税、货物税以及关税，这在印度是最有收入的税收；地方则征收土地税、农业所得税、地方商品税等，但这些税种缺乏弹性，根本无法满足地方经济发展的需要。为此，《宪法》规定了中央通过对地方实施税收分成、赠款及贷款等方式进行财源的转移，然而由此造成了中央控制财力过多，地方财力虚弱，进而导致中央与地方的财政关系日趋紧张。尽管中央握有一定的财力有利于对国民经济实行宏观调控，促进市场经济发展，但财力控制过多则可能导致中央与地方财力不平衡，使地方丧失自主发展的积极性，从而影响经济发展。

到20世纪80年代末，印度中央政府已经意识到联邦制的正常运转是与向地方分权相联系的。"在一个有活力的联邦制中，政治权力、主权通常是由中央和地方分享的。这种有活力的联邦制与经济组织的计划控制模式是不合拍的。"1991年印度经济危机的爆发似乎是对这种认识的最好注解，它迫使政府拉开了一场以自由化、市场化为导向的改革。在政府间财政关系方面，中央将大量财权下放，开始大胆尝试"权责回归"。1993年起印度约3/4的原中央税逐渐转移到了地方，可以说，这是印度中央与地方财政关系的一次革命性变化。中央权力的削减对地方自主发展，特别是大量外资的流入产生了积极作用，使传统的以财政援助为主的中央对地方的控制大为减弱，减少了中央与地方之间关于经济和财政的争执。不过，集权制下各地方政府之间慑于中央权威而展开的“合作”性竞争，开始向着争夺经济资源，提升财政能力为目的非合作竞争转变。因此，这次变革中央在较大程度上退出了对地方间相互关系的干预，这在某种程度上赋予了各地方“蝶变新生”的机遇，从而使得地方政府之间的竞争更为激烈。

从近年来情况看，印度政府间财政关系仍存在着纵向不平衡与横向财政不平衡。一方面，由于《宪法》划分收入的影响以及多年来财政的发展，印度已经形成了高度的中央集权和纵向财政不平衡。1955～1956财政年度邦开支占总开支的比例为61.7%，而1994～1995年下降到了48.5%。与其他联邦制国家相比，印度的邦政府对中央补助的依赖程度最高。另一方面，印度邦政府之间存在横向财政不平衡。印度财政联邦制的一个重要特点是各邦之间在征税能力及人均行政、经济和社会劳务开支方面存在着很大差异。高收入邦自有收入占经常支出比例平均达到77%，中收入邦自有收入约占59.4%，而低收入邦平均则为45.3%。可见财力的悬殊。

1. 事权与支出责任划分。在印度，邦以下地方政府又可划分为农村地方政府和城市地方政府。

（1）农村地方政府事权与支出责任。印度县政府一般管辖8～10个区。县政府在多数邦一般是负责监督、咨询和协调的机构，在区政府委员会与邦政府之间起到纽带作用。其主要职责是协调区政府的计划监督等活动；审查和批准区政府的预算；负责分配联邦和邦政府给县的特别拨款；设置和维修中心学校、医院；建造和维修道路、公园、供水系统；发展地方工业和艺术；对邦政府有关村和区政府的工作提出建议。因为各邦对县政府所授予的功能和地位存在着很大差别，因此很难确定一个全印度统一的县政府支出模式。在马得拉斯，[①] 1983～1984年间其支出几乎为零，而同时在马哈拉施特拉邦，每个县政府的平均支出为1.4亿卢比。对马哈拉施特拉邦1983～1984年度县政府的综合分析表明，在支出比重的顺序上，

① 马德拉斯（英文“Madras”），南印度东岸的一座城市，它坐落于孟加拉湾的岸边，是泰米尔纳德邦的首府，印度第四大城市。

五个最重要的支出领域是：教育（53%）、总体性行政管理（11%）、建筑和通讯（10%）、灌溉（7%）和公共保健（5%）。

印度区政府一般由20～50个村组成，大部分重要事务由其依法设立的数个常设委员会处理。区政府负责组织乡村开发计划的实施，其职责主要是负责农业的发展、环境卫生、初级教育紧急救济等方面，在整个政府组织体系中非常重要。在区政府的财政支出上，发展支出约占整个支出的8%，主要的发展支出项目是教育、保健、社会福利和水的供应。主要的非发展支出项目是行政管理、道路维修和水利工程等以及杂项支出。

印度村政府一般由村民大会直接选举产生，实际上是村民大会闭会期间的权力机关和行政机关。村政府的职能有服务性职能和开发性职能之分。服务性职能包括建筑和修建房屋、道路，维护环境卫生，向居民提供清洁的饮用水，调处轻微民间纠纷等。开发性职能包括实施土地改革，发展农村灌溉业、畜牧业和小型工业，组织集体耕作，开展初等教育、社会教育；兴办农村诊所和娱乐中心。在财政支出上，村政府人均财政支出逐年增加，但在绝对数量上，许多邦仍然相当低。村政府三大最重要的支出项目一般是行政管理、道路及排水沟的建设和修理、公共保健。

（2）城市地方政府事权与支出责任划分。在印度，大中小城市都建有自治机关，分别叫都市自治会、市政议会和镇地区会议。都市自治会制定市政管辖的总政策和总规定，城市自治机构都有多种多样的责任，包括征税、征用不动产、公共市政及福利管理等。从财政支出责任看，印度城市机构因为严重缺乏资金，使他们无法履行应尽的职责，只有很少资金用于基本的市政设施和发展活动。近年来，孟买都市自治会机构的费用就占了其整个税收的1/3。根据印度财政委员会公布的数字，印度城市五项主要经费支出项目的排序是：公共保健、行政管理和非发展活动、教育、筑路和供水。在财政管理上，城市地方政府没有事先检查制度，事后检查通过地方资金检察官来进行。每个邦都有一个资金检察官，是邦政府官员，对邦财政部负责。

2. 收入划分。在防止政府间司法争端的努力中，印度宪法将大部分征税权在中央及邦政府间毫无重叠地分配。这一独特的安排模式有效地阻止了邦政府为了满足其不断增长的基础设施建设和社会支出的需求而扩大税基。这一模式还限制了已在其他联邦制国家中得到发展的合作及税收协调主动权的范围。邦政府被赋予了征收拥有宽税基的营业税的权力，但这个为邦政府准备的税收区间已被中央政府部分先行占据了，因为中央政府可对大部分商品征收消费税。印度邦政府有将近一半的财政需求可自给自足。尽管在1995~2000年期间，邦政府拥有许多改善邦政府税收政策及管理机制的机会，但其自身的税收占GDP的比重在这一时期基本保持不变，维持在5.7%左右。近年邦政府的支出占到了GDP的16%，其自己的收入仅仅占GDP的7%~8%，其余的8%~9%是通过来自中央政府预算的转移支付或是中央政府组织的债务筹资实现的。这样，中央政府负责了邦政府支出总额的55%。邦政府的出资在中央政府及邦政府联合支出中大约占58%，但各邦政府为了取得税收的努力却大不相同。例如，古吉拉特邦（Gujarat）设法使其税收及非税收入占其现金账户支出的比例达到76%；而北方邦（Uttar Pradesh）和比哈尔邦（Bihar）的这一比例分别是36%和35%。有效税收的取得在各个邦政府间显著不同，其占全邦总产值的比例最高的是泰米尔纳德邦（Tamil Nadu），达到了12%，最低的则是北方邦和比哈尔邦，分别是6%和5%。地方政府税收收入占GDP的比率仅为1%，与之相比，中央政府的税收收入占GDP的比率是7.5%，邦政府的则是8.5%。

（1）农村地区的政府财政收入划分。印度县政府的财政实力与他所在的邦所处的地位有关。在马哈拉施特拉邦（Maharashtra），县政府是有实权的地方管理机关，所得的政府拨款多；而在泰米尔纳德邦，县政府是个咨询机关，政府拨款就少得多。印度区政府负责执行许多重要的规划和开发职能，其财政能力对地方发展非常重要。财政来源主要有以下几项：农村开发拨款；政府各部门的拨款；各种税费收入；其他收入。尽管一个区政府所征收的税种非常之多，但实际收入则相当低，一般低于区政府总收入的10%，实际课税也很少。而更多的依赖邦政府的财政援助资金，约占其整个收入的85%。尽管区政府所征税种绝大部分是弹性很强的税源，但区政府并不愿意冒着激起基层社区反对的风险去征税。印度村政府的收入分为三类：①政府来源。包括法定收入，即政府依法征收并返还给村政府的税费收入，如土地税、教育税等；其他来源，如政府的财政补助金和激励金等。②自身来源。包括依法自征的税费收入，如房屋税、职业税、土地附加费等；其他来源，如村政府进行有偿服务的收入。③杂项收入。包括县议会和区政府给予的临时捐款和赠款、投资和贷款的赢利以及公众的募捐等。在大多数邦，资助份额大于村政府的全部收入。除了政府来源的资金有保障外，其他财政收入不稳定且数量有限。印度农村地区比较贫困，虽然法律规定村政府有权自行决定开征一些项目的税费，但村政府为避免村民不满，通常不大愿意过多地使用权力，在决定开征的项目上，税率和收费标准也定得很低。

（2）城市地方政府收入。都市自治会、市政议会、镇地区会议的共同收入来源可以归结为：①税费收入。主要税种有财产税、建筑税以及各项城市管理费等。②政府拨款。包括：一般项目的拨款、特殊用途的拨款、补偿性拨款。③其他收入。如罚款收入、市政事业和财产收入、从邦和中央政府接受的捐款、贷款、税收分成等。依轻重排序，1989 年城市地方政府机构的主要收入来源是：税收收入（65%），拨款（25%），其他收入（10%）。城市税绝大部分是刚性的，许多有利并且弹性较大的税是由邦和中央政府掌管的。因此，城市地方政府的税收基础并不能随着支出的增长相应的增加。城市地方政府一般不去强制征税，必须强制时，也要保持相当低的税率。原因很简单：同村政府一样，当选代表希望在选民中维持声望；税收人员一般缺乏动力，效率不高并且腐败；富人和有权势的人逃税。近来的数据表明，城市政府在印度全国整个税务收入中的分成已经下降。在这方面的税收分成中，一般是都市自治会最高，市议会次之，而镇地区会议最低。相对应的是，通常地方政府层面越高，则越少依赖于上级政府的资助。

3. 转移支付。印度中央政府通过多种形式向邦政府转移支付。其主要形式有：财政委托转移支付、计划委托转移支付、有条件补助转移支付、赤字融资。尽管存在这样或那样的问题，但作为一个世界第三人口大国的印度在转移支付方面走出了自己的路子并形成了一定规模，为平衡地方财力，促进经济发展作出了一定贡献。从表 3－5－1 可以看出，印度转移支付总额及接受转移支付邦的数额均在减少，到 1999～2000 年度已没有任何邦再接受任何转移支付。

表 3－5－1　　联邦对各邦的转移支付趋势　　单位：个，千万卢比

年　　度	接受转移支付的邦	数　　额
1995～1996	16	4 005.71
1997～1998	12	771.15
1998～1999	12	258.76
1999～2000	0	0
合　　计		5 289.68

资料来源：印度第十财政委员会报告。

（1）财政委托转移支付（Finance Commission Transfer）。邦政府支出在政府总支出中占将近57%，而其收入只占总收入的35%。为了弥补这一资金缺口，印度《宪法》规定每五年进行一次财政委托，将原本划归中央政府的一部分征税权委托给邦政府进行。一般而言，税收份额在各邦之间的分配是根据各邦人口规模和人均收入的不均衡等客观标准为基础的；中央补助金在各邦之间的分配则是以各邦账户中每五年计划收支之间的缺口为基础的。

根据上述原则，财政委托计划提出对邦政府进行税收转移和援助性补助的建议，使其在印度《宪法》许可的范围内实现财政平衡或盈余。然而，这种“弥补缺口”的方法导致许多邦政府的软预算约束，这些邦的财政预算制定者为了增大其在中央政府转移支付中的份额，往往会在财政委托的前一年扩大其支出规模，使其现金账户从盈余位置滑向赤字位置，从而赢得中央政府的更多转移支付。因此，这种“弥补缺口”的方法实际上降低了邦政府实现盈余的积极性。进一步的研究表明，中央政府向邦政府转移支付的增加将降低邦政府的税收效率，而且，那些最贫穷的邦，也就是在弥补缺口中受益最大的邦往往也是税收效率较低的邦。此外，中央政府补助占邦政府总支出比例越高的邦，其税收努力程度也越低。

（2）计划委托转移支付（Planning Commision Transfer）。转移支付的第二种形式是计划委托（PC），其使命是协调中央和邦政府的发展计划。起初，这种委托被用于减少贫困及降低个人及团体中间存在的收入、地位、设施和机会方面的不平等。邦政府负责制定各自的计划。对于规模较大的邦，计划委托一般采取大额转移支付形式进行，其中包括70%的贷款和30%的补助。中央政府还通过多边及双边代理机构以相同的方式向

邦政府贷款，以提供定期的计划帮助。

在实践中，计划委托在决定公共部门的投资项目，特别是邦政府公共部门投资项目方面具有一定的实权。对于邦政府的投资项目，计划委托最终决定该计划中的援助资金如何在邦政府中分配，而这些援助资金为邦政府提供了实施投资计划时所需的补助资金。这种转移支付为邦政府的基础设施建设融资，并为该计划中五年期内的项目提供资金。每个邦政府都能获得一定份额的计划委托资金，而该份额的多少是与其邦经济计划的规模相联系的，这些资金由补助金、贷款以及从金融机构获得的中央政府担保基金共同组成。同时，中央政府需为计划开始后第一个五年内新项目的工资融资，这造成了各邦经济项目的扩张和行政部门的膨胀。

每一年，印度邦政府都会就经济计划的规模与财政委员会进行双边协商。此时，邦政府向中央政府、国内金融机构、外国中央政府举债的行为将受到一定限制。各邦政府借贷的历史记录以及其他经济指标在协商中都将被予以考虑，但是正式贷款承受力分析并不包括在协商议程中。

印度中央对邦政府的计划委托转移支付资金及债务融资的规模主要根据各邦人口规模以及人均收入差别制定。然而，尽管转移支付的分配主要是据此进行，但财政委员会与各邦政府间每年一次的双边协商还是使邦政府的债务融资产生了一个不透明地带，并促使邦政府作出产生道德风险的财政政策。财政委员会并没有公开对邦政府债务和赤字承受力的评估，同时，在制定各邦政府债务上限时并没有将各邦政府对债务和赤字的动态承受力考虑在内，如邦政府收入增长率等因素等。

（3）有条件补助转移支付（Conditional Grant Transfer）。转移支付的第三种形式是为中央政府赞助计划和共摊成本项目提供有条件的组合补助，这类转移支付旨在确保中央政府能够影响邦政府的优先选择，以实现国家的政策目标。此项目包括基础教育扩张项目、儿童营养项目、市政工程以及减少贫困计划等。

由中央政府设计并监控的邦政府赞助项目和共摊成本项目的快速发展使得邦政府对中央政府依赖程度有所增强。1995～1996年间，依靠中央政府基金支持的中央政府赞助计划有182个，它相当于GDP的1.3%。这种项目的数量之多，加上其高昂的管理成本与固定的适用性标准降低了其有效性，并扭曲了邦政府的优先选择。中央政府打算对中央政府赞助计划进行流水线处理，并将大部分项目转化为大额补助，但是迄今为止这方面还未取得任何进展。

（4）赤字融资（Deficit Financing）。转移支付的第四种方式是赤字融资，中央政府对这种转移支付的大部分资金并不明确担保。最近几年，所有邦政府财政赤字总额的38%依靠中央政府的净贷款融资。在1991～1992年间赤字融资规模下降了50%，这反映出偿还过去债务本金的负担增加了。赤字融资中绝大部分直接或间接地受中央政府控制。

（三）地方政府债务管理概况

从20世纪90年代到2005年，印度邦政府财政恶化，预算不平衡。由于没有明确的举债上限，邦政府经常性财政赤字严重，导致其不得不采用从中央政府借款、预算外借款、发行定期证券以及争取债务减免等方法缓解财政困难。2003～2004财年，邦政府赤字达95 993.70亿卢比。为此，财政支出委员会（Expenditure Finance Committee，EFC）要求邦政府起草旨在减少其财政赤字的财政改革方案。

2005年1月4日，印度第12届财政委员会建议实施财政改革计划。该计划旨在通过促进邦政府财政改革、完善财经法律、执行邦政府财政责任法、加强中央政府监管、促进债务整合化解等手段和措施，2009年3月使邦政府财政赤字占GDP的比重降到3%。该计划包括：（1）财政部规定邦政府年度举债上限，以约束其年度举债计划规模。（2）禁止邦政府向中央政府借款，而引入市场规则，采取招投标方式发行定期证券。凡符合印度《宪法》第293条第3款，财政部即可在总的举债上限内向印度储备银行发行一定数量的定期证券。印度储备银行作为28个邦政府的债务管理人，通过招标方式为邦政府发行期限为10～12年的债券，利率由市场决定，并以招标方式发行。10年期邦政府和中央政府债券之间具有20～35个基点利差。（3）邦政府有权与国内任何一家经授权的发展金融机构（商业银行除外）进行协商贷款。该计划于2005年实施以后，地方政府债务管理工作取得了不小进步，具体如下：

1. 债务管理办公室。有4个邦政府成立了债务管理办公室，还有6个邦政府债务管理办公室正在筹备中。邦政府运用CS DRMS 2000+（一种管理信息系统）管理债务。债务管理办公室的工作包括：制定中期和长期举债计划；确定债务结构和期限；对债务组合进行审查，以界定其风险特点；对财政收入和支出定期进行审查，并预测其所需要的现金额和举债额；使邦政府借款成本最小化。

2. 统一偿债基金。有14个邦政府建立了统一偿债基金，中央银行是该基金的管理人，其方案根据中央政府和印度储备银行的计划制定。依靠投资收益，该基金余额从2004年的不足10亿美元上升到2008年3月的40亿美元。

3. 市场借款。目前印度有4个邦没有市场借款，5个邦的市场借款少于2期，9个邦政府的市场借款为3～5期，10个邦政府市场借款在10期以上。加权平均收益率在2005～2006财年为7.50%，在2006～2007财年为8.105%，在2007～2008财年为8.25%；在2007～2008财年，市场借款额已升至150亿美元，而在2006～2007财年仅为50亿美元。

4. 政府债券。印度邦政府鼓励使用招标方式发行债券。在2006～2007财年和2007～2008财年，向市场借款均采用招标方式，而2004～2005财年采用招标方式的仅为2%，2005～2006财年为48.5%。每年的招标计划由邦政府制定，近期的计划和措施包括非竞争性招标和使用流动资金调节机制。

5. 其他。有17个邦政府规定了担保上限；8个邦政府建立担保偿债准备金；还有部分邦政府提前偿还高成本债务，争取在3年内逐步实现财政平衡。

经过一段时间的改革，2007～2008财年，印度邦政府市场借款（来自定期证券）已经超过50%；从全国社会保障基金（NSSF：The National Council for Social Security Fund）获得的投资有所减少；从发展金融机构（DFI，Development Financial Institutions）获得的协商性贷款占7%～8%；提取的邦政府公积金占12%～15%；外部援助项目的贷款占6%～7%，如图3－5－1所示。

截至2007～2008财年，印度有25个邦实现了财政收入盈余；利息支付额占GDP的比重已从2.93%降至2.19%；在2007～2008财年，邦政府的综合财政赤字率已减少到2%；从2006～2007财年起，所有的邦政府都通过招标方式发行定期证券；中央政府和部分邦政府间的债券利差降至30个基点以内。

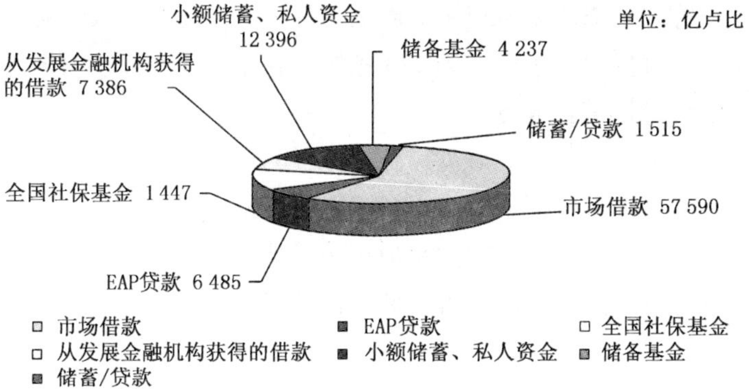

图 3-5-1　2007～2008 年邦政府赤字时的举债方式

资料来源：根据中国财政部和亚洲开发银行 2008 年 7 月在中国举办的“地方政府债务管理国际会议”资料整理。

截至 2007～2008 财年，印度邦政府债务占邦 GDP 的比例为 30%，债务占总财政收入的比例为 300%（在特殊邦，该比例为 200%）；利息占财政收入的比例为 20%；邦财政责任与预算管理法案中规定财政赤字占邦 GDP 的比重不得超过 3%。如果采用债务占财政收入比重 300% 的标准，则在 28 个邦政府中，有 1 个邦政府有偿债压力；如果按利息占财政收入的比例 20% 的标准，有 3 个邦有偿债压力；所有邦的债务总额占 GDP 的比重为 25.8%；所有邦的利息总额占财政收入的比例为 15.1%。

在本章的附录中，将介绍印度邦政府财政改革计划的两个典型案例。

二、地方政府债务管理体制

印度地方政府债务管理体制以制度约束型为主，兼具行政控制型的特征，法律对邦及邦以下地方政府举债权作了明确规定。印度《宪法》对邦政府借款有明确规定。第 293 条第 1 款规定，在印度领土范围内，邦政府在一定限制条件下可以借款或提供担保，这种限制条件可以由邦立法机构通过法律予以固定（迄今为止，这种限制还没有固定下来），然而一些隐性的限制条件已在财政责任和预算管理法案（FRBM，Fiscal Responsibility and Budget Management Bill）中进行了规定；第 293 条第 2

款规定，在符合第292条所规定的限制条件下，印度中央政府可以向任何一个邦政府提供贷款或担保；第293条第3款规定，在邦政府向中央政府举借的债务仍未还清的情况下，未经中央政府同意，邦政府不得举借新债；第293条第4款规定，在第3款的条件下，如果已征得中央政府同意，邦政府可以举借新债。第360条规定，当发生财政危机时，中央政府将提交一个紧急的解救方案，并采取更为谨慎的财政措施。此外，邦以下地方政府只有得到邦政府的许可，才可以发行债券。

三、地方政府债务资金运行管理

（一）举债方式

1. 邦政府举债方式。印度邦政府举债方式包括：邦政府公债、从印度储备银行等获得的再贷款或透支以及公共账户债务。

（1）邦政府公债。包括通过发行定期证券获得公开市场借款，从联邦储备金借款，由各邦定向发行给国家小额储蓄基金的特别证券，该基金由中央政府作为受托人，从中央政府的借款（用于资助实施由邦政府和中央政府共同出资以及外部援助的项目）。

（2）再贷款或透支。印度储备银行是26个邦的中央银行，各邦拥有自己的再贷款权。根据1934年印度储备银行法案，印度储备银行自1937年以来向各邦政府提供再贷款和透支，以弥补其收入和支出间的短期不平衡。借款方式根据年度收支情况予以确定，并且定期调整，当超过借款额度时，邦政府有14天的透支期。除了印度储备银行规定的再贷款以外，中央政府也可根据《中央政府计划法案》向邦政府提供借款，以弥补其收入和支出间的流动性不匹配。

（3）公共账户债务。独立于共同基金，其资金由邦政府作为受托人掌管，主要包括邦政府公积金和养老基金。

2. 邦以下地方政府举债方式。未经邦政府批准，邦以下地方政府不得借款。只要得到邦政府的许可，无论其是否提供担保，邦以下地方政府均可发行债券，这类债券必须经过信用评级，并明确其法律责任及是否征税。目前，有10个市政府发行债券，其发行规模在0.075亿~1.3亿卢比之间。没有免税的地方政府债券利率较高，比免税的债券高2~30个基点，这样的债券风险过高。迄今为止，邦以下地方政府债券以及其他形式的借款种类和规模比较有限，部分市政当局正在通过调整其收入杠杆结构以获得进入私人融资市场的信用评级。

（二）举债用途

地方政府贷款大部分用于消费，满足政府支出和偿还旧债目的。

四、地方政府债务风险控制

（一）财政责任法

2005年第十二届财政委员会之后，印度各邦政府纷纷通过了自己的《财政责任法》。根据《财政责任法》的规定，各邦政府必须满足以下的最低标准：

（1）到2008~2009年间，消除目前的赤字；

（2）在同年要将财政赤字减少到邦国民生产总值（GSDP）的3%；

（3）年度之间的赤字降低目标；

（4）年度报告的要求。

（二）规模控制

要实现地方政府债务可持续性，需考虑以下两点：（1）各邦债务占邦国民生产总值中的百分比应稳定在一个怎样的水平？（2）给定了邦债务/GSDP的目标以后，各级政府怎样保持这些比率？实际上，对这些问题的回答很大程度上取决于GSDP的增长率，如果一个邦的GSDP增长率相对于利率较高，那么它就能将债务/GSDP的比率保持在一个比较高的水平。

（三）或有与隐性债务控制

除了各邦外在的借款和负债，地方或有债务的增长也相当迅速。它们主要来自邦政府给予国有企业的担保。担保并非直接负债，但是如果被担保企业出现拖欠情况时，担保就成为了政府的或有债务。在很多案例中，邦政府为它们的公共部门企业提供了担保。有时候，公共部门企业也成为邦政府用来进行贷款的一个工具或者一个间接机构。因为很多邦一级的公共企业都是在亏损，所以它们出现拖欠的风险就相当大。但是各邦也不是给予国有企业担保的惟一单位，中央也会对各种机构签订的债务提供担保或者反担保，从而增加了它在这方面的负担。基于财政会计数据，印度储备银行在它 1998～1999 年的货币和金融报告中估计，中央政府和邦政府未清偿担保义务的数额，加总起来已经占到 GDP 的 9.4%（按照 1993～1994 年的价格），中央和地方承担的义务相同（每方承担 GDP 的 4.7%）。或有债务对各邦和中央的财政形成了一种间接的负担，如果借款者不能对资助机构完成它的偿还义务的话，这些担保都必须得到履行。因此，有必要通过实施适当的法律法规，对给予这样的担保设定一个界限，而且这样的界限应该成为政府整体借款限制的一部分。

概括起来，印度地方政府或有与隐性债务包括：（1）为一些亏损性公共企业的市场借款所做的担保；（2）为市政服务的非现金养老金负债；（3）为交通事业进行的预算外贷款，其债务属于国家预算外，但债务服务属于预算内的。

针对上述地方政府债务，印度第十二届财政委员会采取以下措施进行控制：（1）担保赎回基金必须是强制性的，债务赎回基金也必须是强制性的（这包括国家对地方政府借款和国有企业借款的担保），政府担保的风险评估也是强制性的；（2）商业银行投资地方政府担保债券时必须进行风险评估和规范化；（3）努力推进地方政府债务数据的收集；（4）进一步关注国家担保，养老金债务，欠款和国有企业（SOEs）财政风险。

（四）债务减免

对地方政府债务进行减免，一方面可作为对地方政府的激励计划，另一方面也可以起到控制地方政府债务风险的作用。

印度财政委员会曾经考虑过给予各邦债务减免，也采用了一些方式来给予它们债务的减免。债务减免的方式包括，延长偿还期限、减少应支付利息、改变偿还条款、降低利率以及贷款合并等等。在中央提交给财政委员会的备忘录中，中央请求财政委员会提出一个计划，来降低 2000 ~ 2005 年度各邦债务在 GSDP 中所占的比率。中央主张不能取消各邦对中央的债务，同时债务减免应该是有条件的，应该和可以量化的财政绩效相匹配。只有当邦政府作出坚持不懈的努力，根据中央事先讨论过的重组计划来采取措施，增加额外收入、压缩支出并重新安排优先项目，从而使得各邦的财政建立在一个牢固的基础之上时，债务减免目标才能实现。财政改革最迫切需要关注的是实现收入平衡，或者至少将收入的不平衡减少到最小的程度。在这个问题上，如果能对第十届财政委员会提出的将绩效和债务减免相联系的计划进行一些改进的话，该措施会更加有效。通过比较在一个给定的年份中，财政收入（包括来自中央的转移支付和拨款）在总收益支出中所占的比率，和此前连续 3 年该比率的平均值，可以衡量财政管理的改进状况。每个邦的绩效都是通过与它自己以往的绩效相比较来进行衡量。如果一个邦的财政绩效改善的比率超过了过去 3 年的平均比率，那么可以建议对这些邦在 1989 ~ 1995 年期间签订合同的贷款，给予适当的贷款减免，而且在 1995 年 3 月 31 日以后，应偿还的数额也可以减少。但是不管在哪一年，债务减免只适用于这些贷款应偿还数额的 10%。

附录　印度卡纳塔克邦和奥里萨邦财政改革计划

附录　印度卡纳塔克邦和奥里萨邦财政改革计划

一、卡纳塔克邦财政改革计划

（一）总体方案

美国国际开发署改革方案为卡纳塔克邦政府提供了有效债务管理和投资与担保的培训及参考资料。该方案包括：建立债务和投资管理办公室，不断完善操作和程序手册，有效监管政府担保和投资。

（二）建立债务管理办公室

建立债务和投资管理办公室，其职责是：记录、分析、协调、监控邦政府债务。根据职责不同，债务管理办公室分为前台办公室、中台办公室和后台办公室：前台办公室负责政府的贷款、担保（和对冲）操作；中台办公室负责改进债务和风险管理的策略、比较新出现的债务指标与公认标准，以将公共部门债务控制在可持续水平之上，并为公共部门借款制定政策和计划；后台办公室是基于债权人票据单独（或协同财政部）进行支付，这些票据应该和其自身的数据库进行交叉稽核，监测贷款利用情况，为债权人或政府提供相关报告。

（三）建立债务可持续性指标体系

邦政府已经制定了6个指标来对债务可持续性进行评级：债务/GDP≤30%；债务/财政收入≤300%；利息支出/财政收入≤18%；债务增长额/收入增长额≤1.25；收入赤字/财政赤字≤50%；财政赤字/财政收入≤25%。

（四）实施步骤

债务管理实施步骤包括：将债务结构化，以便用更综合的系统方法记录债务；将邦政府所有显性或有债务纳入合并担保表统计范围，邦政府利用这些表格系统性归集其显性担保；邦政府分析和评估投资的内部程序手册；建立追踪和监控投资的部门。

（五）下一步计划

更新并报告与债务相关的信息；将CS－DRMS系统引入到管理环境中；逐步完善运营及程序手册，以协助工作人员监控和管理邦政府债务、投资和政府担保；建立与债务管理运营相关的现金管理办公室。

二、奥里萨邦财政改革计划

（一）财政纠错策略

1. 黄金规则，这一规则在印度广为接受，即政府不得有经常性赤字，举债只能用于资本性支出，消除财政赤字这一目标已经通过财政责任法予以制度化，同时也是最重要的年度监控指标。

2. 债务可持续性，确保偿债负担和担保占邦收入的比重不能太高，需要减少和控制基本财政赤字（不考虑利息负担），同时控制担保。

3. 邦政府提高其收入的情况，被作为评价财政调整效果的指标。

4. 中期财政计划的目标是在未来5年内财政盈余至少达2%。

（二）财政纠错实施步骤

第一阶段，1999～2000财年到2003～2004财年期间，财政纠错机制主要基于提高邦政府的自有收入。2004年重新选举后，随着显著的支出控制和重组措施，纠错改革更为深入；奥里萨邦对公共服务人员的薪酬支出的管理要比其他各邦更为有效；在公共部门雇员占总人口比重，邦政府最高为1.6，而全印度的平均水平为0.8。1999～2000财年，薪酬支出占邦政府自有收入的比率已经超过150%。

第二阶段，通过一系列重组政府的措施，工资总额占GDP的比例已明显减低。从1998～1999财年到2005～2006财年，人员减少约80 000多人，其中，除教育、卫生、警察等特殊部门外，不再招募新员工。与此同时，邦政府努力使教育补助金更合理化，进行公共企业的私有化改革，通过债务重组，降低债务实际平均利率。

（三）邦政府公债变化情况

1999～2008财年奥里萨邦公债余额占GDP比重如附图1所示。从图上可以看出，实施财政改革计划以后，邦政府公债余额占GDP比重持续下降，从2002～2003财年的61.2%下降到2008～2009财年的36.7%，下降了24.5个百分点。

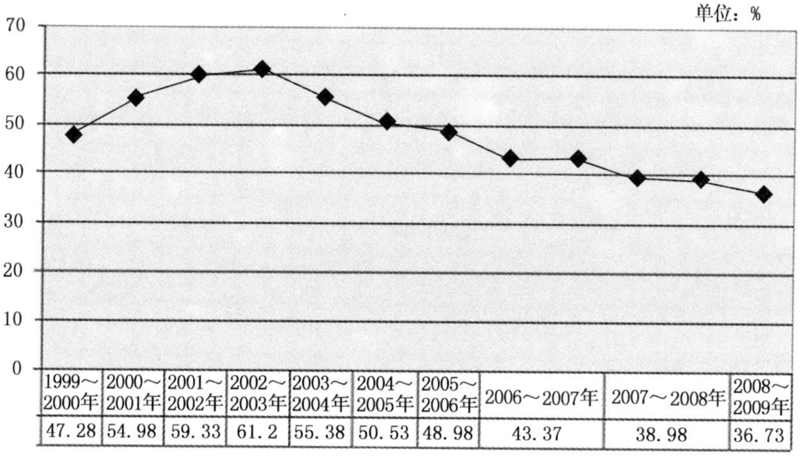

1999～2000年	2000～2001年	2001～2002年	2002～2003年	2003～2004年	2004～2005年	2005～2006年	2006～2007年	2007～2008年	2008～2009年
47.28	54.98	59.33	61.2	55.38	50.53	48.98	43.37	38.98	36.73

附图1 1999～2008财年奥里萨邦公债余额占GDP比重

资料来源：根据中国财政部和亚洲开发银行2008年7月在中国举办的“地方政府债务管理国际会议”资料整理。

（四）邦政府实际借款变化情况

2005～2007财年奥里萨邦举债上限和实际借款比较如附图2所示。从图上可以看出，随着举债上限的降低，邦政府实际借款得到了较好的控制，从2005～2006财年的1 178 886亿卢比下降到2007～2008财年的

84 369亿卢比，降幅达28.4%。

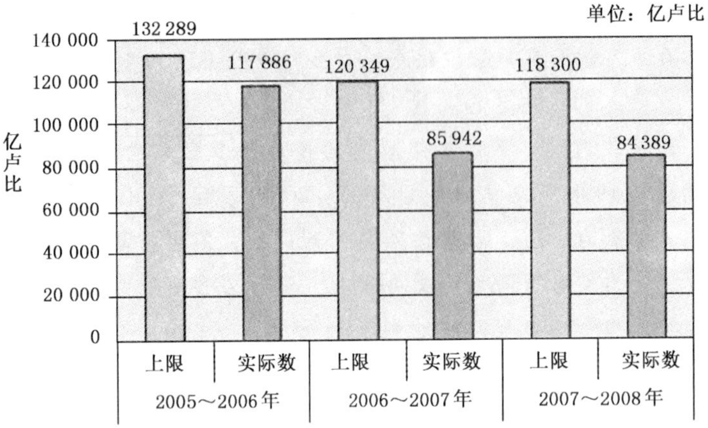

附图2　2005～2007财年奥里萨邦举债上限和实际借款数

资料来源：根据中国财政部和亚洲开发银行2008年7月在中国举办的“地方政府债务管理国际会议”资料整理。

第六篇

墨西哥地方政府债务管理

一、概　　述

（一）政府管理框架

墨西哥自1821年独立后实行了联邦制，1842年、1857年和1917年《宪法》都对此作出了规定，其中1917年《宪法》沿用至今。按宪法规定，墨西哥是一个民主的众议制联邦国家，由自由而独立的各州组成统一联邦。墨西哥共有一个联邦区、31个州和2 477个自治市，有649个市的居民人口不足10 000（占总人口的27%），324个市的人口不足5 000（占总人口的14%）。每个州都有自己的宪法，州宪法服从于联邦《宪法》。各州的每个市也是独立的法律实体，但只享有有限的征税权。中央政府分为行政、立法和司法机构；各州也实行相同的机制，也就是说，各州也有同样的三类机构。各市没有立法机构，不能颁布法律，因此，市法律由州议会负责制定。墨西哥各市均设有自治的行政分支机构。

（二）政府间财政关系

自1991年以来，墨西哥开始将意义重大的财政开支责任转交给地方政府一级。墨西哥的政府间财政关系体制很复杂，其特点是：支出的集中程度较高，而州和市政府只拥有有限的筹资权力。1994年的政府总支出中中央政府占75%，而各州市自有收入仅占政府总收入的13%。地方政府自有收入来源基本上都是财产税、一般收费和使用费。所有其他税种均属于中央政府。因此，地方政府对它们与中央政府分享的收入有很强的依赖性。中央政府还向地方政府提供专项拨款，以便它们能够提供和改善某些特定的公共服务。专项拨款也用于促进各州之间的横向财政平衡。

1. 政府间支出责任划分。在高度中央集权的历史背景下，中央政府从20世纪80年代中期开始下放部分责任，尤其是教育和医疗服务方面的责任。由于地方分权并未充分发挥效用（尤其是在医疗服务领域），因此中央政府继续承担未移交给州政府的支出责任。正在进行的地方分权进程可能会对墨西哥的财政管理和宏观经济的稳定产生重大影响。要实行更彻底的地方分权，必须改革政府结构，大力加强财政管理，尤其是州政府和市政府的财政管理。

中央政府负责政府支出的大部分及其分配决策。社会保障制度、外交和国防领域的支出责任完全由中央政府承担。其他政府活动由中央政府与州政府和市政府合作进行。其中包括教育、医疗服务和其他政府服务（公共安全、交通及行政）。

2. 政府间收入划分。墨西哥《宪法》规定：各州共享某些特定税种的税收，具体分享比例由中央政府确定。州政府必须按月将其分享收入的一定比例转移给各市。联邦议会有权制定行政机构贷款和承担发行公债的责任。与很多其他的发展中国家以及经济合作与发展组织（即OECD）的其他成员国相比，墨西哥现行的政府体制具有高度集中性。根据墨西哥《宪法》，联邦议会有权决定为提供中央政府支出所需资金而进行必要的征税。联邦议会也有权对公共事业单位、信贷机构、保险公司、国家自然资源的开采和使用、外贸、电力、汽油及其他石油产品征税，同时还有权征收某些特别税。由中央政府与地方政府分享的税种包括所得税、增值税、消费税、石油出口税和进口税以及车辆拥有或使用税。

墨西哥《宪法》还规定了基本的税收原则，即合法、公平和实行税收划分。联邦议会通过就可以开征税种。征税必须以纳税能力为根据——必须一视同仁地对待情况相似的纳税人。大部分税种的收入都必须归入中央政府预算并用作一般性财政支出，而非专项支出。但也可以指定某些税收的用途，其中比较突出的是社会保障缴费。

（三）地方政府债务概况

墨西哥州市政府有权举借国内债务，但只有中央政府才有权举借外债。

近年来，墨西哥各州政府常常通过所属的发展银行来发行州政府债券。许多较发达的州都已采用这种方式为收费公路等基础设施项目筹集资金。此类债券的投资回报率由市场决定，政府不提供任何补贴。此外，州政府也经常以其收入分享资金作为担保而从银行系统获取贷款。大部分州政府贷款都来自私人商业银行，其余来自政府发展银行（后者一般针对具体的基础设施项目）。

市政府也可以从私人商业银行和政府发展银行获得贷款，但主要还是以其获得的联邦收入分享资金作为担保向政府发展银行贷款。市政府贷款主要是按照州法律规定的原则用于生产性公共投资项目，包括其分支机构或公有企业的公共投资项目。

此外，墨西哥州市政府均可向其上级政府借款。

二、地方政府债务风险控制

（一）法律法规

1913 年墨西哥国家《宪法》是关于墨西哥地方政府借款的第一部重

要法律。该《宪法》第 115 条和第 117 条都禁止地方政府对外借款，而且规定地方机构借款仅仅限于生产投资之用。

1980 年墨西哥《财政协调法》第 9 条规定了国家信贷的担保条件，同时规定地方机构投资项目只能从商业银行或发展银行贷款，并且受制于国会以前的授权。这条法案在 1997 年进行了修正：按照 1980 年版的陈述，汇兑仍然可以被用作担保，但是这种担保的实际运用受到国家债务法的约束。1997 年修正的意图在于通过引入财政规则，使地方政府更难获得进一步的贷款，特别是从商业银行的贷款。

2000 年，为加强中央政府控制的有效性，一项新的关于地方借款的双支柱混合制度得到采用。这项新制度创造性地将市场规律和借贷法则融合在一起，主要体现在：（1）新制度继续禁止地方政府向国外借款；（2）新制度明确禁止联邦援助；（3）新制度引入了银行贷款的资本——风险权衡关系，而这是受到巴塞尔协议鼓励的。总之，新制度的核心目标是：降低中央政府的援助成本，同时在不同地方实体之间形成有利于提高效率的并以风险为基础的差别利率结构。

（二）透明度要求

2000 年以前，在债务信息的公开透明方面，墨西哥地方政府表现得差强人意。自 2000 年以来，随着一系列新规章相应出台，地方政府开始具有强烈的动机来公布自己的借款信息。比如，墨西哥州在财政管理和信息透明上已经取得很大进步。同时，外部审计在各州也越来越普遍。

第七篇

尼日利亚地方政府债务管理

一、政府管理框架

尼日利亚实行联邦制，设联邦、州和地方三级政府，全国划分为 1 个联邦首都区、36 个州以及 774 个地方。

二、政府间财政关系

尼日利亚的政府间财政关系很复杂。自 1960 年独立以来，尼日利亚政府间财政关系体制经历了诸多重大变化。在尼日利亚联邦制度的形成过程中，几个因素发挥了关键作用。就土地面积和人口而言，尼日利亚都是一个大国，其民族、宗教、语言和气候都相当多样化，所有这些都是促成地方分权的因素。尼日利亚的石油生产（完全集中于尼日尔三角洲及附近地区）始于20世纪70年代，现在已从贫穷的农业经济国家转变为以石油生产为主的富裕国家。石油部门目前创造了国内生产总值的大约27%、出口额的98%和政府收入的75%。地理分布很集中的石油资源一直由尼日利亚中央政府负责管理。尼日利亚的政治制度很好地平衡了不同地区、不同民族及不同宗教的利益，该制度自尼日利亚1960年独立以来经历了相当巨大的变革。

尼日利亚的地区财政自主权在实现独立前就已不断加强。自独立以来，从支出来看，尼日利亚对各级政府的支出责任划分一直未发生过显著变化，但有时中央政府会出于种种原因而接管州政府或地方政府职能。不过，由于各州目前存在自然资源和经济发展水平的差距，各州公共服务供应成本及质量也存在差距，这就要求国家重新调整支出责任划分，或增加对各州的转移支付。从收入来讲，尽管各级政府都有自己的独立收入来源，但政府支出所需的资金在很大程度上都来自中央政府收入，这部分收入首先积累于联邦账户和尼日利亚中央银行中，然后按法定比例（即法定转移支付）分配给各政府分支机构。

三、地方政府债务概况

1977年之前，在尼日利亚只有中央政府有权举借国内外债务。中央政府可以发行长期债务和短期国库券，其收入由中央政府和各州按4:6分享。20世纪70年代由于石油收入的增长，中央政府实现了财政盈余，于是将盈余资金大量贷给各州，后来中央政府将这些贷款中的大部分作为拨款一笔勾销。

1977年实行财政改革后，尼日利亚州政府获得了通过银行融资的权力，并可以在中央政府担保下举措外债。州政府和地方政府也开始有权向金融机构发行债券，但不得向非银行公众发行。后来，尼日利亚军政府通过特别决议对州政府的国内借款作出严格限制，而且中央政府也不再对州政府举借外债提供担保。

第四部分

实践：处于转型期的国家

第一篇

俄罗斯地方政府债务管理

一、概　　述

（一）政府管理框架

俄罗斯联邦实行三级政府架构。中央政府为第一级政府。第二级政府由 88 个俄罗斯联邦主体或地方政府构成，包括 21 个共和国、7 个边疆区、48 个州、10 个自治区和 2 个联邦直辖市（莫斯科和圣彼得堡），各类联邦主体的自治权存在差别。第三级政府包括大型城市和都市区，同时还包括镇及农村政府管理机构。目前俄罗斯正在进行市政改革，改革后第三级政府包括城市和自治市，第四级政府为自治市（城乡居住区）。在某些地区，原来的政府级次划分可能要持续到2009年1月1日。

（二）政府间财政关系

1998年，俄罗斯批准和执行联邦财政计划，对联邦财政框架进行改革。改革目标旨在建立各级政府间严格的权责分配关系，以增加联邦预算体制下各级政府税收的可预见性和稳定性，并从可控收入系统转变成固定收入系统。这些改革在各地区的支出责任和税收方面都存在很大差异，俄联邦各区域对改革的回应基本上是保持现有预算平衡并限制基本建设费用。

尽管进行了一系列改革，但俄罗斯联邦各地区仍显示出很高的财政依赖性，虽然各地区的财政依赖程度有所不同。2003年，俄中央政府对受补贴地区的平均转移支付占当年财政收入的30%。其他中东欧国家也存在类似的财政依赖性，2003年中央政府平均转移支付约占其收入的40%。联邦财政体制的另外一个主要问题是任意收支所占份额低，除莫斯科和圣彼得堡外，多数地区所占比例还不到10%。

总之，俄罗斯财政体制在一些重要方面正面临挑战并不断改进，如地方政府组织、开支、收支分配以及转移支付系统等。展望未来，俄罗斯财政体制可能会更加集权化。然而，按照目前进行的市政改革，如果在每个地区都新建上百个自治市，反过来可能会给联邦控制带来不少困难。

（三）地方政府债务管理概况

在20世纪90年代，一些地区和地方政府大量借贷短期债务以便为运行赤字提供经费。以大量补贴和中央政府转移支付的承诺为代价在不稳定的宏观经济环境中仓促地进入市场经济。这使得没有调控的金融市场在1998年危机以前都在迅速地增长。另外，某些城市还有国外借款，如莫斯科和圣彼得斯堡这样的城市，其经济活动是基于一个可以承担汇率风险的错误前提之上。

随后发生的地方政府债务危机与整体宏观经济形式是不可分割的。在过度的货币投机气候下，紧缩的货币政策、宽松的财政政策、固定汇率体制和过多的财政贷款相结合导致了1998年8月的宏观经济及金融危机。

危机直接导致了卢布的严重贬值和银行业的危机，国民生产总值随后下落了4.9%，通胀率高达84%。

1998年8月的经济危机引起了地方政府债务的拖欠浪潮。在1998~2001年期间，89个地方政府当中至少有57个拖欠了债务。有些拖欠的债务为农业债券（地方拖欠的中央政府农业贷款并由财政部转变成债券）。有些地区政府并不将还债作为一项真正的义务。但某些地区譬如莫斯科和圣彼得斯堡就从未拖欠债务。1998年全部拖欠的债务达50亿美元，1999年为35亿美元，2000年约计为10亿美元，2001年为2亿美元，2002年则为零。

债务拖欠的触发因素包括流动资产不足、缺乏财政灵活性、财政分权框架的系统危机和弱点、危险债务、债务管理水平差和不愿偿债等。这使得债务重组通常都被延长。在欠款当年只对不到三分之一的过期债务做了重组，并且有大约四分之一的欠款迄今尚未进行重组。由于补救过程的延长、投资者所接收到的债务工具变成债券的流动性差使得退税率也很低。

自1998年金融危机以来，俄罗斯经济有所加强，关键是宏观经济指标有了显著改善。在地方政府国债市场上，2001年地方政府债券市场就发行商数量和发行质量而言再度出现快速增长。自2001年以来有近30个地区进入了RUB债券市场，地方债券总额高达1 320亿卢布（约48亿美元），截止到2005年2月底占RUB债券市场总额的14%。另外，排名前三位的发行商占地方债券市场的70%，莫斯科则占了近50%，莫斯科州（Oblast）为11%，圣彼得斯堡债券占了另外的9%。目前，以卢布为主导的地方政府债务继续增长，到2005年8月，债务总额从2004年10月的1 200亿卢布增加到1 440亿卢布（51亿美元）。

二、地方政府债务管理体制

俄罗斯中央对地方政府债务的管理模式主要为市场约束型。原则上，1992年通过的法律给予各州、市、区以无限制地从国内借款的权利，然而实际的借款规模却很小。大多数地方政府尚不具备从金融市场上获得信用贷款的资格，因此市场本身尚不发达。地方政府也可以通过以资源作为抵押向国外借款，但这样的借款需要得到中央政府的批准。同时，法律规定地方政府只能以投资为目的发行债券。为避免联合借款和贷款带来的道德风险，地方自有银行不得为地方政府提供借款。1998 年批准的《预算法》进一步将联邦以下各级借款用途限定为资本性投资，并仅为中央政府提供了国外借款的特权。

三、地方政府债务资金运行管理

（一）举债方式

俄罗斯地方政府举债方式为发行债券和借款。1998 批准的《预算法》禁止联邦以下各级政府向国外借款。

（二）举债用途

俄罗斯联邦以下各级政府借款用途限定为资本性投资（不得用于经常性支出）。

四、地方政府债务风险控制

（一）规模控制

1997 年《俄罗斯联邦地方政府财政基础法》对州以下地方政府举债规定了以下几项限制：只能以投资为目的（不得为经常性支出）发行债券；为了避免联合借款和贷款带来的道德风险，地方自有银行不得为地方政府提供借款；中央政府不得为地方债券进行担保。并规定，地方政府借款上限为预算支出的 15%。

1998 年俄罗斯《预算法》进一步将联邦以下各级政府借款用途限定为资本性投资，并仅为中央政府提供了国外借款的特权。俄罗斯《预算法》制定了预算条款以及联邦和地方预算执行条款。俄罗斯《预算法》

第 104 条规定了国家和地方政府借款限额："国家和地方政府内部经费用于平衡相应的预算赤字，并且国家和地方政府债务的偿还要在最大限度内为相应的预算开支提供经费。"并且这一限制由第 116 – FZ（2002）号法律具体规定。2000 年俄罗斯出台《预算修正法》（116 – FZ 法），规定联邦主体所借外债只能用于抵押再贷款。法律明确规定，每个财政年度的外债总额不得超过年度所还外债本金。

根据俄罗斯《预算法》第 121 条规定，与俄联邦主体或地方政府有关的新债务（外债和内债）信息在债务发生 3 日内被记入相应的俄联邦主体或地方国债账簿。俄联邦主体或地方国债账簿包含的信息有：俄联邦主体或地方政府全部的债务总额、单项债务额及发生日期、债券、运行状况以及其他一些所要求的信息。

1. 外债。在 1998 年危机之后，俄罗斯为应对地方政府债务普遍拖欠的问题，2000 年出台了《预算修正法》（116 – FZ 法）。这一修正法严重地制约了俄联邦主体的外债借贷能力。这个修正法从原则上废除了联邦主体借债的权力，只有在修正法出台时（2000 年 8 月 7 日）拥有外债的联邦主体除外。法律明确规定，每个财政年度的外债总额不得超过年度所还外债本金额。控制外债不超过规定限额只有通过减少现有外债的还本付息额或延长现有外债的到期时间。

2. 内债。俄罗斯《预算法》第 104 条规定了被授权机构应缩减外债。第 104（1）条还规定了国家和地方政府借款限额："国家和地方政府内部经费用于平衡相应的预算赤字，并且国家和地方政府债务的偿还要在最大限度内为相应的预算开支提供经费。"这一限制由第 116 – FZ（2002）号法律规定。俄罗斯《预算法》第 107（2）条规定了另一项地方政府债务的上限：地方和地方组织不得借贷超过"俄联邦体制下各自预算体系的收入总额"。第 114（2）条要求记录有关债务的每个事项（联邦或俄联邦主体），俄联邦财政部规定地区有价证券优先发行。

根据俄罗斯《预算法》第 99（5）条的规定，地方政府债务的到期时间最长是 30 年。同样，第 100（6）条规定了市政府债务最长的到期时间是 10 年。第 99（6）条规定了国家及市政债券发行及交易形式将遵循俄罗斯《预算法》和联邦法律。俄罗斯《预算法》第 99（7）条规定了联邦主体执行及立法机构的义务，"加强俄联邦主体预算收入的能力，以便清偿债务和提供与债务有关服务”（第 100（5）条对市级政府的义务有同样的规定）。

俄罗斯政府同时还为地方制定了欠款偿还程序：转移所获资金用以偿付预算贷款的可能性以及在突破谨慎极限的情况下地方政府干预和控制预算执行的可能性。实际上，几乎不可能使用平衡资金调动来偿还联邦贷款，因此这些贷款通常都被延期或被免除。俄罗斯《预算法》第 102 条规定俄联邦不对联邦主体和市级政府的债务负责（反之亦然），除非实行担保机制。第 105 条包括了债务注销，这为债务重组提供了可能性，但只针对双方均同意的（基于协议）债务重组。

2004 年俄罗斯《预算法》又增加了一章新内容，针对某些联邦主体不履行还贷义务的情况提出了临时财政管理（TFA）方案。在某个联邦主体负债超出其财政年度联邦主体预算收入的 30% 时，在最高仲裁法院对其作出仲裁后一年时间内可执行 TFA 方案。

俄罗斯《预算法》新章节有关联邦主体的内容自 2007 年 1 月 1 日生效，但是有关自治市的规定要在 2008 年 1 月 1 日生效。根据新章节的规定，使用 TFA 是为了恢复相关联邦主体（自治市）延期债务的偿还能力，通过债务重组来改善他们的预算执行。

（1）TFA 启动、TFA 的资格，主要是：①安排对相关联邦主体的审计；②根据临时债务管理法的程序建立联邦主体（市政）债务负担登记册；③为相关的联邦主体（自治市）建立债务重组计划；④通过有关对现行法律或法案的修正案以实现债务重组；⑤对债务重组的执行施行有效控制；⑥对联邦主体（自治市）的预算执行进行控制。

一旦临时财政管理（TFA）申请被最高仲裁法院立案，相关联邦主体（自治市）的执行机构就不得再采取任何与下一财政年度预算草案的起草、通过和生效有关的行动，直到拒绝申请或批准重组方案。

（2）制定债务重组计划：从最高仲裁法院对相应的联邦主体（自治市）执行 TFA 的仲裁决定生效之日起计，TFA 在两个月内制定出重组方案。

重组计划包括：①在所要求的重组期限内确保联邦主体（自治市）所有债务的偿还，这一时限可能不超过 5 年；②联邦主体（自治市）用于偿还欠债的预算收入百分比：这个百分比可能不超过总预算收入的

15%；③联邦主体（自治市）的新贷款用于偿还严重拖欠的借债；④严重拖欠的债务偿还时间表；⑤改善相关联邦主体（自治市）债务偿还能力的措施清单。

最终的重组计划经联邦主体（自治市）的重组会议讨论后须经最高仲裁法院批准。

（3）对联邦主体（自治市）现行《预算法》的修订和制定联邦主体下一财政年度的财政预算：在重组计划得到批准时，TFA 应详尽阐述对联邦主体（自治市）现行《预算法》的修订案（在重组方案批准后 15 天内），以及联邦主体（自治市）下一年度的预算草案（在重组计划规定的时间内）以确保重组计划与这些法律相符。

联邦主体（自治市）的立法机关须在 15 日内审议现行《预算法》修订案，并从 TFA 提交之日算起在 1 个月时间内对预算草案进行审议。TFA 的负责人参加联邦主体（自治市）的立法机关会议，并且在没有 TFA 负责人同意的情况下不得通过任何修正案。

如果联邦主体（自治市）立法机关在规定的时间内没有通过相应的法律草案，或在没有得到 TFA 同意意见的情况通过法律草案，TFA 有资格将法律草案递交到俄中央政府以便送交俄罗斯议会。在收到草案之后 15 日内俄罗斯议会将对相关草案进行审议。

（4）对联邦主体（自治市）预算执行的控制：TFA 对现有的联邦主体（自治市）预算执行控制产生影响，但不仅限于对预算资金特别用途的控制冻结预算开支的可能；并且在联邦主体（自治市）执行机构内对 TFA 代表的任命并且将其委派到这些执行机构。

TFA 的有效性可通过实际收效得到验证。在俄罗斯《预算法》新出台的规定使重组程序变得更加清晰的同时，也留下了一些有待解决的问题。

特别是，俄罗斯《预算法》中新出台的章节没有明确联邦主体（自治市）的债权人能否参与正在规划中的重组计划。《预算法》现行的规定将重组过程全部交由中央政府管理：由中央政府起草 TFA，由中央政府任命和撤销 TFA 负责人（而 TFA 本身就是一个中央政府机构），由中央政府解释和批准重组方案，同时他们也是法律规定的惟一重组会议列席方。这使得联邦当局必须谨慎地作出决定以满足债权人的要求。

俄罗斯《预算法》中新出台的章节没有详细说明满足主要债权人要求的偿债机制。假定对偿债安排的解释和对相关联邦主体（自治市）重组计划的确定是在 TFA 的能力范围内，那么，对满足债权人请求的偿债机制依然是由联邦当局来控制。

在执行中的俄罗斯《预算法》第 265 ~ 306 条对联邦、地区和自治市的财政控制进行了详细的规定，包括预算执行报告并由指定的联邦机构审查。俄联邦财政部在其中扮演着主要角色。俄罗斯《预算法》第 281 ~ 306 条规定了惩罚和强制措施。这些措施包括但不仅限于罚款、冻结开支和取消预算资金。而且，违犯俄罗斯《预算法》的官员将受到司法、行政和纪律处罚（第 283 条）。

由于进行了这一系列的改革，目前俄中央政府对贷款实行了更加严密的控制：外债只用于再贷款的目的，内债受到详细而谨慎的制度控制。由于债务管制框架的执行不利，一些道德风险依然存在。

俄罗斯地区政府《预算法案摘要》（包含各种修正案）：

①债务比率在收入中的比率限制在 100% 之内（包括联邦转账）；

②债务运行支出不能超出总体预算支出的 15%；

③预算赤字不能超出收入的 15%，其中包括来自联邦预算的转账资金；

④RF 项目仅允许借款给现有的 2000 年中期的债务，作为再筹债务资金；

⑤现有的支出不能超出整体收入；

⑥每年的预算必须详细说明预算贷款的数额，其中包括年度重要的担保；

⑦中央政府不能担保地区债券；

⑧债务期限不能超过 30 年。

（二）政府担保管理

在很多国家，或有债务的一个普遍的来源就是地方政府为亏损的国有企业得到市场借款出具担保。这种来源在俄罗斯是被禁止的。俄罗斯联邦的公共债务非常明确的要包括所有担保。因此，每年的预算法要求对新的担保作出最高限度，并且适当的履行其相应的担保内容。

（三）透明度要求

2000 年俄罗斯第 116 – FZ 号法律和《预算代码》法案第 100 条增大了对地方政府现有债务的披露程度。《预算代码》法案第 109 条和第 110 条（即“国家内部草案计划”和“国家外部草案计划”）要求新借债务必须备有预算和计划借款的详细信息。

俄罗斯地方政府正在致力于将财政透明度问题制度化，正朝着国际标准靠近，但是，依旧存在一些问题。预算在不同实体上不能保持延续性，贯彻不连贯，并且在政府间进行体制的变革更迭时，情况更为恶化，支出的规则和收入分配缺乏稳定性。在权责发生制上有所发展，但是却受到低级管理的干扰。

现在，地方政府在其网站上发布更高质量的财政金融数据，并发展了长期债务管理的有关概念。圣彼得堡市就是一个典型例子，该市已开始在其网站上公布并更新具体的财政信息。联邦立法机关对这种不断提高财政金融透明度的趋势表示支持。到 2003 年，通过更加严格的预算报告标准和政府间转账一般性规则，财政金融透明度已提升到州一级。

2004 年，俄罗斯在账目和报告两方面进行了改革，引进介绍了以下内容：支出的强制性分类、中期预算计划、预算外基金与账目的合并。预算代码（The Budget Code）法案预知了一套简单的账目系统。除此以外，结合联邦和地方政府的预算所做的对过去经济发展情况进行分析的信息每月出版一次。

所有地区性预算向联邦财政系统进行转账过户的工作预计将在 2006 年之前完成。由于大部分地区的财政部门将继续保留有关该地区预算的所有执行权力，这次转账过户是惟一正式的。这次改革进一步限制了地方的财政自主权，但是与此同时，也增加了地方财政的透明度和地方政府的责任义务。然而，因为联邦财政部没有足够的能力，这次改革很可能收效甚微，变革不大。包括自治市在内的地区性债务数据，由联邦财政部每月出版一次。但是，出版的报告内容不完整依旧是一个十分普遍的问题。

五、地方政府债务危机化解

在俄罗斯，州政府或市政府无法偿还到期债务时，将进入破产程序。这时，其财政管理应置于法院监管之下，以确保债务调整计划的充分实施。州或市寻求破产保护的主要依据是，无法支付工资薪金、养老金、合同款项、债务本金或利息。同时，仅仅遇到暂时财政困难的州不能求助于破产方法。对联邦以下各级政府设定破产程序，旨在强迫联邦以下各级政府担负财政责任。

仅次于破产程序的另一方法是实施财政管理紧急控制。在这种情况下，上级政府通过特别控制手段，减少由于州政府或地方政府管理不善导致的财政和经济损害。与州政府和市政府破产选择相比，州紧急委员会使地方政府丧失了更多的地方控制权，因此更注重感化和教育地方官员在财政行为上的责任感。

第二篇

保加利亚地方政府债务管理

一、概　　述

（一）政府管理框架

保加利亚是一个单一制国家，全国共有 9 个地区、255 个自治市。这 9 个地区没有独立预算，因此保加利亚实际上只有两级政府，即中央政府和地方政府。

1991 年前，保加利亚是一个高度中央集权的国家，类似于前苏联。前反对党领导的保加利亚中央政府 1991 年 2 月实行了激进的自由化和稳定计划，保加利亚从此进入向市场经济过渡的时期。实行该计划的几年后，国家出现了持续性政治动荡和宏观经济波动。同一时期内，保加利亚还经历了严重的外部打击，这在很大程度上造成了国家产出和外贸的下滑；这些打击包括前互助经济援助委员会的瓦解以及大部分保加利亚工业企业依赖的与前苏联外贸往来关系的崩溃。从政治角度看，保加利亚向市场经济的过渡中，政府经常更迭，内阁席位也频繁变化。在这种背景下，中央政府在实行过渡的初期阶段实施了一项《自治政府法》，给地方政府授予广泛的自治权，这是实行地方分权的一个重大标志。但几年后的事实证明：地方分权很难实施，而且还存在大量问题和政策困难。

（二）政府间财政关系

1. 政府间支出责任划分。保加利亚的政府支出一直承受着政府收入减少、而国家为了实现宏观经济稳定性又需要维持预算平衡的双重压力。尽管保加利亚以总支出与国内生产总值之比为衡量尺度的政府规模在显著缩小，但地方政府的支出责任（如卫生和教育等领域的支出责任）并未相应减少。在很多处于经济转型期的国家中，遭受财政压力的中央政府都强行将其赤字转嫁给地方政府（伯尔德、埃贝尔和沃里奇，1995）。地方政府因而承受更大的支出压力，但却没有足够的筹资手段。尽管如此，地方政府却不愿裁员，尤其不愿减少教育和卫生等较大部门的就业人数，以减少财政支出，这使得支出问题变得更加复杂，也使得中央政府和地方政府在财政压力下处于紧张状态。

总的来说，从中央政府和地方政府职能的规范划分看，保加利亚总体支出责任安排看起来并无不当之处。但对支出责任划分及其运行情况的深入研究表明：一些重要支出责任划分不明确以及中央对地方政府监控不力对预算和政府效率产生了负面影响。

2. 政府间收入划分。在保加利亚，地方政府的征税历史很短暂，其实际征税权也很有限。直到 1991 年通过《自治政府法》后，地方政府才获得了有限的正式自治权。而在实践中，地方政府只在 1992 年被允许拥有自己的预算。中央政府的基层机构和各自治市都已日益认识到：要想顺利实现支出责任下放和有效管理地方政府预算资源，国家就必须给予地方政府更大的筹资自主权。但这种认识并未得到广泛的政治支持，尤其是中央政府的支持。因为地方政府要求获得更大预算自主权而产生的压力与中央政府集中管理方法的惯性作用及其既定利益是矛盾的。此外，中央政府需要在税基不断缩小而支出不断扩大的情况下控制赤字，这限制了它向地方政府提供更大筹资自主权的能力。因此，保加利亚的税收划分一直是不明确和不透明的。

自治市有以下三个主要收入来源：（1）地方税及地方收费；（2）分享税；（3）中央政府提供的转移支付。分享税只包括利润税和个人所得税，而间接税收入均由中央政府享有。不同来源收入在总收入中所占的比例不断变化，反映了每年地方政府财源的不稳定性。1996～1997 年，中央政府由于承受严重的预算压力而减少了向各市提供的转移支付。

3. 政府间转移支付。中央政府的转移支付一直是市政府收入的重要来源。1990～1993 年期间，中央政府转移支付在市政府总收入中所占的比例在 23%～48%之间，其上升趋势反映了市政府对中央政府依赖程度的增加。随着财政问题的加剧，地方政府失去可分享的流转税收入（流转税于 1994 年被增值税取代），从而使地方政府更加依赖中央政府转移支付。1995 年的中央转移支付总额占地方政府总收入的 74%（相当于当年国内生产总值的 34%）。

保加利亚中央政府拨款包括两种类型，即一般性拨款和针对资本支出的专项拨款。一般性拨款是转移支付的主要形式，根据转移支付公式确定对各市的转移支付水平。每年的年度预算都规定了向各市转移支付的具体数额。转移支付公式的要素包括上年转移支付水平和地方需求评估值。此外还包含了再分配机制，以使较穷的市能获得高于平均水平的转移支付。专项拨款只用于资本支出。保加利亚各市每年都向财政部部长提交其资本项目清单，然后由财政部部长根据具体的部门优先顺序（供水、卫生、社会福利、教育和环境）确定为哪些资本项目提供资金。

（三）地方政府债务管理概况

尽管成功完成了 1992～1994 年的债务重组，保加利亚仍然是中东欧债务负担最为沉重的国家之一。大多数债务是长期的、利率浮动的美元债务。高额债务成为保加利亚财政脆弱性的重要原因，威胁着其国家信誉，阻碍其进入国际金融市场。总之，保加利亚面临的财政风险主要是外债风险、经济转轨与重组的社会经济成本，以及与基础建设和能源相关的

“投资需求”成本等。

1. 外债。保加利亚的大多数美元外债采取的是浮动利率，偿付数额庞大（大约占其商品和服务出口额的20%～22%），期限结构不合理，缺乏灵敏性，很容易产生偿债高峰，造成再融资的风险和困难。

2. 经济转轨和重组的社会经济成本。这些社会经济成本更多是由国有企业融资和债务引起的，政府在结构重组、私有化和清理国有企业资产时不得不承担起这些债务。

3. 与基础建设和能源相关的“投资需求”成本。网络和能源建设引发了大量投资需求，但这是保加利亚加入欧盟所必须要达到的条件。预计1999～2015年，保加利亚环境总支出大约需要85亿美元，占其1999年GDP的69%，这意味着政府需要每年投入5亿美元。

4. 从中期来看，保加利亚政府面临着日益增长的养老和医疗支出压力。保加利亚政府从1999年开始对养老金和医疗保险制度进行改革。养老金改革的目的是通过削减机构、完善制度，实现可持续发展。在医疗改革方面，1999年建立了一个医疗保险基金，负责将卫生保健服务承包给私人和公共医疗系统，以促进两者之间的竞争。通过改革，政府承担了相应的转型成本，但期望能够减少未来的支出压力。

5. 隐性、或有债务。保加利亚政府对国家担保所持态度比较谨慎。较之于希望加入欧盟的其他中东欧国家，保加利亚政府的或有与隐性债务负担还是相对轻缓的，但是其绝对规模也不算小。例如，为促进私人部门发展，政府为国家农业基金、出口保险机构、商业促进银行等提供担保，这些担保可能在未来产生较大的财政压力。

二、地方政府债务管理体制

保加利亚地方政府债务管理体制以制度约束型为主。中央允许市政府举债。同时，市政府也能发行债券。保加利亚政府主要依靠制度安排对地方政府举债行为进行约束。以风险管理为导向，按短期与中期确定风险防范的重点。

短期措施重点在于：（1）实行持续的谨慎的借款策略，并将其作为风险管理的目标；(2) 对政府担保债务设置严格限制，并建立储备基金；(3) 对债务风险进行分析并定期报告。

中期防范重点在于：(1) 弥补法律上的漏洞，监控各种形式的债务风险，预先制定应变计划；(2) 在公共投资计划中，反映所有计划投资的经常性成本；(3) 明确风险管理责任和增强风险管理能力。

三、地方政府债务资金运行管理

保加利亚各自治市都遵守一条简单的“黄金原则”，即市政府不得为经常支出借款，但可以为投资举债。但在实践中，市政府很少、甚至完全不向银行借款，而是一直只向中央政府借款。这反映了各种影响因素，包括保加利亚金融系统的脆弱性、高利率水平以及一个经常被遗忘的限制因素——在担保借款方面，保加利亚缺乏适当的法律及制度机制，这使大部分借款人无法向长期项目提供借款，甚至对地方政府也是如此，尽管地方政府可提供间接或直接的政府担保。

四、中央层次的债务管理机构

从 1997 年起，保加利亚成立了货币协调委员会，强化了对借款和担保的控制，不允许国家银行从事准财政活动。自 1998 年起，保加利亚财政部统一了债务管理职能，并交由债务司专门履行这一职能。国家银行监控内外债，财政部则设有专门的债务数据库，涵盖了包括国家担保在内的整个政府债务。对于贷款担保，保加利亚中央政府建立了调控担保制度，并特别出台了担保登记制度，规定所有担保都要登记，注明受益人、贷款人、项目名称、规模、币种和债务偿还期限等，发布与政府债务相关的未清偿担保规模的信息。

五、地方政府债务风险控制

（一）规模控制

现行法律没有明确市政府债券是否受总债务规模约束。市政府借款不得高于其年收入的10%，其中，按照上一个月收入的10%，市政府可以短期无息借款形式从中央预算借债，其余部分市政府可以向商业银行和其他市政府筹措。

（二）金融监控

从1997年起，保加利亚通过成立货币协调委员会，强化了借贷和担保控制，不允许国家银行从事准财政活动，增强了财政稳定性。货币协调委员会谨慎地控制来自欧元债券市场的贷款。后来俄罗斯和科索沃危机推动债券收益率曲线上扬的事实证明：保加利亚采取的谨慎借债战略是成功的。

（三）政府债务担保管理

保加利亚政府集中了对新担保的审批权限，要求每笔担保都要由行政和司法部门、行业部门及财政部审阅并同意，最后还要经内阁通过和国会授权。不仅如此，保加利亚对担保总量也进行了限制。根据1997年482号法令规定，政府每年提供的担保，按照面值计算，不得超过预期财政收入的20%。后来，又将这种限制改变为：未清偿担保债务总规模不得超过GDP的20%。这一改动实际使得每个财政年度的新担保规模更为机动，而且这种相对宽松的担保总量限制也放松了对储备的要求。迄今为止，保加利亚政府一直保持着谨慎储备的政策，担保储备金按照担保债务偿还额的一定比例体现在预算中，如1998年和1999年的比例分别为50%和20%。

当然，保加利亚政府担保制度也存在不足，即政府担保了全部风险，而没有仔细考虑担保的具体情况和债务人的总负债额，从而较容易产生借贷双方的道德风险。

第三篇

波兰地方政府债务管理

一、概　　述

（一）政府管理框架

波兰共和国位于欧洲中部，拥有国土面积 312 685 平方公里，人口 3 823万人，其中波兰族占 96.7%。根据 1998 年 7 月波兰议会通过的《关于地方自治机构改革的方案》，决定自 1999 年起将原有 49 个省调整为 16 个省，恢复省、县、乡三级制。地方政府级次包括省、县、乡三级，目前全国共设 16 个省，308 个村县和 65 个市县，2 489 个乡。

（二）政府间财政关系

在转轨时期，波兰的宏观调控大体经历了两个阶段。第一阶段的核心在于取消原有的计划经济体制对国民经济的干预，以自由化、稳定化为目标重建价格体系等市场机制，其政策重点在于“放”。经过第一阶段的改革，宏观经济出现失控现象，因此第二阶段调整则尝试重塑宏观调控体系，加强政府对经济的干预能力，提高政府的控制力，其政策重点在于“收”。

转轨初期的财政分权主要表现为按照“华盛顿共识”提供的方案，通过改革使国家财政向公共财政转化。主要做法是缩小原有的财政范围与规模——特别是缩小中央财政规模，在不同级次政府间进行经济责任划分，并将大部分社会责任划给地方政府。在尚未实施彻底的分税制之前，这一改革方案造成了地方政府财权与事权的不对称，同时政府从市场迅速退出导致财政收入能力大幅下降，中央政府财政控制能力严重不足。在中央政府尚未建立完善的转移支付制度时，过度分权导致中央政府失去了对宏观经济的调控能力。在地方政府责任尚不明确或者地方利益驱动强烈致使责任无法完全履行时，过度分权导致经济水平大幅下降和持续通货膨胀。

第一阶段改革产生的严重问题，迫使波兰减缓了财政的分权化过程，逐渐进入以追求经济稳定和增长为目标的第二阶段改革。在政府间财政关系方面，波兰政府不再一味强调财政分权的好处，而是开始实行更为现实的财政政策：增加财政收入能力，加强中央政府对财政资源的控制与支配能力，明确划分中央与地方之间的支出责任，完善转移支付制度等。财政改革的务实使波兰的财政状况出现了明显好转，中央与地方财政关系有所调整，中央财政支出占总支出的比重较改革初期有了显著提高。

表 4-3-1 反映了经过第二阶段调整后波兰地方政府支出结构，可以发现，教育、公共服务、住房与社区、文化、娱乐和地区事务等已成为主要的地方支出项目。

表 4-3-1　　1999 年波兰地方政府支出结构　　单位：%

支出项目	占地方政府总支出的比重	占全体政府在该项目总支出的比重
公共服务	8.8	44
国防	0.02	0.2
公共安全	5.1	32.6

续表

支出项目	占地方政府总支出的比重	占全体政府在该项目总支出的比重
教育	33.9	71.2
健康	2.5	7
社会保障	10.9	6.8
住房与社区	22.8	88.5
文化、娱乐和地区事务	5.1	74.4
燃料与能源	N. A.	N. A.
农林渔猎	2.2	32.5
采掘与建筑	0.6	28
交通与通信	7.1	64
其他	0.9	20.3
总计	100	27.6
支出占总支出的比重		43.6
支出占 GDP 的比重		12.1

资料来源：*Fiscal Decentralization in Eu Applicant States and Selected Eu Member States*. OECD. 2002. P29.

（三）地方政府债务管理概况

1. 地方政府举债情况介绍。波兰虽然是单一制国家，但是各级地方政府之间相互独立，没有上下级关系，地方政府只能从中央政府获得转移支付，地方政府之间不存在转移支付问题，这使得波兰各个地方政府的融资相互独立。从 1989 年开始转轨至今，波兰地方政府融资大体经历了三个阶段，即 1990～1994 年的初始阶段、1995～1998 年的发展阶段和 1999 年至今的快速发展阶段。

(1) 初始阶段（1990～1994 年）。20 世纪 90 年代初开始实行分权制时，波兰法律就赋予地方政府举债的权力。但在转轨后波兰地方政府成立之初，对于地方建设资金的缺口，各级地方政府却不愿采用一般性借款。原因在于：①当时波兰总体经济和政治环境非常混乱，“休克疗法”带来的经济变革存在着巨大的不确定性，这使得任何财政计划对地方政府而言都难以执行。高通货膨胀率（如 1991 年为 70%，1995 年为 20%）和高信贷成本是造成地方政府无力举债的一个重要原因。高的通胀率必然造成高的借贷成本，刚刚建立的地方政府既没有信用记录，也缺乏专业人才和财政手段，无法通过合理的财政规划与设计为地方政府筹得资金以保证借款的按时归还。②当时波兰的金融市场刚刚建立，波兰银行正在忙于重组，他们靠持有国债就可以获得满意的收益，没有动力在地方部门主动寻找新的客户。对于地方政府融资尚无经验，也没有发展针对地方政府设计的信用契约。同时分权制下的地方政府刚刚开始学习管理财政资源和履行职责，缺乏专业财政管理人才。③计划经济体制下政府的传统思想和行为习惯依然在起作用，"量入为出"仍然是地方政府的主要理财思想，计划经济时期债务的恶名，也使得地方政府排斥举债。

因此，在波兰政体变革之初，地方政府主要依靠经营性盈余建立投资基金。各个部门都在争取投资基金以使本部门的投资计划得以实施，结果地方政府的投资面变得又宽又浅，工程完工时间延长。更为严重的是，"量入为出"的办法，既降低了投资水平，又使当前的纳税人负担后代使用这些设施的全部成本。由于波兰申请加入欧盟，在污水处理、固体废物处理、热力等方面必须达到欧盟的标准。但是按照波兰 20 世纪 90 年代初期的投资水平计算，如果想达到欧盟的标准，即使波兰所有的乡级地方政府投资全部用于污水处理、热力和固体废物处理方面，还分别需要 15 年、55 年和 37 年才能达到欧盟的标准。为了满足这些投资需求，地方政府必须改变他们的投资规划和大量使用债务融资。于是，波兰于 1990 年和 1991 年分别成立的波兰环境基金和波兰环境银行对于支持地方政府投资建设发挥了重要作用。环境基金成立的目的是对私人和公共实体建立的环保基础设施给予支持和补贴。基金的收入来自使用和滥用自然资源企业的收费和罚款。国家环境基金可以发债和借款，也可以做资产投资。环境银行是环境基金会的一个特殊组成部分，环境基金会对其拥有控制股。环境基金通过环境银行向地方政府发放优惠利率的贷款，如果工程完工时间和环境标准达到要求，一部分本金还可以免除。乡级政府一般要求至少 50% 的投资资金来源于自有资金或其他借贷者，贷款期限为 3 ~ 10 年。

1994 年，源于环境基金或环境银行的资金占所有乡级政府投资的 24% 。大部分从环境基金和环境银行获得的贷款用于修建自来水管线、污水处理、固体废物处理等。环境基金在地方政府的外部融资中占有绝对优势，但是对于商业银行来说环境基金的作用是双重的。一方面，环境基金优惠的贷款抵消了地方政府部分商业贷款的需求，大部分商业贷款投资项目不符合环保贷款的要求，地方借贷市场在某种程度上被分割为两个市场。另一方面，环境基金开始与商业银行合作，商业银行建议环境基金利用商业贷款更好地装备环境监测设备，环境基金鼓励银行评估贷款项目风险，通过补贴利率而替代直接贷款给地方政府。环境基金向地方政府发放的贷款，给了地方政府第一次的债务融资经验，商业银行和环境基金合作向地方政府发放贷款也给了商业银行把地方政府作为客户的第一次经验。

（2）发展阶段（1995～1998年）。尽管在这一时期，新的地方政府不得不偿付先前政府遗留下来的巨大债务，而这正是转型早期波兰地方政府通过举债融资发展经济的突破口。表4－3－2显示了1995～1998年波兰地方政府用于投资的资金来源状况。可以看到，债务性资金（环境基金贷款、银行贷款、市政债券）所占比例相对较小，多数年份在10%左右。而经营性盈余成为地方政府投资的主要来源，占比在70%左右。在某种程度上，正是由于波兰地方政府对待举债融资的谨慎态度和始终坚持“量入为出”的财政理念，使得波兰成为转型国家中少有的没有因地方政府过度举债而陷入财政危机的国家。

表4－3－2　　波兰地方政府用于投资的资金来源结构（1995～1998年）

资金来源	1995年（%）	1996年（%）	1997年（%）	1998年（%）
经营性盈余	75.79	69.67	71.99	71.14
中央政府投资拨款	11.36	12.70	11.75	11.85
环境基金提供的补偿	6.50	6.17	4.57	4.26
环境基金提供的贷款	2.58	4.37	3.59	4.48
银行贷款	3.61	6.03	6.87	6.41
市政债券	0.00	0.50	1.00	1.48
其他	0.15	0.27	0.27	0.40

当然，从另一个方面看，波兰地方政府也逐渐开始发展商业贷款，地方债券市场发展也较为迅速。尽管环境基金贷款仍占地方政府外源融资的主导地位，地方政府对于建设资金的缺口开始转向商业贷款。其原因主要是：第一，地方政府投资建设的加快使环境基金贷款严格的要求和局限性逐渐显露。第二，环境的改善使环境基金的来源减少，对于地方政府建设的支持力度有所下降。第三，波兰的商业银行重组基本完成，商业银行开始主动寻找地方政府作为新的客户。第四，名义利率的下降为地方政府使

用商业贷款提供了条件。在1996年，新增的投资总量中来自于基金的比例只比来自于商业贷款的新增比例多23%。到了1997年，新增的商业贷款已经超过新增基金贷款的20%。

乡级地方政府的商业贷款从1994年开始迅速增加，蓬勃发展于1996年。此时的波兰商业银行对地方政府的借款期限在5年左右，因为受到缺乏长期资金的限制，银行不愿对到期的贷款展期。1995～1998年，商业贷款占乡级政府的债务比例从32.7%上升到47.8%，而来自于环境基金的非商业贷款占乡级政府的债务比例从1995年的67.3%下降到1998年的36%。地方债券市场起步于1996年，当年就有10支地方债券发行，到了1998年，有50支地方债券发行。当年波兰市政借款余额15.5亿美元，其中2.32亿元为债券债务，占地方政府借款规模的15%。波兰《债券法》禁止地方政府发行收入支持债券，只允许发行一般责任债券，并且鼓励发行有实物资产留置权的担保债券。此时波兰的地方债券市场处于发育阶段，70%的地方债券都由银行购买，并且地方债券市场缺乏流动性、定价不合理。

（3）快速发展阶段（1999至今）。从1999年开始，波兰地方政府债务呈现快速增长。地方政府的投融资结构中，债务性资金占比从1995年的约6%上升到1998年的约13%，再增加到2001年的21%，如表4-3-3所示。

表4-3-3　波兰地方政府用于投资的资金来源结构（1999～2000年）

资金来源	1999年（%）	2000年（%）
专项拨款	26.32	25.56
经营性盈余	60.54	45.19
延迟盈余	2.05	8.39
债券年收入	0.82	3.72
借贷（信用）	10.27	17.14

1999年至今，地方政府根据自己对资金需求的不同特点因地制宜地选择各自的融资方式。有些发行规模较小的城市把它们的发行集中起来，有些地方政府继续将经营性盈余作为投资资金的主要来源，有些地方政府把商业贷款和非商业贷款作为自己外部融资的主要来源。

1991～1995年，各直辖市都没有发行过市政债券。自1999年以来，不仅直辖市的市政债券发行数量日益增多，而且越来越多的市加入了发行行列。1999年以来，地方债券市场继续较快发展，1999年发行地方债券的政府数量为53家，余额为6.536亿兹罗提，到2001年，已有70余个地方政府发行了市政债券，到了2006年第二季度末，发行地方债券的政府数量增长到273家，余额达到34.19亿兹罗提。

波兰地方政府债务融资之所以得到良好发展，主要是由于以下几个原因：①宏观经济环境稳定，通货膨胀率下降。②到1997年为止，银行系统改革初步达到预期目标，银行管理相对规范。由于地方政府税收收入稳定，较之于企业银行更愿意向其提供贷款。同时银行间竞争在一定程度上促进了专门针对地方政府的借贷契约的发展。③国外金融机构和信用评级机构拓展了地方政府的信用融资渠道。同时，波兰地方政府的财政观念已从传统的“量入为出”转向了“快速完成优先项目”。

（4）波兰地方政府融资的成功经验。波兰的经验表明，地方政府债务融资发展的好坏，主要受到以下几个方面的影响：第一，是否具有稳定的地方税收以及可预期的中央政府转移支付？第二，地方政府融资管理体制和监督机制是否健全？第三，是否具备多种形式的融资渠道？第四，相关金融机构是否受到政府的过度干预？

在所有融资手段中，国家环境基金和环境保护银行成功地引导了借贷资金的使用。在地方政府建立之初，环境基金是外部融资的主要来源，它成功地引导了大量的资金流向农村地区的乡级政府，至少部分补充了他们较弱的财政能力。环境基金优惠贷款使波兰农村地区的基础设施迅速得到改善。1990～1997年间，有自来水的房屋在农村增长了220%，有排水系统的房屋在农村增长超过300%，农村私人电话保有量增长了300%。环境基金虽然要求苛刻，不能满足地方政府对商业贷款的需求并对一般商业贷款有挤出效应，但是不可否认环境基金的优惠贷款是对正外部性的一种补偿，它的苛刻要求也保证了资金的使用效率，使波兰农村的基础设施迅速得到改善。

借助于中央政府和国外机构的帮助，波兰地方债券市场在国内资本市场非常有限的条件下迅速建立起来。20世纪90年代初，波兰经历了一次严重的经济衰退，许多企业受到冲击，银行坏账大量增加。到1997年，波兰银行业的坏账率仍为10%。波兰地方政府没有发行债券的经验，国内几乎没有专家可以为他们提供帮助，潜在的投资者由于对地方债券不熟悉而表现得非常谨慎。为了帮助波兰地方政府克服这些困难，波兰中央政府通过市政发展署调查地方政府发行债券的能力和兴趣，并确定最需要发行债券的地方政府。1993 年美国国际开发署与世界银行、欧盟共同帮助波兰建立国家金融基础设施体系，为波兰发展地方债券提供技术援助，帮助波兰修改了《债券法》，建立一系列发行制度。在国际机构的帮助下，波兰奥斯特鲁夫市第一次公开发行了地方债券。波兰各级地方政府严格执行复式预算制度，将预算分为经营性预算和资本性预算，在经营性预算上尽量节省以转入资本预算。复式预算制度有助于地方政府清晰把握自身的财力状况，增强财政的透明度，了解财政赤字的原因。也有助于各级地方政府根据各自财力合理安排建设计划和借款规模。

2. 政府债务管理目标。2001 年，在对现有目标进行重新评估的基础上，根据宏观经济状况变化，波兰政府对其债务管理目标进行了修订。新目标与 2002 ~ 2004 年债务管理战略自成一体，与过去相比，新目标的变化主要体现在强调了长期债务成本最小化，即从降低 3 年期债务成本负担转向最小化长期债务成本。新的债务管理目标体系分为主要目标和辅助性目标两大类，如表 4 – 3 – 4 所示。

表 4 – 3 – 4　　波兰政府债务管理目标体系

目标分类		实现手段
主要目标	偿债成本最小化	优化债务管理工具、结构、发行日期等
	化解汇率风险和外汇融资风险	降低外债份额
	加强中央预算资金管理	
辅助性（有条件）目标	化解本国货币的融资风险	延长内债偿还期限
	降低利率风险	增加长期固定利率的债务
	增加债务结构的灵活度	将不能进入市场流通的债务转变成为可流通债务
	降低债务对货币流通的负面影响	增加非银行部门的债务份额

二、地方政府债务管理体制

波兰地方政府债务管理体制主要采取制度约束型。这种模式主要是通过法律条款及财经法规对地方政府举债实行管理和控制。法律的先行为波兰地方政府规范融资奠定了基础。波兰《地方政府法》、《地方财政法》和《1995 年债券法》，对地方政府的举债权、债务率和发行债券的权利分别进行了明确、严格的约束，地方政府只能在法律允许的区间内自主调节自己的行为，可以说波兰是东欧对债务限制最为严格的国家。

关于债务管理权限的规定。根据波兰《公共财政法》，只有财政部部长有权代表国家财政部举借债务，并履行还款责任，以及进行其他金融交易与债务管理，包括与金融衍生工具相关的交易等。

关于债务管理战略的规定。波兰《公共财政法》要求财政部制定未来 3 年公共部门债务资金管理战略规划，同时，财政部还需提交公共部门债务影响报告。

关于公共债务限额的规定。《波兰共和国宪法》第 216 款规定：公共债务支出占年度国内生产总值的比例不得超过 60%。《公共财政法》第 37 款也提到关于债务限额的原则性规定，该法第 45 款再次强调了补救措施，即如果这个比例超过了 50% ~55%，财政部门将采取控制措施。

关于债券发行管理的规定。1999 年，波兰《公共财政法》授权波兰财政部发布了五项关于债券发行管理的规定。

关于金融监管方面的规定。1995 年波兰《债券法》对市政债券发行作了具体规定。

关于银行贷款风险方面的规定。波兰《银行法》第 128 款与《银行监管条例》进行规范管理，后者由波兰国家银行（即波兰中央银行）下属的银行监管委员会发布。

综上，虽然地方政府驾驭财政和国内资本市场的能力日臻提高，但法律对地方政府举债的严格限制使地方政府一半的融资来源于自己的税收，从而有效地保证了地方政府的偿债能力。尽管这些法律在制定之初有不完善之处，不断进行了修改和补充，但是它们对规范地方政府融资行为、限制地方政府债务水平起到了保障作用。

三、中央层次的地方政府债务管理机构

波兰政府的债务管理部门为公债管理部，隶属于财政部。公债管理

部内设四个部门，集中进行波兰政府的内、外债管理。由于波兰外债规模在债务总额中所占比重较大，因此在公债管理部内单独设立了外债管理处。

作为波兰财政部的一个部门，公债管理部负责制定债务管理战略，进行债务日常管理。从目前来看，由于外围金融机构承担了大部分管理业务，因此，公债管理部的工作侧重于分析方面。此外，为在债务管理与财政货币政策之间进行协调，波兰公债管理委员会于1994年成立。该委员会成员大都来自波兰财政部、省财政厅和波兰国家银行。委员会每月召开一次会议，并提供相关咨询服务，讨论范围涵盖省政府借款融资需求计划、预算状况以及货币市场状况等。由于波兰财政部和国家银行等重要部门负责人参与并负责相关政策的制定执行，委员会所作结论往往带有非正式的官方色彩。

四、地方政府债务资金运行管理

（一）举债方式

波兰地方政府债务融资，以金融机构提供的优惠信用为主，以市政债券为辅。到2001年，地方政府债务融资的80%来自信用借贷，20%来自市政债券。

（二）举债用途

地方政府举债用途用于建设性支出，不能用于弥补赤字。

五、地方政府债务风险控制

在地方政府债务融资的发展过程中，波兰建立了相应的行为规范和监督体系。

波兰将地方政府的举债权与国家政府的举债行为联系起来，一旦总公共债务超过 GDP 一定规模时，任何地方政府不允许以任何方式（包括担保）举借新的债务，同时国家财政部必须及时采取相应的补救措施，以使得债务率尽快降低到安全水平。从 2002 年开始，由波兰央行货币政策委员会制定为期三年的《公共债务管理战略》，对当前的债务情况进行分析，并对后三年的债务情况进行预测，对已有的相关法律或规定进行修改和调整，对战略的实施情况进行预测。

在中东欧所有转型国家中，波兰对地方政府融资行为的规范最为严格，其地方政府财政安全程度也最高。以下将分别从预算管理、规模控制、风险监控、审计监督以及透明度要求等方面着手，介绍波兰对地方政府债务风险的控制手段。

（一）预算管理

1998 年波兰《公共财政法》是规范波兰各级政府预算管理的基本法律。1998 年后波兰采用单式预算，政府的所有年度收入（包括债务收入）必须汇集编入总预算账户，特殊项目不能分流年收入。地方政府预算支出分成经常性支出、资本性支出和负债偿付三部分，其支出总额由法律确定，不得随意突破。特别的，波兰财政部单独设立了一个机构进行或有负债管理，其工作职责包括对或有负债进行预测、报告和预算管理等。

（二）规模控制

1. 需求控制。1998 年波兰《公共财政法》对地方政府举债从三个方面加以限制：

（1）限制债务存量和流量。国家总债务不能超过 GDP 的 60%，赤字率不得超过 3%，地方政府负债率（直接债务和担保债务之和/GDP）超过 50%，将不允许新增债务，债务率（债务余额/地方政府税收收入）要小于 60%。波兰财政部还单独对政府担保面值设定了上限，即占当年 GDP 的 1.0% ~3.7%（各个年度的上限值不相同）。

（2）限制地方政府举借外币债务。波兰规定：债务发生时，必须以波兰本币兹罗提表明债务总额的价值，只有由多边金融机构（如世界银行）提供的贷款或由国际信用评级机构提供的优惠利率投资，才允许举借外币债务。

（3）限制地方政府债务偿还情况。偿债率（年偿债额和债务担保额/当年税收收入）不得超过15%。

上述规定可以限制地方政府的债务总量，保证地方政府的偿债能力，有效地限制了地方政府的长期借款规模。1995年波兰《债券法》对市政债券发行进行了具体规范。该法第2款规定，地方政府、特定目标联盟等可以发行债券。2000年以前，该法第8款要求所有发行者有责任以其所拥有的资产来偿付债务，并规定地方政府不得发行收入债券。2000年7月，波兰《债券法》第8款加入了新的内容，允许地方政府发行收入债券。该法第9款规定私募发行最多只能直接面对300个认购人。第10款要求所有私募发行者必须阐述债券使用目的，并通过公开信息区分出是地方政府还是企业发行债券。第10款还要求地方政府呈交发债前一年度的预算，并附上地区会计局关于该地方政府信用的意见，而公司债券发行者则必须呈交独立审计报告和资产负债表。

2. 供给控制。波兰银行贷款风险由《银行法》第128款与《银行监管条例》予以规范管理。波兰《银行法》第128款规定，银行自有资金至少等于其风险加权化资产与表外负债之和的8%。波兰将举债者分成三个级别，银行根据其信用界别及风险程度决定贷款额度。一级举债者包括财政部、中央银行、银行担保基金、出口信用公司、华沙证券交易所、欧盟中央银行和股票交易所，其债务风险系数为0；二级举债者包括波兰地方政府、欧洲联盟国家的地方政府和多边金融机构（如世界银行、欧洲发展银行等），其风险系数为20%，但如果其债务由一级机构担保，或用一级机构的证券作抵押，则风险系数也为0；三级举债者包括其他所有的经济实体，属于三级经济实体的，如果以不动产留置权作抵押，其债务的基本风险系数为50%，如果没有以留置权作抵押，则风险系数为100%，如果三级实体债务由一级或二级机构担保，或用一级或二级机构的证券作抵押，那么其风险系数为0或20%。

法律规定商业银行可以自由投资于市政债券，但对某一只市政债券，其投资数量应小于该银行资产的25%。相关法规没有对投资基金投资于市政债券的数额设立明确限制，但规定养老金和保险公司在某一私募市政债券的投资额不得超过其投资总额的5%，对公募市政债券的投资额则不得超过其投资总额的15%。

（三）风险预警

波兰政府设置了一系列指标，对各级政府（包括地方政府）债务风险进行实时预警。

（1）根据《公共财政法》，设立债务余额/GDP以及债务成本/GDP，以体现政府的偿债能力。当债务余额/GDP占比超过50%～55%时①，将采取特殊程序予以纠错。

（2）设立外债余额/债务总额占比，作为汇率风险指标。

（3）设立内债存续期限结构指标，防范再融资风险和利率风险。

（4）其他措施，主要是描述性的统计报表，包括浮动利率债务和固定利率债务份额、到期日结构和其他类似数据等。

波兰公债管理部使用了一些计量模型来量化风险，但模型结果在很大程度上取决于对未来利率和其他变量的假设，存在较强的主观性。因此，公债管理部希望通过实施综合债务管理信息系统来解决这一问题。综合债务管理信息系统主要用于估计和监控债务风险，在此基础上可以构建一个更具效率的债务管理体系。该体系将支持债务管理和预算过程（包括对融资需求以及债务成本的管理），强调以市场方式管理债务，利用先进的分析工具来减少偿债成本，这将有利于波兰国内资本市场的发展，并提高政府债务风险管理与控制的质量。

（四）审计监督

波兰最高审计办公室每年对公共财政账户进行审计，并向议会报告相关情况。最高审计办公室有权对公共财政的任何领域采取控制措施。

（五）透明度要求

长期以来，波兰各级政府的会计与预算处理一直以收付实现制为基础。从2000年开始，波兰在政府部门的部分会计核算项目中引入了权责发生制，但预算编制和财务报告仍实行收付实现制。

---

① 《波兰共和国宪法》将这一比率设为60%。

波兰《公共财政法》明确规定，所有公共团体的财务状况必须公开化和透明化。地方政府年度预算应在本地予以公开发表，并公布来年的预算收入和支出信息，地方预算也应包括多年期投资规划信息。

波兰地方政府设有自己的预算管理委员会，省级地方政府则设有财务分析单位，负责按月为预算管理委员会提供关于预算实施的最新信息。预算管理委员会向地区议会和地区管理委员会提供预算实施报告。地区议会和地区管理委员会可以在任何时间就特殊事项要求预算管理委员会提供相关信息。

所有地方政府必须每季向波兰财政部、国家统计局和省会计局提供地方财政报告，以确保地方政府预算编制和财政管理的合法性及其健康运行。

各级地方政府的预算方案和预算实施报告都要交由地区会计局做合法性审查①。地方政府财务报告的适当性和及时性也由地区会计局进行审查。各地区会计局要对本地方政府采用的长期负债方案（发债或信贷）发表意见，主要是审核地方政府负债总额是否超过了法定限制、实施的预算方案及其引发的赤字是否合法等。

① 地区会计局创建于1993年，由《会计法》予以约束。每一个地区会计局都是一个独立的政府代理机构，对财政部长委员会负责。地区会计局于1997年建立了主席团，该主席团由各地区会计局主要负责人和其他成员组成。

第四篇

匈牙利地方政府债务管理

一、概　　述

（一）政府管理框架

匈牙利是单一制国家，全国划分为首都、19个州和23个州级市，州以下设县和乡镇。匈牙利的政府结构极其分散，地方政府直接负责执行分散的政府职能。

（二）政府间财政关系

东欧剧变前，匈牙利就开始酝酿经济和政治体制改革。1989年通过了《宪法修正案》，1990 年通过了《地方政府法》，后者规定了地方政府的财政收入来源和举债权限。1991 年，随着一系列财政经济法规的颁布，中央和地方的财政关系框架得以确立，同时地方政府课税权也得到承认。

总体来说，匈牙利地方政府具有较高的自治权和稳定的财政来源。在 1999 年的地方政府收入总额中，地方税收占 19.4%，从中央税收获得的分成占 11.3%，中央政府的各种拨款占 45.7%。此外，地方政府还有其他收入来源，如借款、社会安全基金等。

表 4－4－1 列出了匈牙利地方政府支出数据。

表 4－4－1　　匈牙利地方政府支出　　单位：10 亿福林，%

年　份	1991	1992	1993	1994	1995	1996	1997
GDP	2 498	2 943	3 548	4 365	5 614	6 845	8 541
中央政府支出	1 409	1 777	2 157	2 635	3 046	3 377	4 203
地方政府支出	371	497	598	750	801	913	1 130
中央支出/GDP	56.4	60.4	60.8	60.4	54.3	49.3	49.2
地方支出/GDP	14.8	16.9	16.8	17.2	14.3	13.3	13.2
地方支出/中央支出	26.3	27.9	27.7	28.5	26.3	27.0	26.9

资料来源：匈牙利财政部。

二、地方政府债务管理体制

匈牙利地方政府债务管理体制属于制度约束型。（1）匈牙利《地方政府法》规定了对地方政府还本付息的限制；（2）匈牙利《地方性债务调整法案》在对债权人提供有效法律保护的同时，为地方政府偿付债务进行了立法；（3）匈牙利《安全法》制定了一些关于地方债券发行的规则；（4）1996 年 6 月通过的匈牙利《市政破产法》为陷入债务危机的地方政府指出了两条出路：破产或者与债权人达成债务解决协议。

原则上，匈牙利各级政府都可以通过举债筹集资金，通常短期借款由当地行政首长批准，而长期借款需由地方议会批准。但实践中多数地方政府都不愿意借债，甚至也不愿为资本项目举债。这反映了匈牙利地方政府保守而稳健的行为方式，也反映了旧制度传统的影响，在该制度下地方政府无权举债。1995 年，地方政府举债额为 197 亿福林，相当于地方政府非合并支出的2.5%。

三、中央层次的政府债务管理机构

匈牙利政府债务管理署（The Government Debt Management Agency）于1995年成立，负责制定并实施国内债务管理战略。1996年政府债务管理署成为国库署（The Hungarian State Treasury）下的一个半自治性质的组成部分，1997年开始承担政府直接外债管理职责。政府债务管理署的发展趋势是成为一个独立的公债管理机构。

当前，匈牙利政府债务管理署负责对国债发行、流通、偿还等环节进行管理和监督。政府债务管理署的主要任务是：（1）实现国债的经济政策目标和良好的经济效果；（2）保持良好的国债信誉和国债市场价格稳定；（3）尽可能减少国债的利息负担和筹资成本。

四、地方政府债务资金运行管理

（一）举债方式

匈牙利地方政府可以直接借款或者发行债券的方式举债。

（二）举债用途

匈牙利债务资金主要用于基础设施建设。

五、地方政府债务风险控制

（一）谨慎原则

匈牙利政府在财政风险管理中遵循谨慎的指导思想，具体表现在坚持两个原则：（1）重视对或有、隐性债务的测算与管理；（2）只在预算框架允许的范围内承担新风险。

（二）合理控制私有化

在缓慢的私有化进程中，匈牙利政府在出售国有资产时表现得相当谨慎。具体表现在：要求用现金购买国有资产，而且是逐一出售；国有资产管理局不保证私有化企业未来的财务状况；政府虽然提供一定的担保，但同时保留一定的储备基金。所有这些，都使匈牙利政府在私有化改革过程中保持着较为可靠的财政状况。

（三）法律法规约束

匈牙利政府对地方借款的法规约束经历了两个发展阶段。

第一阶段是 1990 ~ 1995 年，这段时间内没有任何约束地方政府借款的正式规章（没有借款上报机制、没有还本付息限制、没有发行地方政府债券的独立规范等），对地方政府借款的控制实质上是通过市场机制来完成的。在这一阶段，没有一个地方政府出现债务拖欠报告，直到 1995 年，才有三个小乡村因超额借款被揭露失职。

此后匈牙利地方借款的法规约束进入第二个发展阶段。在上述背景下，匈牙利中央政府开始对单一市场机制控制下的地方借款风险产生警觉，因此着手控制地方政府借款，并试图建立一套完整程序来对地方性拖欠债务的后果进行清算。随后，三部独立法案相继通过，从而建立起一套控制地方借款的混合体系，这套体系在延续市场机制约束的同时，加入了以法规为基础的控制。这三部独立法案的内容如下：（1）对地方政府还本付息的限制，该法案在年度国家预算法中提出，后被纳入到匈牙利《地方政府法》中；（2）匈牙利《地方性债务调整法案》，该法案在对债权人提供有效法律保护的同时，为地方政府偿付债务进行了立法；（3）一些关于地方债券发行的规则安排，这部分内容被写入了匈牙利《安全法》中。

（四）担保管理

匈牙利政府采用了 7 种互相联动的担保控制措施：（1）将预算授权的担保金额限制在财政收入的一定百分比。（2）以法律形式限制不同政府部门和实体（如匈牙利发展银行）提供的公开担保金额。（3）在预算中为与现有担保相关的预期支付留出资金。（4）财政部审阅担保合同，并密切跟踪各部门和实体的担保情况。（5）在政府决议中发布关于新的担保的实质性信息（如数量、条件、合理性、债权人和债务人等）。（6）年度预算报告每个担保项目的违约概率和预期支付。最后，向国家审计局（State Audit Office）报告担保的提供情况。

从实践来看，匈牙利担保管理体系极大地降低了政府对于或有负债的风险敞口，政府对于违约担保的支出也控制在预算计划之内。主要问题在于隐性或有负债，它们并没有被新的预算控制体系所覆盖，而且其可能导致的支出远远超过显性或有负债。

（五）审计监督

1. 国家审计局的外部审计。匈牙利国家审计局成立于 1989 年，负责对公共部门财务和账目进行审计与控制。国家审计局设有地区局，但是其职员数量不足以支持对所有的地方政府进行完全审计。国家审计局提交的报告和建议是公开的。1992～1996 年，国家审计局每年进行 30～50 次完全的县级审计和大约 1 000 次专题审计。

2. 外部审计员的外部审计。20 世纪 90 年代中期，随着贷款资源的增加和一小部分乡镇的破产，匈牙利政府开始注意到借款规则的不完善和地方财政在管理上的疏忽。由于国家审计局没有能力对超过 3 000 个地方政府进行年度审计，1995 年地方政府法案中加入了独立的外部审计要求。

要求委任外部审计的地方政府包括：县、拥有县权利的市、首都、布达佩斯区域、任何开销超过 1 亿匈牙利福林和有未偿还贷款的地方政府。1997 年，共有 559 个地方政府签订了外部审计协议。

委任审计必须交由一家在匈牙利审计所注册的审计公司来执行。接受审计的地方政府要公开一份经过整理的收入和支出报告、一份平衡表、一份年终现金平衡表、一份发生利润或亏损的账目表等。地方政府负责把审计报告提交给国家审计局。

3. 内部审计。内部审计人员对地方政府日常的财务、预算、借款等进行检查，并为外部审计提供协助。

六、地方政府债务危机化解

匈牙利于1996年6月通过了《市政破产法》，这部法律实际为陷入债务危机的地方政府指出了两条出路：破产，或者与债权人达成债务解决协议。

专栏4－4－1和专栏4－4－2列举了几个通过《市政破产法》解决债务危机的案例。

专栏4－4－1　地方政府因债务危机破产的案例

巴空斯哥位于匈牙利贫困地区，当地政府在1990～1995年间从事各种盈利性商业活动。这些活动包括建立矿泉水公司、为几家其他的商业公司提供债务担保、借入巨资兴建度假村等。1995年国家审计局发现了其中的诈骗和非法活动，包括伪造政府担保签字。该地方政府在《市政破产法》实施后立即启动了破产程序。当时债权人索赔数额达15 400万福林，而其财产只有200万福林，即只有1.2%的债务可以偿还。破产代理人、债权人委员会、地方政府无法达成协议，法院于1996年12月22日启动了债务和资产的强制清算程序，并于1998年结束。

帕迪靠近布达佩斯，位于迅速发展的半乡村地区，从1991年开始频繁投资于基础设施建设，包括燃气供应、下水道系统等。到1995年，该乡出现财政困难，其债务达6亿福林。1995年该乡申请了赤字援助，但债权银行中途截留了这部分资金，留给政府用于提供基本公共服务的资金所剩无几。该乡领导人因此被迫辞职，1996年经选举产生新政府。当时，由于银行继续从该乡账户上划出资金，新政府拖延了5个月才开始行使职能。县国库等部门最后只好介入，中断从中央政府账户划拨资金到该乡账户，从而结束了银行耗用公共服务资金的行为。

1996年8月帕迪申请破产，并任命了一位破产代理人。经过进一步调查，代理人发现，6亿福林的债务中只有4亿是正当合法的，涉

续

及债权人53个。该乡被允许先为履行其基本职能筹资，任何支出都不能与此无关。在代理人的严格监控下，该村有了支付能力，能够发挥基本职能了。法院于1997年4月通过解决协议，从而启动了为时将近两年的财产清算阶段。地方政府举办了三场拍卖会来筹资，并且债权人有优先竞标权。最终结果是只有不到一半的索赔能够被满足，所有债权人都是用现金、证券或收据等偿付的。财产清算阶段于1999年1月结束。

专栏4-4-2　以债务解决协议结束地方政府债务危机的案例

巴托利哥特因无力偿还至少6 500万福林的债务，于1996年8月申请破产。这些债务中一部分是欠一家公共设施建筑公司的，其余一部分是因为投资学校而欠银行的，另一部分则是1995年拖欠内政部的偿还性紧急援助款。1997年3月法院通过了解决协议，该协议决定巴托利哥特向建筑公司支付全部欠款，银行和内政部的欠款推迟至2000年支付。该乡由于长期处于赤字运作状态，从那以后开始申请赤字援助。

那高科斯在1995年5月受到了国家审计局的调查。结论是，该乡议会从事过诈骗活动，违反财务规范，还为非强制性的、盈利性的活动举债筹资，导致该乡债务额达到12 300万福林。中央政府在1995年和1996年向该乡提供超过2 500万福林的赤字援助。《市政破产法》于1996年6月实施后，该乡申请破产。23家债权人要求偿还7 800万福林的本金和4 500万福林的利息。解决结果是可以偿还6 300万福林的本金，破产代理人于1997年4月向法院递交了协议。法院于1997年5月宣布破产程序结束。

参考文献

[1]《政府间财政关系国际比较研究》编译组：《政府间财政关系国际比较研究》，中国财政经济出版社 2002 年版。

[2] Ahmad, Ehtisham, and Katherine Baer. 1997. "Colombia." In Teresa Ter – Minassian, ed., Fiscal Federalism: Theory and Practice. Washington, D. C.: International Monetary Fund.

[3] Alarn, A., S. Titov, et al. (2004). Russian Federation. Subnational capital markets in developing countries: from theory to practice. M. Freire, J. E. Petersen and World Bank. Washington, D. C. New York, NY, World Bank; Oxford University Press: 571 ~591.

[4] Alesina, Alberto. 1994. "Political Models of Macroeconomic Policy and Fiscal Reforms," in S. Haggard and S. B. Webb, ed. Voting for Reform; Democracy, Political Liberalization, and Economic Adjustment. New York: Oxford University Press.

[5] Alfonso, Jose Roberto 2002. "Fiscal Affairs in Brazil," BNDES Presentation. March 2002.

[6] Andrew Ralph. Borrowing & Debt: Framework for local authorities in the United Kingdom, International Conference on Sub – National Debt, Hangzhou, China, July 11, 2008.

[7] Australian Office of Financial Management (2003), 'Operational Notice No: 13/2003 Rules governing transfers between long term debt portfolio and cash management portfolio', September, viewed on 1 March 2004.

[8] Bayoumi, Tamin, and Paul R. Masson. 1998. "Liability – Creating versus Non – liability – Creating Fiscal Stabilization Policies: Ricardian Equivalence, Fiscal Stabilization, and EMU." Economic Journal 108 (July).

[9] Bevilaqua, Afonso. 2000. "State – Government Bailouts in Brazil," Texto para discusso No. 421, Rio de Janeiro: PUC – RIO.

[10] Bird, Richard M. 1984. Intergovernmental Finance in Colombia: Final Report of the Mission on Intergovernmental Finance. Cambridge, Mass.: Harvard Law School International Tax Program.

[11] Bird, Richard M. and Ariel Fiszbein. 1998. "Colombia: the central role of the central government in fiscal decentralization," in R. Bird and F. Vaillancourt, eds., Fiscal Decentralization in Developing Countries. Cambridge, UK: Cambridge University Press.

[12] Bohn, H. and Robert P. Inman. 1996. "Balanced Budget Rules and Public Deficits: Evidence from the U. S. States" Carnegie – Rochester Series on Public Policy. 45: 13 ~ 76.

[13] Broun, Miguel and Mariano Tommasi, 2002. "Fiscal Rules for Subnational Governments. Some organizing principles and Latin American experiences." G. Kopits, ed., Rules and Practice in Intergovernmental Fiscal Relations. IMF and World Bank, Washington, DC..

[14] Budget Code of the Russian Federation, Law No. 145 – FZ of July 31, 1998 (with the Amendments and Additions of August 5, December 27, 2000, August 8, December 30, 2001, May 29, July 10, 24, December 24, 2002, July 7, November 11, December 8, 23, 2003, August 20, December 23, 28, 29, 2004, May 9, 2005).

[15] Burki, Javed, William Dillinger, Guillermo Perry and others. 1999. Beyond the Center: Decentralizing the State in Latin America. Washington, D. C. : World Bank.

[16] ChristianY. Gonzalez, David Rosenblatt and Steven B. Webb. Stabilizing Intergovernmental Transfers in Latin America: A Complement to National/Subnational Fiscal Rules? Conference on Rules – Based Fiscal Policy in Emerging Market Economies Oaxaca, Mexico, February 14 – 16, 2002.

[17] Colombia ROCS: Fiscal Transparency Module, IMF Country Report 03/128.

[18] Colombia: Selected Issues, IMF Country Report No. 05/162, May 2005.

[19] Commonwealth of Australia (2002b), Review of the Commonwealth Government Securities Market: Discusion Paper, October, Canberra.

[20] Commonwealth of Australia (2003), Budget Strategy and Outlook 2003 – 2004, Budget Paper No. 1, May, Canberra.

[21] Courchene, Thomas J. "Subnational Budgetary and Stabilization Policies in Canada and Australia." In James M. Poterba and Jürgen von Hagen, eds., Fiscal Institutions and Fiscal Performance, Chicago: University of Chicago Press.

[22] Diaz – Cayeros, Alberto; Beatriz Magaloni; and Barry R. Weingast, 2003. "Tragic Brilliance: Equilibrium Hegemony and Democratization in Mexico," Stanford University, processed.

[23] Dillinger, William, 2002, "Brazil, Issues in Fiscal Federalism," PREM.

[24] Dillinger, William, and Steven B. Webb. 1999. "Fiscal Management in Federal Democracies: Argentina and Brazil." Policy Research Working Paper 2121. Washington, D. C. : World Bank.

[25] Dillinger, William, Guillermo Perry and Steven B. Webb. 2003. "Can fiscal stability coexist with decentralization? The case of LAC," in J. Martinez Vazquez, ed., Public Finance in Developing and Transition

Countries: Essays in Honor of Richard Bird.

[26] Dillinger, William, 2002, "巴西，财政联邦主义中的议题", PREM.

[27] Dillinger. 法令、市场与政治：巴西为控制地方借款所采取的措施. 2001.

[28] Dóra Piroska. VARIETIES OF DEBT MANAGEMENT IN CENTRAL AND EASTERN EUROPEAN COUNTRIES: An institutional investigation of international financial transactions. Varieties of Debt Management in CEECs, 2002.

[29] Echevarria, J. J., C. Renteria, and R. Steiner. 2000. "Decentralization and bailouts in Colombia" Fedesarrollo Working Paper Series.

[30] Eckl, Corina. 1997. "States Broaden the Scope of Rainy Day Funds." National Conference of State Legislatures.

[31] European Central bank. Government Debt Magament in euro area. occasional paper series. No25/March, 2005.

[32] Fabrizio. Balassone, Daniele Franco, Stefania Zotteri. Fiscal Rules for Subnational Governments in the EMU Context. 2001.

[33] Fitch Ratings (2004): "Mexico' Fiscal Transparency and Monetary Transparency".

[34] Freinkman, L. M., D. Treisman, et al. (1999). Subnational budgeting in Russia: preempting a potential crisis. Washington, DC, World Bank.

[35] Giugale, Marcelo M., and Steven B. Webb. 2000. Achievements and Challenges of Fiscal Decentralization. Lessons from Mexico. Washington, D. C.: World Bank.

[36] Giugale, M, A, Korobow, et al (2000). A new model for market-based regulation of subnational borrowing: the Mexican approach. Washington, DC, World Bank Latin Amercia and the Caribbean Region Country Dept.. Poverty Reduction and Economic Management Sector Unit.

[37] Giugale, M, V, Nguyen, et, ao. (2000). Subnational borrowing and debt Management. Washington, DC, World Bank.

[38] Gold, Steven D. 1981. "The Struggles of 1981: Budget Actions in the States." State Legislatures 25.

[39] Gómez, Eduardo J. and William McCarten. 2001. "Fiscal Responsibility Acts: Why Have They Mushroomed and Will They Enhance Fiscal Discipline?" processed.

[40] Gonzalez, Christian Y. 2002. "Have States learn the lessons from their last fiscal crisis? An analysis of State Rainy Day Funds in the most recent economic near.

[41] Gonzalez, Christian Y. 2003, David Rosenblatt, and Steven B. Webb, 2003 "Stabilizing Intergovernmental Transfers in Latin America: A Complement to National/ Subnational Fiscal Rules?" in G. Kopits, ed. Rules and Practice in Intergovernmental Fiscal Relations. IMF and World Bank, Washington, DC.

[42] Hochman, S and Valadez, M, "Using Credit Rating can be an Effective Means of Instilling a Culture of Creditworthiness", in Subnational capital markets in developing countries; from theory to practice. M. Freire, J. E. Pestersen AND World Bank, World Bank; Oxford University Press.

[43] http://debtreview.treasury.gov.au

[44] http://www.abs.gov.au

[45] http://www.treasury.qld.gov.au/

[46] IMF Country Report No. 04/269. Reports on the Observance of Standards and Codes on the following topics: Monetary and Financial Policy Transparency, Banking Supervision, and Securities Regulation.

[47] IMF (2001). Brazil: Selected Issues. Washington D. C.

[48] IMF (2002). "Mexico: Report on the Observance of Standards and codes – fiscal Transparency Module.", IMF country Report No. 02/200.

[49] IMF (2004), Peru.: Selected Issues, IMF Country Report No. 04/156, April, 2004.

[50] IMF (2004), Peru: Report on the Observance of Standards and codes – fiscal Transparency Module, April 2004.

[51] IMF, Brazil: ROSC – Fiscal Transparency Module, IMF Country Report No. 01/217.

[52] Inman, Robert P. 2003. "Transfers and Bailouts: Lessons from U. S. Federalism," in J. Rodden, G. Eskeland and J. Litvack, ed. Fiscal Decentralization and the Challenge of Hard – Budget Constraints. Cambridge MA and London: MIT Press.

[53] Inter – American Development Bank. 1997. Latin America After A Decade of Reforms, Report on Economic and Social Progress in Latin America. Washington D. C.

[54] International Conference on Policy Modeling Robert J. Bennett. LOCAL GOVERNMENT IN POST – SOCIALIST CITIES. Local Government and Public Service Reform Initiative OPEN SOCIETY INSTITUTE Discussion Papers, No. 2.

[55] Jan Werner. Local debt management of Germany, International Conference on Sub – National Debt, Hangzhou, China, July 11, 2008.

[56] Jonathan Rodden, Gunnar S. Eskeland, Jennie Litvack. Fiscal Decentralization and the Challenge of Hard Budget Constraints. The MIT Press (April 1, 2003).

[57] Jonathan Rodden. Federalism and Fiscal Outcomes in Germany. 2001. 2.

[58] Jones, Mark P, Pablo Sanguinetti, and Mariano Tommasi. 1999. "Politics, Institutions, and Public Sector Spending in the Argentine Provinces." in James Poterba and Juergen von Hagen, ed., Budget Institutions and Fiscal Outcomes. Chicago: National Bureau of Economic Research and the University of Chicago Press.

[59] Kazuhito. Ikeo, Yasuo. Goto. The Government and the Financial System: an Overview. Public Policy Review, 2006, Vol. 2, No. 1, 97 ~ 100.

[60] Ken – ichi Sakakoshi. Debt Management for Japanese Local government Debt, International Conference on Sub – National Debt, Hangzhou, China, July 11, 2008.

[61] Knight, Brian, and Arik Levinson. 1999. "Rainy Day Funds and State Government Savings." National Tax Journal 52 (3).

[62] Kopits, George. 2001. " Fiscal Rules: Useful Policy Framework or Unnecessary Ornament? . " IMF Working Paper. WP/01/145. Washington D. C.

[63] Latapí, Pablo, and Manuel Ulloa. 1998. " Inconsistencias de la Fórmula de Distribución de los Recursos Federales para Educación y Propuesta de Alternativas. " In Comisión de Desarrollo Social Instrumentos de Distribución de los Recursos del Ramo 33. México: Cámara de Diputados.

[64] Lavrov, A. , J. M. Litwack, et al. (2001). Fiscal Federalist Relations in Russia: A Case for Subnational Autonomy, OECD Center for Cooperation with Nonmembers (Paris: Organization for Economic Cooperation and Development).

[65] Law Nr. 9496 of September 1997.

[66] LiLiLiu, Michael. Waibel. Subnational borrowing regime – Brazil. Nov, 2005.

[67] LiLiLiu, Michael. Waibel. Subnational borrowing regime – Colombia. Nov, 2005.

[68] LiLiLiu, Michael. Waibel. Subnational borrowing regime – India. Nov, 2005.

[69] LiLiLiu, Michael. Waibel. Subnational borrowing regime – Mexico. Nov, 2005.

[70] LiLiLiu, Michael. Waibel. Subnational borrowing regime – Peru. Nov, 2005.

[71] LiLiLiu, Michael. Waibel. Subnational borrowing regime – Russia. Nov, 2005.

[72] Ludmila. Waise. International Debt Crisis Republic of Chile. Model United Nations Conference Position Paper. 2003.

[73] Luzi de Mello. 财政调整和财政责任法：巴西的实践 . 2003.

[74] Martinez – Vazquez, J. and J. Boex (2001). Russia's transition to a new federalism. Washington, D. C. , World Bank.

[75] Merino, Gustavo. 1998. "Las transferencias federales para la educación

en México: Una evaluación de sus criterios de equidad y eficiencia." Gestión y Política Públic? a (CIDE) 7 (2).

[76] Miguel A. Kiguel. Debt Management: Some Reflections Based on Argentina. Inter – American Development Bank Office of the Chief Economist Working paper #364.

[77] Mike Dai. Sub – National Debt in the United States, International Conference on Sub – National Debt, Hangzhou, China, July 11, 2008.

[78] Mike Williams. UK DEBT & CASH MANAGEMENT. EBRD Regional Conference on Debt Management 1 December 2000.

[79] Musgrave, Richard A.. 1959. "The Theory of Public Finance: A Study in Public Economics." New York: McGraw Hill.

[80] Oates, Wallace E.. 1972. Fiscal Federalism. New York: Harcourt Brace Jovanovich, Inc.

[81] Obstfeld, Maurice, and Giovanni Peri. 1998. "Regional Non – adjustment and Fiscal Policy." Economic Policy: A European Forum 26 (April).

[82] Perry, Guillermo, and Marcela Huertas. 1997. "La Historia de Una Crisis Anunciada: Regulado el Endeudamiento de las Municipalidades y los Departamentos en Colombia." In Gabriel Aghón and Herbert Edling, ed., Decentralización Fiscal en América Latina: Nuevos desafíos y agenda de trabajo. Santiago, Chile: CEPAL/GTZ.

[83] Reserve Bank of Australia (2003), Annual Report 2004.

[84] Rodden, Jonathan and Gunnar Eskeland 2003. "Conclusions," in J. Rodden, G. Eskeland and J. Litvack, ed. Fiscal Decentralization and the Challenge of Hard – Budget Constraints. Cambridge MA and London: MIT Press.

[85] Rodrik, Dani. 1989. "Promises, Promises: Credible Policy Reform Via Signaling," in The Economic Journal, 99 (September 1989), 756 ~ 772.

[86] Rojas, Fernando. 1997. "Estructura, funcionamiento, y políticas de los fondos de confinanciación en países seleccionados: Práctica y princi-

pales desafíos." In Gabriel Aghón and herbert Edling, ed., Decentralización Fiscal en América Latina: Nuevos desafíos y agenda de trabajo. Santiago, Chile: CEPAL/GTZ.

[87] Sanguinetti, Pablo and Mariano Tommasi. 1998. "Intergovernmental Transfers and Fiscal Behavior" —Part 1: Insurance versus aggregate discipline," Processed.

[88] Santiago Herrera, 2004, "Policy Mix, Public Debt Management, and Fiscal Rules: Lessons from the 2002 Brazilian Crisis," PREM.

[89] Schwartz, Gerd and Claire Liuksila. 1997. "Argentina." In Teresa Ter - Minassian, ed., Fiscal Federalism: Theory and Practice. Washington, D. C.: International Monetary Fund.

[90] Senate Resolutions 40 and 43 of December 2001.

[91] Serap Bindebir. Intergovernmental Finance and Local Government System in Turkey: Experiences and Lessons to be Learned from Poland. Prepared for Ecomod 2004.

[92] Sobel, Russell S., and Randall G. Holcombe. 1996. "The Impact of State Rainy Day Funds in Easing State Fiscal Crises. During the 1990 - 1991 Recession." Public Budgeting and Finance (Fall).

[93] Standard & Poors (2003). "Surviving After Default: The Experiences of Local Governments in Argentina and Russia."

[94] Standard & Poors (2003). "The Framework of Fiscal Federalism in Russia: Objectives, Scope, Institutions, and Instruments."

[95] Standard & Poors (2004) "The Positive Evolution of State Debt in Mexico: A Success Story?".

[96] Standard & Poors (2004). "State of Mexico Finalizes Largest Debt Refinancing Program in Mexican History".

[97] Standard & Poors (2004). "The Report Card: Mexican States".

[98] Standard & Poors (2005). "Delayed Municipal Reform Underlines Risks for Russian LRGs."

[99] Standard & Poors (2004). "Russian Local and Regional Governments."

[100] Standard & Poors. (2005). "Sector Review: Russian Local and

Regional. ”

[101] Stein, Ernesto, Ernesto Talvi, and Alejandro Grisanti. 1999. “Institutional Arrangements and Fiscal Performance: The Latin American Experience,” in James M. Poterba and Jürgen von Hagen, eds. , Fiscal Institutions and Fiscal Performance, Chicago: University of Chicago Press.

[102] Stepan, Alfred. 1997. “Toward a Comparative Theory of Federalism. ” All Souls' College, Oxford University. Processed. ”

[103] Steven B. Webb. Fiscal Responsibility Laws for Subnational Discipline: The Latin American Experience. World bank. April, 2004.

[104] Steven Webb, “Fiscal Responsibility Laws for Subnational Discipline: The Latin American Experience”, World Bank, July 2004.

[105] Sweder van Wijnbergen, Nina Budinal. 2002 “Inflation Stabilization, Fiscal Deficits and Public Debt Management in Poland” .

[106] Teresa Ter – Minassian and Jon Craig 1997. “Control of Subnational Government Borrowing,” in Ter – Minassian ed. , Fiscal Federalism: Theory and Practice. Washington, D. C. : International Monetary Fund.

[107] Ter – Minassian, Teresa. 1997. “Brazil” In Teresa Ter – Minassian, ed. , Fiscal Federalism: Theory and Practice. Washington, D. C. : International Monetary Fund.

[108] The Brazilian Fiscal Responsibility Law, Supplementary Law 101, of May 4, 2000.

[109] Tommasi, Mariano, 2002. “Fiscal Federalism in Argentina and the Reforms of the 1990's” Mimeo, Center for Research on Economic Development and Policy Reform, Stanford University.

[110] Tony Levitas. The Political Economy of Fiscal Decentralization and Local Government Finance Reform in Poland 1989 – 1999. Research Triangle Institute,July 1999 Prepared for.

[111] Toshiti. TOMITA. The Need for Redefining Japan's Government Debt Management Policy. NRI papers. No 42 February 1, 2002.

[112] Trillo, F. H, A. Diaz Cayeros, et al. (2002). “Fiscal Decentraliza-

tion in Mexico: The Bailout Problem" Inter – American Development Bank, Research Network Working Paper No. R – 447.

[113] V. S. Senthil. Sub – National Debt Management in India, International Conference on Sub – National Debt, Hangzhou, China, July 11, 2008.

[114] Various National Monetary Council resolutions (Resolution 2827 of March 2001, 2920 of December 2001, 2954 of April 2002, 3049 of November 2002, 3153 of December 2003, 3173 and 3174 of February 2004, 3191 of April 2004, 3201 of May 2005, 3204 of June 2005 and 3228 of August 2005).

[115] Von Hagen, Jürgen and Barry Eichengreen. 1996. "Federalism, Fiscal Restraints, and European Monetary Union," The American Economic Review, 86 (2).

[116] Webb, Steven, 2004, "Fiscal Responsibility Laws for Subnational Discipline: The Latin American Experience," PREM.

[117] Webb, S, B, C, Y, Gonzalez, et al (2004). Bargaining for a new fiscal pact in Mexico. Washington, DC, World Bank.

[118] Webb, S. B and M. Giugal (2000). Achievements and Challenges of fiscal decentralization: Lessons from Mexico. Washington, DC, World Bank.

[119] Webb, Steven (2004), "Fiscal Responsibility Laws for Subnational disciplines: The Latin American Experience." World Bank.

[120] Weingast, Barry, 2003. "The Performance and Stability of Federalism, Mexican Style: An Institutionalist Perspective," Stanford University, processed.

[121] Wetzel, D. (2005). Fiscal Federalism in Russia: Recent Developments and Challenges, presentation at Subnational Fiscal Reform Workshop of Subnational TG, PRMED. June.

[122] William Dillinger, Guillermo Perry and Steven B. Web. Developing Hard Budgets Constraints in Decentralized Democracies of Latin America. The World Bank. Latin America and the Caribbean Region. March

2001.

[123] World Bank, 2002. Peru: Public Expenditure Review. Washington, DC.

[124] World Bank, Enhancing Access of Russia Sub – national Entities to Financial Markets, June 2005.

[125] World Bank, ICR for Second Programmatic Fiscal Reform Loan.

[126] World Bank, 1995, Brazil State Debt: Crisis and Reform, Washington D. C.

[127] World Bank, 1996, Argentina: Provincial Finances Study, Washington D. C.

[128] World Bank, 2001. Argentina: Provincial Finances Update IV. Washington DC.

[129]《巴西财政责任法》(101号附加法),2000年5月4日。

[130] 保罗·J. 塔瓦瑞斯:《美国罗德岛州2004年度呈递给公共财政管理局的债务管理报告》。

[131] 布莱尔·科姆莱、戴维·特尔维:《低负债环境下的债务管理:澳大利亚政府的债务管理框架》,2005年2月财政报告。

[132] 财政部预算司考察团:“澳大利亚、新西兰地方政府的债务管理”,《预算管理与会计》2007年第6期,第54~56页。

[133] 查里斯·泽克、盖博·泽培士、高更·兹麦泰讷:《匈牙利市政破产制度和债务管理经验》(1996~2000)。

[134] 戴维·格鲁恩、阿曼达·塞耶戈:《澳大利亚财政政策的演变》,2005年4月财政报告。

[135] 格莱梅·维勒:《政府债务管理的良好实践》,世界银行2002年。

[136] 圭多·沃斯维克、杰可布·德汉安:《欧盟的政府债务管理:近期理论发展和实践变化》,2002年。

[137] 克里斯廷·R. 马特尔:《论〈巴西财政责任法〉的实施》,2002年。

[138]“美国财政联邦制条件下州和地方政府的债务控制”,《财政研究》2007年第3期。

[139] 南非共和国财政部:地方政府:市政财政管理法案2003(56号

令）。

[140] 乔纳森·罗登：《最落后的成为最靠前的：德国的联邦制度和财政效果》，2002年。

[141] 斯威德·范·魏伯根、尼娜·布蒂娜：《波兰的通胀、赤字和公共债务管理》，2001年。

[142] 特里萨·特尔·米纳什：《政府间财政关系理论与实践》，中国财政经济出版社，2002年版。

[143] 托尼·利瓦伊：《波兰的财政分权与地方政府财政改革的政治经济学》，三角地研究机构。

[144] 王启友："印度中央与地方财政关系的变革启示"，《经济导刊》2007年第9期。

[145] 杨慧声、何德旭、王朝阳："美国市政债券的新变化与新进展"，《财政研究》2006年第7期。

[146] 张陆伟："波兰地方政府融资发展过程及对我国的借鉴意义"，《中国社会科学院研究生院学报》2007年第2期。

[147] 张养志、王娟熔："对转轨以来俄罗斯财政体制改革的评价"，《东欧中亚市场研究》2001年第7期。

[148] 张中、华赵英："俄罗斯各级政府间财政关系改革：进程、问题与启示"，《俄罗斯研究》2005年第2期。

[149] 朱莉安娜·H. 皮雷：《1998~1999年匈牙利的财政分权与地方政府财政》，2001年。

后　记

为借鉴世界上不同国家在地方政府债务管理方面的经验，推动中国地方政府性债务管理制度建设，财政部预算司组织编写了《地方政府债务管理：国际比较与借鉴》一书。参加本书编写的有财政部预算司李萍、许宏才、李承、张志华、周娅、尹李峰，财政部财政科学研究所吕伟、刘谊。广西壮族自治区崇左市财政局孙建书、新疆自治区财政厅金星、财政部财政科学研究所闫晓茗为本书编写和出版做了大量工作，特此致谢。

编　者

2009 年 2 月 15 日